바이오에너지 운동,
자기 치유의 여정

Bioenergetics

바이오에너지 운동, 자기 치유의 여정

몸으로 읽어내는 성격 분석 가이드

알렉산더 로웬 지음 | 정희운 옮김

아난

헌신으로 내 성격에서 일어나는 갈등을 직시하고 극복할 수

있게 해주신 부모님께 감사드립니다.

차례

세 가지 영혼, 세 가지 기도

첫째, 나는 당신 손에 쥔 활입니다. 주여.
내가 썩지 않도록 나를 당기소서.

둘째, 나를 너무 세게 당기지 마소서, 주여.
나는 부러질지도 모릅니다.

셋째, 나를 힘껏 당겨주소서, 주여.
내가 부러진들 무슨 상관이겠습니까!

니코스 카잔차키스, 《영혼의 자서전》

1장

라이히에서
바이오에너지로

라이히 요법, 1940~1945

바이오에너지학은 빌헬름 라이히의 연구를 기반으로 한다. 그는 1940년부터 1952년까지 나의 선생이었고 1942년부터 1945년까지는 나의 정신분석 주치의였다. 나는 1940년에 뉴욕의 뉴스쿨 사회과학대학원에서 라이히를 만났고 그는 그곳에서 성격 분석에 대한 강의를 하고 있었다. 나는 이 강의 소개 자료에 흥미를 느꼈다. 이 자료는 인간의 성격과 신체적 태도, 근육질 갑옷muscular armoring을 만드는 것에 대해 설명하고 있었기 때문이다. 갑옷이라는 단어로 정의한 이유는 사람들은 고통스럽고 위협적인 감정 경험에 대응해 자신만의 근육 형태를 만들어 방어하는 기능을 가지고 있기 때문이다. 이 근육 갑옷은 다른 사람들의 공격뿐만 아니라 자신의 성격적 위험 충동에도 스스로를 보호한다.

라이히를 만나기 전 몇 년 동안 나는 몸과 마음의 관계에 대한 연구를 계속해왔다. 이 관심은 운동경기나 체조 같은 신체 활동에 대한 개인적인 경험에서 비롯되었다. 1930년 대에 나는 여러 여름 캠프에서 체육 코치로 일했으며, 주기적인 신체 활동 프로그램이 건강을 향상시킬 뿐만 아니라 정신 상태에도 긍정적인 영향을 미친다는 것을 알게 되었다. 연구 과정에서 나는 에밀 자크달크로즈Emile Jaques-Dalcroze의 유리드믹스Eurythmics라고 불리는 교육 방법과 에드문트 야콥슨Edmund Jacobson의 점진적 이완과 요가에 대한 개념을 살펴보았다. 이 연구를 통해 신체를 움직여 정신에 영향을 줄 수 있다는 강한 인상을 확인했지만 그들의 접근 방식은 나를 완전히 만족시키지 못했다.

라이히의 첫 강의는 내 상상력을 사로잡았다. 그는 히스테리에 대한 토론과 함께 강좌를 소개했다. 라이히는 정신분석이 히스테리성 전환장애의 역사적 요인을 밝힐 수 있다고 했다. 이 요인은 그 사람이 어린 시절에 경험했으나 나중에는 완전히 억압되어 잊혔던 성적 트라우마로 판명되었다. 억압된 생각과 감정은 증상이 되어 질병의 강력한 요인으로 작용한다. 당시에도 억압과 전환의 개념은 정신분석이론에 잘 정립되어 있었으나, 억압된 생각이 신체적 증상으로 전환되는 과정은 이해하기 어려웠다. 라이히에 따르면 정신분석 이론에서 부족한 것은 시간에 대한 이해였다. 라이히는 "왜 증상이 지금 발생했을까? 더 이르거나 나중에 발생하지 않고?"라고 물었다. 이 질문에 답하기 위해서는 일정 기간 동안 환자의 삶에 무슨 일이 일어났는지 알아야 했다. 증상 발현자는 이 기간 동안 성적 감각을 어떻게 다루었을까? 라이히는 트라우마의 **억압**은 성적 감각의 **억제**로 유지된다고 믿었다. 이러한 억제는 히스테리 증상의 소인을 구성했으며, 이는 이후 성적인 사건에 의해 징후로 작동했다. 라이히에게 있어 성적 감각의 억제와 그에 수반하는 기질적인 태도는 진정한 노이로제를 구성했으며, 증상 그 자체는 명백한 표현일 뿐이었다. 성생활에 대한 환자의 행동과 태도를 고려하는 데 있어서 노이로제 문제에는 '경제적' 요소가 반영된다. '경제적'이라는 용어는 개인에게 신경증 증상 발생을 취약하게 하는 힘을 나타낸다.

나는 라이히의 통찰력에 크게 감명받았다. 프로이트의 책을 많이 읽어서 일반적인 정신분석적 사고에는 익숙했지만 논의되는 이 요소에 대해 토의를 한 적은 없었다. 나는 라이히가 나에게 인간 문제에 대한 새로운 사고방식을 소개하고 있다고 느꼈고 바로 흥분했다. 라이히가 그의 이론을 확장함에 따라, 나는 새로운 접근 방식의 중요성을 깨달게 되었다. 이 '경제적' 요인이 개인의 성적 에너지나 일반적인 에너지를 처리하는 법을 다루기 때문에 성격을 이해하는 데 중요한 열쇠라는 것을 알게 된 것이다. 사람은 얼마나 많은 에너지를 가지고 있으며 성행위로 그 에너지를 얼마나 많이 방출하는가? 에너지 경제 또는 성 경제는 에너지의 충전과 방전 또는 성적 흥분과 방출 사이에서 유지하는 균형을 나타낸다. 이런 경제성이나 균형이 망가졌을 때 히스테리적 전환 증상이 나타난다. 근육질의 갑옷이나 만성적인 근육 긴장은 방출할 수 없는 에너지를 묶어두어 이러한 균형 잡힌 경제를 유지하는 역할을 한다.

라이히가 이러한 자신의 생각과 관찰을 펼쳐 보일수록 그에 대한 나의 관심은 커졌다. 건강한 성 경제와 신경증적 경제의 차이는 균형의 문제가 아니었다. 이때 라이히는 에너지 경제가 아니라 성 경제에 대해 말하고 있었으나, 그에게 두 용어는 동의어였다. 노이로제에 걸린 사람은 근육을 긴장시켜 자신의 에너지를 묶어두고 성적 흥분을 제한함으로써 균형을 유지하기 때문이다. 건강한 사람의 에너지는 근육의 갑옷에 묶여 있지 않으며 제한이 없다. 따라서 그의 모든 에너지는 성적 쾌락이나 다른 창의적인 표현에 사용할 수 있다. 이런 사람들의 에너지 경제는 높은 수준에서 기능한다. 사람들은 대부분 낮은 수준의 에너지 경제를 가지

고 있고 이는 우리 문화의 고질적인 우울증 성향의 원인이
된다.*

　라이히는 자신의 아이디어를 명확하고 논리적으로 제시
했지만, 수업 초반에 나는 약간 회의적이었다. 이런 회의적
인 태도는 배움에 대한 내 특유의 태도였다. 이러한 태도 때
문에 스스로 생각해내는 능력을 갖게 되었다고 믿는다. 라
이히에 대한 나의 회의는, 감정적 문제에서 성 역할을 지나
치게 강조한 것에 초점을 맞추었다. 나는 **성이 문제의 답은
아니**라고 생각했다. 그러다가 갑자기 나도 모르게 이 회의
감이 사라졌다. 계속 이 분야를 공부하면서, 나는 라이히의
입장이 타당함을 완전히 확신하게 되었다.

　이러한 변화는 약 2년 후에 나 자신이 라이히에게 짧은
기간 동안 치료를 받은 후 분명해졌다. 나는 불현듯 라이히
가 읽으라고 한 참고문헌 중 프로이트의 《성욕에 관한 세
편의 에세이Three Essays on the Theory of Sexuality》를 아직 읽지 않았다
는 것을 깨달았다. '어린아이의 성욕'이라는 제목의 두 번째
에세이를 반쯤 읽고 멈췄다. 그제서야 나는 이 에세이가 내
어린 시절의 섹슈얼리티에 대한 나의 무의식적인 불안을
건드렸다는 사실을 깨달았고, 그 불안에 직면할 준비가 되

---

* Alexander Lowen, *Depression and the Body*, New York, Coward, McCann&Geoghegan, Inc.,
　1972.

어 있지 않은 상태에서 계속해서 성의 중요성에 대해 회의적일 수는 없었다.

라이히의 강의는 1941년 1월에 종료되었다. 수업이 종료된 후 나의 치료가 시작될 무렵까지 나는 그와 연락을 유지했다. 나는 포레스트 힐스에 있는 그의 집에서 열린 여러 번의 회의에 참석하여 그의 성-경제적 개념의 사회적 영향을 논의하고 지역사회 정신 건강 프로그램에 이러한 개념을 구현하기 위한 프로젝트를 이끌었다. 유럽에서 라이히는 이 분야의 개척자였다. (그의 작업과 나와의 관계에 대한 자세한 내용은 이후 출간될 라이히에 대한 책에서 더 자세히 살펴볼 것이다.)

나는 1942년 봄에 라이히와 개인 치료를 시작했다. 그 전해에 나는 라이히의 연구실을 꽤 자주 방문했다. 그는 생체표본 및 암 조직과 관련된 작업 중 일부를 나에게 보여주었다. 그러던 어느 날, 그는 나에게 "로웬, 이 일에 관심이 있다면, 이쪽 일을 시작하는 방법은 단 하나, 치료를 받는 것이라네"라고 말했다. 나는 이런 선택은 전혀 생각해보지 않았기 때문에 놀랐다.

나는 그에게 "이 일에 관심은 있지만 내가 원하는 것은 유명해지는 것"이라고 말했다. 라이히는 이 발언을 진지하게 받아들이며 "내가 자네를 유명하게 만들어주겠네"라고 대답했다. 나는 수년 동안 라이히의 이 말을 예언으로 여기며 살았다. 그것은 나의 저항을 극복하고 내 삶의 과제로 나를 밀어 넣는 데 필요한 추진력이 되었다.

라이히와의 첫 치료 시간은 결코 잊지 못할 경험이었다. 나는 나에게 아무런 문제가 없다는 무지한 생각을 가지고 갔다. 나는 이 훈련을 순전히 분석의 목적으로만 생각했다. 나는 수영복을 입고 침대에 누웠다. 라이히는 이것이 신체 중심 요법body-oriented therapy이라고 생각했기 때문에 소파를 사용하지 않았다. 나는 무릎을 구부리고 몸을 이완시키면서 턱의 긴장을 풀고 입을 벌려 숨을 쉬라는 말을 들었다. 라이히의 지시에 따르며 무슨 일이 일어날지 기다렸다. 잠시 후 라이히가 "로웬, 자네 숨을 안 쉬고 있어"라고 말했고 나는 "제가 숨을 쉬고 있지 않다면 죽었을 테니 당연히 지금은 숨을 쉬고 있지요"라고 답했다. 그러자 그는 "자네 가슴은 움직이지 않아. 내 가슴을 느껴보게"라고 말했다. 나는 그의 가슴에 손을 얹고 숨을 쉴 때마다 오르락내리락하는 것을 알아차렸다. 내 가슴은 분명히 그렇게 움직이지 않았다.

나는 다시 누워 숨쉬기를 시작했다. 이번에는 가슴을 들숨 때 바깥쪽으로, 날숨 때 안쪽으로 움직였다. 아무 일도 일어나지 않았다. 내 호흡은 수월하고 깊게 계속되었다. 잠시 후 라이히는 "로웬, 고개를 뒤로 젖히고 눈을 크게 떠"라고 말했다. 시키는 대로 하자, 곧 목에서 비명이 터져 나왔다.

그날은 초봄의 아름다운 날이었고, 방 창문은 거리를 향해 열려 있었다. 라이히 박사는 자신의 이웃들과의 난처한 상황을 피하기 위해 나에게 머리를 곧게 세울 것을 요청했고, 비명을 멈추게 되었다. 나는 깊은 호흡을 계속했다. 이상하게도 그 비명은 나를 불안하게 하지 않았다. 나는 그것에 감정적으로 연결되지 않았다. 어떠한 두려움도 느끼지 않았다. 잠시 동안 다시 숨을 들이마셨고 이후 라이히는 절차를 반복하기를 요청했다. 머리를 뒤로 젖히고 눈을 크게 뜨자 또 비명이 나왔다. 비명을 질렀다고 말하기조자 꺼려지는 이유는 내가 비명을 지른 것이 아니라 비명이 나에게서 나온 것 같다고 느꼈기 때문이다. 나는 그 행동에서 분리되어 있다고 느꼈지만, 생각했던 것만큼 내가 괜찮지 않다는 느낌과 함께 치료 시간을 마쳤다. 내 성격에는 의식 아래 숨어 있는 '것들'(이미지, 감정)이 존재했고, 이제 그것들을 드러내야 한다는 것을 알았다.

그 당시 라이히는 자신의 치료를 성격 분석적 식물 요법 Character Analytic Vegetotherapy이라고 불렀다. 라이히의 성격 분석은 정신분석 이론에 큰 공헌을 했기 때문에 모든 분석가들로부터 높이 평가받고 있었다. 식물 요법은 식물 중추(자율 신경계의 신경절)를 활성화하고 '식물성' 에너지를 자유롭게 하는 호흡이나 기타 신체 기술을 통해 멈춰져 있는 에너지를 자유롭게 풀어주는 것을 일컫는다.

식물 요법은 단순히 말로만 하는 분석에서 벗어나 신체에 직접적인 치료를 가능하게 한다. 라이히는 이 요법이 분석 치료 과정에서 약 9년 전쯤에 시작되었다고 하면서 다음과 같이 설명했다.

> "1933년, 나는 코펜하겐에서 자신의 수동적 동성애 환상이 드러나는 것을 강하게 거부하는 남자를 치료했습니다. 이 거부감은 목이 뻣뻣해지는 극단적인 자세로 나타나고 있었습니다.
> 그의 저항에 강한 자극을 주자 그는 두려워하며 갑작스레 순응했습니다. 그의 얼굴색은 하얗게 노랗게 파랗게 계속 급격하게 변했습니다. 피부는 얼룩덜룩 다양한 색조를 띠고 있었고, 목과 후두부에 극심한 통증을 호소했습니다. 설사까지 하더니 지친 듯, 기운을 잃은 것 같았습니다."[*]

'강한 자극'은 말 그대로, 환자의 '목이 뻣뻣한' 자세를 겨냥한 것이었다. **그 영향으로 환자는 정신적 방어를 포기한**

---

[*] Wilhelm Reich, *The Function of the Orgasm*, New York, Orgone Institute Press, 1942, pp. 239~240.

후에 신체적 돌파구를 찾았다. 라이히는 "에너지가 만성적인 근육 긴장에 결박될 수 있다"*는 것을 깨달았다. 그때부터 라이히는 환자 신체의 자세를 연구했다. 그는 "복부에 긴장이 없는 신경증 환자는 없다"**는 사실을 관찰했다. 그리고 감정을 조절하기 위해 일반적으로 환자들이 숨 내쉬는 것을 억제하며 숨을 참는 경향이 있다고 지적했다. 그는 숨을 참는 것이 신진대사 활동을 줄여 몸에 있는 유기체의 에너지를 절약함으로써 결과적으로 불안 생성을 감소시킨다고 결론지었다.

라이히에게 있어 치료의 첫 번째 단계는 환자가 쉽고 깊게 호흡하도록 하는 것이다. 두 번째는 환자의 얼굴이나 태도에 아주 분명한 감정 표현을 유도하는 것이다. 내 경우 이때 드러난 감정 표현은 두려움이었다. 우리는 이 절차가 나에게 얼마나 강력한 영향을 미쳤는지 보았다.

그다음은 동일하고 일반적인 패턴을 따라갔다. 나는 침대에 누워 가능한 한 자유롭게 숨을 쉬며 깊은 숨을 쉬려고 노력했다. 내 몸에 순응했을 때 나타나는 감정 표현이나 충동을 통제하지 말라는 지시를 받았다. 어릴 때 기억이나 경험을 점차적으로 불러일으키는 일들이 몇 개 있었다. 처음

---

* *ibid*, p. 240.
** *ibid*, p. 273.

에는 익숙하지 않은 깊은 호흡에 손이 강하게 따끔거리기도 했는데, 심각한 수족 수축으로 발전하여 손에 심한 경련을 일으킨 적도 두 번이나 있었다.

이런 반응은 더 깊은 호흡으로 증가된 에너지에 내 몸이 익숙해지면서 사라졌다. 내가 무릎을 부드럽게 벌리자 다리에 떨림이 발생했으며, 입술을 내밀었을 때는 입술까지 떨렸다. 감각과 관련된 기억에 의한 몇 가지 발견이 뒤따랐다. 한번은 침대에 누워 숨을 쉬고 있을 때, 내 몸이 내 의지와 관계없이 흔들린 적도 있다. 내가 몸을 일으켜 앉을 때까지 강한 흔들림이 이어졌다. 그러고는 역시 내 의지와는 상관없이 침대에서 일어나 몸을 돌리고 두 주먹으로 침대 시트를 두드리기 시작했다. 그러는 동안 침대 시트에 아버지의 얼굴이 나타났고, 나는 어렸을 때 아버지가 나의 엉덩이를 때렸기 때문에 내가 아버지를 때리고 있음을 알아차렸다. 몇 년 후 나는 아버지께 이 사건에 대해 물어봤다. 아버지는 그 일이 나를 유일하게 때렸던 경험이라고 했다. 아버지는 내가 집에 너무 늦게 돌아와서 어머니가 속상해하며 걱정했고, 내가 다시는 그런 짓을 하지 않게 하기 위해 나를 때렸다고 설명했다. 이전에 지른 비명과 마찬가지로 이 경험에서 흥미로운 부분은 내 의지와 관계없이 완전히 저절로 본능처럼 나타났다는 것이다. 나는 의식적인 생각이 아닌, 나를 지배하고 사로잡은 내면의 힘에 의해 비명을 지르면서 침대를 두드렸다.

또 한번은 침대에 누워 호흡을 하던 중에 발기를 했다. 내성기를 만지고 싶은 충동이 들었지만 참았다. 그러던 중 어렸을 때의 재미있는 에피소드가 떠올랐다. 살고 있던 아파트를 걸어다니며 바닥에 소변을 보는 다섯 살짜리 소년인 나를 보았다. 나는 전날 내 성기를 쥐었다고 꾸짖었던 아버지에게 보복하기 위해 그런 짓을 하고 있었다는 것을 알았다.

첫 번째 치료에서 비명을 지르게 한 원인을 찾는 데는 약 9개월의 치료가 더 필요했다. 그 이후로 나는 비명을 지르지 않았다. 시간이 지날수록 나는 내가 보기 무서워하는 이미지가 있다는 사실을 분명하게 느꼈다. 침대 위에서 천장을 응시하며 언젠가는 그것이 나타날 것이라는 것을 직감했다. 결국 그것이 나타났다. 강렬한 분노의 눈빛으로 나를 내려다보는 어머니의 얼굴이었다. 나는 이것이 나를 두렵게 했던 얼굴이라는 것을 즉시 알았다. 나는 그 경험을 현재 일어나고 있는 일처럼 되살렸다. 나는 집 문밖에 있는 유모차에 누워 있는 생후 9개월쯤 된 아기였다. 나는 어머니를 향해 큰 소리로 울고 있었다. 어머니는 집에서 너무 바빴고, 내 끈질긴 울음은 그녀를 화나게 했다. 어머니는 나에게 화를 내며 나왔다. 나는 서른세 살의 나이에 라이히의 침대에 누워서 그녀의 이미지를 바라보며 아기였을 당시에는 몰랐던 언어로 "왜 나에게 그렇게 화를 내요? 나는 어머니를 원하기 때문에 우는 것뿐이라고요"라고 말했다.

그 당시 라이히는 치료법을 이행하기 위해 또 다른 기술을 사용했다. 각 치료가 시작될 때 환자들에게 그에 대해 가지고 있는 모든 부정적인 생각을 말해보라고 요청했다. 그는 모든 환자가 자신에게 긍정적인 전이와 마찬가지로 부정적인 전이를 가지고 있다고 믿었고 부정적인 생각과 아이디어가 먼저 표현되지 않는 한 긍정적인 전이를 신뢰하지 않았다. 나는 이것이 매우 어렵다는 것을 알았다. 라이히와 그의 치료법에 전념하며, 나는 내 마음에서 부정적인 생각을 추방했다. 그래서 나는 불평할 것이 없다고 느꼈다. 라이히는 나에게 매우 관대했고, 나는 그의 정직성과 진실성 그리고 그가 가진 개념의 타당성에 대해 의심할 여지가 없었다. 성격상, 나는 치료를 성공시키기로 결심했고 거의 실패했다고 느낄 때까지 라이히에게 내 감정을 털어놓지 않았다.

어머니의 얼굴을 보는 두려운 경험을 한 후, 나는 아무런 진전도 없이 몇 달이라는 긴 시간을 보냈다. 그때는 일주일에 세 번 라이히를 만나고 있었는데도 나는 라이히에게 내가 느끼는 어떤 감정을 말할 수 없어서 더 이상 진전할 수 없었다. 그 감정은 그가 나에게 단순히 치료적 차원이 아닌 아버지 같은 관심을 가져주길 바라는 것이었지만, 무리한 요구임을 알기에 도저히 표현할 수가 없었다. 나는 이 문제를 내적으로 씨름하면서 앞으로 나아가지 못했다. 라이히는 내 갈등을 못 알아보는 것 같았다. 내 호흡이 더 깊고 충만해지도록 최선을 다해 노력했지만 효과가 없었다.

이 교착상태가 발생했을 때는 1년 동안 치료를 받고 있던 시점이었다. 치료가 무기한 계속되는 것 같을 때, 라이히는 나에게 그만둘 것을 제안했다. 그는 "로웬, 자네는 자네의 감정에 순응하지 않고 있어. 왜 그렇게 투쟁을 하는 거지?"라고 말했다. 그의 말은 파멸의 선고였다. 치료를 포기한다는 것은 내 모든 꿈의 실패를 의미했다. 나는 무너졌고 몹시 울었다. 어렸을 때 이후로 그렇게 흐느끼는 건 처음이었다. 나는 더 이상 감정을 억제할 수 없었다. 나는 라이히에게 그에게 원하는 것을 말했고, 그는 공감하며 들어주었다.

라이히에게 정말로 치료를 중단할 의도가 있었는지, 아니면 그저 내 저항을 돌파하기 위한 책략이었는지는 모르겠지만 나는 그가 의도한 것이라는 데 강한 인상을 받았다. 어떤 경우든, 그의 행동은 원하는 결과를 낳았다. 나의 치료는 다시 진전되었다.

라이히에게 치료의 목표는 환자가 호흡 과정의 일부인

자신의 의지와 관계없이 저절로 일어나는 신체의 움직임에 완전히 순응하는 능력을 개발하는 것이었다. 따라서 호흡을 깊고 충만하게 하는 데 중점을 두었다. 이것이 이루어지면 호흡의 파장은 라이히가 오르가슴 반사라고 이름을 붙인 물결 같은 신체의 움직임을 생성했다.

라이히의 초기 정신분석 연구 과정에서 그는 정서적 건강이 성행위에 완벽히 순응하는 능력, 즉 그가 절정에 이르는 힘orgastic potency이라고 부르는 것과 관련 있다는 결론을 내렸다. 라이히는 신경증적인 사람들 중에는 이런 능력을 가진 사람이 없다는 것을 발견했다. 노이로제는 순응을 막았을 뿐 아니라 만성 근육 긴장으로 에너지를 결합함으로써 그 에너지가 성적 방출에 사용되는 것을 막았다. 라이히는 또한 성행위에서 완전한 오르가슴 만족을 얻을 수 있는 능력을 가진 환자가 신경증적 행동이나 태도에서 자유로워지고 그 자유를 유지할 수 있다는 것도 발견했다. 라이히에 따르면 완전한 오르가슴은 유기체의 과도한 에너지를 모두 방출한 것이며, 결과적으로 신경증 증상이나 행동을 지원하거나 유지할 에너지가 없어진다는 것이다.

라이히가 오르가슴을 사정이나 절정과는 다른 것으로 정의했다는 것을 이해하는 것이 중요하다. 그것은 리드미컬하고 발작적인 움직임을 나타내는 전신의 비자발적 반응을 말한다. 호흡이 완전히 자유로우며 자신의 몸에 순응할 때에도 같은 유형의 움직임이 발생할 수 있다. 이런 경우에는 성적 흥분이 축적되지 않았기 때문에 성적 흥분의 절정이나 방출이 없다.

골반이 숨을 내쉴 때마다 자발적으로 앞으로 움직이고 숨을 들이쉴 때마다 뒤로 움직인다. 이런 움직임은 호흡 파동이 숨을 들이마시고 내쉴 때 위아래로 이동하면서 생성된다. 동시에 머리는 숨을 내쉬는 단계에서 뒤로 움직이고 숨을 들이마시는 단계에서 앞으로 움직이는 것을 제외하고는 골반과 유사한 움직임을 보인다. 이론적으로 치료 시간 동안 이런 반사 작용을 보일 만큼 신체가 자유로운 환자는 성교 중에도 완전한 오르가슴을 경험할 수 있다. 그런 환자는 정서적으로 건강한 것으로 간주된다.

라이히의 《오르가슴의 기능The Function of the Orgasm》*을 읽은 많은 사람에게, 라이히의 이론은 섹스에 집착하는 정신에 대한 기상천외한 공상처럼 보였을 수 있다. 그러나 그 이론이 명시된 시점은 라이히가 만든 성격 분석 개념과 기법이 분석 이론에서 주요한 공헌으로 간주되어 훈련 정신분석가로 이미 높이 평가되고 있을 때였다. 그런데도 그의 이론은

---

* 이러한 생각은 초기작인 *Die Funktion des Orgasmus*, Internationaler Psychoanalytischer Verlag, 1927에서 처음 다루어졌다.

대부분의 정신분석가에게 받아들여지지 않았으며 오늘날에도 대부분의 성 연구자들에게 알려지지 않거나 무시되고 있다. 그러나 라이히의 개념은 나처럼 자신의 몸에서 그 효력을 경험했을 때에 설득력을 갖는다. 개인적인 경험에 근거한 이러한 확신은 라이히와 함께 일했던 많은 정신과 의사와 다른 관계자들이 적어도 한동안은 그의 열광적인 추종자가 될 수 있게 뒷받침했다.

울음이 터지고 라이히에 대한 감정을 표현하자 나의 호흡은 더 쉽고 자유로워졌으며 성적 반응은 더 깊고 충만해졌다. 내 삶에 많은 변화가 일어났다. 나는 사랑하는 여자와 결혼했다. 결혼 서약은 나에게 큰 도약이었다. 또한 라이히 요법 치료사가 되기 위해 적극적인 준비를 하게 되었다. 이해에 나는 미국에서 라이히와 가장 가까운 동료이자 라이히의 첫 영어 출판물 번역가인 테오도르 울프Theodore Wolfe 박사가 개최한 성격 분석에 관한 임상 세미나에 참석했다. 나는 예과 과정을 마치고 여러 의과대학에 두 번째로 지원했다. 내 치료는 꾸준히, 그러나 천천히 진행되었다. 비록 치료 시간에 감정이나 기억의 극적인 진전은 없었지만, 나는 내 성적 감각에 순응하는 능력에 점점 더 가까워지고 있었다. 또한 나는 라이히와 더 가까워졌다고 느꼈다.

그러고는 라이히는 긴 여름휴가를 보냈다. 그는 6월에 한

해를 끝내고 9월 중순에 일을 재개했다. 그해의 치료가 끝나가자 라이히는 나에게 1년 동안 치료를 중단할 것을 제안했다. 하지만 나는 끝난 거 같지 않았다. 오르가슴 반사는 지속적으로 발달하지 않았지만, 나는 매우 가까운 곳까지 왔다고 느꼈다. 열심히 노력했지만 바로 이 노력이 걸림돌이 된 것이라고 확신했다. 휴가라는 아이디어는 좋았고, 나는 라이히의 제안을 받아들였다. 내 결정에는 개인적인 이유도 있었다. 그 당시 의과대학에 입학하지 못했기 때문에 1944년 가을 뉴욕대학교에서 인체 해부학 강의를 들었다.

라이히와의 치료는 1945년 가을, 일주일에 한 번 하는 과정으로 재개되었다. 짧은 시간 내에 오르가슴 반사가 일관적으로 나타났다. 이러한 긍정적인 발전에는 몇 가지 이유가 있었다. 치료를 중단한 1년 동안 나는 라이히에게 잘 보이고 싶어 하고, 성적인 건강을 얻으려 했던 노력을 중단했고, 라이히와 함께했던 이전 작업을 소화하여 통합할 수 있었다. 그리고 이때 난 라이히 요법 치료사로서 첫 번째 환자를 보았고, 이는 내 기운에 엄청난 힘을 주었다. 집으로 돌아온 느낌이 들었고 내 삶이 매우 안전하다는 느낌을 받았다. 내 몸에 항복한다는 것은 라이히에게 항복한다는 것이었고 그것은 매우 쉬운 일이었다. 몇 달 만에 그의 기준으로 나의 치료가 성공적 결론에 이르렀다는 것이 우리에게 분명해졌다. 하지만 몇 년 후 나는 내 성격의 주요한 문제 중 많은 부분을 해결하지 못했다는 것을 깨달았다. 내가 원하는 것이 비합리적일지라도 그것을 요구하는 것에 대한 두려움을 충분히 논의하지 않은 것이다. 실패에 대한 두려움과 성공에 대한 욕망은 해결되지 않았다. 사지에 몰리지 않는 한 울지 못하는 나의 무능력은 탐구되지 않았다. 이러한 문제는 몇 년 후 바이오에너지를 통해 마침내 해결되었다.

나는 라이히와의 치료가 효과가 없었다고 말하고 싶진 않다. 비록 그것이 내 모든 문제를 완전히 해결하지 못했지만, 내 문제를 더 많이 인식하게 했다. 하지만 더 중요한 것은 자아실현의 길을 열어주었고 그 목표를 향해 나아가는 데 도움이 되었다는 것이다. 그것은 몸이 성격의 기반이 된다는 나의 신념을 심화하고 강화했다. 그리고 그것은 나의 성에 대해 긍정적인 정체성을 갖게 했고, 내 삶의 초석이 되었다.

라이히 요법 치료사로 일하기, 1945~1953

1945년 가을에 나는 나의 첫 환자를 보았다. 비록 아직 의대 입학 전이었지만, 라이히는 나의 학력과 개인 치료 경험을 포함해 그와 함께한 훈련을 바탕으로 그렇게 하기를 권했다. 이 훈련은 울프 박사가 지도하는 성격 분석 식물 요법에 대한 임상 세미나와 라이히의 집에서 진행하는 세미나에 지속적으로 참여하여 그 접근법의 이론적 토대를 논의했으며, 신체에 대한 작업을 설명하는 생물학적, 에너지적 개념의 강조를 포함한다.

더 많은 사람이 그의 생각을 알게 됨으로써 라이히 요법에 대한 관심은 꾸준히 증가하고 있었다. 1941년 출판된《오르가슴의 기능》은 이러한 국면을 가속화시켰지만, 이 책은 호의적인 평가를 얻거나 널리 보급되지는 못했다. 라이히는 마케터도 없고 광고도 하지 않는, 자신의 출판사 오르곤 인스티튜트 프레스Orgone Institute Press를 설립했다. 그때 그의 아이디어와 책 홍보는 오로지 입소문에 의한 것이었다. 그럼에도 그의 생각은 비록 느리더라도 차차 확산되었고, 라이히 요법에 대한 요구는 증가했다. 하지만 당장 치료할 수 있는 훈련된 성격 분석가들이 거의 없었고, 이런 이유 때문에 내가 개인적인 준비와 더불어 치료를 시작하게 된 것이다.

스위스로 떠나기 전 2년 동안 나는 라이히 요법 치료사로 일했다. 1947년 9월, 나는 아내와 함께 뉴욕을 떠나 제네바대학교 의과대학에 입학하여 1951년 6월에 의학박사 학위를 받으며 졸업했다. 스위스에 있는 동안 라이히의 연구에 대해 들어본 적이 있고 이 새로운 치료법을 열망하는 일부 스위스인들을 제한된 수만 치료했다. 많은 젊은 치료사와 마찬가지로 나는 사람들의 감정적 문제에 대해 어느 정도 알고 있다고 순진하게 가정한 채, 경험보다 열정에 기반한 확신으로 일을 시작했다. 그 시절을 돌이켜보면 이해도, 실력도 한계가 있었음에도 나는 내가 몇몇 사람을 도왔다고 생각한다. 나의 열정은 긍정적인 힘이었고, 호흡과 굴복에 대한 강조는 긍정적인 방향으로 향했다.

내가 스위스로 떠나기 전에 라이히 요법에 중요한 발전

이 있었다. 즉, 환자의 몸에 직접 접촉하여 감정에 순응하는 능력을 차단하는 근육 긴장을 풀어주고 오르가슴 반사가 일어나도록 하는 것이었다. 나와 함께 일하는 동안 라이히 는 때때로 내 몸의 긴장된 근육 중 일부를 손으로 눌러 긴장 을 풀어주었다. 보통 나와 다른 사람들에게 그는 턱에 그러 한 압력을 가했다. 사람들은 대부분 턱 근육이 극도로 긴장 되어 있다. 턱을 종종 험악할 정도로 굳히거나 도전적으로 앞으로 내밀거나 비정상적으로 수축시키기도 한다. 이 모 든 경우에 그들의 턱은 움직임이 온전하지 않으며, 각기 고 정된 위치는 구조화된 태도를 나타낸다. 압력을 가하면 턱 근육이 피로해지면서 '힘을 놓아버린다'. 그 결과 호흡은 더 자유롭고 깊어지며 종종 몸과 다리에 비자발적 떨림이 발 생한다. 압력을 가한 근육 긴장이 나타나는 다른 부위는 목 뒤, 허리 및 허벅지의 내전근이다. 모든 경우에 만성 근육 경련을 촉진하는 부위에만 선택적으로 압력을 가했다.

손을 몸에 대는 것은 전통적인 분석의 관행에서 중요한 일탈이었다. 프로이트의 분석에서는 분석가와 환자 사이에 어떠한 물리적 접촉도 엄격히 금지되었다. 분석가는 원칙적 으로 환자 뒤에 보이지 않게 앉아 환자가 자신의 생각을 투 사하는 화면 같은 기능을 했다. 하지만 분석가가 완전히 비 활동적이었던 것은 아니다. 왜냐하면 환자가 표현한 생각에 대해 입으로 반응하고 직접 말로 해주는 해석이 환자의 사고에 중요한 영향을 미쳤기 때문이다. 라이히는 분석가가 치료 과정에서 보다 직접적인 힘을 가하도록 했다. 그는 환자와 마주 보고 앉았고 필요하거나 바람직할 때 신체적으로 접촉했다. 내가 치료 과정에서 기억하는 라이히는 부드러운 갈색 눈과 강하고 따뜻한 손을 가진 덩치가 큰 사람이었다.

오늘날 우리는 그 당시 이 치료법이 가져온 혁명적인 발전이나 그것이 불러일으킨 의심과 적개심의 진가를 인정하지 않는다. 섹슈얼리티에 강하게 중점을 두어, 치료사와 환자 사이에 물리적 접촉이 사용된 것으로 인해, 라이히 요법 치료사들은 성욕을 촉진하기 위해 성적 자극을 사용했다는 비난을 받았다.

라이히가 환자들에게 수음을 해주었다는 얘기도 있었다. 이렇게 진실과 거리가 먼 것이 없다. 이런 비방이 드러내는 것은 당시의 성 인식과 신체 접촉을 둘러싼 두려움일 뿐이다. 다행히도 지난 30년 동안 성 인식과 신체 접촉에 대한 분위기가 크게 바뀌었다. 만지는 것의 중요성은 **접촉의 주요 형태***로 인식되고 있으며 치료 상황에서 그 가치는 의심의 여지가 없다. 물론 치료사와 환자 사이의 모든 신체적

---

* Ashley Montagu, *Touching: The Human Significance of the Skin*, New York, Columbia University Press, 1971; 《터칭》, 최로미 옮김, 글항아리, 2017.

접촉 시 치료사는 치료적 관계를 존중하고 환자와의 성적 관계를 피해야 하는 책임이 따른다.

나는 여기서 바이오에너지 치료사는 근육 경련이나 막힘을 만지고 감지하기 위해 손을 사용하도록 훈련되었다고 덧붙이겠다. 통증에 대한 환자의 내성에 조심스럽게 근육 수축을 완화하거나 감소시키는 데 필요한 압력을 가하고 부드럽게 안심시키는 접촉으로 지지와 온기를 제공한다. 1943년에 라이히가 얼마나 큰 걸음을 내디뎠는지 지금 생각하면 실감이 나지 않는다.

물리적 압력의 사용은 감정의 돌파와 그에 따른 기억의 회복을 가능하게 했다. 그리고 그것은 치료 과정의 속도를 높이는 데 기여했다. 특히 치료의 빈도를 일주일에 한 번으로 줄였을 때는 정말 필요한 가속화였다. 이즈음 라이히는 신체를 읽고 근육 긴장을 풀어주는 압력을 가하는 방법을 터득해, 그가 흐름streaming이라고 불렀던 신체를 통한 감각의 이동을 촉진시키는 데 훌륭한 기술을 개발했다. 1947년 라이히는 일부 환자에게서 6개월 이내에 오르가슴 반사를 일으킬 수 있을 정도였다. 내가 라이히에게 일주일에 세 번 과정으로 3년 동안 치료를 받고 난 후에나 오르가슴 반사에 이르렀다는 것을 생각해볼 때 크나큰 성취였다.

오르가슴 반사는 우리가 생각하는 생식기와 관계된 오

르가슴, 즉 축적되어 있던 성 충동을 방출하는 것과 다르다. 물론 성관계의 상황에서도 배출의 길은 열려 있다. 하지만 배출이 항상 성관계의 상황에서만 되는 것은 아니다. 치료 상황에서 일어나는 오르가슴 반사는 감정적으로나 정력적으로 훨씬 더 에너지가 높다. 또한 치료 상황에서 개인은 치료사의 도움을 받을 수 있는데, 라이히처럼 매우 강한 성격의 치료사라면 더 강력한 영향을 받을 수 있다. 그런데 오르가슴 반사가 없으면 성행위가 절정에 달할 때 비자발적 골반 운동이 일어나지 않을 것이다. 이러한 움직임은 완전한 오르가슴 반응에서 기본적인 것이다. 라이히의 이론에서 정신 건강의 기준이 되는 것은 오르가슴 반사가 아니라 성적 오르가슴 반응이라는 것을 기억해야 한다.

그런데도 오르가슴 반사는 성격에 긍정적인 영향을 미친다. 비록 지지하는 분위기에서 치료가 진행되더라도, 그것은 짜릿한 해방을 경험하게 한다. 그 사람은 억제에서 벗어나는 것이 어떤 느낌인지 감지하게 된다. 동시에 자신의 몸과 자신의 몸을 통해 연결되는 환경이 통합되는 느낌을 받는다. 그는 행복의 감각과 내면의 평화를 갖게 된다. 육체적 생명이 비자발적 양상에서 살고 있다는 지식을 얻게 된다. 개인적인 경험과 수년에 걸친 환자의 진술에서 나는 이러한 반응을 증명할 수 있다.

불행히도 이러한 아름다운 감정이 우리 현대 문화에서, 일상생활의 스트레스 아래서는 유지되지 않는다. 우리 시대의 속도, 압력, 철학은 삶과 정반대로 움직인다. 환자가 신경증적 행동 패턴에 의존하지 않고 삶의 스트레스를 처리하는 방법을 배우지 않으면 반사 자체가 상실되는 경우가 너무 많다. 이것은 당시 라이히가 치료한 두 명의 환자에게서 일어난 일이다. 치료가 성공적으로 종료된 지 몇 달 후, 그들은 라이히에게서 얻은 성과를 유지할 수 없었기 때문에 나에게 추가 치료를 요청했다. 그때 나는 정신 건강에 지름길은 없으며 모든 문제를 지속적으로 해결하는 것이 최적의 기능을 보장하는 유일한 방법이라는 것을 깨달았다. 그렇더라도, 나는 여전히 성적 행위가 개인의 신경증적 문제를 해결하는 열쇠라고 확신했다.

성적 행위에 중심을 두며 중요성을 강조하는 라이히를 비판하는 것은 쉽지만 나는 그렇게 하지 않을 것이다. 성적 행위는 그때도 지금도 모든 감정적 문제의 핵심이다. 하지만 성기능의 장애는 한편으로는 전체 성격의 틀 안에서만 이해될 수 있고, 또 한편으로는 사회생활의 상황에서 이해될 수 있다. 수년에 걸쳐 나는 마지못해 인간 조건의 신비를 풀 수 있는 단 하나의 열쇠는 없다는 결론에 도달했다. 내가 마지못해라고 한 이유는 그에 대한 답이 있다고 믿고 싶은 깊은 소망에서 비롯되는 것 같다. 이제 나는 그것을 양극화의 관점과 양극화에서 비롯된 피할 수 없는 갈등의 일시적인 해결책으로 생각한다. 성을 성격을 파악하는 유일한 열쇠로 보는 견해는 너무 편협하지만 그렇다고 개인의 성격을 형성하는 성욕의 역할을 무시하는 것은 자연의 가장 중요한 동력 중 하나를 무시하는 것과도 같다.

프로이트는 죽음 본능의 개념 이전에 그의 초기 공식 중 하나에서 자아 본능과 성 본능 사이의 대립을 가정했다. 전자는 개인의 보존을 추구하고, 후자는 종의 보존을 목표로 한다. 이것은 우리가 알고 있는 바로 그 개인과 사회 사이의 갈등을 의미한다. 이 대립에 내재된 또 다른 갈등은 권력 추구(자아 충동)와 쾌락 추구(성적 충동) 사이의 갈등이다. 우리 문화에서 권력에 대한 지나친 강조는 자아를 신체와 신체의 성적 자아와 대립시키고, 서로를 이상적으로 지원하고 강화해야 하는 충동들 사이에서 적대감을 만든다. 그렇지만, 성적 행위에만 극단적으로 초점을 맞추는 방향으로 갈 수는 없었다. 라이히가 그랬던 것처럼, 환자를 위한 성관계의 실행이라는 단일 목표로 치료에 성공하지 못한 이후로 이런 점은 더욱 명확해졌다. 자아는 서양인에게는 거부하거나 부인할 수 없는 강력한 힘으로 존재하기 때문이다. 그래서 치료 목표는 자아와 신체를 통합하고 쾌락과 성적 실행을 할 수 있도록 도와주는 노력만 가능하다.

　나는 몇 년 동안 열심히 일한 후에야 이 진리를 알게 되었다. 오류의 인식을 통해 학습하게 된다는 규칙에서 벗어나는 사람은 없다. 그러나 성적 만족과 오르가슴의 효력이라는 목표를 단호하게 추구하지 않았다면 나는 성격의 에너지 역학을 이해하지 못했을 것이다. 그리고 오르가슴 반사의 기준 없이는 인간 유기체의 비자발적 움직임과 반응도 이해할 수 없었을 것이다.

　인간의 행동과 기능에는 여전히 이성적인 생각만으로는 파악할 수 없는 신비한 요소가 많다. 예를 들어, 뉴욕을 떠나기 전 약 1년 동안 나는 심각한 문제가 많은 한 청년을 치료했다. 그는 여성에게 다가갈 때마다 극심한 불안에 시달렸다. 그는 열등하고 부족하다고 느꼈으며 마조히즘적 경향이 강했다. 때때로 그는 악마가 구석에서 자신을 노리고 있다는 환각을 느꼈다. 치료 과정에서 약간의 증상 호전이 있었지만 결코 해결되지는 않았다. 어떤 여성과 관계를 꾸준하게 발전시켰음에도 불구하고, 성적 절정에서는 즐거움을 경험하지 못했다. 뉴욕에 돌아오고 5년 후에 나는 그를 다시 만났다. 그는 나에게 흥미로운 이야기를 들려주었다. 내가 떠난 후 그는 치료사 없이 혼자 치료를 계속하기로 결정했다고 했다. 우리가 치료에 사용한 기본적인 호흡 운동을 하는 것도 포함해서 말이다. 그는 매일 일을 마치고 집에 와서 침대에 누워 나와 했던 것처럼 깊고 편안하게 숨쉬기를 했다. 그러던 어느 날 기적이 일어났다고 했다. 불안이 모두 사라졌고 자신에 대해 확신이 생겼으며 자기 비하를 끝냈다고 했다. 그리고 가장 중요한 것은 성행위에서 완전한 오르가슴 효력이 나타난 것이었다. 그의 오르가슴은 충만하고 만족스러웠다고 했다. 그는 완전히 다른 사람이었다.

슬프게도 그는 나에게 "그게 한 달밖에 지속되지 않았지만요"라고 말했다. 변화는 갑자기 일어난 것처럼 갑자기 사라졌고 다시 예전의 비참함 속으로 빠져들었다. 그 후 몇 년 동안 또 다른 라이히 요법 치료사를 만났지만 약간의 진전만 보였다. 내가 다시 환자를 보게 되었을 때, 그는 치료를 더 받기 위해 나에게 돌아왔다. 약 3년 동안 그를 치료했고, 그가 가졌던 많은 장애를 극복하도록 도왔지만 성적으로나 다른 방면으로나 내가 떠나 있던 짧은 기간 동안 그가 스스로 달성했던 그 경지에는 결코 도달하지 못했다.

저절로 일어난 것처럼 보였던 예기치 않은 건강의 돌파구와 바로 이어진 상실을 어떻게 설명할 수 있을까? 환자의 경험을 보니 당시 유행했던 제임스 힐턴James Hilton의 《잃어버린 지평선Lost Horizon》이 떠올랐다. 이 이야기에서 주인공인

콘웨이는 비행기에서 동료 승객들과 함께 납치되어 히말라야 산맥의 고지대에 위치한 비밀 계곡, 샹그릴라라고 불리는 '이 세상의 바깥'으로 옮겨진다. 이 계곡에 사는 사람들에게 늙음과 죽음은 마치 연기되거나 유예된 것처럼 보인다. 그들의 주요한 원칙은 절제였고 이것 또한 '이 세상의 바깥' 같은 것이었다. 콘웨이는 샹그릴라에 남고 싶은 유혹을 받는다. 그는 고요하고 이성적인 삶의 방식이 매우 만족스럽다고 생각했다. 그는 계곡 공동체의 지도자 자리를 제의받지만 그의 형제에게 그것은 모두 환상이라고 설득당한다. 어린 중국 소녀와 사랑에 빠진 그의 형제는 콘웨이가 그녀와 함께 '현실'로 탈출하도록 유도한다. 그들은 떠나지만, 계곡을 벗어나자 콘웨이는 그 어린 중국 소녀가 노파로 변해 죽어가는 것을 보고 겁에 질린다. 어떤 현실이 더 진정한 것일까? 콘웨이는 샹그릴라로 돌아가기로 결정하고 이야기의 끝부분에 이르러 우리는 그가 '잃어버린 지평선'을 찾기 위해 산을 헤맨다는 것을 알게 된다.

내 환자에게 일어난 갑작스러운 변화는 사람이 현실을 느끼는 방식의 변화에서 왔다고 가정할 수 있다. 한 달 동안 내 환자도 '이 세상을 떠났고' 이 세상에서의 삶과 관련된 모든 불안, 죄책감 및 억제까지 버리고 떠났던 것이다. 의심할 여지 없이 많은 요인이 이러한 효과를 낳는 데 기여했다.

당시 라이히의 연구에 참여한 사람들 사이에는 학생과 환자로서 행복감과 흥분의 분위기가 있었다. 마치 라이히가 인간과 인간의 성에 대한 기본적인 진리를 선포한 것처럼 느꼈다. 그의 아이디어에는 혁명적인 매력이 있었다. 나는 내 환자가 이 분위기를 느꼈을 것이라고 확신한다. 이 분위기는 더 깊은 호흡과 함께했기 때문에 위에서 설명한 그 놀라운 효과가 나올 수 있었다.

자신의 세계나 습관적 자아에서 벗어나는 것은 초월적인 경험이다. 많은 사람이 더 길거나 더 짧은 기간 동안 비슷한 경험을 해왔다. 그들 모두에게 공통된 것은 풀려남, 해방감, 완전히 살아 있고 자연스럽게 반응하는 자아의 발견이었다. 그러나 이러한 변환은 예기치 않게 발생하며 계획하거나 설정할 수가 없다. 불행히도 그것들은 발생하는 만큼 빠르게 역전되는 경우가 많으며, 반짝이는 마차는 하룻밤 사이에 원래의 호박이 되어버린다. 그러면 우리에게는 경탄만 남게 된다. 어떤 것이 우리 존재의 진정한 실재인가? 왜 우리는 그 해방된 상태에 머물 수 없는가?

내 환자들 대부분은 치료 과정에서 이런 초월적인 경험을 해봤다. 그들은 이전에 짙은 안개로 가려졌다 드러난 지평선을 갑자기 뚜렷하게 인지한다. 비록 안개에 다시 덮이더라도 기억은 남아 변화와 성장에 대한 지속적인 노력의 동기를 제공하다.

우리가 이런 초월성을 추구한다면 우리는 많은 비전을 가질 수 있지만 우리는 분명히 시작한 곳에서 끝나게 될 것이다. 우리가 성장을 선택한다면 초월의 순간을 맞을 수 있지만, 더 풍요롭고 안전한 자아를 향한 안정적인 길을 따라가는 절정의 경험이 될 것이다.

삶 자체는 신체와 장기의 성장으로 시작하여 운동 (대근육, 소근육이라고도 하는) 기술의 발달, 지식의 습득, 관계의 확장을 거쳐 우리가 지혜라고 부르는 경험의 총합으로 끝나는 성장의 과정이다. 삶과 성장은 자연적, 문화적, 사회적 환경에서 발생하기 때문에 성장의 이러한 측면들은 겹치게 된다. 그리고 성장 과정은 연속적이지만 결코 균일하지 않다. 경험의 동화가 발생하여 유기체가 새로운 상승을 준비할 때 고르게 되는 기간이 있다. 각 오르막은 새로운 높이 또는 정상으로 이어지며 우리가 말하는 절정의 경험이 일어난다. 새로운 성장이 일어나고 개인이 지혜로운 상태로 끝나려면 각각의 절정 경험이 성격에 통합되어야 한다. 나에게는 행복에 대한 정의가 있다고 라이히에게 말한 적이 있다. 그는 눈썹을 치켜들고 의아한 표정으로 나를 바라보더니 그게 뭐냐고 물었다. 나는 "행복은 성장의 의식이에요"라고 대답했다. 그는 눈썹이 광대처럼 되면서 "나쁘지 않군" 하고 말했다.

내 정의가 타당하다면 대부분의 사람은 성장이 멈추었다고 느끼기 때문에 치료를 받으러 오는 것이다. 확실히 많은 환자가 성장 과정을 회복하고 싶어 치료기관을 찾는다. 치료는 새로운 경험을 제공하고 또는 경험의 동화를 막거나 방해하는 장애물을 없애거나 줄여준다. 장애물은 어린 시절 생긴 갈등의 손상, 불만족스러운 해결을 보여주는 구조화된 행동 패턴이다. 그들은 신경증적이고 제한된 자아를 만들고 그로부터 탈출하거나 해방되기를 원한다. 치료 중인 환자는 과거로 거슬러 올라가 예전의 갈등을 밝히고 생을 거부하고 위협하는 상황에서 만들어진 '갑옷'이라는 생존 방식이 아닌 다른 새로운 방법을 찾는다. 과거를 되살려야만 현재의 진정한 성장이 가능하고 과거가 끊어지면 미래는 존재하지 않는다.

성장은 자연스러운 과정이다. 우리가 성장을 억지로 만들 수 없다. 이 법칙은 모든 생물에 공통적이다. 예를 들어 나무는 뿌리가 땅속으로 더 깊이 들어갈 때만 위로 자란다. 우리는 과거를 공부함으로써 배운다. 따라서 사람은 자기 과거의 뿌리를 강화해야만 성장할 수 있다. 그리고 사람의 과거는 그의 몸이다.

그 열정과 설렘의 세월을 돌이켜보면 현대인의 깊숙이

구조화된 문제가 어떤 기술로 쉽게 풀릴 수 있으리라 기대하는 것이 순진했음을 깨닫는다. 그렇다고 라이히가 자신이 직면한 엄청난 과제에 대해 어떤 환상이 있었다고 말하는 것은 아니다. 그는 상황을 잘 알고 있었다. 그렇기 때문에 그는 이러한 문제를 해결하는 보다 효과적인 방법을 탐색했던 것이다.

그 탐색을 통해 그는 살아 있는 유기체에서 작용하는 에너지의 본질을 조사하게 된 것이다. 알려진 바와 같이, 그는 '오르곤orgone'이라는 새로운 에너지를 발견했다고 주장했는데, 그는 그것이 유기와 유기체에서 유래했다고 했다. 그는 이 에너지를 축적하고 그 안에 앉아 있는 사람의 몸을 충전할 수 있는 장치를 발명했다. 나는 이 '축적기'를 직접 제작하여 개인적으로 사용했다. 상태에 따라 도움이 되는 것으로도 판명되었지만 성격 문제에는 별 영향이 없었다. 개인적인 차원에서 이러한 성격 문제를 해결하려면 여전히 주의 깊은 분석 작업과 자유를 억제하고 삶을 제한하는 만성 근육 경련을 풀어주는 물리적 접근의 조합이 필요했다. 사회적 차원에서는 인간 자신, 환경, 인류 공동체에 대한 태도의 진화적 변화가 있어야 한다.

두 가지 차원에서 라이히는 큰 공헌을 했다. 성격 구조의 본질에 대한 설명과 신체 자세와 그 기능적 본질을 입증한 것은 인간 행동에 대한 우리의 이해에 중요한 발전이었다. 그는 정서적 건강의 기준으로 오르가슴 힘의 개념을 도입했고, 신체적 기반은 신체의 오르가슴 반사라는 것을 보여주었다. 그는 신체의 비자발적 반응의 의미와 중요성을 발견함으로써 신체 과정에 대한 우리의 지식을 넓혔다. 그리고 개인의 감정적(무의식적) 삶에서 방해 요소를 치료하는 비교적 효과적인 기술을 개발하였다.

라이히는 사회의 구조가 구성원 개개인의 성격 구조에 어떻게 반영되는지를 명확히 지적했는데, 이는 정치에서 일어나는 비합리적인 측면을 명확히 해명한 통찰력이었다. 그는 살아 있는 충동을 조이는 억압과 억제에서 자유로운 인간 존재의 가능성을 보았다. 내 생각에 이 비전이 실현되려면 라이히가 우리에게 가르쳐준 방향을 따라가야 할 것이다.

현재의 관점에서 라이히의 가장 큰 공헌은 성격 이론에서 신체가 수행하는 중심 역할에 대한 묘사였다. 그의 연구는 바이오에너지의 구성물이 세워지는 토대를 마련했다.

바이오에너지의 발전

사람들은 종종 나에게 "바이오에너지는 라이히 요법과 어떻게 다릅니까?"라고 묻는다. 이 질문에 답하기 위한 가장 좋은 방법은 바이오에너지의 발전을 역사적으로 설명하는 것이다.

1년 전 유럽에서 돌아와 1952년에 인턴십을 마친 나는 라이히와 그의 추종자들의 태도에 많은 변화가 일어났다는 것을 알게 되었다. 1945년에서 1947년 사이에 그토록 분명했던 열정과 흥분은 박해와 낙담의 감정으로 바뀌어 있었다. 라이히는 개인 치료를 중단하고 메인 주 레인질리로 이사하여 오르곤 물리학orgon physics에 전념했다. '성격 분석 식물 요법'이라는 용어는 '오르곤 요법'이라는 이름으로 바뀌었고 이로 인해 성격 분석 기술에 대한 관심은 줄어들고 축적기를 사용하여 오르곤 에너지를 적용하는 데 더 중점을 두고 있었다.

박해의 느낌은 라이히의 생각에 대한 의학계와 과학계의 비판적인 태도에 의해, 또 다른 한편으로는 노골적인 적대감으로 라이히를 잡으려고 하는 많은 정신분석가들, 또 일부는 라이히와 그의 추종자들 간의 내부 불안에서 생긴 것이었다. 낙담은 라이히가 메인 주에 있는 그의 실험실에서 진행한 오르곤 에너지와 방사능의 상호작용을 포함한 실험의 실패에서 비롯되었다. 실험은 부정적인 영향을 초래했다. 라이히와 그의 조수들은 질병으로 한동안 연구실을 떠나야 했다. 또한 신경증의 비교적 빠르고 효과적인 치료에 대한 희망의 붕괴는 그 당시 좌절의 분위기에 기여했다.

나는 이러한 감정을 공유하지 않았다. 라이히와 5년 동안 떨어져 있으면서 그의 고군분투를 지켜보았고 이전의 흥분과 열정을 유지할 수 있었다. 그리고 의과대학 교육과 인턴십 경험을 통해 라이히의 생각이 전반적으로 타당하다는 것을 그 어느 때보다 확신하고 있었다. 그러한 까닭에 나는 오르곤 치료사 그룹과 나 자신을 완전히 동일시하는 것을 꺼렸다. 라이히의 추종자들이 그와 그의 작업에 거의 광신적인 헌신을 한다는 것을 인식하자 거부감은 더욱 커졌다.

그의 진술에 의문을 제기하거나 자신의 경험에 비추어 그의 개념을 수정하는 것은 이단적인 것은 아니더라도 주제 넘은 것으로 간주되었다. 그러한 태도는 독창적이거나 창의적인 작업을 방해할 것이 분명했다. 이러한 사항이 나로 하여금 독립적인 입장을 유지하도록 했다.

이런 생각을 하고 있는 동안 나는 공식 단체 밖에 있던 다른 라이히 치료사인 펠레티에Louis G. Pelletier 박사와의 토론을 통해 라이히의 기술 절차를 수정하거나 확장할 가능성에 눈을 뜨게 되었다. 라이히와 치료하는 내내 그는 내 턱을 느슨하게 풀어주거나 몸에 순응하는 자세가 돼야 한다고 강조했다. 나도 라이히 요법 치료사로서 몇 년 동안 이 입장을 강조했다. 토론에서 펠레티에는 환자들이 도전적인 태도로 턱을 내미는 게 도움이 된다는 것을 발견했다고 말했다. 이 공격적인 표정을 사용하면 수축된 턱 근육의 긴장이 약간 풀렸다. 나 역시 그것이 턱을 내밀든 놓아버리든 효과가 있다는 것을 깨달았고 갑자기 라이히가 한 일에 대해 자유롭게 질문하거나 수정할 수 있게 되었다. 턱의 두 자세를 번갈아 사용할 때 가장 효과적인 것으로 나타났다. 환자의 공격성을 동원하고 격려하는 것도 환자가 부드러운 성적 감정에 순응하게 했다. 한편 '순응'하는 태도로 시작하면 몸으로 경험하는 고통과 좌절 때문에 슬픔과 분노의 감정 표현으로 끝나는 경우가 많았다.

1953년에 나는 킹스카운티 병원에서 정신과 레지던트를 막 마친 존 C. 피에라코스John C. Pierrakos 박사와 인연을 맺었다. 피에라코스 박사는 그 자신이 라이히 치료를 받았고 라이히의 추종자였다. 이 시점에서 우리는 더 이상 공식적으로 라이히의 의사 조직과 연결되지 않았지만 여전히 스스로를 라이히 요법 치료사로 간주했다. 1년 내에 피에라코스 박사와 비슷한 배경을 가진 윌리엄 B. 월링William B. Walling 박사가 합류했다. 두 사람은 의과대학 동창이었다. 이 모임은 초창기에 환자의 문제에 더 깊은 이해를 추구하는 동시에 다른 치료사에게 신체 접근의 기본 개념을 가르치는 것을 목표로 환자를 개인적으로 소개하는 임상 세미나 프로그램이었다. 1956년에 바이오에너지 분석 연구소는 이러한 목표를 수행하기 위해 비영리 신탁 기관으로 공식 출범했다.

그동안 라이히는 법적으로 어려움을 겪었다. 마치 그의 박해를 입증하기라도 하듯 미국 식품의약국Food and Drug Administration, FDA은 오르곤 에너지라는 것은 없다며 라이히에게 각 주와의 통상에서 오르곤 축적기를 판매하거나 배송하지 못하도록 하는 소송을 연방 법원에 제기하며 판매를 사기라고 지칭했다. 라이히는 자신의 과학적 이론을 법정에서 개진할 수 없다며 이 소송에 대해 이의를 제기하거나 변호하는 것을 거부했다. FDA는 판매 전면 금지 명령을 내렸다. 라이히는 금지 명령을 무시하라는 조언을 받았고, 그의 조건 위반은 곧 FDA 요원에 의해 발견되었다. 라이히는 법정 모욕죄로 재판을 받고 연방 교도소에서 2년형을 선고받았다. 그는 1957년 11월 루이스버그 교도소에서 사망했다.

라이히의 죽음으로 인한 비극은 나에게 인간은 스스로를 구원할 수 없다는 것을 증명했다. 그러나 자신을 구원하기 위해 진심으로 애쓰는 사람은 어떠한가? 그 '구원'이 양육에 의해 지워진 억제와 구속으로부터의 자유를 의미한다면, 나는 내가 이 은혜로운 상태에 도달했다고 주장할 수 없었다. 라이히 요법을 성공적으로 마쳤음에도 불구하고, 나는 여전히 몸에 많은 만성 근육 긴장을 가지고 있어서 내가 진정으로 원하는 그런 기쁨을 경험하지 못한다는 것을 알고 있었다. 나는 그것이 나의 성격에 제한적인 영향을 미친다고 느꼈다. 그리고 나는 훨씬 더 풍부하고 충만한 성적인 경험을 원했다.

내 해결책은 치료를 다시 시작하는 것이었다. 그러나 나는 라이히에게 돌아갈 수 없었고, 다른 라이히 요법 치료사들에 대한 믿음도 없었다. 나는 그것이 신체적인 접근이어야 한다고 확신했고, 나이와 경험, 모두에서 그들의 선배였기 때문에 동료 존 피에라코스와 함께 치료를 하기로 결정했다. 바이오에너지의 고안은 내 자신의 몸을 대상으로 삼아 함께 시도해보는 데서 비롯되었다. 시행하려는 기본 운동을 먼저 내 몸에 시도하고 테스트했으므로 개인적인 경험을 통해 그런 작업들이 어떻게 작동하고 무엇을 할 수 있는지 알게 되었다. 그 이후 몇 년 동안 나는 환자에게 시켰던 모든 것을 스스로 시도해 습관을 들이려고 했다. 자신에게 요구할 준비가 되지 않은 것을 다른 사람에게 요구할 권한은 없다고 생각했기 때문이다. 반대로 나는 자신을 위해 할 수 없는 일을 다른 사람을 위해 할 수 있다고 생각하지 않았다.

피에라코스와의 치료는 거의 3년 동안 지속되었다. 라이히와의 치료하고는 완전히 다른 성격이었다. 앞에서 설명한 자발적으로 움직이는 경험은 거의 없었다. 이는 주로 내가 몸동작을 연출했기 때문이기도 했지만, 성적 감정에 순응하는 것보다 근육의 긴장을 풀어주는 데 더 중점을 두었기 때문이다. 나는 의식적으로 더 이상의 것은 시도하고 싶지 않았다. 누군가가 나를 이끌어주기를 바랐다. 시도하고 통제하려는 나의 노이로제적인 성격을 포기하기가 쉽지 않았다. 라이히의 지식과 권위에 대한 존경심 때문에 라이히와는 이런 것들을 할 수 있었지만 내 항복은 그런 관계에서만 가능했다. 갈등은 타협으로 해결되었다. 피에라코스와의 치료 전반부에서 나는 나의 신체 감각을 설명하면서 내 자신을 치료했다. 후반부에 그는 강하고 따뜻한 손으로 내 뭉친 근육을 파고들어 주무르며 이완시켜 흐름을 발생하게 했다.

스스로 시도하면서 기본 포지션을 개발한 것이 바이오에 너지의 표준이 된 운동이다. 나는 내 다리에 더 완전한 작업을 할 필요를 느꼈고 그래서 나는 라이히가 사용하는 엎드린 자세가 아닌 서 있는 자세로 시작했다. 다리를 벌리고 발가락을 안쪽으로 돌리고 무릎을 구부리고 등을 아치형으로 구부려 하반신을 모으려고 시도했다. 나는 몇 분 동안 그 자세를 유지했고, 그와 같은 자세는 나와 땅을 더 가깝게 느낄 수 있게 해준다는 것을 감지했다. 그것은 나로 하여금 복부 깊숙이 숨을 쉬게 하는 부가적인 효과도 가져왔다. 이 자세는 허리에 부담을 주기 때문에 무릎을 약간 구부린 상태에서 앞으로 숙여 손가락 끝으로 가볍게 바닥을 만지면서 반전시켰다. 그러면 다리의 감각이 증가하고 진동하기 시작했다.

이 두 가지 간단한 운동이 접지grounding라는 개념이 되었다. 바이오에너지의 고유한 개념이다. 모든 환자가 발이 바닥에 단단히 고정되어 있다는 감각이 부족하다는 것이 분명해지면서 이 개념은 수년에 걸쳐 천천히 발전했다. 이러한 결핍은 그들이 '공중에서' 현실과 동떨어져 있다고 느끼는 것과 일치한다. 환자를 현실, 그가 서 있는 땅, 그의 몸과 성 인식을 연결하거나 접촉하게 하는 것은 바이오에너지의 초석 중 하나가 되었다. 현실과 환상에 관련된 접지 개념에 대한 전체 설명은 이 책의 6장에서 다루고 있다. 접지를 달성하는 데 사용되는 많은 운동이 거기에 설명되어 있다.

이 작업 과정에서 개발한 다른 혁신 중 하나는 호흡용 의자의 사용이었다. 호흡은 라이히 요법만큼 바이오에너지에서 매우 중요하다. 그러나 항상 환자가 깊고 완전하게 호흡하도록 하는 것은 문제였다. 그러한 호흡을 자유롭고 자발적으로 하는 것은 훨씬 더 어렵다. 호흡용 의자의 개념은 책상에 잠시 앉아 있다가 스트레칭을 하고 숨을 쉬어야 할 때 사람들이 의자 등받이에 몸을 아치형으로 뒤로 젖히는 일반적인 경향에서 비롯되었다. 나는 환자들을 보면서 스스로 이렇게 하는 습관이 있었다. 안락의자에 앉아 있으면 숨이 가빠지게 되었고, 그러면 다시 숨을 더 깊게 들이쉬기 위해 뒤쪽으로 아치를 만들어 스트레칭을 하곤 했다. 우리가 처음 사용한 의자는 높이 약 60센티미터의 나무로 된 주방 사다리 위에 담요를 꽁꽁 말아서 묶어둔 것이었다.* 이 의자에 등을 대고 눕는 것은 호흡 운동을 할 필요도 없이 모든 환자에게 호흡을 자극하는 효과가 있었다. 피에라코스와 함께 치료하는 동안 개인적으로 등받이 없는 의자를 사용해봤

---

* Alexander Lowen, *Pleasure*, New York, Coward-Mc Cann, Inc., N.Y., 1970.

으며, 그 이후로 계속해서 정기적으로 사용하고 있다.

두 번째 치료 기간의 결과는 현저하게 달랐다. 나는 특히 어머니와 관련해 이전에 경험한 것보다 더 많은 슬픔과 분노와 접촉했다. 이러한 감정의 해방은 내게 짜릿한 효과를 가져왔다. 마음이 열리고 환하게 빛나는 느낌이 들 때가 있었다. 하지만 더 중요한 것은 내가 자주 가졌던 지속적인 행복감이었다. 내 몸은 점차 이완되고 강해졌다. 난 불안정한 감각이 없어진 것을 상기했다. 나는 내가 다칠 수 있지만 **부서지지 않을 것**이라고 느꼈다. 고통에 대한 비이성적인 두려움도 없어졌다. 고통이 긴장이라는 것을 알게 되었고, 고통에 순응했을 때 고통을 유발하게 하는 긴장을 이해할 수 있었으므로, 해소되는 느낌을 받았다.

이 치료 동안 오르가슴 반사는 아주 가끔씩만 느껴졌다. 나는 내 근육 긴장에 집중했기 때문에 크게 걱정하지 않았고, 이런 집중 강화 치료는 성적 감정에 굴복하는 것에서 초점이 멀어졌다. 라이히 요법의 명백한 성공에도 불구하고 지속되었던 조루 경향이 크게 줄어들었고 절정에서의 반응은 더 만족스러웠다. 이러한 발전은 환자의 성생활의 어려움에 대한 가장 효과적인 접근은, 성적 죄책감 및 불안을 필연적으로 내포한 성격 문제를 해결하는 데 있다는 것을 깨닫게 했다. 라이히의 성적 행위에 대한 초점은 이론적으로는 유효했지만 일반적으로 현대 생활의 조건에서 유지될 수 있는 결과를 산출하는 데는 실패했다.

분석가로서 라이히는 성격 분석의 중요성을 강조했다. 하지만 그는 나를 치료할 때 이러한 측면은 다소 최소화하였다. 성격 분석은 식물 요법이 오르곤 요법이 되면서 더욱 줄어들었고, 특성 분석 작업에는 많은 시간과 인내가 필요하지만 확실한 결과를 위해서는 필수적인 작업인 것 같았다. 나는 우리가 근육 긴장을 다루는 일을 아무리 중요하게 여기더라도 사람의 습관적인 존재 방식과 행동에 대한 주의 깊은 분석이 동등한 관심을 받을 가치가 있다고 판단했다. 나는 행동 패턴의 심리적, 신체적 역학 관계를 연관 짓는 특성 유형에 대해 집중적으로 연구했다. 이것은 1958년에 '성격 구조의 신체적 역동'*이라는 제목으로 발표되었다. 신체가 비록 성격 유형을 완벽하게 요약하지는 않았지만 그것은 바이오에너지에서 수행하는 모든 성격 작업의 기초이다.

나는 몇 년 전에 피에라코스와의 치료를 끝내며 그로부터 성취한 것에 대해 매우 만족했다. 그러나 누군가가 나에게 "모든 문제를 해결했습니까, 성장을 완료했습니까, 인간

* Alexander Lowen, *The Physical Dynamics of Character Structure*, New York, Grune & Stratton, 1958; *The Language of the Body*, New York, Macmillan, 1971.

으로서의 잠재력을 완전히 실현했습니까? 또는 근육 긴장을 모두 풀었습니까?" 하고 묻는다면, 내 대답은 여전히 "아니오"였을 것이다. 치료를 계속하는 것이 더 이상 필요하거나 바람직하지 않다고 느끼는 지점에 이르러서 중단을 한 것이다. 치료가 성공적이라면 환자는 자신의 행복과 지속적인 성장에 대해 스스로 완전한 책임을 떠안을 수 있다고 느낀다. 내 성격의 어떤 부분이 항상 나를 이런 지속적인 성장의 방향으로 기울게 만들었다. 치료를 중단한다고 해서 내 몸을 다루는 일을 그만둔 것이 아니다. 나는 환자들에게 하게 하는 바이오에너지 운동을 혼자 또는 그룹 환경에서 다른 사람들과 함께 계속했다. 내 몸에 대한 이러한 수행이 계속해서 내 성격에 많은 긍정적인 변화를 발생하게 했다고 생각한다. 이러한 변화에는 일반적으로 나의 과거와 내 몸과 더불어 나 자신에 대한 더 깊은 이해가 선행되었다.

라이히를 만난 지 34년이 넘었고 그와 함께 치료를 시작한 지 32년이 넘었다. 나는 27년 이상 환자를 봐왔다. 나의 개인적인 경험과 환자들의 경험에 대해 치료하고 생각하고 글을 쓰면서 한 가지 결론에 도달했다. **사람의 생명은 몸의 생명이다.** 살아 있는 몸은 생각과 영과 혼을 포함하기 때문에 몸의 삶을 온전히 산다는 것은 마음챙김이고, 영적인 것이고 혼이 담기는 것이다. 우리 존재의 이러한 측면이 결핍되어 있다면 그것은 우리가 몸 안에 또는 몸과 함께 완전히 존재하지 않기 때문이다. 우리는 몸을 도구나 기계로 취급한다. 고장 나면 곤경에 처한다는 것을 알고 있다. 마치 우리가 그토록 의존하고 있는 자동차처럼 말이다. 이전 책*에서 지적했듯이 우리는 우리를 몸과 동일시하지 않음으로써 우리의 몸을 배신했다. 우리의 모든 개인적인 어려움은 이러한 배신에서 비롯되며, 나는 우리 사회의 대부분의 문제가 비슷한 지점에서 비롯되었다고 믿는다.

바이오에너지는 사람이 자신의 몸을 되찾고 가능한 한 몸의 생명을 최대한 즐길 수 있도록 돕는 치료 기술이다. 신체에 대한 이러한 강조에는 기본 기능 중 하나인 성적 행위가 포함된다. 그러나 호흡, 움직임, 느낌 및 자기표현의 훨씬 더 기본적인 기능도 포함한다. 심호흡을 하지 않는 사람은 몸의 수명이 단축된다. 자유롭게 움직이지 않으면 몸의 생명은 제한된다. 온전하게 느끼지 못하면, 몸의 생명은 줄어들며 자기표현이 위축되면 몸의 생명은 제한된다.

사실, 이러한 생명의 제한은 자발적으로 만든 것이 아니다. 그들은 권력, 명성 및 소유물을 위해 신체의 가치를 거부하는 가정 환경과 문화에서 생존 수단으로 발전한 것이다. 그럼에도 우리는 의문점을 제시하지 않고 삶에 대한 이

---

* Alexander Lowen, *The Betrayal of the Body*, New York, Macmillan, 1967.

러한 제약을 받아들이며, 그에 따라 우리의 몸을 배신한다. 그 과정에서 우리는 또한 우리 몸이 평온을 위해 의존하는 자연환경을 파괴한다. 대부분의 사람이 자신들이 가지고 있는 이런 신체적 장애, 이 세상을 살며 습관으로 굳힌, 즉 제2의 본성이 되어버린 것을 의식하지 못하는 것도 사실이다. 사실상 사람들 대부분은 이렇게 제한된 에너지와 감정으로 인생을 살아간다.

바이오에너지의 목표는 사람들이 자유의 조건이자 본래의 본성인 자유로움, 우아함과 아름다움을 회복하도록 돕는 것이다. 자유, 우아함, 아름다움은 모든 동물 유기체의 자연적 속성이다. 자유는 감정의 흐름에 대해 내적 구속이 없는 것이고, 우아함은 이러한 움직임의 흐름을 표현하는 것이며, 아름다움은 그러한 흐름이 낳는 내적 조화의 표현이다. 이것들은 건강한 몸을 의미하며 따라서 건강한 정신을 나타낸다.

모든 인간의 기본 본성은 생명과 사랑에 열려 있는 것이다. 방어되고, 무장하고, 불신하고, 둘러막는 것은 우리 문화의 제2의 본성이다. 그것은 상처로부터 자신을 보호하기 위해 우리가 채택한 수단이지만, 그러한 태도가 성격에 특징적으로 구조화되면 원래 겪었던 것보다 더 심각한 상처가 되고 더 큰 장애가 된다.

바이오에너지는 사람이 삶과 사랑에 마음을 열 수 있도록 돕는 것을 목표로 한다. 이것은 쉬운 일이 아니다. 심장은 뼈로 된 우리 안에 잘 보호되어 있으며 심장에 대한 접근은 심리적으로나 육체적으로 강력하게 방어된다. 우리의 목표를 달성하려면 이러한 방어를 이해하고 해결해야 한다. 그러나 목표를 달성하지 못하면 그 결과는 비극적이다. 닫힌 마음으로 인생을 살아가는 것은 배에 갇힌 채로 바다를 항해하는 것과 같다. 삶의 의미, 모험, 설렘, 영광은 사람의 시야와 범위를 초월한다.

바이오에너지는 자기를 발견하는 모험이다. 그것은 인간의 성격을 인체의 측면에서 이해하려는 시도로 본성을 다루는 다른 유사한 탐구와 다르다. 이전에 했던 대부분의 탐구는 정신에 대한 연구에 집중했다. 이러한 탐구를 통해 많은 귀중한 정보를 얻었지만, 내가 보기에 그들은 가장 중요한 성격 영역, 즉 신체 과정의 기반을 건드리지 않은 채 남겨두었다. 우리는 몸에서 일어나는 일이 필수적으로 마음에 영향을 미친다는 것을 쉽게 인정할 것이며 이는 새로운 것이 아니다. 내 입장은 신체의 에너지 과정이 신체에서 일어나는 일을 결정하는 것처럼 마음에서 일어나는 일을 결정한다는 것이다.

2장

에너지 개념

충전과 방전, 이동과 움직임

바이오에너지는 내가 강조했듯이 신체 에너지의 진행이라는 측면에서 인간의 성격을 연구하는 학문이다. 이 용어는 또한 생화학에서 분자나 하위 분자 차원의 에너지 진행을 다루는 연구 영역을 정의하는 데도 사용된다. 화학자 얼베르트 센트죄르지Albert Szent-Gyorgyi가 말했듯이[*] 생명이라는 기기를 움직이려면 에너지가 필요하다. 사실, 에너지는 생물과 무생물을 포함한 모든 것의 움직임에 관여한다. 현재의 과학적 사고에 의하면 이 에너지는 본질적으로 전기적electrical인 것으로 간주된다. 그러나 그것이 유독 살아 있는 유기체에 적용되면 그 본질에는 다른 견해가 생긴다. 라이히가

[*] Albert Szent-Gyorgyi, *Bioenergetics*, New York, Academic Press, 1957.

오르곤이라고 불렀던 기초 우주 에너지는 본질적으로 전기성을 띠지 않는다고 가정했다. 중국 철학은 음과 양의 양극 관계에 있는 두 가지 에너지를 가정한다. 이러한 에너지는 침술이라는 중국 의료 행위의 기초를 형성하며 그 결과는 일부 서양 의사를 놀라게 했다.

나는 이 연구에서 실제로 생명의 에너지가 무엇인지를 결정하는 것이 중요하다고는 생각하지 않는다. 이러한 모든 관점에는 어느 정도 타당성이 있지만 나는 그것들 사이의 차이점을 조화롭게 할 수 없었다. 그러나 우리는 에너지가 생명의 모든 과정(움직이고, 느끼고, 생각하는 것)에 관계하며 유기체에 대한 에너지 공급이 심각하게 차단되면 이러한 과정이 중단될 것이라는 근본적인 명제를 받아들일 수 있다. 예를 들어, 음식이 부족하면 유기체의 에너지가 심각하게 고갈되어 사망에 이르거나 필요한 산소가 차단되어 호흡을 방해하면 사망에 이를 수도 있다. 신체의 신진대사 활동을 차단하여 에너지를 감소시키는 독극물도 이러한 영향을 미친다.

동물 유기체의 에너지는 음식의 연소에서 나온다는 것이 일반적인 상식이다. 반면에 식물은 태양 에너지를 포착하여 생명을 유지할 수 있는 능력을 얻으며, 이를 식물 조직에 결합하고 변형시켜 초식 동물의 먹이로 사용된다. 동물이 음식을 자신의 생명 유지에 사용할 수 있는 자유에너지로 다시 바꾸는 것은 궁극적으로 산소를 사용하는 복잡한 화학작용이다. 음식의 연소는 장작불에서 발생하는 연소와 다르지 않으며 그 과정을 유지하기 위해서는 산소가 필요하다. 두 경우 모두 연소 속도는 사용 가능한 산소의 양과 관련이 있다.

이 단순한 비유만으로는 복잡한 생명현상을 설명하지 못한다. 단순하게 연료 공급이 소진되면 불은 자체적으로 꺼지며 연소에 의해 방출되는 에너지에 관계없이 무차별적으로 타버린다. 대조적으로, 살아 있는 유기체는 자급자족하고, 스스로 규제하며, 스스로 영속하는 불이다. 타서 없어지지 않고 어떻게 이런 기적을 가능하게 하는지는 여전히 엄청난 수수께끼다. 아직 수수께끼를 다 풀 수는 없지만 관련된 몇 가지 요인을 이해하려고 노력하는 것은 중요하다. 우리는 모두 생명의 불꽃이 지속적으로 밝게 타오르기를 원하기 때문이다.

성격을 에너지 측면에서 생각하는 데 익숙하지 않지만 둘은 분리할 수 없다. 성격은 개인이 가지고 있는 에너지의 양과 그것의 사용 방법에 따라 결정되고 나타난다. 어떤 사람들은 다른 사람들보다 더 많은 에너지를 가지고 있다. 일부는 에너지를 좀더 자제하는 반면 충동적인 사람은 흥분이나 에너지의 증가를 억제할 수 없기 때문에 가능한 한 빠르게 증가한 흥분을 방출해야 한다. 강박적인 사람은 에너지를 다르게 사용한다. 그 역시 자신의 흥분을 발산해야 하지만, 움직임과 행동이 엄격하게 구조화된 패턴으로 발산된다.

성격과 에너지의 관계는 우울한 사람에게서 가장 명확하게 나타난다. 우울 반응과 우울 경향은 복잡한 심리적, 신체적 요인*의 상호 작용에서 비롯하지만 한 가지는 매우 분명하다. 우울한 사람은 에너지상으로도 우울하다. 영화 연구에 따르면 우울한 사람은 우울하지 않은 사람의 자연스러운 움직임에 비해 거의 절반 정도만 움직인다. 심한 경우에는 적극적으로 움직일 힘이 없는 것처럼 조용히 앉아 거의 움직이지 않을 수도 있다. 그의 내적 상태는 외적 모습과 대부분 일치한다. 그는 일반적으로 움직일 에너지가 부족하다고 느끼고, 피곤하지 않으면서도 무기력을 호소한다. 그의 에너지 우울 단계는 모든 에너지 기능의 감소에서 볼 수 있다. 호흡도, 식욕도, 성욕도 저하된다. 이 상태라면 그는 관심을 가지고 추구할 만할 것을 가져보라는 우리의 권유에 반응할 수 없다. 그는 말 그대로 관심을 발전시킬 **에너지가 없다.**

나는 많은 우울증 환자를 치료해왔다. 우울증은 사람들

---

* Lowen, *Depression and the Body*, *op. cit.*

이 치료를 요하는 가장 흔한 문제 중 하나이기 때문이다. 그 사람의 이야기를 듣고, 이력을 살펴보고, 상태를 평가한 후, 나는 그가 다시 에너지를 쌓도록 돕는다. 이를 수행하는 가장 즉각적인 방법은 산소 섭취량을 늘리는 것이다. 즉, 더 깊고 완전하게 호흡하도록 하는 것이다. 사람이 호흡을 동원하는 데 도움을 받을 수 있는 방법에는 여러 가지가 있는데 이에 대해서는 다음 장에서 설명하겠다. 나는 환자가 스스로 할 수 없어서, 도움을 요청하기 위해 나에게 온 것은 아니라는 가정에서 시작한다. 이것은 내가 치료를 시작하기 위해 **내** 에너지를 사용해야 한다는 것을 의미한다. 여기에는 호흡을 천천히 깊게 하도록 하고 물리적 압력과 접촉을 사용하여 자극하는 몇 가지 간단한 활동이 포함된다. 중요한 것은 호흡이 활발해지면 에너지 단계가 올라간다는 것이다. 사람은 충전이 되면 다리에 미세하고 비자발적인 떨림이나 진동이 발생할 수 있다. 이것은 신체, 특히 하체에 약간의 흥분된 이동이 있다는 신호로 해석된다. 후두를 통해 공기가 더 많이 흐르게 되면 목소리가 더 깊이 울려퍼지고 얼굴이 밝아질 수 있다. 이러한 변화가 일어나고 환자가 '기분 좋아지는' 느낌을 받는 데는 20분에서 30분 이상 걸리지 않을 수 있다. 그는 일시적으로 우울 상태에서 **벗어난다.**

더 깊고 충만한 호흡의 효과는 명백해서 바로 느낄 수 있지만 이것이 우울증 치료법은 아니다. 또한 그 효과는 지속되지 않을 것이다. 왜냐하면 그 자신이 자발적으로 이러한 양질의 더 깊은 호흡을 유지할 수 없기 때문이다. 이러한 무능은 우울증의 핵심 문제이며, 상대적으로 쇠약해진 몸과 우울한 성격을 만들어낸 모든 요인을 철저히 분석하지 않고는 해결할 수 없다. 더불어 그 사람의 몸을 정력적으로 충전하여 그 사람의 에너지 단계를 높이려는 지속적인 노력이 수반되지 않는 한 분석 자체만으로는 큰 도움이 되지 않는다.

에너지 충전의 개념은 에너지 방전을 고려하지 않고는 논의될 수 없다. 살아 있는 유기체는 에너지 충전과 방전 사이의 균형이 있어야만 기능할 수 있다. 필요와 기회에 맞는 에너지 수준을 유지해야 한다. 성장하는 아이는 방출하는 것보다 더 많은 에너지를 섭취하고 이 여분의 에너지를 성장에 사용한다. 회복기나 인격 성장의 경우에도 마찬가지다. 성장에는 에너지가 필요하다. 이외에도 섭취하는 에너지의 양은 활동을 통해 방출할 수 있는 양과 비례하는 것이 일반적이다.

모든 활동에는 심장 박동, 장의 연동 운동, 걷기, 말하기, 일하기, 섹스에 이르기까지 에너지를 필요로 하고 또 사용한다. 그러나 살아 있는 유기체는 기계가 아니다. 그것의 기본 활동은 기계적으로 수행되는 것이 아니라 그 존재를 표현하는 것이다. 사람은 행동과 움직임으로 자신을 표현하며, 자신의 표현이 자유롭고 현 상황에 적절할 때 에너지 발산으로 인한 만족감과 즐거움을 경험한다. 이 즐거움과 만족은 되돌아와 유기체를 자극하여 대사 활동을 증가시키며, 이는 즉시 더 깊고 충만한 호흡에 반영된다. 이런 즐거움이 있다면 리드미컬하고 비자발적인 삶의 활동은 최적의 수준으로 기능한다.

즐거움과 만족은 내가 말했듯이 자기표현 활동의 즉각적인 경험이다. 자신을 표현하는 권리를 제한하면 즐거움과 창조적 삶을 위한 기회가 제한되는 것이다. 마찬가지로 자기 자신, 생각, 감정을 표현하는 능력이 내부 힘(억제 또는 만성 근육 긴장)에 의해 제한되면 즐거움을 느낄 수 있는 능력 또한 감소한다. 이 경우 인간은 신체의 에너지 균형을 유지하기 위해 (물론 무의식적으로) 에너지 섭취를 줄인다.

사람의 에너지 단계를 높이는 것은 단순히 호흡을 통한 충전으로는 달성할 수 없다. 움직임, 목소리, 눈을 통한 자기표현의 길이 열려야 더 큰 에너지를 발산할 수 있다. 드물게 이것은 충전 과정에서 자발적으로 발생한다. 호흡용 의자 위에 누우면 호흡은 자연스럽게 깊어질 수 있다. 의식적인 의도나 자각 없이 갑자기 울기 시작할 수 있다. 또 지금 자신이 왜 우는지 모를 수도 있다. 깊은 호흡은 목을 열고 몸을 충전하며 억눌린 감정을 활성화시켜 슬픔의 감정을 분출하게 한다. 때론 분노가 터져 나온다. 그러나 많은 경우 아무 일도 일어나지 않는다. 왜냐하면 그 사람은 자신의 감정을 드러내고 놓아버리는 것을 너무 두려워하기 때문이다. 그러나 이 경우 그는 자신을 '참게 하고' 느낌의 표현을 차단하게 하는 목과 가슴의 근육 긴장을 인식하게 될 것이다. 따라서 만성적인 근육 긴장에는 직접적으로 신체를 조정하여 '참기'를 해제할 필요가 있다.

충전과 방전은 하나의 단위로 기능하기 때문에 바이오에너지는 사람의 에너지 단계를 높여서 자기를 표현하고 동시에 신체 감각의 흐름을 복원하는 방정식처럼 양쪽으로 작동한다. 따라서 강조할 점은 항상 호흡, 느낌, 움직임에 있으며, 개인의 현재 에너지 기능을 그의 삶의 역사와 연관시키려는 시도와 함께한다. 이와 같은 결합된 접근 방식은 사람이 자신의 완전한 에너지 잠재력을 발휘하지 못하게 하는 내적 힘(갈등)을 천천히 드러낸다. 이러한 내적 갈등 중 하나가 해결될 때마다 그 사람의 에너지 단계가 올라간다. 이것은 그가 즐겁고 만족스러운 창의적인 활동에 더 많은 에너지를 받고 더 많이 방출한다는 것을 의미한다.

나는 바이오에너지가 모든 묻힌 갈등을 해결하고, 모든

만성 긴장을 제거하고, 사람 몸의 감각을 완전하고 자유로운 흐름으로 회복할 수 있다는 인상을 주고 싶지는 않다. 우리는 이 목표를 완전히 달성하지 못할 수도 있지만 그 방향으로 이끄는 성장 과정을 마련하려 한다. 우리가 살고 있는 환경이 창조적 활동과 즐거움을 지향하지 않는다는 점에서 모든 치료에는 장애가 따른다. 다른 곳에서도 지적했듯이[*] 그것은 생체의 가치와 리듬이 아니라 기계와 물질적 생산성의 가치와 리듬에 맞춰져 있다. 우리는 자기표현을 억제하고 우리의 에너지 기능을 감소시키는 힘이 이 문화에서 비롯하며 그 환경의 일부라는 결론을 피할 수 없다. 민감한 사람이라면 누구나 압력과 긴장, 폭력과 불안으로 가득 찬 현대 생활의 광적인 속도에 휘말리지 않도록 자신을 보호하는 데 상당한 에너지가 필요하다는 것을 알고 있다.

흐름의 개념은 약간의 부연 설명이 필요하다. 흐름은 유기체 내의 움직임을 의미하고 흐름을 가장 잘 보여주는 예는 혈액의 흐름이다. 혈액은 몸 전체로 흐르면서 대사산물과 산소를 조직으로 운반하여 에너지를 공급하고 연소 노폐물을 제거한다. 그러나 그것은 단순한 매개 그 이상의 것으로 신체의 에너지로 충전된 액체이다. 신체의 어떤 지점에 도달하면 그 부분에 생명, 온기, 흥분을 더한다. 그것은

* Lowen, *pleasure, op. cit.*

에로스의 표현이자 매개체이다.* 성감대, 입술, 유두, 생식기에서 일어나는 일을 생각해보자. 그것들에 혈액이 모이면(이 각 기관에는 큰 혈관망이 풍부하게 있다) 우리는 흥분하게 되고, 온기와 사랑을 느끼면서 다른 사람과 접촉하고 싶어 한다. 성적 흥분은 신체의 말초, 특히 성감대로의 혈류가 증가하며 발생한다. 흥분이 피를 가져오든 피가 흥분을 가져오든 그것은 중요하지 않다. 둘은 항상 함께한다.

혈액 외에도 신체에는 림프, 간질액, 세포내액과 같이 에너지를 띠는 다른 액체가 있다. 이런 흐름이 주는 자극은 혈액에 국한되지 않고 모든 체액을 통해 이동한다. 에너지의 측면에서 말하면, 몸 전체는 피부라는 막으로 싸인 단일 세포로 볼 수 있다. 이 세포 내에서 흥분은 자극에 대한 반응의 특성에 따라 모든 방향으로 퍼지거나 특정 방향으로 흐를 수 있다. 신체를 단일 세포로 보는 이러한 견해는 신체 내부에 매우 많은 전문화된 조직, 신경, 혈관, 점막, 근육, 땀샘 등이 있다는 사실을 부인하지 않으며, 이들 모든 기관은 생명을 증진하기 위해 전체의 일부분으로서 협력한다.

흥분의 흐름은 종종 해부학적으로는 말이 되는 않는 느낌이나 감각으로 경험할 수 있다. 팔과 얼굴, 눈까지 차오르는 분노가 상체로 솟구치는 경험을 해보지 않았는가? 그것

---

* Lowen, *The Physical Dynamics of Character structure, op. cit.*

은 '옷깃 아래가 뜨거워지는' 감각에서 머리와 목이 피로 가 득 차오르는 감각까지 다양할 수 있다. 사람이 너무 화가 나 서 붉어지는 것은 그의 눈에 피가 몰렸음을 나타낸다. 반면 에 분노의 감정은 말초혈관이 수축되어 혈액이 표면에 닿 지 않아 하얗고 차갑게 보일 수도 있다. 증오의 먹구름으로 덮인 검은 분노도 있다.

혈액의 상향 흐름과 흥분은 다른 길을 통해 다른 기관을 자극할 때 완전히 다른 감정을 생성할 수 있다. 심장에서 입, 눈, 손으로 몸의 전면을 따르는 흥분의 흐름은 마음을 열고 손을 뻗는 듯한 자세로 표현되는 갈망을 일으킨다. 분 노의 흐름은 주로 몸의 뒤쪽을 따라간다. 혈액과 흥분의 하 향 흐름은 몇 가지 흥미로운 감각을 일으킨다. 롤러코스터 를 타거나 엘리베이터를 빠르게 오르내릴 때 체험할 수 있 다. 이러한 감각은 그네로도 느낄 수 있어 어린이들이 많이 원하는 것이다. 그들은 배를 녹이는 듯한 감각이 강한 성욕 과 함께 발생할 때 가장 강렬하게 반응하며 즐거움을 느낀 다. 그러나 이 같은 흐름은 불안과 결합될 수 있으며, 이 경 우 배 속이 가라앉는 느낌을 받는다.

신체의 99퍼센트가 물로 구성되어 있고 일부는 구조화되 어 있지만 대부분이 유동적이라는 것을 안다면, 우리는 감 각, 느낌, 감정을 이 액체 상태의 흐름이나 파도라고 상상할 수 있다. 감각, 느낌, 감정은 상대적으로 유동적인 신체 내부 움직임에 대한 인식이다. 신경은 이러한 인식들을 중재하고 반응을 조정하지만 근본적인 충동과 움직임은 자연스러운 리듬과 맥동에 의한 신체 에너지 충전에 내재되어 있다. 이러한 내적 움직임은 의식적 통제를 받는 자발적 움직임에 의해 다른 신체의 운동성을 나타낸다. 아주 어린 아이들에게서 가장 분명하게 볼 수 있다. 아기의 몸을 보면 호수의 파도처럼 끊임없이 움직이는 것을 볼 수 있는데, 이러한 움직임은 내면의 힘에 의해 만들어진다. 사람들은 나이가 들수록 운동성이 감소하는 경향이 있다. 그들은 마침내 죽음과 함께 모든 움직임이 멈출 때까지 더 구조화되고 단단해진다.

우리의 자발적인 모든 움직임에는 유기체의 본질적인 운동성을 나타내는 비자발적 요소도 있다. 자발적인 행동과 통합된 이 비자발적인 요소는 우리의 행동과 움직임의 생동감이나 즉흥적인 부분을 설명해준다. 그것이 없어지거나 감소하면 신체 움직임은 기계적이며 생명이 없는 듯한 기질을 가지게 된다. 순전히 자발적이거나 의식적인 움직임은 공간 이동의 운동감각 외의 다른 감각을 일으키지 않는다. 감정 톤을 나타내는 움직임은 의식적 통제를 받지 않은 비자발적 구성 요소에서 비롯된다. 의식적 요소와 무의식적 요소 또는 자발적인 요소와 비자발적 요소의 융합은 감정적 고리가 되지만, 조정되어 효과적인 움직임을 낳기도 한다.

사람의 감정적 생명은 신체의 운동성에 달려 있으며, 그 운동성이 신체 전반에 흐르는 자극의 기능을 한다. 이 흐름이 방해를 받아 신체의 운동성이 감소하는 부위에서 뭉침 같은 것이 발생한다. 이 부위의 근육 경직은 손가락으로 쉽게 만져지거나 느낄 수 있다. 따라서 '뭉침', '무감각', '만성 근육 긴장'이라는 용어로 표현된다. 일반적으로 뭉침은 무감각이나 경련 부위를 통해 알아볼 수 있고, 그것을 유지하는 근육 수축은 손의 느낌으로 확인할 수 있다.

몸은 에너지 체계이기 때문에 환경과 에너지적으로 끊임없이 상호작용한다. 음식의 연소에서 파생된 에너지와는 별도로 사람은 긍정적인 힘과의 접촉에 의해 흥분되거나 충전된다. 밝고 맑은 날, 아름다운 장면에서 행복한 사람은 효과적인 자극을 받는다. 어둡고 무거운 날, 추하거나 암울한 사람은 에너지에 부정적인 영향을 끼치며 우울한 영향을 주입하는 것만 같다. 우리 모두는 우리를 둘러싸고 있는 힘이나 에너지에 민감하지만 그 영향이 모든 사람에게 동일하지는 않다. 더 많이 충전된 사람은 부정적인 영향에 저항력을 갖는다. 동시에 더 많이 충전된 사람은 특히 그의 신체에서 흥분의 흐름이 자유롭고 충만할 때 다른 사람들에게 긍정적인 영향을 미친다. 그러한 사람들과 함께하는 것은 기쁨이며 우리 모두는 이것을 직관적으로 감지한다.

당신이 곧 당신의 몸이다

바이오에너지는 각각의 사람이 곧 그 사람의 몸이라는 단순한 명제에 기초한다. 어떤 사람도 자신의 존재를 드러내고 자신을 표현하며 주변 세계와 관계를 맺는 살아 있는 몸을 떠나서 존재하지 않는다. 신체 일부가 아닌 자기 자신의 일부를 명명할 것을 요구받을 수 있기 때문에 이 명제에 반대하는 것은 어리석은 일이다. 마음과 정신과 영혼은 모든 살아 있는 몸의 양상이다. 죽은 몸에는 마음이 없으며 정신을 잃고 영혼은 떠난 상태이기 때문이다.

당신이 당신의 몸이고 당신의 몸이 곧 당신이라면 그것은 당신이 누구인지를 나타낸다. 그것이 당신이 세상에 존재하는 방식이다. 당신의 몸이 더 잘 살아 있을수록 당신은 세상에 더 잘 존재하게 된다. 예를 들어 지쳤을 때처럼 몸이 활력을 잃으면 사람들은 움츠러드는 경향이 있다. 질병 같은 것도 비슷한 효과를 가져온다. 세상이 멀리 있는 것처럼 느껴지거나 안개에 휩싸여 세상을 보는 것 같을 수도 있다. 반면에 당신이 찬란하게 살아 있고 당신 주변의 세상이 더 밝고, 더 가깝고, 더 현실적으로 보이는 날이 있다. 우리 모두는 더 살아 있기를, 더 느끼기를 원하며 바이오에너지는 이 목표를 달성하는 데 도움이 될 수 있다.

당신의 몸은 당신이 누구인지를 표현하기 때문에 당신이 세상에 얼마나 중요한 존재인지 우리에게 깊은 인상을 남긴다. 자신의 존재로 깊은 인상을 주지 못하는 사람을 나타낼 때 '아무나nobody'라고 말하거나 강력한 인상을 나타낼 때 '누군가somebody'라고 표현하는 것은 우연이 아니다. 이것은 일종의 신체 언어이다. 마찬가지로 당신의 위축 상태는 쉽게 드러난다. 사람들은 당신의 피로나 질병을 감지할 수 있다. 피곤함은 처진 어깨, 얼굴의 피부 처짐, 눈의 광택 부족, 무겁고 느린 움직임, 단조롭거나 공명이 부족한 목소리 같은 많은 시각적 청각적 신호로 나타난다. 그 상태를 숨기려는 노력조차 스스로를 배반하여 억지로 시도한 긴장감을 드러낸다.

한 사람이 느끼는 것은 몸의 표정에서도 읽을 수 있다. 감정은 신체의 사건이다. 몸의 표정은 말 그대로 신체 내부의 움직임이나 동작으로 어떤 외적 행동의 결과를 만들어낸다. 분노는 긴장을 일으키며 공격의 주요 기관인 치아와 팔이 있는 상반신에 힘을 모은다. 붉어진 얼굴로 주먹을 꽉 쥐고 으르렁거리는 입을 보면 화가 났다는 것을 알아볼 수 있다. 일부 동물의 경우 등과 목을 따라 털이 곤두서는 것은 이러한 감정의 또 다른 표현이다. 애정이나 사랑은 모든 특징을 부드럽게 하고 피부와 눈에 온기를 불어넣는다. 눈물이 흐르기 직전의 표정은 슬픔이 녹아내리는 모습이다.

그러나 이보다 훨씬 더 많은 것이 몸에 의해 드러난다. 사람의 삶에 대한 태도나 개인의 스타일은 그가 스스로를 다잡는 방식 또는 몸을 움직이는 방식에 반영된다. 소위 고급스러운 태도 또는 당당한 자세를 가진 사람은 구부러진 등, 둥근 어깨, 약간 숙인 머리 등 무거운 짐을 지고 있는 듯한 사람과 구별된다. 얼마 전에 나는 몸집이 크고 뚱뚱한 한 청년을 치료했다. 그는 너무 부끄러워 해변에서 수영복을 입고 몸을 노출하는 것을 거부했다고 불평했다. 그는 또한 성관계를 부적절하다고 느꼈다. 몇 년 동안 다이어트와 달리기로 신체적 장애를 극복하기 위해 고군분투했지만 성공하지 못했다. 치료 과정에서 그는 이전에는 받아들일 수 없던 자신의 외모가 자기 성격의 한 측면을 표현한다는 것을 깨달았다. 한 남자라기보다 크고, 살찌고, 게으른 아기 같다고 인식한 것이다. 이는 그가 의자에 큰 대자로 앉는 방식과 헐렁한 옷차림으로도 표현된다. 그는 본인이 크고 뚱뚱하고 추레한 아기라고 느끼는 것이 지속적으로 자신에게 성장하고, 남자가 되라고 하는 부모의 요구에 저항하기 위해 채택한 무의식적 태도라는 것을 깨달았다. 그의 실제 갈등은 이 진술이 시사하는 것보다 더 깊었지만, 그것들은 모두 이러한 신체 태도로 요약되었다. 의식적 혹은 자아$_{ego}$ 단계에서 그는 부모의 요구에 따라갔지만 그의 무의식 또는 신체적인 저항은 어떤 단호한 노력에도 효과를 얻지 못했다. 사람은 자신과 싸워서 성공할 수 없다. 신체를 극복하려는 노력은 실패로 끝날 수밖에 없다.

심리적 과정과 신체적 과정의 동일성과 차이점을 모두 인식해야 한다. 내 환자는 단지 크고 뚱뚱하고 치기 어린 게으름뱅이가 아니었다. 그는 성인 남자의 역할을 하기 위해 열심히 노력하는 사람이었다. 한편 그는 또한 완전한 남자는 아니었다. 왜냐하면 그의 무의식과 신체가 그를 유아적 단계에 집착하게 했기 때문이다. 그는 자신의 잠재력을 실현하려고 노력했지만 실패했다. 그의 몸은 성인 남자의 몸처럼 컸지만 살이 뭉쳐 있어 뚱뚱한 아기처럼 보였기 때문에 이러한 양면성이 극명하게 드러났다.

많은 사람이 성격의 서로 다른 측면 간 무의식적인 갈등으로 인해 유사한 장애를 겪는다. 가장 흔한 것은 그들 안에 있는 유아기 때 충족되지 않은 갈망이나 욕구와 성인기 때 발생하는 충동이나 갈등 사이에 있다. 성인이 되려면 자립하고 자신의 욕구와 욕망을 충족시킬 책임을 져야 한다. 그러나 이러한 갈등을 겪는 사람들은 지원과 보살핌을 받고자 하는 무의식적 욕구 때문에 독립적이고 책임감 있는 노력이 부족하다. 결과는 심리적인 것과 육체적인 것의 혼합된 그림이다. 그러한 사람은 그의 행동에서 혼자 있는 것에 대한 두려움과 결정을 내리지 못하는 것과 함께 과장된 독립성을 보일 수 있다. 사람의 몸에서도 이런 동일한 혼합을 볼 수 있다. 성격에서 유아기적 측면은 작은 손과 발이나 부적절하게 지지하는 것처럼 보이는 가느다란 다리, 또는 필요하거나 원하는 것을 얻을 수 있는 공격적인 잠재력이 없는 발달이 덜 된 근육 조직에서 나타날 수 있다.

또 다른 경우 성격에서 어린이의 장난기와 일부 어른스러운 현실감 사이의 갈등이 드러난다. 표면적으로 그 사람은 진지하고, 종종 엄숙하고 완고하며, 근면하고 도덕적으로 보인다. 그러다가 긴장을 풀거나 놔버리면 유치해진다. 이러한 사람들은 술을 마실 때 특히 그렇다. 아이같이 부적절한 장난과 농담을 하기도 한다. 얼굴과 몸은 단단하고 팽팽해 나이가 들어 보이지만 종종 미성숙한 느낌의 미소를 동반한 소년 같은 표정을 엿볼 수 있다.

이 갈등은 아동의 자연스러운 장난기가 완전하고 자유롭게 허용되지 않았을 때 발생한다. 아동의 성적 호기심과 재미를 좋아하는 성향은 억제한다고 해서 제거되는 것은 아니다. 그것들은 묻혀서 의식에서 제거되지만, 성격의 지하층에 살아남아 낙심할 때 본연의 성향이 도착 증세로 나타난다. 아이의 자질은 성격에 통합되지 않고 분리되어 자아와 이질적인 이물질로 압축된다.

사람의 인생 경험은 자신의 성격에 기록되고, 신체에 구조화된다. 벌목공이 줄기 단면의 나이테로 나무의 일생을 읽을 수 있는 것처럼 바이오에너지 치료사도 사람의 몸에서 그 사람의 일생을 읽는 것이 가능하다. 두 연구 모두 지식과 경험이 필요하지만 동일한 원칙을 기반으로 한다.

인간 유기체가 성장함에 따라 성격에 층위를 추가하며, 각 층은 성인이 되어도 여전히 살아남아 기능한다. 그것에 본인이 접근할 수 있을 때 갈등이 없는 통합된 성격을 구성할 수 있다. 어떤 단계에서나 문제적 경험이 억압되어 접근할 수 없다면 성격은 갈등을 겪고 따라서 제한된다. 이러한 층위는 다음 도표로 나타낼 수 있다.

각 층위가 삶에 추가하는 특성은 다음과 같이 요약될 수 있다.

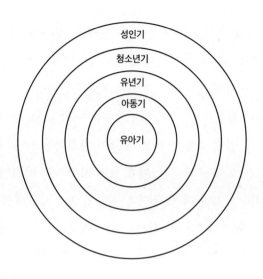

유아기 = 사랑과 즐거움

아동기 = 창의력과 상상력

유년기 = 장난기와 재미

청소년기 = 로맨스와 모험

성인기 = 현실과 책임

우리가 생각하는 성장은 의식의 발달과 확장이라고 말하는 것이 가장 좋을 것 같다. 각 층위는 자아와 잠재력에 대한 새로운 감각 그리고 자아와 자아가 경험하는 세계와의 관계에 대한 새로운 인식을 나타낸다. 그러나 의식은 인격과 분리되거나 고립된 단위는 아니다. 그것은 유기체의 기능, 생체의 한 측면이다. 그것은 신체적, 정서적, 심리적으로 신체의 성장과 관련하여 발전하며, 경험에 달려 있고 기술 습득을 통해 깊이를 얻고 활동으로 확인된다.

각 층위들을 의식의 특성과 동등하게 다룰 때, 자아의 각 새로운 차원이 특정 연령 기간 내에 완전하게 형성되어 발생한다는 의미는 아니다. 예를 들어 장난기는 어린이 층위에서 시작되지만 이 단계가 지나면 발달이 완전해진다. 나는 놀이 의식과 기쁨의 감정은 어린이보다는 소년이나 소녀의 특징이라고 생각한다. 각 층위에 해당하는 특성에 대한 보다 자세한 설명은 이 공식을 더욱 의미 있게 만든다.

유아기는 특히 어머니와 친밀해지려는 욕구가 특징이다. 안고, 어루만지고, 환영받고, 받아들여지기를 원한다. 이전 책에서도 언급했듯이 사랑은 친밀감에 대한 열망으로 정의될 수 있다. 친밀감의 욕구가 충족되면 아기는 쾌락 상태에 있다. 이 친밀감의 욕구가 결핍되면 고통스러운 상태에 놓인다.

성인의 모든 사랑의 감정은 성격의 이런 층위에서 비롯된다. 사랑의 감정은 표현하는 방식이 다를 수 있지만 성인과 아기의 감정이 본질적으로 다르지 않다. 친밀감에 대한 열망은 모든 사랑이라는 감정을 뒷받침한다. 자기 안의 '아이'와 만날 수 있는 사람만이라는 사랑의 감정을 알고, 자신의 마음과도 접촉한다. 어린 시절이나 자신의 마음과 단절될수록 사랑의 충만함 역시 누리기 어렵다.

아동기는 삶에 새로운 차원과 새로운 특성을 더한다. 친밀감에 대한 지속적인 욕구는 세계를 탐험하려는 새로운 욕구로 이어지며 이러한 욕구는 아동기의 증가하는 운동 협응력에 의해 촉진된다. 사람과 사물, 공간과 시간에 대한 탐구를 통해 아이는 마음속에 세상을 창조한다. 구조화된 현실감에 얽매이지 않기 때문에 자유롭게 상상한다. 이 과정에서 아이는 의식적으로 다른 자아, 예를 들어 어머니와 같은 다른 자아가 될 가능성을 상상하고 탐구하며, 의식적 수준에서 자신의 감각을 만들어낸다.

나는 그 사람이 자신의 개인적인 세계와 개인적인 자아에 대한 일관된 그림을 얻을 때 어린 시절을 마감한다고 믿는다. 이 단계를 달성한 **유년기**에는 놀이에서 자신의 개인적 세계에 도전하게 된다. 점점 더 발달하는 운동 기술의 숙달과 다른 아이들과의 게임은 자유롭고 풍부한 보상과 더불어 즐거운 놀이의 한 형태를 구성한다. 유년기의 놀이는 어린아이들의 놀이보다 더 높은 수준의 흥분을 가져오며, 이는 인생의 이 단계에서 경험하는 기쁨의 감정을 설명한다. 또한 아직 책임을 지지 않아도 되는 독립성에서 오는 더 큰 자유를 누린다.

청소년기는 이성에 대한 관심이 높아지고 성적 충동이 강해져 흥분의 강도가 더욱 증가한다. 이상적으로, 청소년기는 다른 사람과의 친밀감으로 인한 깊은 즐거움, 어린이의 상상력과 정신적 창의성과, 이 시기에 가능한 도전과 장난기가 결합된 로맨스와 모험의 시간이다. 가능한 결과가 진지한 현실이 되고 그에 대한 책임을 지게 되면 성인의 단계에 도달한다.

성인기는 자기 행동의 결과를 인식하고 그에 대한 책임을 지는 단계이다. 그러나 그가 어렸을 때 알았던 사랑과 친밀감, 아이의 창의적인 상상력, 소년 시절의 장난기와 기쁨, 그리고 그의 청춘을 상징하는 모험심과 로맨스 감각을 잃어버리면, 무익하고 완고하며 융통성 없는 사람이 될 것이다. 건강한 성인은 유아기, 아동기, 유년기와 청소년기 그 자체이다. 그의 현실감과 책임감에는 친밀감과 사랑에 대한 욕구와 바람, 창의적 능력, 기뻐할 자유, 모험심 강한 정신이 포함된다. 그는 통합되고 온전한 의식이 있는 인간이 된다.

생체를 이해하려면 기계적 개념을 버려야 한다. 신체 기능의 메커니즘은 중요하지만 그 기능을 설명하지는 않는다. 예를 들어 눈은 단순한 카메라가 아니다. 그것은 지각을 위한 감각 기관이자 반응을 위한 표현 기관이다. 심장은 단순한 펌프가 아니다. 펌프 이상의 감각 기관이다. 우리는 지각이 있는 존재이며, 이것은 느낌을 감지하거나 인지하고, 경험할 수 있는 능력을 뜻한다. 지각은 신체의 한 측면인 마음의 기능이다. 살아 있는 몸에는 마음이 있고, 정신이 있고, 영혼이 있다. 이러한 개념을 바이오에너지학적으로 어떻게 이해해야 할까?

마음, 정신, 영혼

오늘날 우리는 심신 이분법이 생각의 산물이며 곧잘 몸과 마음은 실제로 하나라고 말한다. 그러나 아주 오랫동안 우리는 몸과 마음을 서로 영향을 주고받지만 별개의 독립체라고 여겼다. 이러한 태도는 완전히 바뀌지 않았다. 우리의 교육 과정만 봐도 여전히 정서 교육과 체육 교육이 서로 관련이 없는 듯 나뉘어져 있다. 자신들의 체육 수업이 어린이의 학습 능력에 영향을 미칠 수 있다고 믿는 체육 교사는 거의 없다. 그리고 실제로도 거의 영향을 미치지 않는다. 그러나 마음과 몸이 하나라면 진정한 체육은 동시에 올바른 정서 교육이어야 하며 그 반대도 마찬가지이다.

심신 화합의 개념을 말만 하고 실생활에 적용하지 못하

는 것은 문제다. 우리는 아이의 몸에 관심을 기울이지 않고도 아이의 마음을 교육할 수 있다고 가정한다. 실패나 처벌의 위협 아래에서 우리는 어린이들의 머리에 몇 가지 정보를 주입할 수 있다. 하지만 불행히도 경험과 관련이 없는 정보는 지식이 되지 않는다. 우리는 경험이 신체의 현상이라는 사실을 끊임없이 간과한다. 사람은 몸에서 일어나는 일만을 경험할 뿐이다. 몸이 의식하는 만큼 경험은 생생하거나 둔하다. 외부 세계의 사건이 신체에 영향을 미칠 때 우리는 그것을 경험한다고 하지만 실제로 경험하는 것은 그 사건이 신체에 미치는 영향이다.

정신분석 기법의 약점은 환자가 감정적 갈등을 극복하도록 돕는 데 있어 신체를 무시한다는 것이다. 중요한 신체 경험을 제공하지 못하기 때문에 치료 과정에서 나타나는 생각들은 성격에 주요한 변화를 일으키지 못한다. 나는 수년간의 정신분석을 통해 자신의 상태에 대해 많은 정보와 지식을 얻었지만 기본적인 문제는 건드리지 못한 환자를 너무 자주 보았다. 지식은 감정과 결합할 때 이해 가능하다. 강한 감정으로 가득 찬 깊은 이해만이 구조화된 행동 패턴을 수정할 수 있다.

이전 책에서 나는 심신 문제에 대해 어느 정도 깊이 탐구했다. 여기에서는 바이오에너지학에 중요한 영향을 미치는 특정한 정신 기능을 언급하고 싶다. 첫째, 마음은 몸에 대한 지시적 기능을 가지고 있다. 마음을 통해 사람은 신체의 여러 부분에 집중할 수 있으므로 그러한 부분에 더 예리하게 초점을 맞출 수 있다. 간단한 실험을 제안하겠다. 손을 앞으로 쭉 뻗고 팔을 편안하게 유지하고 모든 주의를 손에 집중해보자. 1분 정도 손에 초점을 유지하면서 편안하게 호흡하면 손이 다르게 느껴질 수 있다. 당신은 이제 충전되고 찌르르한 손의 흐름을 느낄 수 있다. 약간 떨리거나 흔들릴 수 있다. 이것을 감지한다면, 당신은 흥분이나 에너지의 흐름을 당신의 손으로 향하게 했다는 것을 느낄 것이다.

바이오에너지 워크숍에서 나는 이 실험을 여러 방도로 변형하여 경험을 더 강렬하게 만들었다.

나는 사람들에게 한 손의 손가락을 펼쳐 다른 손의 손가락 끝에 맞대어 손바닥과 팔꿈치를 최대한 서로 벌리라고 요청한다. 이 손 모양을 유지하면서 손이 가슴을 향하도록 안쪽으로 돌리고 접촉을 끊지 않고 손을 앞으로 내민다. 가볍게 호흡하면서 1분간 과신전 자세를 유지한다. 1분이 끝나면 손을 이완시키고 느슨하게 뻗는다. 그러면 어떤 흐름과 충전, 찌릿함과 진동을 다시 경험할 수 있다. 이러한 체험 운동을 하면 손의 전하량이 증가하기 때문에 주의가 손에 집중된다는 것을 알 수 있다. 당신의 손은 증가된 긴장

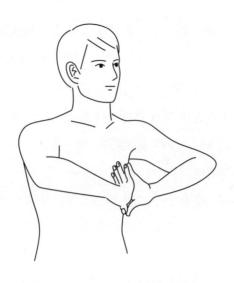

또는 충전 상태에 있고 이것을 집중이라고 해석해도 된다. 충전되고 완전히 이완된 상태에서 두 손바닥을 서로 천천히 약 5~8센티미터 정도 떨어지도록 가져가보면 마치 실체나 몸체가 있는 것처럼 두 손 사이에 전하가 감지될 것이다.

마음은 사람의 주의를 내부나 외부로 또 본인의 신체나 외부 대상으로 향하게 할 수 있다. 실제로, 사람은 자기 자신이나 외부 세계에 에너지를 집중한다. 건강한 사람은 이 두 가지로 향하는 초점을 쉽고 빠르게 전환하여 거의 동시에 자신의 신체와 환경을 인식할 수 있다. 그러한 사람은 자신에게 일어나고 있는 일뿐 아니라 다른 사람들에게 일어나는 일에도 주의를 기울인다. 그러나 모든 사람이 이런 능력을 가지고 있는 것은 아니다. 어떤 사람들은 너무 자신만을 의식하게 되어 부끄러울 정도의 자의식을 갖게 된다. 또 다른 사람들은 자기 주변에서 일어나고 있는 일에 너무 주의를 기울여 자의식을 잃는다. 이것은 종종 과민한 개인에게 해당된다.

몸에 마음을 쓰는 것은 바이오에너지의 신조 중 하나다. 그래야만 당신이 누구인지 알 수 있기 때문이다. 당신이 누구인지 안다는 것은 자신의 마음을 안다는 의미이다. 몸과 마음의 이러한 관계에서 마음은 자신의 기분, 감정, 욕망 등을 감지하고 정의하는 지각 및 반사 기관 역할을 한다. 마음을 진정으로 안다는 것은 자신이 무엇을 원하고 느끼는지 아는 것이다. 느낌이 없다면 마음을 둘 곳(관심을 집중시킬 곳)이 없으므로 마음이 없는 것이라 말할 수 있다. 사람의 행동이 자신의 감정이 아닌 다른 사람에게서 영향을 받는다면, 그 순간 그 사람은 자신의 마음이 없는 것과 같다.

한 사람이 마음을 정할 수 없을 때, 그것은 그가 서로 똑같이 강한 두 가지 반대 감정을 의식한다는 뜻이다. 그러한 경우에는 하나의 감정이 더 강해지고 우세해질 때까지 일반적으로 결정이 불가능하다. 정신 이상의 경우처럼 마음을 잃는다는 것은 자신이 느끼는 것을 알지 못하는 것이다.

이것은 마음이 받아들일 수 없고 집중할 수 없는 감정에 압도될 때 발생한다. 그런 다음 개인은 자신의 의식적 지각을 신체에서 차단하거나 분리해낸다. 그는 비인격화되거나 침착해지려는 모든 시도를 포기하고 미쳐 날뛸 수 있다.

또 어떤 사람이 자신의 몸을 염두에 두지 않는다면, 그것은 자신의 감정을 인지하거나 감지하는 것을 두려워하기 때문이다. 감정이 위협적일 때 그 감정들은 일반적으로 억압된다. 이것은 관련 부위에 흥분이나 자발적인 움직임의 흐름을 허용하지 않는 만성 근육 긴장을 발달시킨다. 사람들은 종종 본인이 마비를 느낄까 봐 두려움을 억누르고, 위험해질까 봐 분노를 억누르고, 너무 낙담할까 봐 절망감을 억누른다. 그들은 또한 갈망을 충족하지 못한 괴로움을 자각할까 봐 그 고통을 억누른다. 왜냐하면 그들은 그 고통을 견딜 수 없기 때문이다. 감정의 억제는 신체의 흥분 상태를 약화시키고 마음의 집중력을 떨어뜨린다. 이것은 정신력 상실의 주요 원인이다. 우리의 마음 대부분은 살아 있고 더 생동하는 감정을 희생하면서 자신을 통제해야 할 필요성에 몰두한다.

마음과 정신은 연결되어 있다. 사람이 가지고 있는 정신의 총량은 그가 얼마나 살아 있고 활력이 있는지, 말 그대로 그가 얼마나 많은 에너지를 가지고 있는지에 따라 결정된다. 에너지와 정신 사이의 연결은 즉각적이다. 사람이 흥분하고 에너지가 증가하면 그의 정신도 상승한다. 우리가 흔히 원기 왕성한 사람이나 원기 왕성한 말이라고 표현할 때의 느낌이다. 그러므로 나는 정신을 자기표현을 충분히 하고 있는 생명체 내의 생명력으로 정의한다.* 한 개인을 특징 짓는 정신의 상태는 그것이 강할 때 같은 부류의 사람들 가운데서 두각을 나타내게 된다.

유기체의 생명력이나 정신은 호흡과 관련이 있다. 《성경》에는 하나님이 흙 덩어리에 그의 정신을 불어넣어 생명을 주었다고 기록되어 있다. 신학에서 하나님의 정신 또는 성신을 프뉴마(pneuma, 프네우마)라고 하며, 사전은 이를 '생명의 혼 또는 정신'으로 정의한다. 'pneuma'라는 단어는 바람, 호흡 또는 정신을 의미하는 그리스어에서 유래했으며, 불다, 호흡하다를 의미하는 그리스어 'phein'과 유사하다. 많은 동양 종교는 우주와 교감하는 수단으로서 호흡을 특별히 강조한다. 호흡은 바이오에너지에서 중요한 역할을 한다. 왜냐하면 깊고 완전하게 호흡해야만 보다 활기차고 정신적인 삶을 위한 에너지를 불러낼 수 있기 때문이다.

영혼은 마음이나 정신보다 더 다루기 어려운 개념이다. 그것의 주된 의미는 '인간의 삶, 감정, 생각, 행동과 분리된

---

* Lowen, *Depression and Body*, *op. cit.* 에서 이 개념에 대한 설명을 참조.

별개의 존재로 간주되는 원리이다."* 그것은 오늘날 지성적인 사람들이 거부하는 죽음 이후의 삶, 천국이나 지옥과 관련이 있다. 사실 객관적 타당성을 주장하는 이와 같은 책에서 그 단어를 언급하는 것 자체가 사람들을 어리둥절하게 할 수 있다. 그들은 바이오에너지가 나타내는 단일성 개념과 신체에서 분리된 독립체의 개념을 조화시킬 수가 없다. 그리고 나 또한 그런 조화를 이룰 수 없다. 다행스럽게도 모든 사람은 영혼이 죽을 때까지 육신에 있다고 생각한다. 죽음과 그 이후에 무슨 일이 일어나는지 나는 모른다. 내 주요 관심은 생명이 있는, 살아 있는 몸에 관한 것이기 때문에 이런 질문은 나를 괴롭히지 않는다.

살아 있는 몸에 영혼이 있는가? 그것은 '영혼'이라는 용어를 어떻게 정의하느냐에 달려 있다. **랜덤하우스사전**은 이 단어의 네 번째 의미를 이렇게 설명한다. "인간 본성의 감정적 부분: 느낌이나 정서의 자리." 동의어는 정신 또는 마음이다. 이 정의는 사실 별로 도움이 되지 않는다. 왜냐하면 이 용어에는 별 의미가 없기 때문이다. 이 단어는 나에게는 완전히 다른 의미를 가지며 인간에 대한 나의 이해를 돕는다.

나는 영혼을 사람을 더 크고 우주적인 질서의 한 부분으로 느끼게 하는 감각이라고 여긴다. 그러한 느낌은 생명력

---

* *The Random House Dictionary of the English Language*, unabridged ed., New York, 1970.

이나 정신적인 방식으로 우주와 연결되는 실제 경험에서 발생해야 한다. 나는 '정신적'이라는 단어를 추상적이거나 심리적 의미가 아니라 정신이나 프뉴마 또는 에너지로 사용한다. 나는 우리 몸의 에너지가 세계와 우주에서 우리 주변의 에너지와 접촉하고 상호작용 한다고 믿는다. 우리는 고립된 현상이 아니다. 그러나 모든 사람이 연결이나 접촉을 느끼는 것은 아니다. 사람들에 대한 나의 인상을 말하면, 고립되고, 소외되고, 연결되지 않은 사람은 자신보다 더 큰 무언가의 일부라고 느끼는 사람들에게 존재하는 영혼의 만족감이 부족해 보인다.

우리는 연결되어 태어나지만, 가장 눈에 띄는 연결인 탯줄은 태어날 때 잘라낸다. 그 탯줄이 기능하는 한 아기는 어떤 의미에서는 엄마의 일부였다. 출생 후 완전히 독립적인 생활을 시작하지만 여전히 어머니와 활동적으로나 정서적으로 연결되어 있다. 아이는 엄마의 흥분에 반응하고 기분에 영향을 받는다. 나는 아기가 어머니와의 연결과 소속감을 감지한다는 것을 의심치 않는다. 아이는 영혼을 가지고 있으며, 눈은 종종 우리가 영혼이 충만하다고 부르는 깊은 표정을 가지고 있다.

성장은 여러 단계로 확장한다. 새로운 연결이 만들어지고 경험을 하게 된다. 첫 번째는 가족의 다른 구성원에 대한 것이다. 일단 이 연결이 이루어지면 아기와 각각의 가족 사이에서 활발한 교류가 일어나며 가족과 함께 그룹으로 교류하게 된다. 사람들이 아기 세계의 일부인 것처럼 세상도 그의 일부가 된다.

의식이 성장하고 접촉이 증가함에 따라 사람은 관계의 범위를 넓혀간다. 그가 받아들이고 식별하는 식물과 동물의 세계가 있다. 그가 사는 공동체가 있고, 그 공동체는 그가 구성원이 되는 순간 그의 것이 된다. 그렇게 나이가 들어감에 따라 범위는 넓어진다. 특별히 단절되지 않는다면, 그는 자신이 지구의 위대한 자연 질서에 속해 있음을 느낄 것이다. 그가 그것에 속한 것처럼 그것은 그에게 속한 것이다. 다른 차원에서 생각하면 작은 공동체는 국가와 인류의 세계를 포함하도록 확장된다. 가장 멀리 있는 것은 별과 우주이다. 노인의 눈은 때때로 천국에 초점이 맞춰져 있는 것처럼 먼 곳을 바라보고 있다. 마치 삶의 끝자락에서 영혼이 마지막 안식처와 접촉하는 것처럼 보인다.

사람의 확장 관계는 동심원 집합으로 표시할 수 있다. 이 도표는 다른 맥락에서 개인 의식의 발달 수준을 보여준 앞의 도표와 유사하다. 의식이 확장됨에 따라 더 많은 외부 세계를 개인의 정신과 성격에 통합시킨다. 에너지적으로나 정신적으로나 신생아는 세상을 향해 천천히 피는 꽃과 같

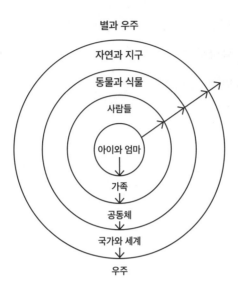

다. 이런 의미에서 영혼은 태어날 때부터 존재하지만 미완성이다. 유기체의 한 측면으로서 사람 역시 자연스러운 성장과 성숙의 과정을 거치며, 결국 우주와 완전히 동일시되며 개인적 특성을 잃는다. 우리는 죽을 때 유기체의 자유 에너지가 몸을 떠나 우주 에너지 또는 우주 에너지와 합쳐질 가능성을 생각할 수 있다. 그것을 우리는 죽으면 영혼이 몸을 떠난다고 말한다.

생명은 존재로서 세상에 오지만, 존재만으로는 만족하기 어려운 것 같다. 내 환자 중 한 명은 "존재로는 충분하지 않아요. 나는 소속되고 싶지만 그런 기분이 안 들어요"라고 말했다. 동일시와 관계를 통해 존재를 세계로 확장해야 소속감이 생긴다. 이 확장이 소속감을 갈망하게 한다. 유기체에서 가장 중요한 감정 중 하나인 갈망은 환경 및 세계와의 접촉에 대한 필요성을 반영한다. 소속을 통해 영혼은 개별적 존재감 또는 자의식을 잃지 않으면서 자아의 좁은 한계를 탈출한다.

육체적인 생활: 바이오에너지 운동

첫 번째 장에서 나는 라이히와 만나기 전에 운동경기나 체조를 해왔다고 말했다. 육체적인 생활에 대한 특별한 욕구가 항상 있었기 때문에 내 삶은 야외 활동으로 이어졌을 수도 있다. 그러나 나는 또한 마음과 연관된 삶에 똑같이 열중했기 때문에 내 성격의 어느 한쪽에만 전념할 수 없었다. 나는 나 자신이 분열된 것을 느꼈고 이러한 상충되는 욕구로 인한 해결책을 찾기 위해 고군분투했다.

물론 이 문제가 나만의 문제는 아니다. 문명화된 문화 속 사람들 대부분이 이런 이분법으로 고통받고 있다. 그리고 대부분의 문화는 육체적인 생활을 활기차게 유지하면서 지적인 삶의 상충되는 요구에 맞서 나가는 방법을 개발해야 했다. 서양 문화에서 신체를 의식적으로 동원하고, 도전하기 위한 주요 수단 중 하나는 운동경기를 통한 것이었다. 육체적인 생활의 중요성을 최초로 인식한 그리스인들은 운동경기를 매우 중요하게 생각했다.

　문화가 본연의 육체적 생활에서 멀어지면서 신체적 움직임과 특별한 활동의 요구가 정비례하여 증가했다. 따라서 오늘날 우리는 신체 건강을 위한 규칙적인 운동의 중요성 인식과 함께 스포츠에 대한 관심이 증가하는 것을 목격하고 있다. 몇 가지 운동 프로그램이 지난 10년 동안 널리 인기를 얻었는데 그중에는 캐나다 왕립 공군 훈련Royal Canadian Air Force exercise과 조깅을 기본 운동으로 하는 에어로빅이 있다. 불행히도 신체에 대한 미국인의 사고방식은 '자아'에만 집중해 있었다. 그 결과, 사람들 대부분에게 스포츠에서 오는 육체적인 즐거움과 만족은 자아 충족의 뒷전에 있었다. 승패에 집중하는 것은 신체를 자극하고 해방시키는 가치를 부정하는 데 긴장감을 더하는 경우가 많다. 우리 모두는 잘 안 되는 퍼팅으로 아침을 망치는 골퍼에 대해 잘 알고 있다. 성공하고 유행을 따르려는 동일한 자아가 우리의 운동 프로그램에도 영향을 미친다. 우리는 외모를 향상시키거나 건강한 이미지를 높이거나 근육을 발달시키기 위해 운동을 한다. 우리의 이상적인 몸은 경주마의 자질을 갖고 있으며 날렵하고 균형적이며 승리할 준비가 되어 있다.

육체적인 생활이라는 것은 느낌이다. 살아 있고, 활기차고, 좋고, 흥분되고, 화나고, 슬프고, 기쁘고, 마침내 만족스러운 감각이다. 사람들이 치료를 받으려는 것은 감정 결핍 또는 감정에 대한 혼란 때문이다. 나는 운동선수, 무용수, 운동 중독자들이 다른 사람들과 마찬가지로 이러한 결핍과 혼란으로 고통받고 있음을 발견했다. 운동이나 스포츠 활동에 참여했음에도 불구하고 나 역시 마찬가지였다. 치료를 통해 나는 내 감정에 도달하여 마음을 열 수 있었고, 그리하여 나의 육체적 생활 일부를 되찾을 수 있었다. 라이히 요법과 바이오에너지 요법 모두 이 목표를 지향한다.

그러나 문제가 남아 있다. 치료가 중단된 후에도 어떻게 하면 육체적 생활을 활기차게 유지할 수 있을까? 육체적 생활을 부정하는 우리 문화는 이 부분에는 도움을 주지 않는다. 라이히는 이런 질문은 고려하지 않았을 것이다. 그는 사람이 자신의 에너지를 외부로 향하게 함으로써 성취감을 얻는다고 믿었다. 그의 철학은 "사랑, 일, 지식은 삶의 원천이며, 또한 그것을 지배해야 한다"라는 것이었다. 이 진술은 육체적 생활을 표현하는 주요 수단으로 성적 활동만을 남겨버렸고, 이 방법은 너무 좁고 제한적이다.

나의 개인적인 해결책은 치료를 촉진하기 위해 개발한

바이오에너지 운동을 집에서 일상적으로 실행하는 것이었다. 나는 약 20년 동안 그것들을 해왔다. 그것들은 내가 내 몸과 계속 접촉하고 생명을 유지할 수 있게 해주었을 뿐만 아니라 치료가 더해지도록 도왔다. 나는 그것들이 매우 도움이 된다는 것을 알았기 때문에 환자들에게 치료에 대한 보완책으로 집에서 실행하도록 권유했다. 그 운동의 가치는 그것을 하는 모든 사람에 의해 확인되었다. 그리하여 우리는 환자들과 육체적 생활에 주목하는 사람들을 위해 바이오에너지 운동의 정규 수업을 개설했다. 몸에 대한 관심은 평생 지속되기 때문에 우리는 사람들이 운동에 대해서도 비슷하게 주목할 것으로 기대했다.

　서구 문화의 반생명적anti-life 태도에 대한 환멸은 많은 사람으로 하여금 동양의 종교, 철학, 학문에 관심을 갖도록 이끌었다. 이들 대부분은 영적 발달을 핵심으로 하는 신체 운동 프로그램의 중요성을 인지하였다. 이것의 극적인 증거가 요가에 대한 광범위한 관심이다. 나는 라이히를 만나기 전에 요가에 대해 조사해보았지만, 나의 서양인적 마인드에는 적합하지 않았다. 그러나 라이히와 함께 일하는 동안 나는 요가 수련과 라이히 요법 사이의 어떤 유사점을 파악했다. 두 시스템 모두 호흡의 중요성을 강조했다. 두 과정의 차이는 방향성에 있었다. 요가에서 방향은 영적 발달을 위해 내적으로 향하고, 라이히 치료에서는 창의성과 기쁨을 향해 외적으로 향한다. 두 가지 견해의 조화가 반드시 필요하며 바이오에너지가 이 부분에 도움이 될 수 있기를 바란다. 미국의 저명한 몇몇 요가 강사는 바이오에너지가 제공하는 신체에 대한 이해와 더불어 요가 기술을 서양의 필요에 맞게 적용할 수 있다는 것을 터득하고 개인적인 감사를 표했다.

최근에는 동양의 다른 신체 훈련이 미국에서도 인기를 얻고 있다. 가장 인기를 얻는 것은 중국에서 행하는 태극권이란 운동이다. 요가와 태극권 모두 신체 감각의 중요성과 조화, 우아함의 성취, 심신의 합일을 통한 영적인 느낌의 획득을 강조한다. 이 점에서 그들은 힘과 통제를 목표로 하는 서구의 운동 프로그램과 강하게 대조된다.

다음 그림에서 바이오에너지 운동은 어디에 해당할까? 이 운동은 동서양의 가치가 통합되어 있다. 동양학과 마찬가지로 이 운동은 몸의 우아함, 조화로움, 영적인 부분을 위해 힘을 쓰거나 통제하지 않는다. 그러나 한편 자기표현과 섹슈얼리티를 증진하는 것을 목표로 가지고 있다. 따라서 신체의 내적 생명을 여는 역할을 할 뿐만 아니라 그 생명을 세계로 확장하는 데 도움이 된다. 그리고 육체적 생활을 억압하는 긴장과 연결되는 데 도움이 되도록 독특하게 설계

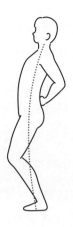

되었다. 그러나 동양의 수련처럼 기계적이거나 강박적으로 하는 것이 아니라 잘 훈련이 된다면, 의미 있고 쾌감을 주는 방식으로 작동할 것이다.

여기에서 우리가 바이오에너지에서 사용하는 운동의 전체 목록을 제시할 수는 없다. 다른 책에서 할 수 있기를 바란다. 또한 이 운동들은 공식화되지 않았으며 자신의 필요와 상황에 맞게 즉흥적으로 사용해볼 수 있다고 덧붙이겠다. 그러나 나는 이 운동들의 상당 부분을 설명하면서 그 운동들의 목적을 알려주기 위한 기본 원리를 같이 탐구하겠다. 기본 운동 중 하나는 다리와 발에 더 많은 힘을 주며 땅과 맞닿게 하는 데 도움이 되도록 초기에 개발한 운동이다. 아치 또는 활이라고 하며 기본 긴장 자세라고도 한다.

그림에 겹쳐진 선은 올바른 커브 또는 몸의 휘어짐을 보여준다. 어깨의 중심점은 발의 중심점 바로 위에 있고, 이 점들을 잇는 선은 고관절의 중심점을 지나는 거의 완벽한 아치이다.

이 자세로 있을 때 신체의 각 부분은 완벽하게 균형을 이룬다. 역동적으로 활이 당겨지고 행동할 준비가 된다. 몸은 힘차게 발에서 머리까지 충전된다. 이것은 신체를 통한 자극의 흐름이 있음을 의미한다. 사람은 발이 땅에 닿고 머리가 공중에 있는 것을 느끼며, 완전히 연결되는 온전한 통합의 느낌을 받는다. 힘이 차오르는 긴장 자세에서는 다리가 떨리기 시작한다.

우리는 이 자세를 사용하여 연결되거나 통합된 느낌, 발에 단단히 고정되어 머리를 들고 있는 느낌을 제공한다. 그런데 우리는 이 자세를 진단을 할 때 사용한다. 왜냐하면 그 자세는 신체의 불완전함을 즉시 드러내고 주요 근육들의 긴장 상태와 지점을 정확히 지적하기 때문이다. 나는 이런 요소들이 아치 모양에 어떤 영향을 미치는지 설명할 것이다.

우리는 18년 이상 이 운동 자세를 사용해왔다. 한 환자가 정확히 같은 운동을 하고 있는 중국인의 AP통신 사진(1972년 3월 4일자)을 나에게 보여주었을 때 얼마나 놀랐는지 모른다.

이것은 중국인이 '도교 아치'라고 부르는 자세를 취하는 모습을 담은 AP통신의 기사 그림(을 가필한 것)이다. 캡션에는 "최근에 상하이 거주자 3명이 중국 태극권을 수행하고 있다. 운동은 도교 철학에 뿌리를 두고 있으며 몸의 움직임과 호흡기술의 결합을 통해 우주와 조화를 이루는 것을 목표로 한다"라고 적혀 있다.

캡션과 코멘트가 더 인상 깊었다. 도道는 길이란 뜻이다. 도는 자기 안에서 환경이나 우주와 조화를 이루는 길을 일컫는다. 외적 조화는 실제로 '몸의 움직임과 호흡 기술의 결합'을 통해 얻을 수 있는 내적 조화에 달려 있다. 바이오에너지는 이와 같은 조화를 목표로 한다. 우리의 많은 환자가 바이오에너지와 함께 다양한 태극권 운동을 실행했다.

그러나 중국인들은 올바른 운동을 하는 데 방해가 되는 큰 신체 장애가 없다는 가정에서 시작한다. 이 가정을 서양인에게는 적용할 수 없다. 그리고 그것이 현재 중국인들에

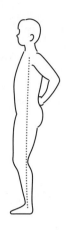

게도 가능한 가정인지는 의문이다.

내가 사람들에게서 흔히 접하는 문제는 몸 전체가 경직돼 몸을 **아치형**으로 만들지 못한다는 것이다. 어깨의 중심점과 발의 중심점을 연결하는 선이 직선이다. 다리는 유독 더 경직돼 있으므로 사람들은 발목을 완전히 구부릴 수 없다. 긴장되어 있어서 허리가 구부러지지 않는다. 골반은 약간 수축되어 있다.

반대 조건은 너무 많이 구부러지는 등의 과유연성이 있다. 이것은 등뼈의 감각 문제와 관련된 근육의 약점을 나타낸다. 경직된 몸은 너무 딱딱하지만, 이런 몸은 또 너무 연약하다. 두 경우 모두 아치가 적절하게 구부러지지 못해서 온전하면서도 자연스러운 흐름의 감각이 없고 내부 또는 외부의 조화로운 느낌이 없다. 활줄이 끊어지는 지점까지

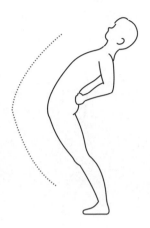

구부러져 있는 것이다. 허리는 몸을 지탱하는 역할을 하는 게 아니어서 그 기능은 수축된 복부 근육이 떠맡는다.

또 하나의 일반적인 장애는 골반의 심한 수축으로 인한 활줄의 파손이다. 이것은 골반이 너무 앞으로 밀린 이전의 상황과 대조된다. 이러한 장애는 다음 그림에 나와 있다.

이 상태에서 골반을 앞으로 밀면 무릎이 곧게 펴진다. 그는 엉덩이를 뒤로 당겨야만 무릎을 구부릴 수 있다. 다리 뒤쪽뿐만 아니라 허리에도 현저한 긴장이 있다.

몸을 정면에서 보았을 때 신체 부위의 분할이 명확할 때가 있다. 몸의 주요 부분인 머리와 목, 몸통, 다리는 단순한 일직선이 아니다. 머리와 목이 오른쪽이나 왼쪽으로 기울어져 있다. 몸통은 머리와 반대 방향으로 기울어져 있고 다리도 몸통과 반대 방향으로 기울어져 있다. 그런 몸의 각도

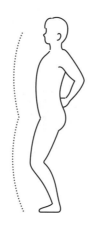

를 보여주는 선을 스케치해보았다.

이러한 각도는 몸이 하나로 흐르지 않는다는 것을 나타
낸다. 그것은 조현병schizophrenia 또는 분열적 인격schizoid personality
의 전형적인 특성에서 나타나는 완전성의 분열을 보여준
다. 조현병이란 것은 분열을 의미한다. 성격에 분열이 존재
한다면 신체에도 에너지 차원의 분열이 존재해야 한다. 사
람 자체가 곧 그의 몸이다.

몇 년 전 동료들과 나는 국립정신건강연구소NIMH, National
Institute of Mental Health의 한 그룹의 의사와 학생들에게 바이오에
너지에 대한 강연과 시연을 하도록 초대받았다. 나는 강연
에서 몸과 성격 사이의 친밀성에 대해 논의했다. 강연이 끝
나자 우리는 한 사람에 대해 아무것도 모르는 상태에서 정
신과 진단을 내릴 수 있는 능력을 보여달라는 요청을 받았

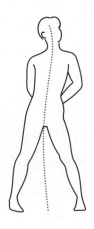

다. 우리는 연구소 사람들이 연구하고 있는 몇몇 대상을 잇
달아 제시했다. 나는 각 피험자에게 위에서 설명한 긴장의
자세를 취하여 그의 몸이 얼마나 잘 정렬되어 있는지 확인
하도록 요청했다. 잠시 몸을 관찰한 후 동료들과 나는 서로
의논할 수 없게 따로 각방에 들어가 있다가 한 명씩 나와 각
자 진단을 내렸다.

우리 각자는 연구소 그룹의 결과와 동일한 진단을 내렸
다. 두 경우에는 신체선의 분할이 너무 명확하여 분열적 성
격의 진단은 간단했다. 세 번째에서는 과도한 경직성이 두
드러졌다. 분열적 피험자 중 한 명은 비범한 상태를 보였다.
그의 눈은 다른 색이었다. 내가 이것을 지적했을 때, 그 방
에서 아무도 그것을 알아차리지 못했다는 것에 놀랐다. 많
은 심리학자와 정신과 의사처럼 그들은 보지는 않고 듣기

만 하는 훈련을 받았다. 그들은 환자의 몸과 표정이 아니라 환자의 마음과 이야기에 관심을 가졌다. 그들은 아직 몸의 언어를 읽는 법을 배우지 못했다.

지금까지 설명한 신체 장애는 사람들에게 정신 치료를 요구하는 증상들이다. 완고한 사람은 부드러움과 유연함을 요구하는 상황에서도 딱딱하고 완고하게 굴 것이다. 등이 너무 부드럽고 유연한 사람은 공격성이 부족할 것이다. 모든 환자는 자신과 세상이 조화를 이루지 못한다고 느낀다. 그들은 아치 운동은 제대로 할 수 없기 때문에 이 조화를 회복할 수가 없다. 그러나 이것은 실행을 방해하는 신체의 긴장을 감지하는 데 도움이 된다. 이러한 긴장은 다른 바이오에너지 운동을 통해 풀릴 수 있으며, 그중 일부는 이 책의 뒷부분에서 설명할 것이다.

아치를 제대로 해내는 사람이 우주와 조화를 이룬다고 말할 때 나는 전혀 주저하지 않는다. 왜냐하면 큰 감정적 문제가 있는 사람이 제대로 아치를 해내는 것을 본 적이 없기 때문이다. 이 자세는 배울 수 없기 때문에 그것은 연습의 문제가 아니다. 고정된 자세가 아니다. 그 자세를 유지하는 동안 깊고 완전하게 호흡해야 한다. 스트레스를 받는 상황에서도 신체의 기능과 완전성을 유지할 수 있어야 한다. 그러나 규칙적으로 이 운동을 하면 큰 도움이 된다. 이 자세는 사람이 자신의 몸과 접촉하고, 혼란과 긴장을 감지하고, 그 의미를 해석하는 데 도움을 준다. 이것을 성취하고 나면, 그는 세상과의 조화로운 느낌을 유지할 수 있다. 이것은 우리가 사는 기계적 문화에서 쉬운 일이 아니다.

3장

몸의 언어

생명의 핵심과 문제의 핵심

몸의 언어_{language of body}와 보디랭귀지는 둘로 나눌 수 있다. 하나는 사람에 대한 정보를 전달하는 신체적 신호와 표현이고, 다른 하나는 신체 기능의 의미를 나타내는 언어 표현이다. 이 장에서 나는 두 번째 부분에서 시작해 보디랭귀지라고 불리는 두 영역에 대해 논의할 것이다. 예를 들어, '스스로 서시오_{stand on your own feet}'라는 표현은 보디랭귀지다. 이 말의 뜻은 독립적이라는 것이고 우리의 공통 경험에서 비롯한다. 우리가 아기였을 때 또는 누구에게 의존적이었을 때, 우리는 누군가가 안아주거나 받쳐주었다. 자라면서 우리는 스스로 일어서는 법을 배우고 자립하게 되었다. 이러한 많은 표현이 일상 언어의 일부이다. 우리는 완고한 사람을 가리켜 '목이 뻣뻣하다stiff-necked'고 하고, 인색한 것을 의미할 때 '주먹이 단단하다tight-fisted', 그리고 말이 거의 없는 사람을 일컬어 '입이 무겁다tight-mouthed'고 말한다. 또 심리적 태도를 표현하기 위해 '책임을 짊어진 어깨', '고개를 높이 쳐들고', '굳건히 서 있다' 같은 신체적 언어를 쓴다.

산도르 라도Sandor Rado는 언어가 자기 수용성 감각proprioceptive sensation에 뿌리를 두고 있으며 즉, 모든 언어의 기초는 보디 랭귀지라고 주장했다. 의사소통은 주로 경험의 공유이며, 상황과 사건에 대한 신체적인 반응이기 때문에 이것은 타당하다. 그러나 다른 관련 참조 체계가 있는 세계에서는 언어에 이런 시스템의 용어가 통합된다. 예를 들어, '고속 기어로 이동moving in high gears'이라는 표현은 자동차 기계에 대한 우리의 경험에서 파생되었으며 그러한 시스템에 익숙한 사람들에게만 의미 있다. 두 번째 예로 증기 기관의 작동을 의미하는 '증기로 가득 찬 머리full head of steam'라는 표현이 있다. 이러한 표현은 기계어라고 할 수 있다. 이들 중 얼마나 많은 것이 우리의 말하기와 사고방식의 일부가 되었는지 모르겠다. 발전된 기술이 보디랭귀지와는 거리가 먼 새로운 용어를 우리의 어휘에 도입한 것이라고 예상할 수 있다.

모든 기계는 어떤 의미에서 인체의 확장이며 신체가 작동하는 원리에 따라 작동한다. 이것은 손과 손가락의 연상인 갈퀴, 컵 모양의 손이 연상되는 삽, 주먹을 연상하는 큰 망치와 같은 간단한 도구에서 쉽게 볼 수 있다. 눈과 망원경, 뇌와 컴퓨터처럼 복잡한 기계조차 신체와 밀접한 관계를 가지고 있다. 하지만 우리는 종종 이 사실을 간과하고 몸이 기계적 원리에 따라 작동한다고 생각하는 경향이 있다. 우리는 그런 제한된 기능의 신체보다 더 강력한 도구인 기계를 자신과 동일시한다. 결국 우리는 신체를 기계로만 바라보고 신체의 생명력과 지각적인 측면을 놓치게 된다.

바이오에너지는 신체를 기계로 보지 않을 뿐 아니라 지금까지 만들어진 가장 복잡하고 아름다운 기계라고도 보지 않는다. 신체 기능의 특정 **측면**을 기계에 비유할 수 있는 것은 사실이다. 예를 들어 심장은 펌프로 볼 수 있다. 몸에서 분리된 심장은 펌프와 같다. 심장이 몸 전체 생명에 관여하지 않는다면 펌프에 불과할 뿐이다. 그러나 심장은 너무 복잡하고 그렇기 때문에 펌프가 아닌 '심장'이다. 기계와 심장의 차이점은 기계의 기능은 제한적이라는 것이다. 펌프질 외에 그 이상의 기능은 없다. 심장 또한 펌프질을 하며 그런 제한된 작동에서는 기계처럼 기능한다. 그러나 심장은 신체의 필수적인 부분이며, 혈액을 펌프질하는 것 이상의 역할을 한다. 심장은 신체의 생명에 기여한다. 보디랭귀지는 이 차이를 인식하기 때문에 중요하다.

심장이라는 단어와 관련된 풍부한 표현들은 그 단어가 기계적인 측면 외적으로 얼마나 중요한가를 보여준다. 여기 이런 표현이 있다. '문제의 핵심heart으로 가라'는 표현에서 우리는 심장을 본질의 개념과 동일시한다. 또한 '당신은 내 심장에 도달했습니다'라는 표현에서도 심장은 중심 또는 핵심이라는 의미를 함축하는데, 사람의 가장 깊고 가장 중심적인 측면을 의미한다고 가정한 것이다. '마음을 다하여with all one's heart'는 사람의 가장 깊은 부분을 내포하기 때문에 완전한 헌신을 나타낸다.

또한 우리가 사랑의 감정을 심장과 연관시킨다는 것은 누구나 알고 있다. '심장을 잃다to lose your heart'라는 것은 사랑에 빠진다는 것이고, '심장을 여는 것to open your heart'은 다른 사람의 사랑을 받아들이는 것이다. '심장을 소매에 걸치다to wear your heart on your sleeve'는 사랑을 찾고 있다는 것이다. 지금까지 이렇게 심장이란 단어는 주로 상징적으로 사용되었다. 그러나 심장은 단순히 느낌과 관련된 것이 아니라 우리 언어에 따르면 감정의 기관이다. '내 심장이 움츠리들었다My heart shrank within me'는 말은 다른 사람이 자신 안에서 느낄 수 있는 고유 감각으로 극도의 불안과 실망을 의미한다. 심장은 또 기쁨으로 확장되는데, 이것은 단지 비유적인 말이 아니라 문자 그대로의 표현이다. '당신이 내 심장을 깨지게 했다

You have broken my heart'란 표현이 실제 신체적 트라우마를 의미하냐고 묻는다면 나는 그것이 사실이라고 생각한다. 하지만 상처받은 마음은 종종 저절로 치유될 수도 있다. '깨다'라는 단어가 반드시 '두 개 이상의 조각으로 나누다'를 의미하는 것은 아니다. 그것은 심장과 몸의 주변부 사이의 연결이 깨지는 것을 의미할 수 있다. 그럴 경우 사랑의 감정은 더 이상 마음에서 세상으로 자유롭게 흐르지 않는다.

바이오에너지는 사람이 사랑의 감정을 어떻게 다루는지에 대한 것이다. 그의 마음은 닫혀 있나? 아니면 열려 있나? 세상을 향해 열려 있는가? 아니면 세상에서 멀어져 있는가? 그의 태도는 몸의 표현에서 알 수 있지만 이것을 결정하기 위해서는 몸의 언어를 이해해야 한다.

심장은 흉곽이라는 뼈로 만든 케이지에 둘러싸여 있지만 이 케이지는 딱딱할 수도 부드러울 수도, 움직이지 않을 수도 있고, 반응을 할 수도 있다. 가슴에 손을 대보면 근육이 팽팽하고 흉벽이 약한 압력에 부러지지 않는다는 것을 알 수 있다. 또한 가슴의 운동성은 호흡으로 볼 수 있다. 매우 많은 경우에서 흉벽은 호흡으로 움직이지 않는다. 이 경우 호흡 운동은 복부가 약간 움직이는 정도로 주로 횡격막에서 보인다. 가슴이 팽창되고 들이마시는 자세를 유지한다. 어떤 사람들은 흉골이 마치 사람의 심장에서 멀리 떨어진 것처럼 돌출되어 있다. 가슴을 내미는 것은 반항의 한 형태이다. 의도적으로 그렇게 하면 "나는 당신이 내게 가까이 오지 못하게 할 것이다"라고 말하는 것처럼 느낄 것이다.

심장의 주요 전달 통로는 목구멍과 입을 통한 것이다. 입술과 입으로 엄마의 가슴에 닿기 때문에 이것이 아기의 첫 번째 통로이다. 하지만 아기는 입술과 입으로만 닿는 것이 아니라 심장으로도 닿는다. 키스는 우리에게 사랑의 표현으로 인식된다. 그러나 키스는 사랑의 몸짓일 수도 있고 사랑의 표현일 수도 있는데, 그 차이는 마음이 통하느냐 아니냐에 따른 것이고, 입과 마음의 소통 통로가 열려 있느냐 아니냐에 달려 있다. 목이 수축되고 꽉 조이면 어떤 느낌도 효과적으로 전달할 수 없다. 그러한 경우 심장은 상대적으로 고립되어 폐쇄된다.

심장의 두 번째 전달 통로는 팔과 손을 뻗어 만지는 것이다. 이 경우 사랑의 이미지는 부드럽고 다정하며 어루만지는 듯한 어머니의 손길이다. 이 행동이 사랑의 표현이 되려면 그 감정은 마음에서 우러나와 손으로 흘러야 한다. 진정으로 사랑하는 손은 에너지로 가득 차 있다. 그러한 손은 만질 때 치유력이 있다. 어깨 긴장이나 손 근육의 경련으로 인해 손으로 가는 느낌이나 에너지의 흐름은 차단될 수 있다. 어깨 긴장은 손을 내밀거나 뻗는 것을 두려워할 때 발생한다. 손의 작은 근육 긴장은 움켜쥐거나 낚아채거나, 할퀴거나 목을 조이려는 충동이 억압된 결과이다. 나는 그러한 긴장이 손의 류마티스 관절염을 유발한다고 생각한다. 어떤 경우 첫 번째 장에서 설명한 과신전 상태로 양손을 붙여서 밀어내는 운동을 하면 일부에게는 손의 류마티스 관절염 발병을 극복하는 데 도움이 된다는 것을 알게 되었다.

심장에서 세상으로의 세 번째 연결 통로는 허리와 골반을 통해 생식기로 내려가는 것이다. 섹스는 사랑의 행위이지만, 그것이 단순한 성적 몸짓인지, 진심 어린 감정의 표현인지는 마찬가지로 그 과정에 마음이 있는가의 문제이다. 파트너에 대한 사랑의 감정이 강할 때 성적 경험은 강렬하고 절정이나 오르가슴 같은 황홀한 사건을 만드는 흥분 상태에 도달하게 된다. 나는 앞서 완전하고 만족스러운 오르가슴은 전적으로 전념할 때만 가능하다고 지적했었다.* 그런 경우 절정의 순간에 실제로 심장이 뛰는 것을 느낄 수 있다. 그러나 이 통로 역시 하반신의 긴장에 의해 차단되거나 폐쇄될 수 있다.

감정 없는 섹스는 식욕 없이 먹는 식사와 같다. 물론 대부분의 사람들은 어느 정도 느낌을 갖고 있다. 문제는 연결 통로가 얼마나 개방되어 있는가다. 인간에게 가장 공통된 장

* Alexander Lowen, *Love and Orgasm*, New York, Macmillan, 1965.

애 중 하나는 신체의 상반신이 하반신과 분리되는 것이다. 때로 두 반쪽은 마치 다른 사람의 것처럼 보인다. 어떤 사람은 상반신이 잘 발달되어 있는 반면, 골반과 다리는 작고 미성숙해 마치 어린아이와 같다. 또 다른 사람은 골반이 둥글지만 완전하고 상반신은 작고 좁아 어린이와 같다. 이러한 모든 경우에 한쪽의 감정은 다른 쪽의 감정과 통합되지 않는다. 때때로 신체의 상반신은 단단하고 뻣뻣하며 공격적인 특성을 가지고 있는 반면 하반신은 부드럽고 수동적이며 마조히즘적이다. 어느 정도 분리가 존재하는 신체에는 자연스러운 호흡 운동이 몸을 통해 자유롭게 흐르지 않는다. 호흡은 복부에 거의 영향을 미치지 않는 흉부 호흡이거나 가슴의 움직임이 제한된 횡격막 호흡이다. 만일 그 사람에게 앞에 설명했던 태극권의 움직임처럼 등을 구부리라고 하면 몸이 활처럼 구부러지지 않을 것이다. 골반이 앞으로 나와 있거나 뒤로 당겨져 선이 끊어지고 신체의 통일성이 깨진다. 통일성이 없다는 것은 머리, 심장, 생식기가 하나로 통합되어 있지 않다는 것을 의미한다.

흥분과 느낌의 자유로운 흐름을 차단하는 만성 근육 긴장은 횡격막과 골반 주변 근육과 다리 위쪽 근육에서 자주 발견된다. 물리적 접근과 심리적 접근 모두를 사용하여 그것들을 풀어주면 사람들은 '연결된' 느낌을 받기 시작한다.

이것은 그들이 직접 한 말이다. 머리, 심장, 생식기 또는 생각, 느낌, 성은 더 이상 분리된 영역이나 분리된 기능이 아니다. 섹스는 그에 상응하는 더 큰 기쁨과 함께 점점 더 큰 사랑의 표현이 된다. 변함없이 이전에 행했던 모든 난잡한 행동은 중단된다.

여성의 심장은 가슴과 직접적이고 즉각적으로 연결되어 있으며, 가슴은 심장에서 흘러나오는 충동에 에로틱하게 또는 분비선상에서 반응한다. 성적 흥분 시 젖꼭지가 피로 채워지고 곤두선다. 젖을 먹일 때 이 선에서는 젖이 분비한다. 따라서 일반적으로 젖을 먹이는 행위는 모성애의 가장 명확한 표현 중 하나이다. 같은 이유로 엄마의 젖이 아이에게 맞지 않을 것이라고는 상상할 수 없다. 아기는 모유가 생산되는 동일한 환경에서 잉태되고 발달했기 때문이다. 그러나 환자들은 모유가 신맛이 나는 것을 경험했다고 보고하기도 한다. 그런 말을 진지하게 받아들이긴 하지만 모유 자체가 잘못됐다고는 생각하지 않는다. 아마도 어머니는 아이 때문에 짊어진 짐에 대해 원망하고 분개했고, 그 원한을 영아가 느끼고 반응했을 것이다. 젖을 먹이는 것은 섹스와 마찬가지로 생리적 반응 이상이다. 수유는 감정적인 반응이므로 어머니의 기분과 태도에 따라 달라진다. 가슴에서 가슴으로의 감정 흐름을 구성할 수도, 경감시킬 수도 있다. 심장은 모든 치료의 중심이기 때문에 이렇게 길게 설명했다. 사람들은 우울증, 불안, 무력감, 실패감 등 다양한 불만으로 치료를 받으러 온다. 하지만 각각의 불만 이면에는 삶의 기쁨과 만족의 부족이 있다.

오늘날에는 자아실현과 인간의 잠재력에 대해 이야기하는 것이 인기지만, 그러한 용어는 어떠한 잠재력을 실현하려는 건지 알지 못하면 무의미하다. 더 충만하고 더 풍요롭게 살고자 한다면 생명과 사랑에 마음을 열어야 가능하다. 자기 자신, 동료, 자연과 우주에 대한 사랑이 없는 사람은 차갑고 무심하고 비인간적이다. 우리 마음에는 우리가 살고 있는 세상과 우리를 하나로 묶는 따뜻함이 흐른다. 그 따뜻함이 바로 사랑의 감정이다. 모든 치료의 목표는 사람이 사랑을 주고받는 능력을 키우도록 돕는 것이다. 즉, 마음뿐 아니라 심장 기능을 확장하는 것이다.

생명과의 상호작용

우리는 심장에서 몸의 주변부로 이동하면서 환경과 상호작용하는 장기 기관을 고려해야 한다. 여기서도 우리의 보디랭귀지는 그 기능에 대한 자기 수용성 인식에서 비롯되는 표현으로 가득하다. 이러한 표현은 이미지와 의미가 매우 풍부하여 인간의 성격을 연구하는 어떤 연구자도 이를 무시할 수 없다.

얼굴은 세상에 공개된 신체 영역이기 때문에 먼저 얼굴부터 시작해야 한다. 다른 사람을 바라볼 때 가장 먼저 살펴보는 부분이기도 하다. '심장'이라는 단어가 중심이나 핵심을 의미하게 된 것처럼, '얼굴'이라는 단어는 사물이나 상황의 외적인 모습을 일컫는다. 따라서 우리는 건물이나 풍경의 외적인 부분을 말할 때 얼굴이란 말을 쓴다. '새로운 얼굴을 가진 오래된 문제들These are old problems with new faces'이라는 말에서 우리는 본질에 상응하는 변화가 아닌 상황의 외향만 변한 것을 의미한다.

'얼굴'이라는 단어는 얼굴의 개념을 자아와 관련해서 사람의 이미지를 나타내는 데에도 사용된다. 자아의 기능 중 하나가 그 사람의 이미지를 투사하는 것과 관련되기 때문이다. '체면을 잃다to lose face'라는 것은 자아에 타격을 입는 것이기 때문에 사람들 대부분은 '체면을 지키려to keep face'고 노력한다. '얼굴을 가리는hides his face' 것은 자아가 굴욕감을 느끼는 수치심을 나타낸다. 강한 자아를 가진 사람은 상황에 '직면faces up'하고, 약한 사람은 '외면face away'할 수 있다. 이렇게 자기표현은 얼굴과 관련되고, 우리가 어떤 표정을 짓는지는 우리가 누구이며 어떻게 느끼는지에 대해 많은 것을 알려준다. 웃는 얼굴, 우울한 얼굴, 밝은 얼굴, 슬픈 얼굴 등이 있다. 불행히도 대부분의 사람은 자신의 표정을 알지 못하며 그만큼 자신이 누구인지, 무엇을 느끼는지 알지 못한다.

이러한 고려 사항을 통해 우리는 얼굴에서 그 사람의 자아를 평가할 수 있다. 조현병이 있는 사람의 얼굴은 일반적으로 가면과 같은 특성을 가지고 있는데, 이는 이 질환의 진단 징후 중 하나이며, 자아의 낮은 상태를 나타낸다. 치료를 통해 상태가 호전되면 그의 얼굴 표정은 표현력이 향상된다. 크고 통통한 얼굴은 강한 자아(이런 것이 몸의 언어이다)를 나타내지만, 때때로 작은 몸에 큰 머리 얼굴을 보거나 반대로, 큰 몸에 작은 머리 얼굴을 보는 경우도 있다. 이러한 경우 자아와 신체 사이의 분리 정도를 추정할 수 있다.

또 다른 흥미로운 관찰은 많은 장발 소년과 소녀들이 머리카락 뒤에 얼굴을 숨기는 경향이 있다는 것이다. 이것은 내가 보기에 세상과 대면하지 않으려는 그들의 마음 표현인 것 같다. 외모를 과대평가하는 우리 문화에 대한 거부감으로 해석되기도 한다. 많은 젊은이가 명성, 지위, 표식, 직위와 권력의 물질적 신호를 혐오하는 반자아 편향을 가지고 있다. 우리는 이러한 태도를 종종 내적 진실과 가치를 희생시키면서까지 부모가 매우 높이 평가하는 외양의 중요성에 과민하게 반응하는 것으로 이해할 수 있다.

얼굴의 모든 기관과 특징에는 고유한 보디랭귀지가 있다. 눈썹, 눈, 뺨, 입, 턱은 다양한 자질이나 특성을 나타낸다. 이러한 부분과 관련된 해부학의 몇 가지 표현을 살펴보겠다. 높은 눈썹은 세련되고 지적인 사람을 나타낸다. 그와 반대로 낮은 눈썹은 다소 거친 인상이다. 이런 사람은 다른 사람의 위압적인 말이나 외모에 겁을 먹고 의기소침해질 때 '위협을 느낀다browbeaten'고 한다. 그의 눈썹은 실제로 처져 있다. 무례하고 경솔한 사람을 두고 '볼살이 많다have a lot of cheek'고 표현한다. 말 그대로 그의 뺨은 피와 감정으로 가득 차서 눈에 띈다.

시각의 기능은 모든 것을 인식하는 데 매우 중요하기 때문에 우리는 동사 '보다'라는 말을 이해하다라는 말과 동일시한다. '원시안farsighted'이란 말은 더 멀리 볼 뿐만 아니라 앞을 내다본다는 뜻이다. 밝은 눈은 활력의 표시이자 상징이다. 표현 기관으로서 눈은 몸의 언어에서 큰 역할을 한다. 표정으로 많은 의미를 전달할 수 있기 때문에 우리는 종종 눈으로 사람들의 반응을 측정한다. 입을 가리켜 우리는 '가벼운 입bigmouth', '거친 입mealymouth', '무거운 입closedmouth'과 같은 표현을 사용한다. 치아의 기능도 은유가 풍부하다. 무언가를 '잘 물었다get a good bite on something'는 것은 '손으로 잡는다'는 것보다 더 강력한 표현이다. '잇몸 간신히 붙들고by the skin of his teeth' 있는 사람은 매우 절실하다. 우리는 즐거움을 약속하는 것을 '맛있는 한 입toothsome morsel'이라고 말한다. 마지막으로 역경 속에서도 기개를 잃지 않는 깃을 '턱을 들다chin up'라고 표현한다. 턱을 내리는 것은 흐느껴 울기 시작할 때의 첫 동작이다. 이것은 울기 직전에 턱을 떨어뜨리고 떨기 시작하는 아기에게서 분명하게 관찰할 수 있다. 바이오에너지 요법에서는 환자가 울음을 터뜨리기 전에 턱을 내리게 하는 경우가 있다.

인간의 목소리는 가장 표현력 있는 수단이다. 폴 J. 모세 Paul J. Moses는 그의 저서 《노이로제의 목소리The Voice of Neurosis》에서 목소리의 음파 요소를 설명하면서 성격과의 관계를 보여준다. 나는 다음 장에서 목소리에서 성격을 읽을 수 있는 기본 개념에 대해 논의할 것이다. 보디랭귀지는 목소리의 의미를 인식한다. 어떤 사람이 특정 상황에서 '목소리가 없다has no voice'는 것은 그가 중요하지 않다는 것을 의미한다. 그는 '발언권이 없다has no say'. 따라서 목소리를 잃는다는 것은 입지를 잃은 것을 의미할 수 있다.

어깨, 팔, 손의 기능은 보디랭귀지에 있어 중요하다. 책임을 지는 사람은 '책임을 어깨에 진다shoulders his responsibility'. 공격적인 사람은 '팔꿈치로 밀치elbows his way'며 싸울 때는 '팔짱을 arms himself' 낀다. 그가 '자신을 잘 다룬다면handles himself well' 우리는 그를 자랑스럽게 생각한다. 어떤 일에 가담하는 것을 '손을 댄 것having a hand in it'이라고 묘사한다.

손은 촉각의 주요 도구이다. 손에는 신체의 다른 어떤 부분보다 더 많은 촉각소체觸覺小體가 있다. 따라서 만지는 것은 손 접촉의 주요 기능이지만 기계적 작동은 아니다. 인간적 관점에서 만지는 것은 다른 사람과의 감정적인 접촉을 말한다. 따라서 '당신에게 감동을 받았다I am touched by you'라는 표현은 상대가 나에게 감정적 반응을 불러일으켰다고 말하는 또 다른 방법이다. 친밀감도 함축되어 있기 때문에 더 친절한 표현이기도 하다. '연락하다being in touch'는 '인식하다'라는 뜻이기도 하다. 이 표현은 만지는 것과 아는 것 사이의 밀접한 관계를 나타낸다. 영아들은 미각의 중요한 감각 기관인 입에 물건을 넣어 사물의 특성을 배우지만 조금 더 성장한 아이들은 만지면서 배운다.

만지는 것과 아는 것 사이의 연결은 치료에 중요한 질문을 제기한다. 만지지 않고 진정으로 타인을 알 수 있을까? 사람을 만지지 않으면 어떻게 느낄 수 있을까? 환자와 분석가 사이의 어떤 **신체적 접촉**을 피하는 전통적인 정신분석학은 그러한 접촉이 성적 감정을 유발할 수 있다는 두려움 때문에 말보다 더 즉각적으로 서로 접촉해야 하는 두 사람 사이에 장벽을 만들었다. 치료사는 환자의 몸을 만짐으로써 근육의 경직도, 피부의 건조함, 조직의 생명력 등 환자에 대해 많은 것을 감지할 수 있다. 환자와의 접촉을 통해 치료사는 환자에게 자신이 환자를 육체적 존재로 느끼고 수용한다는 것을 전달할 수 있고, 만지는 것은 자연스러운 방식이라는 생각을 환자에게 전달할 수 있다.

치료사가 환자를 신체적으로 만지는 것은 치료사가 관심을 갖고 있다는 표시이다. 어머니가 안고 만지는 것이 그녀의 부드럽고 사랑스러운 보살핌의 표현이었던 그 시절로 거슬러 올라간다. 우리 문화에서 사람들은 대부분 유아기 때부터 신체 접촉의 결핍으로 고통받는다. 이러한 결핍의 결과로, 그들은 만지고 안기고 싶지만 요청하거나 손을 뻗는 것을 두려워한다. 그들은 신체 접촉이 그들의 마음과 몸에서 성적인 것과 너무 밀접하게 연관되어 있기 때문에 신체적 접촉에 대해 금기를 느낀다. 이러한 종류의 금기는 사람들이 서로 실제로 접촉하는 것을 어렵게 만들기 때문에 치료에서 이를 제거하는 것이 중요하다.[*] 따라서 치료사는 환자를 만지거나 접촉하는 것을 두려워하지 않는다는 것을 보여주어야 한다.

그러나 치료사가 환자에게 손을 얹으면 그 접촉의 성격에 대해 의문이 제기된다. 특히 이성을 만질 때는 신체 접촉이 성적이고 에로틱한 방식이 될 수 있다. 그러한 접촉은 신체 접촉에 대한 환자의 깊은 불안을 확인하게 하고 치료사의 괜찮다는 확신에도 불구하고 깊은 수준에서 금기라는 생각을 강화한다. 그러면 이것은 괜찮지 않은 것이다. 치료사의 성적 개입은 부모 자식 관계에서 경험한 것과 동일한 트라우마를 환자에게 가하는 것으로 치료 관계에 대한 신

---

[*] Montagu, *Touching, op. cit.* 앞서 언급한 이 책에서는 만지는 것의 중요성에 대해 충분히 탐구하고 있다.

뢰의 배신이다. 배신이 일상적으로 받아들여지면, 그 어떤 접촉도 **진실**할 수 없다는 것을 숨기는 성 행동화 패턴으로 이어진다.

치료사의 손길은 따뜻하고 친근하며 신뢰할 수 있어야 하고 접촉에 대한 확신을 불러일으키기 위해서는 개인적인 관심이 없어야 한다. 그러나 치료사도 인간이기 때문에 그의 개인적인 감정이 때때로 방해가 될 수 있다. 이런 일이 발생했을 경우에는 환자를 만져서는 안 된다. 따라서 치료사는 환자와 접촉하기 전에 자신을 알아야 하고 자신과 먼저 접촉해야 한다. 스스로 치료를 받는 것은 다른 사람을 치료하기 위한 기본 조건이다. 치료사는 접촉 성격을 알고, 관능적인 접촉, 지지하는 접촉, 단호한 접촉, 경직된 접촉, 기계적 접촉, 감정적인 접촉의 차이를 인식할 수 있어야 한다.

환자에게 만지는 것을 금기시하는 것은 고립감의 원인이 되기 때문에 치료사와의 접촉이 절실히 필요하다. 이 금기를 극복하기 위해 나는 종종 환자에게 침대에 누워 있는 동안 내 얼굴을 만지게 한다. 나는 환자가 어느 정도 두려움을 해소하게 한 후에 이 절차를 밟는다. 위쪽에서 몸을 구부리면 나는 아이를 바라보는 부모의 입장이 된다. 이 동작이 불러일으킨 주저함과 망설이는 몸짓 같은 불안감이 처음에는 나를 놀라게 했다. 많은 환자가 손이 완전히 닿는 것이 두려운 듯 손끝으로만 내 얼굴을 만졌다. 어떤 사람들은 거절당하는 것이 두렵다고 말했고 어떤 사람들은 자신이 나를 만질 권리가 없다고 생각한다고 말했다. 어떤 독려 없이 내 얼굴을 그들에게 가까이 가져갈 수 있다고 생각한 사람은 거의 없었다. 비록 이것이 그들이 원하는 것이었음에도 불구하고 말이다. 모든 경우에 이 절차는 말만으로는 도달할 수 없는 깊이까지 갔다.

어떤 경우에 환자의 손길은 탐색적 특성을 띤다. 마치 아기가 부모의 얼굴 특징을 살피는 것처럼 손가락으로 내 얼굴 위를 탐색할 것이다. 때때로 환자는 이미 경험했던 거부감을 드러내며 내 얼굴을 밀어내기도 한다. 그러나 환자가 신체 접촉에 대한 갈망에 굴복하게 되면 그는 나를 끌어당겨 꽉 안고 손으로 내 몸을 느낄 것이다. 내가 그의 갈망을 느낄 때 그는 나의 수용성을 느낀다. 나와 접촉하면서 그는 치료의 목표인 자신과 더 많이 접촉할 수 있게 된다.

상호작용의 세 번째 주요 영역은 사람과 지면의 관계이다. 우리가 취하는 모든 자세, 우리가 내딛는 모든 발걸음이 이것과 관련이 있다. 새나 물고기와 달리 우리는 지상에서 가장 편안함을 느낀다. 그리고 다른 포유류와 달리 우리는 두 발로 서서 움직인다. 이 자세는 체중 부하 기능을 척추와 다리로 이동시켜 팔을 자유롭게 한다. 직립 자세로의 변화는 요천추 부위에 집중된 등근육에 스트레스를 준다. 다음 장에서 이 스트레스의 특성과 요통과의 관계에 대해 논의할 것이다. 여기서는 보디랭귀지에 반영되는 하체의 기능과 성격의 관계에 집중해보겠다.

예를 들어, 한 개인을 조직 내에서 '소속standing' 또는 '무소속no standing'으로 설명할 수 있다. 후자의 경우 그는 구성원으로 간주되지 않는다. 또한 우리는 어떠한 상황에서 '당신은 어떤 입장입니까?how do you stand?'라고 곧잘 묻는데, 이것은 당신의 견해를 나타낸다. 어떤 이는 '지지하거나stand for' 반대할 수 있다. 누군가가 '입장을 취하지take a stand' 않으면, 그 사람은 '떨어져 나오게stands off' 된다. 이 경우 그 사람은 '자신의 입장을 견지하거나stands firm' 또는 '입장을 고수stands his ground'할 수 있다. 이렇듯 서 있는 것에는 힘의 개념이 있다. 이것은 공격, 파괴 또는 부패에 대해 '잘 견디to stand up well'거나 '맞서는stand criticism' 식으로 분명하게 진술하게 된다.

동사로 '서다'의 반대는 다른 행동 유형인 앉는다가 아니라 몸을 구부리거나, 주저앉거나 또는 오락가락하는 것이다. '오락가락shifty'하는 사람은 입장을 취하지 않고, '주저앉는slumps' 사람은 입장을 유지할 수 없으며, '구부정한slouches' 사람은 입장을 포기한다. 이러한 용어는 행동을 설명하는 데 사용되는 은유이다. 그러나 성격에 적용될 때 문자 그대로의 의미가 있다. 몸이 습관적으로 구부정한 모습을 보이는 사람도 있고, 몸이 늘어지거나 어느 정도 무너져 보이는 사람도 있다. 어떤 사람들은 체중을 한 발에서 다른 발로 옮기지 않고는 서 있을 수 없다. 그러한 용어가 신체의 전형적인 태도에 대한 설명을 통해 그 사람을 설명한다.

사람이 어떤 식으로 삶에 서 있는지, 즉 인간으로서의 기본 자세는 몸에서 극적으로 드러난다. 일반적인 예로, 많은 사람이 무릎을 쫙 펴고 서 있는 경향을 들어보겠다. 이 자세의 효과는 유연성(무릎 동작)을 희생시키면서 다리를 단단한 지지대로 변형시키는 것이다. 그것은 자연스러운 자세가 아니며, 그런 자세는 개인이 추가 지원의 필요성을 느낀다는 것을 나타낸다. 따라서 이런 불안정한 느낌은 의식적이든 아니든 간에 성격에 약간의 불안함이 있음을 알려준다. (그렇지 않은 경우 추가 지원이 필요한 이유가 무엇이겠나?) 이 사람에게 무릎을 약간 구부린 상태로 서라고 하면 종종 다리에 진동이 발생하여 '내 다리가 나를 지탱하지 못할 것'이라는 느낌을 불러일으킬 수 있다.

잘 서 있으려면 땅을 잘 디디고 서야 한다. 발 아치가 이완되지만 무너지지 않은 상태에서 발은 바닥에 되도록 평평하게 놓아야 한다. 우리가 일반적으로 평발이라고 부르는 것은 아치가 무너진 상태로, 그 결과 체중이 발 안쪽으로 이동한 것이다. 반면에 높은 아치는 발 근육의 경직 또는 수축의 징후이다. 높은 아치는 발과 지면의 접촉이 줄어들어 발이 잘 고정되지 않았음을 나타낸다. 오랫동안 높은 아치가 더 건강하고 우수한 발로 간주되었던 것이 조금 흥미롭다. 경찰관을 평발이라고 불렀던 때가 있다. 그의 발이 '박자에 맞춰 정해진 길을 걸어서 순찰하느라' 평평하다고 가정했기 때문이다. '평발'은 경멸적인 표현으로 사회적 척도에서 낮은 위치를 나타냈었다.

내가 어렸을 때 어머니는 나의 평발에 대해 늘 걱정하셨다. 그녀는 내가 운동화를 신으면 평발이 더 심해질까 봐 운동화 신는 것을 맹렬히 반대했다. 그러나 달리기와 공놀이를 할 때 적합했기 때문에 나는 운동화를 간절히 원했다. 다른 애들도 다 신고 있었기 때문에 엄마와 힘겹게 싸워서 결국 운동화를 샀다. 그러나 어머니는 신발에 아치 지지대를 넣으라고 해서 그 고통에서 벗어나는 데 시간이 더 걸렸다. 어린 시절 내내 꽉 끼고 단단한 신발 때문에 티눈의 고통을 겪었기 때문에 그 고문은 생생했다. 어머니를 만족시킬 만큼 높은 아치는 아니었지만 나는 평발이 아니었다. 사실, 내 발은 충분히 평평하지 않았으며, 몇 년 동안 나는 바이오에너지 운동으로 단련하면서 더욱더 땅에 딱 붙는 발을 만들려고 노력했다. 그렇게 함으로써 나는 티눈, 굳은살, 건막염 또는 발에 생기는 기타 장애가 없어진 것이 확실하다.

발로 서는 자세와 사회적 지위의 관계는 중국에서 여아의 발을 묶어서 작고 상대적으로 쓸모없게 하는 옛 풍습으로 설명된다. 이러한 관행에는 두 가지 이유가 있다. 중국의 모든 귀족 여성은 발이 작았기 때문에 작은 발은 더 높은 사회적 지위의 표시였다. 힘들게 일하거나 먼 거리를 걷지 않아도 되고 가마를 타고 다녔기 때문이다. 이 사치를 감당할 수 없었던 농민 여성은 크고 넓은 평발을 갖게 되었다. 여성의 발을 묶어버리는 또 다른 이유는 발을 집에 묶어두어 독립성을 박탈하기 위해서였다. 그러나 이러한 관습은 계급에 따라 제한적으로 적용되었기 때문에 중국인의 문화적, 사회적 관점을 반영한 것으로만 간주해야 한다. 문화적 태도가 신체 표현에서 어떻게 나타나는지에 대한 연구를 동작학kinesics이라고 한다. 바이오에너지에서 우리는 문화가 신체 자체에 미치는 영향을 연구한다.

몇 년 동안 우리 바이오에너지 연구소의 게시판에 만화가 걸려 있었다. 해부학 교수가 손에 포인터를 들고 인간의 발 차트 앞에 서서 의대 학생들을 바라보는 모습을 묘사한 것이다. 말풍선에는 그가 "정신과 의사가 되려는 사람들은 내가 하는 말에는 조금도 관심이 없다고 확신한다"고 말한다. 그가 발에 대해 말하는 것은 정신과와 관련이 없을 수도 있다. 바이오에너지 분야의 우리는 항상 사람의 발이 머리와 마찬가지로 그의 성격에 대해 많은 것을 말해준다고 믿어왔다. 나는 성격 문제를 진단하기 전에 그 사람의 서 있는 모습을 보는 것을 좋아한다. 이를 위해 나는 그의 발을 본다.

균형이 잘 잡힌 사람은 발의 균형 또한 잘 잡혀 있고 체중이 발뒤꿈치와 발바닥 사이에 고르게 분산되어 있다. 무릎을 쭉 펴고 있을 때처럼 사람의 체중이 발뒤꿈치에 있다면 균형이 깨진 것이다. 특히 저항할 준비가 되어 있지 않은 경우 그의 가슴을 살짝 밀면, 쉽게 뒤로 넘어질 수 있다. 나는 워크숍에서 이것을 여러 번 시연했다. 그러한 사람을 가리켜 '만만한 사람'이라고 말할 수 있다. 이 자세는 수동적이다. 체중을 발볼로 옮기는 것은 앞으로 움직일 준비를 하게 하며 공격적인 자세를 취하는 것이다. 균형은 고정된 현상이 아니기 때문에 균형을 잡기 위해서는 자세를 지속적으로 조정해야 하고 그러기 위해서는 계속 발을 의식해야 한다.

"사람이 두 발로 땅을 딛고 있다"는 말은 말 그대로 발과 땅 사이에 감각적인 접촉이 있다는 의미로 받아들일 수 있다. 이러한 접촉은 흥분이나 에너지가 발로 흘러들어갈 때 발생하며, 주의를 집중하거나 에너지를 발에 쏟을 때 앞서 손에 대해 설명했던 것과 유사하게 생생한 긴장 상태를 발생시킨다. 그제야 발을 인식하고 적절하게 균형을 잡을 수 있다.

현대인을 소외되거나 고립된 존재라고 말하는 것은 흔한 일이다. 현대인들을 뿌리가 뽑히거나 뿌리가 없는 것으로 묘사하는 경우는 드물다. 작가 제임스 미치너James Michener는 오늘날의 젊은이들을 **방랑자**로 특징지었다. 문화적 현상으로서 그들은 사회학적 연구 대상이다. 그러나 그것은 또한 바이오에너지적인 현상이다. 뿌리를 내리고 있다는 느낌이 없는 것은 신체 기능의 장애에서 비롯되었다고 본다. 그 장애는 우리의 움직이는 뿌리인 다리에 있다. 나무의 뿌리처럼 우리의 다리와 발은 땅과 활발하게 상호작용을 한다. 젖은 풀밭이나 뜨거운 모래 위를 맨발로 걸으면 발이 충전되고 살아나는 것을 느낄 수 있다. 바이오에너지를 이용한 신체 운동에서도 같은 느낌을 받을 수 있다. 내가 일반적으로 사용하는 것은 환자가 앞으로 구부려서 손끝으로 가볍게 땅을 만지게 하는 것이다. 발은 약 30센티미터 가량 벌리고 발가락은 약간 안쪽으로 향하게 한다. 무릎을 구부린 상태에서 시작하여 허벅지 뒤쪽의 햄스트링에 긴장이 생길 때까지 곧게 편다. 그러나 무릎은 절대 완전히 펴서는 안 된다. 자세를 1분 이상 유지하며 편안하고 깊게 호흡한다. 감각이 다리로 흐르면 진동이 시작한다. 그 느낌이 발에 전달되면 따끔거리기 시작할 수 있다. 이 운동을 하는 환자들은 때때로 이런 현상에서 '뿌리'를 느낀다고 진술한다. 그들은 심지어 발이 바닥으로 뻗어나가는 것을 느낄 수도 있다고 한다.

'뿌리'나 '기반'을 가지고 인간의 중요한 가치를 지지하거나 대변하는 것은 오늘날의 사람들에게는 보기 드문 자질이다. 자동차는 우리의 다리와 발을 온전히 사용할 수 없게 했고, 항공 여행은 우리를 지상에서 완전히 떼어 놓았다. 그러나 이러한 것들이 신체 기능에 미치는 주요 효과는 직접적이기보다 간접적이다. 우리에게 큰 영향을 미치는 문화적 영향은 모자 관계의 변화, 특히 엄마와 아기 사이의 긴밀한 신체 접촉의 감소이다. 나는 나의 지난 책에서 이 변화에 대해 어느 정도 길게 논의하였다.* 어머니는 유아의 첫 번째 터전이며, 달리 말하면 유아는 엄마의 몸을 통해 터전을 이룬다. 유아에게 대지와 땅은 상징적으로 어머니와 동일시된다. 어머니가 땅과 집을 대표하기 때문이다. 엄마의 젖꼭지를 찾는 유아의 본능적 움직임을 묘사할 때도 '뿌리 내리기rooting'라는 단어가 사용된다는 점이 흥미롭다. 내 환자들은 어머니의 신체와 충분히 즐겁게 접촉하지 못했기 때문에 뿌리를 내리거나 땅에 완전히 서는 감각을 발달시키지 못했다. 의심할 여지 없이 그들의 어머니 역시 완전히 뿌리

---

* Lowen, *Despression and the Body, op. cit.*

를 내리고 사는 사람들이 아니었다. 본인이 뿌리가 뽑힌 어머니는 아기에게 필요한 안정감과 유대감을 제공할 수 없다. 우리가 이러한 바이오에너지적 사실을 인식하지 못한다면 고도로 기계화되고 기술적인 문화가 인간의 삶에 미치는 재앙적인 영향을 막을 수 없을 것이다.

몸의 신호와 표현

몸의 언어는 비언어적 의사소통이라고 한다. 오늘날에는 신체 표현으로 많은 양의 정보가 전달되거나 수집될 수 있다는 사실이 밝혀졌기 때문에 이에 대한 관심이 상당히 높다. 사람의 목소리 톤이나 표정은 종종 그가 말하는 단어보다 더 큰 영향을 미친다. 어린 시절 아이들은 "막대기와 돌은 내 뼈를 부러뜨릴 수 있지만 이름은 나를 해칠 수 없다네"라는 후렴구를 부르곤 했는데, 이는 언어적 조롱에 무감각하다는 것을 암시하는 말이다. 하지만 "표정이 사람을 죽일 수 있다"는 속담이 있다. 엄마가 아이에게 살의 있는 표정을 짓는다면 쉽게 무시할 수 없다. 아이들은 오랜 학교 교육을 통해 말에 주의를 기울이고 몸의 표현을 무시하도록 배운 어른들보다 몸의 언어를 더 잘 알고 있다.

인간 행동을 연구하는 지적인 연구자라면 말이 거짓말을 하는 데 사용될 수 있다는 것을 알고 있다. 말 자체만으로 전달하는 정보가 참인지 거짓인지 알 수 없는 경우가 많다. 특히 사적인 진술이 그렇다. 예를 들어 환자가 "나는 괜찮습니다" 또는 "내 성생활은 훌륭합니다. 아무 문제가 없어요"라고 할 때 그 말이 사실인지 아닌지는 그 말만으로 알 수 없다. 우리는 다른 사람들이 믿어주기를 바라는 말을 자주 한다. 반대로 치료사가 이것을 읽어낼 수만 있다면 몸의 언어는 상대를 속이지 못한다. 내 환자가 정말 괜찮다면, 그의 몸은 그 상태를 반영해야 한다. 나는 그의 얼굴이 밝고, 눈이 빛나고, 목소리는 공명을 일으키며, 움직임은 활기를 띨 거라는 것을 안다. 이러한 물리적 징후가 없다면 나는 그의 진술에 의문을 제기할 것이다. 성적 반응에 대한 언급에도 유사한 고려 사항이 적용된다. 근육이 긴장한 상태로 자신의 감정을 억누르고 있다는 것을 몸으로 보여주는 사람은 (엉덩이를 꽉 조이고 목이 메는 등) 강한 성적 흥분을 방출할 수 없기 때문에 '훌륭한' 성생활은 불가능하다.

몸은 거짓말을 하지 않는다. 인위적인 자세로 자신의 진심을 숨기려 해도 몸은 긴장된 상태라서 티가 난다. 누구도 자기 몸의 완벽한 주인이 아니므로 거짓말 탐지기를 사용하여 진실과 거짓을 효과적으로 구별할 수 있다. 거짓말을 하면 혈압, 맥박 수, 피부의 전기 전도도에 반영되는 신체 긴장 상태가 만들어진다. 새로운 기술은 음성 자체를 분석하여 구별하는 것도 있다. 그 음색과 공명은 사람이 느끼는 모든 감정을 반영한다. 따라서 거짓말 탐지 절차에 음성이 사용되는 것은 논리적이다.

우리는 성격 특성을 파악하기 위해 필적을 사용하는 것에 익숙하다. 사람의 걸음걸이에서 성격을 읽을 수 있다고 주장하는 사람들도 있다. 신체 표현의 각 측면이 우리가 누구인지를 드러내는 것이라면, 우리의 몸은 더 완전하고 더 명확하게 우리의 이야기를 하는 것이 분명하다.

사실 우리 모두는 다른 사람의 몸짓에 반응한다. 우리는 끊임없이 서로를 몸으로 평가하며, 그 사람의 강점과 약점, 생사, 나이, 성적 매력 등을 빠르게 판단한다. 우리는 종종 사람의 신체 표현에서 그를 믿을 수 있는지, 그의 기분이 어떤지 삶에 대한 그의 기본적인 태도가 무엇인지 파악한다. 오늘날 젊은이들은 사람의 분위기나 떨림 같은 그의 신체가 관찰자에게 어떤 영향을 미치는가에 따라 좋거나 나쁘다고 말한다. 특히 정신건강의학에서는 환자의 신체 표현에서 얻는 주관적인 인상이 가장 중요한 데이터이며 거의 모든 치료사가 이 정보를 지속적으로 사용한다. 그러나 정신건강의학계와 일반 대중은 객관적 검증이 어렵기 때문에 이 정보를 유효하고 신뢰할 수 있는 것으로 간주하기를 꺼린다. 본질적으로 자신의 지각과 감각을 얼마나 신뢰하느냐의 문제라고 생각한다. 자신의 감각을 의심할 이유가 거의 없는 아이들은 성인보다 이런 감각 정보에 더 많이 의존한다. '벌거벗은 임금님'의 이야기처럼 말이다. 말과 이미지로 사람의 생각과 행동을 조작하는 경향이 강한 오늘날, 이러한 정보의 원천은 무엇보다 중요하다.

바이오에너지 개념을 전문가들에게 제시할 때 나는 종종 통계, 수치, 냉철한 사실에 대한 요구에 직면한다. 나는 그러한 정보에 대한 열망을 이해할 수 있지만, 그것이 우리가 우리 감각을 중요하지 않은 증거로 일축하게 해서는 안 된다고 생각한다. 우리는 눈, 귀, 코 같은 물리적 거리를 두는 수용기관을 가지고 있어 직접 부딪히기 전에 상황을 가늠할 수 있다. 우리가 우리 감각을 불신한다면 감지하고 이해하는 능력이 약화될 것이다. 다른 사람을 감지함으로써 우리는 그의 삶, 투쟁 및 불행에 대해 그가 우리에게 하는 이야기를 이해할 수 있다. 그러면 우리는 그를 한 인간으로 이해할 수 있으며, 이것은 그를 도울 수 있는 기본 조건이 된다.

다른 사람을 감지하는 것은 공감하는 과정이다. 공감은

동일시 즉, 사람의 의미를 신체 표현과 동일시하여 감지하는 기능이다. 다른 사람의 감정을 느낄 수는 없지만 그 사람이 된 듯한 기분은 느낄 수 있다. 각자의 감정은 사적이고 주관적이다. 그는 자신의 몸에서 일어나는 일을 느끼고 당신은 당신의 몸에서 일어나는 것을 느낀다. 그러나 모든 인체는 기본 기능이 비슷하기 때문에 신체가 동일한 파장에 있을 때 서로 공감할 수 있다. 이런 일이 발생하면 어느 한 몸의 감정은 다른 몸의 감정과 비슷해진다.

실제로 이것은 한 사람이 다른 사람의 몸짓을 따라해보면 그 표현의 의미를 감지할 수 있다. 가슴은 위로 내밀고 어깨는 들어올린 채 눈썹을 치켜올린 사람을 보고 이 태도가 무엇을 의미하는지 알고 싶어 한다고 가정해보자. 같은 자세를 취해보자. 공기를 들이마시고 어깨를 들어올리고 눈썹을 치켜올려보자. 당신이 자신의 몸과 접촉했다면, 스스로 두려움을 표현하고 있다는 것을 즉시 인식할 것이다. 당신은 두려움을 느낄 수도 있고 그렇지 않을 수도 있다. 그것이 당신 안에 있는 두려움을 불러일으키는지 여부에 달려 있지만, 당신은 앞으로 그 표현을 정확하게 식별할 것이다. 당신은 상대방이 몸의 언어로 "두려워요"라고 말하고 있다는 것을 이해하게 될 것이다.

상대방은 두려움을 표현하고 있으면서도 두려움을 느끼

지 않을 수 있다. 그렇다면 그것은 그가 자신의 몸의 표현과 접촉하고 있지 않다는 것을 의미한다. 그것은 일반적으로 어떠한 태도가 오래 지속되어 몸에 구조화되었을 때 발생한다. 만성적으로 한 자세를 유지하거나 긴장된 자세로 있게 되면 활력 있는 느낌을 잃고 의식에서 분리된다. 이런 것은 인지하거나 경험하는 것이 아니며, 그런 신체 태도는 그 사람에게 '제2의 본성'이 되어, 이쯤에서 우리는 그것이 그의 성격의 일부라고 말한다. 첫인상으로는 이상하게 보이는 이 포즈로 우리는 그를 알아볼 것이다. 우리는 사람들의 말과 행동에 집중하느라 신체 반응을 무시하는 경향이 있지만, 결국 그 반응이 그 사람에 대한 첫인상이다.

말과 행동은 상당 부분 자발적인 통제를 받는다. 그것들은 신체의 표현과 모순되는 인상을 전달하는 데 사용할 수 있다. 따라서 사람은 본인의 신체 표현은 두려움을 나타내더라도 용기가 있는 척 보여주거나 말한다. 이 태도는 본인의 신체가 보여주는 두려움보다 자아 차원에서의 용기와 더 동일시되었기 때문이다. 이 경우에 우리는 이런 의식적인 태도를 보상적 행동, 즉 근본적인 두려움을 극복하기 위한 노력이라 설명한다. 사람이 몸에 나타나는 두려움을 부정하기 위해 극도의 노력을 기울일 때 하는 행동을 반대 공포증 counterphobic이라고 한다. 몸의 언어는 거짓말을 하지 않고 오직 다른 사람의 신체만이 알아들을 수 있는 언어로 말한다.

다른 사람의 신체 표현을 따라 하는 것은 첫 의미를 명확히 하기 위해서만 필요하다. 의미가 명확해지면 그것을 볼 때마다 그 표현을 연상하게 된다. 따라서 우리는 꽉 다문 입술이 난색의 표현이고, 앞으로 내민 턱은 도전의 표현이며, 크게 뜬 눈은 두려움을 표현한다는 것을 알 수 있다. 그러나 우리는 해석의 타당성을 확신하기 위해 이러한 표현을 따라 해보는 것이다. 이제 나는 독자들에게 다음과 같은 자세를 취하도록 요청하고 내가 제시하는 해석을 이해할 수 있는지 보려고 한다. 바로 선 자세에서 엉덩이를 앞으로 당기고 엉덩이 근육을 조이면, 두 가지 효과를 느낄 수 있다. 하나는 상반신이 횡격막 주위로 무너지는 경향이 있고, 다른 하나는 골반 부위의 긴장 상태가 억제하거나 버티는 양상이 된다. 붕괴는 신체 균형의 상실이며, 따라서 자존감의 상실이다. 꼬리가 있는 사람을 상상할 수 있다면 그 꼬리가 다리 사이에 끼어 있는 것을 상상할 수 있을 것이다. 채찍질을 당한 개와 비슷한 자세이다. 그러므로 나는 우리가 이 몸의 자세를 구타, 패배 또는 굴욕의 표시로 해석하는 것이 타당하다고 생각한다.

참는 것은 골반 배출구, 항문, 비뇨기 및 생식기의 압박과 수축으로 감지된다. 많은 심리학 연구에 따르면 굴욕감과 패배감을 동반한 자아 붕괴와 자신의 감정을 참는 경향이 마조히스트 성향을 가진 사람들의 전형이라고 한다. 다음 단계는 심리적 특성과 신체적 특정 상태의 상관관계를 보는 것이다. 이 상관관계가 설정되면 다른 환자를 관찰 비교하며 반복적으로 확인한다. 마지막으로 성격 구조는 이런 명확한 신체 자세와 연결된다. 엉덩이가 앞으로 당겨지고 조여지는 사람을 보면 나는 그 사람의 성격에 마조히즘적인 요소가 있음을 알아챘다.

신체 표현을 읽는 것은 종종 보상적 신체 태도라고 불리는 것으로 인해 복잡해진다. 따라서 엉덩이를 끌어당기는 것과 같은 마조히즘 경향을 드러내는 신체 자세를 가진 일부 사람들은 표현된 마조히즘적인 복종성을 극복하기 위해 반대로 상반신, 예를 들면 턱은 앞으로 내밀고 가슴은 밖으로 내미는 것과 같은 반항적인 태도를 취할 수도 있다.

마찬가지로 과장된 공격성은 근본적인 수동성과 순응성을 커버하는 역할을 한다. 무자비함은 자신이 구타당했다는 느낌을 숨길 수 있고, 두꺼운 피부의 무감각함으로 굴욕을 부인하기도 한다. 그러한 경우에 우리는 고안된 보상 행동이 숨기려는 약점에 주의를 주기 때문에 사도마조히즘을 이야기한다.

몸의 언어를 읽으려면 자신의 몸에 접촉해야 하고 표현

에 민감해야 한다. 따라서 바이오에너지 치료사 자신은 자신의 신체와 접촉하도록 설계된 치료 과정을 거친다. 우리 문화에서 세상에 대한 자신의 반응을 구조화하고 삶에서 행할 역할을 정의하는 근육 긴장에서 자유로운 사람은 거의 없다. 이러한 긴장 상태는 거절, 박탈, 유혹, 억압, 좌절과 같은 성장 과정에서 경험한 트라우마를 반영한다. 모든 사람이 동일한 강도로 이러한 트라우마를 경험한 것은 아니다. 예를 들어, 거절이 아이 삶의 경험을 지배했다면, 아이는 자신의 성격에서 신체적, 심리적으로 구조화된 정신분열적 행동 양식을 발전시킬 것이다. 이것은 개인에게 제2의 본성이 되며 자신의 제1의 본성을 회복하지 않고는 고칠 수 없다. 다른 모든 행동 양상도 마찬가지다.

'제2의 본성'이라는 표현이 '부자연스럽긴 하지만' 이미 심리적, 신체적으로 그 사람의 일부가 되어버린 태도를 설명하는 것이다. 이 용어는 이러한 구조화된 태도에서 자유로운 '제1의 본성'이 있음을 의미한다. 우리는 이 첫 번째 본성을 부정적으로 또는 긍정적으로 정의할 수 있다. 이것은 신체 수준에서는 느낌과 움직임을 제한하는 만성 근육 긴장이 없고 심리적 수준에서는 합리화, 부정, 투사가 없다고 말할 수 있다. 긍정적으로 그것은 모든 동물이 일반적으로 태어날 때 부여받은 아름다움과 우아함을 유지하는 자연스러움이다. 제2의 본성과 제1의 본성을 구별하는 것이 중요하다. 왜냐하면 많은 사람이 자신의 신체의 긴장과 왜곡을 '자연적인' 것으로 받아들이고 자신이 '제2의 본성'의 질서에 속한다는 사실을 깨닫지 못하기 때문이다. 건강한 삶과 건강한 문화는 오직 인간의 제1의 본성 위에서만 건설될 수 있다는 것이 나의 깊은 신념이다.

4장

바이오에너지 치료

자기 발견의 여정

정신분석이 정서장애의 분석적 치료에만 국한하지 않는 것처럼 바이오에너지 또한 치료에만 관심이 있는 것은 아니다. 두 학문 모두 인간 성격의 형성에 관심이 있으며 그것이 일어나는 사회적 상황의 맥락에서 그 발달을 이해하려고 한다. 그런데도 치료와 분석은 성격 형성에 대한 통찰력을 얻기 위해 개별 문제를 주의 깊게 살피기 때문에 이러한 이해의 초석이 된다. 더욱이 치료는 추측에 불과할 수 있는 통찰력의 타당성을 얻기 위한 효과적인 시험장이 될 수도 있다. 따라서 바이오에너지학은 바이오에너지 요법과 분리될 수 없다.

내 생각에 치료는 자기 발견의 여정이다. 그것은 짧고 단순한 여정이 아니며 고통과 고난이 없는 것도 아니다. 위협하고 위험에 빠뜨리는 요소는 당연히 있지만 사실 삶 자체가 미지의 미래로 향하는 여정이기에 장애물에서 자유롭지 않다. 치료는 우리를 잊힌 과거로 되돌리지만, 그 시절은 안전한 시간이 아니다. 그렇지 않다면 그 시간을 거치면서 우리가 전장 같은 상처를 입고 자기방어용 갑옷을 걸치고 나오지는 않았을 것이다. 일부 용감한 사람들은 어떤 도움 없이도 이런 여정이 가능하겠지만, 누군가에게 혼자만의 길을 가라고 추천하고 싶지는 않다. 치료사는 안내자 또는 항해사 역할을 한다. 그는 위험을 인식하도록 훈련받았고 위험에 대처하는 방법을 알고 있다. 힘들 때 위로와 용기를 주는 친구이기도 하다.

바이오에너지 치료사는 이 여정을 마쳤거나 진행 중인 사람이어야 하며 자신에 대한 감각이 확실할 정도로 숙련되어 있어야 한다. 우리가 말했듯이 그는 태풍이 몰아쳐도 내담자를 위한 정박지 역할을 할 수 있도록 자신의 현실에 단단하게 발 디디고 서 있어야 한다. 치료사로 활동하려는 사람에게는 기본 요구 사항이 있다. 그는 성격 이론을 바탕으로 저항과 전이 같은 문제를 다루는 방법을 알아야 한다. 또한 바이오에너지 치료사는 신체의 언어를 정확하게 읽을 수 있도록 몸을 감각하고 있어야 한다. 그러나 그가 완벽한 인간이거나(그 누구가 완벽하겠는가?) 개인적인 문제가 전혀 없을 것이라고 기대하는 것은 비현실적이다. 이것이 나를 중요한 지점으로 이끈다.

자기 발견의 여정은 결코 끝나지 않으며, 마침내 도착하게 되는 약속의 땅도 없다. 우리의 제1 본성은 우리가 더 가까워지려 하더라도 계속해서 우리를 피할 것이다. 이 역설이 나타나는 한 가지 이유는 우리가 고도로 기술화된 문명 사회에 살고 있고 그로 인해 우리의 제1 본성이 진화한 삶의 조건에서 빠르게 멀어지고 있기 때문이다. 성공적인 치료를 하더라도 현대 생활의 조건 자체가 지속적으로 긴장 상태를 부과하기 때문에 우리는 모두 근육 긴장에서 벗어날 수 없다. 성장과 발달 과정에서 경험하는 모든 트라우마의 영향을 완전히 제거할 수 있는 치료가 있는지는 의문이다. 상처가 완전히 아물더라도 흉터는 종종 영구적으로 남는다.

그렇다면 긴장에서 완전히 해방되지도 않고 여정의 종착도 없는데 치료를 받음으로써 얻을 수 있는 것은 무엇인가? 다행히도 치료를 받는 사람들 대부분은 열반이나 에덴동산을 추구하지 않는다. 그들은 고민이 많고 종종 절망하며 앞으로의 인생 여정에 도움이 필요하다. 만약에 그들의 자기 인식과 자기표현을 높이고 자기 주도권을 증진할 수 있다면 과거로 돌아가는 것은 도움이 될 수 있다. 자의식이 강해지면 대처 능력은 향상된다. 치료는 신경증적인 제2 본성의 제약과 왜곡에서 벗어나 힘과 믿음의 원천인 제1 본성에 더 가까이 다가갈 수 있게 해주기 때문에 이러한 방식으로 사람을 도울 수 있다.

치료가 우리를 은총 어린 제1 본성의 상태로 되돌릴 수는 없지만 우리를 좀더 본성에 가깝게 이끌 수 있고 따라서 우리 대부분이 겪는 소외를 줄일 수 있다. 소외는 그 어떤 단어보다 현대인의 곤경을 잘 표현한다. 현대인들은 마치 낯선 땅의 이방인처럼 살며 항상 '나는 무엇을 위해 살고 있는가? 그게 다 무엇인가?' 같은 궁금증에서 벗어나지 못한다. 그는 삶의 의미 결여, 모호하지만 지속적인 비현실감, 극복하거나 부정하려고 애쓰지만 만연한 외로움, 살 기회를 가지기도 전에 삶이 자신에게서 달아날 것이라는 깊은 두려움과 씨름한다. 나는 정신과 의사로서 환자의 현재 증상이나 불만에 주의를 집중하지만 치료의 목표가 특정 문제에 국한된다고 보지 않는다. 환자가 자신과 더 많이 접촉하도록 도울 수 없다면, (나에게 그것은 그의 몸으로, 그의 몸을 통해 주변 세계와 접촉하는 것을 의미한다) 그의 소외를 극복하기 위한 나의 노력은 무산되고 치료도 실패한다고 생각한다.

우리는 소외를 인간이 자기 본성이나 동료로부터 멀어

지는 것이라고 말하지만, 그 바탕은 자신의 몸에서 멀어지는 것이다. 이 주제에 대해 다른 곳에서 더 자세히 논의했으나,* 여기서 다시 소개하는 이유는 그것이 바이오에너지의 핵심이기 때문이다. 오직 몸을 통해서만 당신은 자신의 삶과 세상에서의 존재를 경험한다. 그러나 몸과 닿는 것만으로는 충분하지 않다. 또한 사람은 자신과의 접촉을 유지해야 하며, 이는 몸의 생명력을 위해 전념하는 것을 의미한다. 이런 전념은 마음을 배제하지는 않지만 분리된 지성, 즉 몸을 염두에 두지 않는 마음에 대한 몰두를 배제한다. 몸의 생명력에 대한 전념만이 자기 발견의 여정을 성공적으로 끝낼 수 있다는 유일한 확신을 준다.

치료를 끝없는 과정으로 보는 이러한 견해는 현실적인 의문을 제기한다. 내 환자들은 "얼마나 오래 치료를 받아야 하나요?"라고 묻는다. 실질적인 대답은 다음과 같다. "시간, 노력, 돈을 투자할 가치가 있다고 느끼는 한 치료를 계속 받을 것입니다." 예를 들어 거주지를 다른 도시로 변경하는 것과 같이 치료사나 내담자가 통제할 수 없는 이유로 많은 치료가 종료된다는 점을 알려주는 것도 현실적인 조언이다. 또한 나는 환자가 계속 치료를 버팀목으로 사용하는 것을 방지하기 위해 치료가 아무 소용없다고 느낄 때 치료를 종

---

* Lowen, *Betrayal of the Body, op. cit.*

료할 수도 있다고 말한다. 자신의 추가 성장에 대한 책임을 스스로 감당할 수 있다고 느낄 때, 즉 도움 없이도 여정을 계속 이어갈 수 있다고 느낄 때 치료 관계를 끝낼 것이다.

움직임은 삶의 본질이고 성장과 퇴화는 그 본질의 두 가지 측면이다. 실제로 정지 상태는 없다. 인격 발달 측면에서 성장이 멈추면 처음에는 감지하지 못할 수도 있지만 조만간 퇴화가 잇따른다. 성공적인 치료의 진짜 기준은 치료사의 도움 없이도 계속해서 내담자가 성장 과정을 이끌고 도모하는 것이다.

첫 번째 장에서 나는 빌헬름 라이히와의 치료에 대한 개인적인 경험과 바이오에너지 방법의 기초를 마련한 존 피에라코스와의 후속 치료에 대해 이야기했다. 자의식(자기 인식, 자기표현, 자기 주도권)이 측정할 수 없을 정도로 향상되었지만 여정의 끝에 도달했다는 느낌은 들지 않았다. 한동안 내 배는 순조롭게 항해를 하고 있었고 문제나 난관에 대한 예감도 없었지만, 그런 상황이 언제까지나 지속되지는 않았다. 그 후 몇 년 동안 나는 치료 덕분에 개인적 위기를 잘 넘길 수 있었다. 개인적인 위기는 성격의 경직성이 심한 긴장 상태일 때만 발생한다. 그러므로 위기는 더 많은 해방과 성장을 위한 위험이자 기회이다. 다행히도 내 인생을 이끄는 방향은 나의 성장 방향과 일치했다. 위기 자체보다, 치료의 주제와 관련된 개인적인 경험 한 가지를 말해보겠다.

약 5년 전에 나는 목이 아프다는 것을 알게 되었다. 처음에는 가끔씩만 느꼈으나 시간이 지나면서 고개를 세차게 돌릴 때마다 더 두드러지게 느껴졌다. 나는 적극적인 치료를 중단한 후 몇 년 동안 내 몸에 신경을 쓰고 있었다. 내가 환자들에게 적용하는 바이오에너지 운동을 나 역시도 규칙적으로 해왔다. 물론 큰 도움이 되었지만 경추후방관절염으로 의심되는 통증에는 효과가 없었다. 이 의혹은 엑스레이 검사로 확인하지는 않아 아직까지도 추측으로만 남아 있다.

이 통증이 관절염으로 인한 것인지 아닌지와 관계없이 통증과 관련된 목의 근육이 상당히 긴장돼 있다고 느꼈고, 등 상부와 어깨에도 또 다른 근육 긴장이 있었다. 나는 내가 환자들과 함께하면서 촬영한 영상을 보고 내가 머리를 앞으로 숙이는 경향이 있다는 것을 발견했다. 이 자세로 인해 견갑골 사이의 등이 약간 둥글게 말려 있었다.

약 1년 반 동안 나는 통증을 완화하고 허리를 곧게 펴기 위해 규칙적으로 몇 가지 운동을 했다. 게다가 바이오에너지 치료사 중 한 명에게 정기적으로 마사지를 받았다. 그가 긴장된 근육을 강하게 움직여 이완을 유도하는 것을 느낄 수 있었다. 운동과 마사지는 일시적으로 도움이 되었다. 운동과 마사지 후에는 한결 몸이 가벼워지고 기분이 좋아졌지만 통증은 계속되었고 긴장감은 되돌아왔다.

이 기간 동안 문제 해결에 중요한 역할을 했다고 생각하는 또 다른 경험이 하나 더 있다. 전문가 워크숍이 끝난 후 바이오에너지 훈련을 받은 치료사 두 명이 나에게도 치료를 받아야 한다며 자신들이 나의 몸을 치료하기를 제안했다. 평소 나라면 이런 호의를 따르지 않겠지만, 이번에는 나 자신을 내려놓고 받기로 했다. 한 명은 내 목에 있는 긴장을 풀었고, 다른 한 명은 내 발을 치료했다. 그러다 갑자기 칼로 목을 베는 것 같은 예리한 고통을 느꼈다. 나는 이 고통이 직접적인 것이 아니라 심리적으로 어머니가 한 일이라는 것을 즉각적으로 느꼈다. 나는 이 느낌이 내가 말하거나 우는 것을 막는다는 것을 깨달았다. 나는 항상 내 감정을 표현하는 데 약간의 어려움을 겪었지만, 그 문제는 수년에 걸쳐 꾸준히 줄어들었다. 어떤 상황에서는 그렇게 하지 못하면, 특히 피곤할 때 인후통이 생기기도 했다. 통증이 느껴지자 나는 치료사를 내쫓고 화를 내며 소리쳤다. 그러다 깊은 안도감을 찾았다.

이 사건 직후 나는 첫 번째 문제를 절정에 이르게 한 두 가지 꿈을 이틀 연속으로 꾸었다. 첫 번째 꿈에서 나는 내가 심장마비로 죽을 것이라고 확신하고 있었다. 그러면서 폼

위 있게 죽을 테니 괜찮을 거라고 생각했다. 이상하게도 아침에 꿈에서 깨어나 그것을 기억했을 때 불안하지 않았다.

다음 날 밤 나는 나를 신뢰했으나 자신을 배신했다고 오해하는 어린 왕의 조언자 역할을 하는 꿈을 꾸었다. 그는 내 머리를 베라고 명령했다. 꿈에서 나는 내가 그를 배신하지 않았다는 것을 알았고 그가 자신의 잘못을 깨닫고 나의 형 집행을 유예해 내 지위를 회복하게 할 것이라고 확신했다. 집행 시간이 다가왔지만 나는 여전히 자신 있게 선처를 기다리고 있었다. 그날이 왔고 내가 사형장으로 인도되었을 때에도 나는 여전히 마지막 순간에 사면이 이루어질 거라고 확신했다. 꿈에서 사형 집행인이 큰 도끼를 들고 내 옆에 서 있는 것이 느껴졌다. 명확하게 보이지는 않았지만 나는 여전히 형의 유예를 기다리고 있었다. 그때 사형 집행인이 몸을 굽혀 내 다리를 묶고 있던 사슬을 풀기 시작했다. 내 발목을 감은 사슬은 가느다란 철사로 만들어졌기 때문에 그는 손만으로 쉽게 풀었다. 난 갑자기 "아니, 이거 내가 직접 할 수 있었겠는데"라고 깨달으며 잠에서 깨어났다. 이 꿈에서도 다가오는 죽음에 대한 불안은 없었다.

불안이 없었으므로 나는 두 꿈이 긍정적인 의미를 갖는다고 느꼈다. 그래서 그것들을 해석하는 데 큰 노력을 기울이지 않았다. 첫 번째 꿈은 해석이 거의 필요하지 않았다.

그 꿈을 꾸기 전에 나는 심장마비의 가능성에 대해 걱정했었다. 나는 환갑에 가까워지고 있었고 심장마비는 드문 일이 아니었기 때문에 내가 심장마비에 취약할 수 있다고 생각하고 있었다. 나는 라이히와의 첫 번째 치료 이후로 내 가슴 경직을 알고 있었지만 그것을 완전히 풀지는 못했다. 더군다나 나는 속담배를 피우지는 않았지만 상습적인 파이프 흡연자였다. 그 꿈은 나에게 심장마비를 일으키지 않을 거라는 확신을 주지는 못했다. 오히려 그 가능성을 이차적으로 중요한 사건으로 만들었다. 중요한 것은 품위 있게 죽는 것이지만 그것은 곧 품위 있게 사는 것을 의미하기도 했다. 이 깨달음은 내 안의 죽음에 대한 두려움을 없애주는 것 같았다.

처음에 이 꿈을 아무에게도 말하지 않았다. 그러나 몇 달 후 나는 캘리포니아의 한 워크숍에서 한 바이오에너지 치료사 그룹에 알려주었다. 우리는 저녁 시간에 꿈에 대한 이야기를 하고 있었다. 그때 우리는 두 번째 꿈의 해석에는 깊이 들어가지 않았다. 나는 너무 오랫동안 나의 성격의 유아기적 측면에 얽매어 변죽을 울렸고 그것이 나를 곤경에 빠뜨렸다는 느낌을 받았다. 나는 내 왕국(내 성격, 내 일)에 책임을 지고 있었기 때문에 통치자로서 내 정당한 위치를 차지해야 했고, 그 결정에 기분이 좋았다.

나는 약 한 달 반 후에 동부 해안에서 또 다른 바이오에너지 치료사 그룹을 만났고 그들에게 꿈에 대해 이야기했다. 그사이에 나는 두 번째 꿈에 대해 더 많은 생각을 했다. 나는 그것이 목의 통증과 관련이 있다고 느꼈다. 꿈에서 나의 목에 도끼가 떨어졌고, 머리가 잘렸다. 나는 목의 만성 통증을 설명하는 것으로 시작했는데, 지금은 머리를 높이 들고 있지 않는 것과 관련이 있다고 느꼈다. 실제로 이 자세를 취했을 때 통증이 사라졌다. 그러나 나는 내 의지를 사용하여 의식적으로 이것을 유지할 수 없다는 것을 알고 있었다. 왜냐하면 그것은 인위적으로 보일 것이고 유지할 수도 없을 것이기 때문이다. 고개를 들고 있다는 것은 첫 번째 꿈에서 알려준 의미에 부합하는 품위의 표현일 것이다.

꿈을 이야기한 후, 나는 어린 시절의 인상을 몇 가지 이야기했다. 나는 가족의 장남이자 외아들이었다. 나의 어머니에게 가장 소중한 사람이었고, 그녀는 나에게 헌신했다. 그녀는 여러 면에서 나를 어린 왕자로 여겼다. 반면에 그녀는 항상 자신이 모든 것을 가장 잘 안다고 주장했고 내가 고집을 부릴 때는 종종 잔인하게 굴었다. 그녀는 야심이 많았고, 이러한 태도를 나에게 그대로 물려주었다. 아버지도 나에게 헌신적이었다. 성격은 어머니와 거의 정반대였다. 그는 느긋했고 즐기는 것을 좋아했다. 그는 열심히 일했지만 소규모 사업들을 실패하곤 했다. 나는 숫자에 능해 아버지의 장부 기록을 도와주곤 했다. 어린 시절 내내 어머니와 아버지는 주로 돈 문제로 자주 싸웠고, 나는 늘 중간에 끼어 있었다. 한편으로는 내가 아버지보다 우월하다고 느꼈지만, 다른 한편으로는 아버지가 더 크고 강해서 아버지를 두려워하기도 했다. 아버지에 대한 이 두려움이 아버지가 만든 것이라고는 생각하지 않는다. 그는 잔인하지 않았고, 나를 단 한 번 때렸다. 그러나 어머니는 어린 소년이었던 나를 절대 이길 수 없는 경쟁자, 아버지와 경쟁을 하도록 키웠다.

나는 내가 이 오이디푸스적 상황을 완전히 해결한 적이 없다는 것을 깨달았다. 꿈에 나왔던 아버지는 내가 폐위할 수 없던 어린 왕이었고, 그래서 나는 잠재력 많은 어린 왕자였지만 부차적인 역할로 남아 있어야 했다.

이 상황에 대해 이야기하면서 나 자신을 빗대어 설명했을 때 나는 갑자기 그것이 모두 끝난 일이라는 것을 깨달았다. 그것은 과거였다. 내 자신을 해방시키기 위해 내가 해야 할 일은 내 발목을 묶고 있는 가느다란 사슬을 분해하는 것뿐이었다. 아버지는 몇 년 전에 돌아가셨다. 그 사실을 생각하지 않고도 나는 이제 내가 왕이 된 것을 알았고, 왕으로서는 당연하다는 듯이 자연스럽게 고개를 들 수 있었다.

해석은 이렇게 끝났고, 나는 그 문제에 대해 더 이상 생각하지 않았다. 나는 이제 내가 서 있는 위치를 알았기 때문이다. 그리고 별생각 없이 어느 날 목의 통증이 사라진 것을 자각했다. 그리고 그 이후로 나는 그것으로부터 자유로워졌다.

그 이후로 나는 사람들을 대하는 태도가 달라졌다는 것을 알게 되었다. 다른 사람들도 내 변화에 대해 언급했다. 그들은 내가 더 부드럽고, 더 여유롭고, 덜 도전적이며, 다른 사람들이 내 견해를 받아들이도록 하는 것에 덜 고집스러워졌다고 말했다. 전에는 소년이 아닌 남자로, 왕자가 아닌 왕으로 인정받기 위해 투쟁했지만, 자신을 부정하는 나를 인정해줄 사람은 없었던 것이다. 이제 더 이상 싸울 필요가 없게 되었다.

나는 이 결과에 매우 만족했지만 이것이 내 여정을 완료했다는 의미는 아니었다. 목의 긴장이 풀린 후 어깨와 가슴의 긴장을 더 잘 느낄 수 있었다. 그러나 이러한 긴장은 통증의 수준은 아니었다. 그런데도 나는 호흡과 접지와 어깨가 풀리도록 모래주머니 두드리기 등의 바이오에너지 운동을 계속했다. 접지란 발이 안전하게 땅에 닿는 감각을 말한다. 내 꿈은 나의 발목이 묶여 있다는 것을 알려주었다.

이 이야기와 관련된 또 다른 경험이 있다. 약 2년 전에 나는 바이오에너지 개념에 익숙한, 자기표현을 하는 데 목소리의 역할을 이해하는 노래 선생님 한 분을 알게 되었다. 앞서 나는 어머니가 내 목을 베었다는 느낌에 대해 언급했다. 이로 인해 말하거나 울기, 특히 노래하는 데 약간의 어려움이 생겼다. 나는 언제나 노래를 부르고 싶었지만 거의 하지 못했다. 나는 목소리가 갈라지고 울먹일까 봐 두려웠다. 내가 어렸을 때 우리 가족은 아무도 노래를 부르지 않았다. 그래서 나는 이 선생님에게 노래 수업을 듣고 어떤 효과가 있을지 알아보기로 했다. 그녀는 내 문제를 이해해주었으며 개인 레슨이기 때문에 원한다면 울어도 된다고 안심시켰다.

나는 상당히 들뜬 상태로 수업에 갔다. 그녀는 나보고 자유롭게 생각나는 대로 소리를 만들어보라고 했다. 나는 목구멍을 열고 충분히 발성할 수 있는 상태에서 〈디아블로 diabolo〉라는 노래를 불렀다. 내 자신을 놓아주었다. 이리저리 움직이며 흥얼거렸다. 목소리는 더 자유로워졌다. 어느 순간 나는 너무 힘들지 않게 자연스러운 소리를 냈는데, 마치 내가 그 소리인 것 같았고, 그 소리가 나인 것 같았다. 그것은 내 몸 전체로 울려 퍼졌다. 내 몸은 계속해서 진동 상태에 있었다.

놀랍게도 나는 한 번도 울고 싶지 않았다. 나는 마음을 열고, 내질렀다. 그때 나는 내가 노래를 부를 수 있다는 것을 알게 되었다. 내가 내는 소리의 일부는 아름답고 음악적인 자질을 가지고 있었기 때문이다. 레슨을 마치면서 나는 생에서 몇 번밖에 느껴보지 못한 기쁨을 느꼈다. 물론 수업은 계속했다. 이 경험을 언급하는 이유는 이것이 그다음 단계에서도 중요한 역할을 했다고 확신하기 때문이다. 이듬해에는 그 꿈을 의식하긴 했지만 별다른 관심을 두지는 않았다. 나는 가끔 그 꿈과 부모님에 대해서 생각했다. 그러던 어느 날, 문득 깨달았다. 나는 그 어린 왕이 누구인지 알게 되었다. 그것은 내 마음이었다. 두 번째 꿈은 완전히 다른 의미를 가지게 되었다. 내가 내 마음을 배신했던 것이다. 마음을 믿지 못하고 그것을 흉곽에 단단히 가둬두었던 것이다. 꿈속의 '나'는 나의 자아이자 나의 의식이고 나의 지성이었다. 지성인으로서 '나'는 감옥에 갇힌 어린 왕의 이익을 위해 일을 운영하는 신뢰할 수 있는 조언자였던 것이다.

왕이 누구인지 깨달았을 때 나는 이 해석의 정확성을 결코 의심하지 않았다. 물론 마음이 왕이어야만 한다. 수년 동안 나는 사람의 마음을 듣고 따라야 한다고 주장해왔으니까. 마음은 삶의 중심이며 그 법칙은 사랑이다. 마음은 결코 늙지 않기 때문에 항상 아기이다. 어린이의 마음과 노인의 마음은 사랑의 감정이든 사랑할 수 없는 고통이든 모두 같은 것이다. 그러나 이 원칙을 내세우면서도 스스로 완전히 지키지는 못했다. 마치 성숙이 지성인 것처럼 조롱하듯이

'어린 왕'이라는 표현을 사용했다. 더군다나 나는 어머니가 나에게 가한 고통에 대해 내 마음이 만족할 만큼 용서하지 않았다. 오, 그래. 나는 왕을 배신했고 왕은 자신의 권위를 다시 주장했다. "그만둬. 그런 거짓 조언은 필요 없어." 그가 명령했다.

하지만 왜 그런지 내가 맞았다. 그를 정말로 보호하려 하고 그의 이익을 위해 최선을 다했기 때문에 나는 정말로 그를 배신하지 않았다. 이 말은 꼭 어머니가 하시던 말처럼 들린다. 그러나 여기에 진실이 있다. 나는 어렸을 때부터 배신의 비통함을 알고 있었다. 어머니에게 가까이 가려고 했을 때 어머니가 화를 내시는 것을 본 적이 있다. 다시는 이렇게 크게 다치지 않도록 마음을 보호해야 했다. 불행하게도 그 보호는 내 마음과 세상 사이의 소통 통로를 닫는 투옥의 형태를 취했고 내 불쌍한 마음은 죽어가고 있었다. 나는 심장 마비를 일으킬 운명이었다.

내 머리는 떨어지지 않았고, 내 심장은 마비를 일으키지도 않았다. 나는 꿈속에서 족쇄가 강철이 아니라 환상에 불과했다는 것을 깨달았을 때 이미 자유로워졌다. 나는 언제든지 자유로워질 수 있었던 것이다. 그러나 무엇이 환상이고 무엇이 현실인지 알기 전까지 전자는 후자의 모든 힘을 다 가지고 행동한다.

모든 왕에게는 조언자가 필요하다. 모든 마음은 현실과 교감할 수 있도록 눈과 귀를 제공할 머리가 필요하다. 그러나 머리가 지배하는 것으로 간주하지 마라. 그것은 마음을 배신하는 것이다.

내 꿈에 대한 이 새로운 해석은 내 성격을 이루는 신체 영역 간의 역동적인 상호작용에 관한 것이기 때문에 바이오에너지에 맞는 해석이라고 할 수 있다. 이전 해석은 좀더 프로이트적 분석이었다. 나는 두 가지 해석이 모두 맞는다고 생각하지만 후자는 전자보다 깊이를 더했을 뿐이다. 꿈은 해석이 다를 수 있고, 꿈을 꾸는 사람의 행동과 태도를 비춰준다는 면에서 각 해석이 다 타당하다는 것을 알고 있다.

꿈에서 얻은 통찰력에도 여전히 가슴의 경직 문제는 남아 있었다. 내 마음을 더 자유롭게 하려면 관련된 근육 긴장을 풀어야 했다. 꿈이 제공한 통찰력이 내 마음을 열지는 못했지만 변화를 위한 길을 열어주었다.

성격의 변화가 신체 기능의 변화, 즉 깊은 호흡, 운동성의 증가, 더 완전하고 자유로운 자기표현에 의해 좌우된다는 것은 바이오에너지의 중요한 논지이다. 그런 점에서 내 가슴의 경직성은 내 존재의 한계를 나타내는 것이었다. 나는 과거에도 이러한 경직성을 알고 있었고, 이것을 해결하려고 했다. 게다가 바이오에너지를 훈련한 내 안마사도 흉곽의 근육을 이완시키려고 시도했다. 결과는 미미했다. 어떤 압박에도 가슴은 뻣뻣해졌고, 굴복하고 싶어도 그럴 수가 없었다. 이러한 상황이 지난 1년 사이 바뀌기 시작했다.

변화는 내가 가지고 있던 저항이 감소했다는 것을 알게 되면서 시작했다. 지금은 압력을 가하면 내가 굴복할 수도 있겠다고 느껴졌다. 그래서 나는 바이오에너지 치료사 한 사람에게 호흡용 의자 위에 누워서 흉벽에 부드럽고 리드미컬한 압력을 가해달라고 요청했다. 그가 그렇게 하자 나는 울기 시작했다. 그 외침은 목이 메는 고통스러운 소리로, 점차 깊어졌다. 나는 이 소리가 내 마음의 고통에서, 사랑에 대한 갈망에서, 그리고 내가 오랫동안 확고하게 통제했던 사랑에서 나오는 것을 느꼈다. 놀랍게도 고통스럽게 흐느끼는 소리는 그리 오래 가지 않았다. 나는 갑자기 웃기 시작했고 기쁨의 감정이 내 몸에 퍼졌다. 이 경험을 통해 웃음과 눈물이 얼마나 가까운지 깨닫게 되었다. 기쁨은 그 순간 내 가슴이 부드러워지고 마음이 열렸다는 사실을 나타냈다.

제비 한 마리가 봄을 민드는 것이 아니듯 한 번의 경험이 새로운 사람을 만들지는 않는다. 이 과정을 여러 번 반복해야 했다. 이 경험 직후 나는 다른 치료에서도 비슷한 반응을 보였다. 아내와 나는 어느 일요일 오후에 바이오에너지 운동을 하고 있었다. 어깨가 뭉친 것 같아서 아내에게 어깨 쪽을 풀어달라고 부탁했다. 가장 고통스러운 부위는 갈비뼈에 붙은 목갈비근과 가까운 목과 어깨 사이였다. 나는 바닥에 앉아 있었고 그녀는 내 위에 서서 주먹으로 이 부위를 눌렀는데 고통이 극심했다. 나는 갑자기 목이 메는 듯한 소리를 냈는데, 그 흐느낌은 목구멍 가장 깊은 곳에서 나왔다. 그러고는 또 1분쯤 지나서 해방의 웃음이 터지고 기쁨이 찾아왔다.

지난 5년간의 경험을 요약하면 몇 가지 결론에 도달할 수 있다. 먼저 성장과 발달의 과정으로 보는 치료는 끝이 없다는 것은 이전에도 언급했고, 치료사는 그 끝없는 과정의 기반을 닦아주는 사람이라는 것이다. 그것은 자기 인식, 자기표현, 자기 주도권 등 자아의 모든 측면을 확대하고 확장하도록 하는 내 성격 안의 행동력을 작동시킨다. 꿈은 무의식 차원에서 이러한 힘이 작동하고 있다는 것을 표현한다. 개인은 의식적으로 변화, 즉 지속적인 성장과 발전에 전념해야 한다.

두 번째 결론은 성장에 대한 집중은 몸에 대한 집중을 말한다는 것이다. 오늘날 많은 사람이 성장의 아이디어에 매료되어 있으며, 인간의 잠재력 운동 또한 이런 아이디어를 기반으로 하여 인격 성장을 촉진하는 것을 목표로 여러 활동을 한다. 이러한 활동은 긍정적인 이점을 가져올 수 있지만, 신체를 소홀히 여기면 흥미진진하고 재미있을지라도 진정한 성장 과정이 아닌 게임에 그칠 수 있다. 자아는 신체와 분리될 수 없고 자아 인식은 몸의 인식과 분리될 수 없다. 적어도 나에게 성장의 길은 내 몸과 접촉하고 그 언어를 이해하는 것이다.

세 번째 결론은 이 과정에 대한 겸허함을 더해준다. 우리는 의지와 노력으로만 우리 자신을 바꿀 수 없다. 지푸라기라도 잡는 심정으로 자기 발목을 잡는 것과 같다. 변화는 준비되어 있고 의지가 있으며 변화할 수 있을 때 발생한다. 강제로 할 수 없다. 그것은 자기 수용*과 자기 인식, 그리고 물론 변화하려는 열망에서 시작된다. 그러나 변화에 대한 두려움은 매우 크다. 심장마비로 인한 죽음에 대한 두려움이 그 예다. 인내심을 배우고 관용을 얻어야 한다. 이것은 신체적인 현상이다. 몸은 점점 더 활기찬 생활 방식, 더 강한 감정, 더 자유롭고 완전한 자기표현에 대한 내성을 발달시킨다.

---

* Lowen, *Pleasure, op. cit.* 치료 과정에서 자기 수용의 중요성 참조.

치료의 핵심

라이히와 첫 치료 시간을 가진 이후로 지금까지 자기 발견을 위한 개인적인 여정이 30년에 걸쳐 진행되었다. 앞서 설명한 것에 비추어볼 때 내 마음에 도달하는 데 30년이 걸렸다는 것이다. 그러나 그것은 엄밀히 말하면 사실이 아니다. 그 긴 시간 동안 나는 내 마음에 몇 번이나 도달했었다. 나는 깊은 사랑에도 빠졌고, 사실 지금도 그러하다. 이전에도 사랑의 기쁨을 경험했다. 하지만 지금과는 차이가 있다. 과거에는 사람, 노래, 이야기, 베토벤 교향곡 제9번 등 외부의 어떤 것 혹은 누군가가 내 마음에 들어왔다. 그렇게 내 마음은 열렸다가 다시 닫히곤 했는데, 그것은 그때마다 발생하는 두려움 때문에 마음을 보호해야 한다고 생각했기 때문이다. 이제 두려움은 사라졌고 내 마음은 비교적 항상 열려 있다.

30년 동안 바이오에너지 치료사로 활동하면서 사람에 대해 많은 것을 배웠다. 사람들과 함께 치료를 해나가며 **그들에게서** 많은 것을 배웠다. 어떤 면에서 그들의 투쟁은 나의 투쟁과 같았고, 그들을 도우면서 나 자신도 도왔다. 우리 모두는 같은 목표를 위해 노력하고 있었지만, 그 사실을 아는 사람은 거의 없었다. 우리는 우리의 두려움과 여러 문제들, 성적 강박에 대해 이야기했지만 마음을 계속해서 열어두는 것에 대한 두려움은 언급하지 않았다. 내가 가진 라이히의 배경은 오르가슴의 효력을 목표로 하게 했고, 분명 이 부분은 여전히 유효하지만 열린 마음, 완전히 사랑할 수 있는 능력과 오르가슴의 효력 사이의 연결은 부각되지 않았다.

수년 동안 이와 같은 연결에 대해 나 역시 인지하지 못했다. 1965년에 출간한 《사랑과 오르가슴》의 기본명제는 사랑이 완전한 오르가슴 반응을 위한 조건이라는 것이었다. 섹스는 사랑의 표현으로 여겨졌기 때문에 사랑과 섹스는 동일시되었다. 그러나 이 책은 성적인 문제를 구체적으로 다루면서, 사랑에 대한 두려움과 마음을 열지 못하는 사람에 대해서는 부수적으로만 다루었다. 그 주제의 이면을 더 깊이 탐구하지 못한 것은 의심할 여지 없이 내 자신의 두려움 때문이었다. 두려움을 해소한 후에야 치료상의 문제의 핵심에 도달할 수 있었다.

핵심은 심장이다. 라틴어로 'cor'는 심장을 의미한다. '관상동맥coronary'이라는 단어는 이런 의미를 반영한다.

우리는 심장이 인체에서 가장 민감한 기관이라는 것을 깨달아야 할 것이다. 우리의 존재는 심장의 안정적이고 리드미컬한 활동에 달려 있다. 심장이 박동을 멈추거나 혹은 뜀박질을 할 때처럼 그 리듬이 순간적으로라도 영향을 받을 때, 우리는 우리 존재의 핵심에서 불안을 경험한다. 어린 시절에 그러한 불안을 경험한 사람은 심장 기능 장애의 위험으로부터 자신의 심장을 보호하기 위해 많은 방어 수단을 개발할 것이다. 그는 자신의 마음을 쉽게 허락하지 않을 것이며, 세상에 대해서도 마음으로 반응하지 않을 것이다. 이러한 방어는 삶의 과정에서 정교해지며 마음에 도달하려는 모든 시도에 대해 강력한 장벽을 형성한다. 성공적인 치료에서는 이러한 방어기제를 연구하고 개인의 삶을 경험과 관련하여 분석하며 개인의 마음에 도달할 때까지 신중하게 진행한다.

그러나 이를 위해서는 방어를 발달 과정으로 이해해야 한다. 이것은 방어 층위를 동심원으로 표시하여 도표로 더 잘 설명할 수 있다.

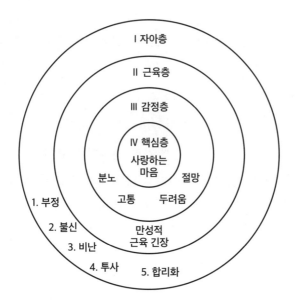

가장 바깥쪽에서 시작하여 다음과 같이 요약할 수 있다. 심리적 방어를 포함하며 성격의 가장 바깥쪽을 차지하는 층은 **자아층**이다. 전형적인 자기 방어는 다음과 같다.

1. 부정
2. 불신
3. 비난
4. 투사
5. 합리화 및 주지화

그다음으로 자기 방어를 지지하고 정당화하는 동시에 감히 표현하지 못하는 억압된 감정의 기저에 있는 층위부터 사람을 보호하는 만성 근육 긴장이 발견되는 **근육층**이 있다.

그리고 분노, 공황 또는 공포, 절망, 슬픔, 고통의 억압된 감정을 포함하는 **감정층**이 있고, 중앙에 사랑하고 사랑받는 느낌이 촉발되는 **핵심층**이 있다.

첫 번째 층에만 국한될 수는 없지만 치료적 접근은 중요하다. 부정, 비난, 투사 또는 합리화하려는 경향을 의식하도록 도울 수는 있지만 이러한 의식적 인식은 근육 긴장에 영향을 미치거나 억압된 감정을 풀어주는 경우는 거의 없다. 이것은 순전히 언어적 접근 방식의 약점이기도 한데, 이 방식은 첫 번째 층에만 국한되기 때문이다. 근육 긴장이 영향을 받지 않는다면 의식적 자각은 부정이나 투사 같은 변경된 형태의 합리화로 수반되고 쉽게 퇴화된다.

언어 치료가 성격에 중대한 변화를 가져오지 못하면서 비언어적인 신체 접근 방식에 대한 관심이 높아지고 있다. 이러한 새로운 치료 기법의 대부분은 억압된 감정을 불러일으키고 풀어주는 경향이 있다. 주로 비명을 지르는 것에 중점을 두는 경우가 많다. 드물지 않게 환자들은 분노와 슬픔을 경험하고 자신의 갈망을 표현할 수 있다.

소리 지르는 것은 성격에 강력한 정화 효과가 있다. 그것은 오랫동안 바이오에너지의 기본 기법 중 하나였다. 비명은 만성적인 근육 긴장으로 인한 경직성을 순간적으로 깨뜨리고 첫 번째 층의 자기방어를 약화시키는 성격 내부의 폭발과 같다. 울음이나 깊은 흐느낌은 몸의 경직을 부드럽게 녹여서 유사한 효과를 낸다. 또한 분노의 방출은 분노가 조절되고 치료 상황에서 표현될 때 유익하다. 이러한 조건에서 분노는 파괴적인 반응이 아니며 자아에 통합될 수 있다. 두려움은 불러일으키기 어렵지만 이를 이끌어내는 것이 보다 중요하다. 공황이나 공포가 표면화되어 해결되지 않으면 비명, 분노, 슬픔이 풀어주는 정화 효과는 잠시뿐이다. 환자가 자신의 두려움에 맞서고 그 이유를 이해하지 못하는 한, 전반적인 성격에는 거의 별다른 변화 없이 계속 비명을 지르고 울고 화를 낼 것이다. 그는 정화 과정을 억제하는 과정으로 대체하지만 성장의 방향으로 가는 것은 아닐 것이다. 그는 자신이 이해하지 못하고 해결하지 못한 억제력과 일시적인 정화를 얻고자 하는 욕망 사이에 계속 갇혀 있을 것이다.

그런데도 치료에서는 이러한 억압된 감정이 표현될 수 있도록 하는 것이 중요하다. 바이오에너지에 대한 나의 이전 글에 익숙한 독자는 이렇게 감정을 열고 발산하는 것이 우리의 일관된 정책이라는 것을 알고 있을 것이다. 성장에 필요한 에너지를 사용할 수 있도록 이러한 감정에 계속해서 접근해야 한다.

내 생각에는 세 번째 층만으로도 원하는 결과를 얻지 못한다. 첫 번째 층과 두 번째 층을 우회해서 세 번째 층으로 간다고 해서 첫 번째 층과 두 번째 층이 없어지는 것은 아니다. 정화 효과가 지속되는 한 이 두 층은 일시적으로 작동하지 않는다. 그러나 그 사람이 세상에 나가서 책임 있는 성인으로서 기능해야 할 때 그는 방어력을 회복할 수밖에 없다. 왜냐하면 그의 퇴행적이거나 정화적 방법은 치료 상황 밖에서는 부적절하기 때문이다. 그러므로 첫 번째 층과 세 번째 층은 서로를 보완하며 첫 번째 층은 지적 방어를 맡고 세 번째 층은 정서적 방어를 맡기 때문에 이들을 함께 다루는 것이 논리적으로 보인다. 그러나 그런 결합, 이러한 층 사이의 유일한 직접적 연결은 근육 긴장 층을 통해야 하므로 달성하기 어렵다.

두 번째 층을 직접 치료하면 필요할 때마다 첫 번째 또는 세 번째 층으로 이동할 수 있다. 따라서 근육의 긴장을 다루면 신체의 갑옷이나 경직성에 의해 심리적 태도가 어떻게 조절되는지 이해하는 데 도움이 될 수 있다. 그리고 필요에 따라 표현을 억제하고 차단하는 수축된 근육을 동원하여 억압된 감정에 도달하고 그것을 열어볼 수 있다. 예를 들어, 비명 소리는 목구멍의 근육 긴장에 의해 차단된다. 사람이 큰 소리를 낼 때 목 측면의 목갈비근에 손가락으로 세게 힘을 가하면 그 소리는 종종 비명으로 변한다. 비명은 일반적으로 압력이 제거된 후에도 계속되며, 특히 비명을 지를 필요가 있을 때 더욱 그렇다. 비명을 지르고 나면 첫 번째 층으로 이동하여 비명의 내용과 왜 비명을 억누를 필요가 있는지를 판별한다. 이런 식으로 세 개의 층위 모두가 방어 태세를 분석하고 치료하는 데 관여한다. 신체 문제(이 경우 목이 조이고 수축된 상태)에 초점을 맞추면 순전히 정화적인 방법에서 개방적이고 성장 지향적인 과정으로 절차가 전환된다.

정신적 방어를 분석하거나 억압된 감정을 불러일으키지 않고 근육 긴장만 다루는 것은 치료가 아니라는 점은 굳이 강조할 필요도 없다. 마사지나 요가 같은 신체 운동은 긍정적인 가치가 있지만 그 자체로 특별한 치료법은 아니다. 그러나 우리는 각 개인이 자신의 몸과 접촉하고 긴장 상태를 줄이는 것이 매우 중요하다고 생각하기 때문에 모든 환사가 혼자 또는 수업을 통해 바이오에너지 운동을 하고 정기적인 마사지를 받도록 권장한다.

토론의 목적을 위해 성격의 모든 방어적 태도를 제거하는 것이 가능하다고 가정해보자. 건강한 사람은 어떻게 기

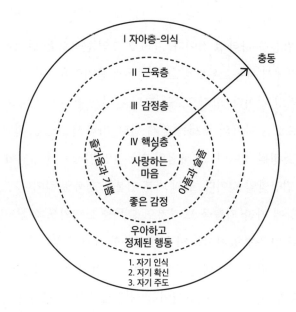

능할까? 어떤 도표를 그릴 수 있을까?

　네 층위는 여전히 존재하지만 이제는 방어적인 층이 아닌 조정하고 표현하는 층이 될 것이다. 모든 충동은 마음에서 흘러나올 것인데, 이는 그 사람이 하는 모든 일에 마음을 쏟을 것을 의미한다. 즉, 이것은 그가 일, 놀이, 섹스 등 자신이 하는 모든 일을 좋아하게 된다는 것이다. 또한 그는 모든 상황에서 감정적으로 반응할 것이다. 그의 반응은 항상 감정을 기반으로 한다. 상황에 따라 화가 나거나, 슬프거나, 두렵거나, 기쁠 수 있다. 이러한 감정은 어린 시절 경험에서 비롯된 억압된 감정에 의해 오염되지 않았기 때문에 진정한 반응을 나타낼 것이다. 그리고 그의 근육층은 만성적인 긴장에서 자유로우므로 그의 행동과 움직임은 우아하고 효과적일 것이다. 한편으로는 그의 감정을 반영하고 다른 한편으로는 자아의 통제를 받게 된다. 따라서 그들은 적절하게 조정될 것이다. 그 사람의 기본적인 자질은 불편함이 아닌 편안함일 것이다. 그의 기본 기분은 행복일 것이다. 그는 상황에 따라 기쁨을 느끼기도 슬픔을 느끼기도 하겠지만, 모든 반응에 있어서는 마음이 따뜻한 사람일 것이다.

이 사람을 설명하면서 나는 이상적인 것을 말하고 있다. 아무도 이 정도의 이상적인 상태에 도달할 수 없지만 마음이 너무 닫혔기 때문에 마음이 열리고 자유로워지는 기쁨의 순간을 경험할 수 없는 사람은 없다. 심장이 완전히 닫히면 박동은 멈추고 사람은 죽는다. 그러나 얼마나 많은 사람이 살아서도 죽은 것처럼 돌아다니는지, 이를 보는 것은 안타까운 일이다.

불안

앞 장에서 설명한 정신적 방어와 신체적 방어는 모두 오늘
날 불안으로부터 사람을 보호하는 기능을 한다. 가장 심각
한 불안은 심장 기능 장애와 관련이 있다. 나는 앞서 심장 리
듬의 불규칙성이 일반적으로 이러한 영향을 미친다고 언급
했다. 그리고 호흡 장애로 인해 불안이 생기는 것도 사실이
다. 호흡 곤란을 겪는 천식 환자를 본 사람이라면 누구나 호
흡 곤란으로 인한 극심한 불안을 이해할 수 있다. 넓은 의미
에서 우리는 유기체의 생명 기능 작동을 방해하는 상황들이
불안을 야기할 것이라는 개념을 가정할 수 있다. 호흡이 유
기체의 생명에 있어 순환보다 덜 중요한 것이 아니다.

  프로이트는 호흡 곤란과 불안 사이의 연관성을 이미 알

고 있었다. 이 책에 앞서 출간한《우울증과 신체》에서 나는 프로이트의 전기작가 어니스트 존스의 관찰을 인용했는데 프로이트의 인식을 잘 보여주는 대목이다. "1년 후의 편지에서 그[프로이트]는 또 심리적으로 그다지 호흡 장애의 반응으로서 불안은 정신적으로 정교한 행위는 아니지만 긴장이 축적된 표현이 될 수 있다"고 말했다. 정신분석의 전문 용어로 번역하면 긴장이 쌓이면 호흡을 방해하고 불안을 유발할 수 있음을 의미한다. 안타깝게도 프로이트나 전통적인 정신분석학 어느 쪽에서도 성격 장애에 대한 생물학적 이해의 길을 열 수 있는 이 단서를 추적하지 않았다. 라이히가 스스로 발견하고 탐구한 이 연관성은 그의 치료적 접근의 기초가 되었고 바이오에너지로 이어졌다.

불안의 본질에 대한 또 다른 단서는 '불안'이라는 단어를 '좁은 곳에서의 질식'을 의미하는 독일어 어근 'Angst'에서 찾으려 한 롤로 메이Rollo May에 의해 알려졌다. 예를 들어 좁은 곳은 우리 모두가 독립적인 존재로 나아가기 위해 통과하는 산도를 가리킬 수 있다. 이 산도는 유기체가 독립적인 호흡으로 전환하는 과정을 나타내기 때문에 불안으로 가득 차 있을 수 있다. 포유류 유기체가 독립적인 호흡을 확립하는 데 어려움을 겪을 경우 생명을 위협받고 생리학적 불안 상태를 초래할 수 있다. 그런데 좁은 곳은 공기를 폐로 가게 하고 혈액을 머리로 흐르게 하는 머리와 신체의 나머지 부분 사이의 좁은 통로인 목을 가리킬 수 있다. 이 부위의 질식 또한 생명에 직접적인 위협이 되며 불안을 유발할 수 있다.

나는 자연 질식spontaneous choking이라는 극적인 사건과 그것이 야기하는 극심한 불안을 관찰할 기회가 있었다. 한 환자와의 첫 번째 치료에서 환자가 호흡용 의자 위에 누워 호흡이 더 깊고 충만해지도록 하는 동안 이런 일이 발생했다. 갑자기 그녀는 완전히 공황 상태로 몸을 일으키며 숨이 막히는 목소리로 말했다. "숨을 쉴 수 없어요. 숨을 쉴 수가 없어요." 나는 괜찮을 것이라고 안심시켰고, 1분도 채 되지 않아 그녀는 깊은 울음을 터뜨렸다. 울기 시작하자 그녀의 호흡은 다시 편안해졌다. 무슨 일이 일어났는지 나에게는 분명했다. 감정이 풀어질 것을 예상하지 못한 채, 그녀는 가슴을 이완하고 목을 열었으며, 그 결과 울고 싶은 강한 충동이 샘솟았던 것이다. 이 충동은 그녀의 가슴에 갇힌 깊은 슬픔에서 비롯된 것이었다. 그녀는 충동을 억누르려고 무의식적으로 반응했고 대신 숨이 막히게 된 것이다.

첫 번째 장에서 나는 라이히와의 개인 치료 중 비슷한 상황에서 어떻게 비명을 질렀는지에 대해 언급했었다. 그때 내가 그 비명을 막으려 했다면 목이 메어 극심한 불안을 느꼈을 것이다. 한동안 지속되던 울음을 그치자 환자의 호흡은 그 전보다 더 깊고 자유로워졌다. 나는 많은 환자가 목이 열리고 호흡이 깊어질 때 솟구치는 감정에 질식하듯 목이 메는 것을 보았다. 질식에는 항상 불안이 동반된다. 이러한 관찰은 불안에 대한 메이의 정의를 뒷받침하고 목과 목구멍의 긴장이 호흡을 방해하여 불안을 유발하는 메커니즘을 보여준다.

횡격막과 허리 둘레에 위치한 유사한 근육 긴장은 횡격막의 움직임을 제한하여 호흡을 방해하는 역할을 할 수 있다. 이것은 방사선 연구에 의해 상세히 기록되었다.* 횡격막은 주요 호흡 근육이며 그 작용은 감정적 스트레스에 영향을 많이 받는데, 두려운 상황에서 수축하여 반응한다. 수축이 만성화되면 불안의 원인 요소가 생겨난다. 나는 이 불안을 낙상불안falling anxiety이라고 규정했으며 나중에 그것에 대해 이야기할 것이다.

횡격막은 다른 연결 통로가 좁아지는 곳, 즉 허리 위쪽에 있다. 이 통로는 흉부와 복부와 골반을 연결한다. 충동 자극은 이 좁아지는 곳을 통해 신체의 하부로 내려간다. 이 부위가 막히면 생식기와 다리로 내려가는 혈액과 감각의 흐름이 차단되고 이로 인해 숨을 참으면서 넘어질 것 같은 두려

---

* Carl Strough, *Breath*, New York, William Morrow, 1970. 호흡 장애에서 횡격막 긴장의 역할에 대한 확장된 논의가 포함되어 있다.

움을 일으켜 불안을 유발한다.

그렇다면 이런 질문이 생긴다. 허리에서 차단되는 충동은 무엇인가? 답은 당연히 성적 충동이다. 아이들은 배를 당기고 횡격막을 들어올려 성적 충동을 조절하는 법을 배운다. 빅토리아시대 여성들은 허리를 수축시키고 횡격막 운동을 방해하는 코르셋을 착용함으로써 동일한 목표를 달성했다. 따라서 성적 불안은 호흡 장애 또는 롤로 메이가 말한 '좁은 곳'에서 질식하는 느낌과 밀접한 관련이 있다.

모든 신경증 문제에는 성적 불안이 존재한다는 것이 라이히의 기본 명제였다. 우리는 바이오에너지에서 이 명제가 여러 사례에서 검증되는 것을 보았다. 요즘처럼 성적으로 성숙해진 시대에 성적 불안을 호소하면서 치료를 받으러 오는 환자는 많지 않다. 그러나 성적 장애는 흔한 불만 사항이다. 이러한 문제 기저에는 허리에 대한 긴장이 줄어들 때까지 의식하지 못하는 깊은 불안이 있다. 마찬가지로, 대부분의 환자는 호흡 불안을 의식하지 못한다. 앞에서 설명한 환자도 자신이 호흡에 대해 불안해한다는 사실을 알지 못했다. 그녀는 목을 완전히 열지 않고 완전히 숨을 쉬지 않음으로써 이러한 불안이 표면화되는 것을 막을 수 있었던 것이다. 그녀가 깊은 호흡을 시도했을 때에 비로소 불안이 나타났다. 같은 방식으로 사람들은 성적인 감정이 골반을 넘어서지 않도록 함으로써 성적인 불안으로부터 자신을 방어할 수 있다. 허리를 조임으로써 마음에서 이는 사랑의 감정이 생식기의 흥분과 직접적으로 연관되지 않게 차단할 수 있다. 그들의 성적 감정은 생식기로부터 제한된다. 이러한 분리는 섹스와 사랑이 분리되어야 한다는 생각을 자아에 의해 합리화한다.

때때로 마음에서 발생하는 강한 성적 감정은 겉으로 보기에는 방어 체계가 온전한 상태에서 저절로 발전하는 경우가 있다. 이것은 치료 중이나 치료 이후에 발생할 수도 있다. 첫 번째 장에서 나는 예외적인 상황에서 개인이 '자신의 세상에서' 또는 '자신에게서' 벗어나는 경험을 할 수 있다고 언급했다. 이러한 에너지와 감정의 돌파구는 초월적인 경험을 만들어낸다. 일시적으로 방어는 물러나고, 성적 감정이 자유롭게 흐르고 강렬한 기쁨과 만족으로 완전한 오르가슴을 느낄 수 있다. 그러나 대부분의 경우 방어를 포기할 수 없기 때문에 이러한 감정을 억누르려고 한다. 그렇게 되면 라이히가 오르가슴 불안이라고 명명한 심한 불안을 느끼게 된다.

나는 이번 장을 시작하며 방어가 불안으로부터 사람을 보호하는 역할을 한다고 말했다. 그런 다음 불안의 본질과 신체의 정상적인 기능에 장애가 생긴 것을 감지하는 것, 숨이 막힐 듯한 호흡 장애와 떨어지는 것에 대한 두려움에 대해 이야기했다. 그러나 우리는 궁극적으로 방어가 없어지거나 약화되면 불안이 없어지고 즐거움이 찾아온다는 것을 보았다. 그러므로 우리는 개인을 불안하게 하거나 달리 말해 불안의 조건을 만드는 것이 방어의 존재라고 결론을 내려야 한다.

방어는 어떻게 불안을 막는 동시에 불안의 발판을 만드는 이런 두 가지의 명백한 모순적인 방식을 작동시키는 것일까? 여기에 답하려면 방어적인 태도나 자세가 불안으로부터 사람을 보호하기 위해 발달한 것이 아니라, 공격이나 거부에서 오는 상처로부터 사람을 보호하기 위한 것임을 알아야 한다. 반복되는 공격을 받으면 사람은 앞으로의 위험에 대한 방어책을 세우게 된다. 국가도 군사 시설에 있어 비슷한 작업을 수행한다. 시간이 지나면서 개인 차원에서든 국가 차원에서든 방어를 유지하는 것은 생활 방식의 일부가 된다. 그러나 방어의 존재는 공격에 대한 두려움을 유지하기 때문에 방어적 태세를 더욱 강화하는 것을 정당하다고 느낀다. 하지만 방어는 방어를 세운 개인을 고립시켜서 결국 개인은 자신의 방어 구조 뒤에 갇히게 된다. 그가 나오려고 노력하지 않는 한 그는 자신의 벽 뒤에서 불안으로부터 비교적 자유로울 수 있다.

불안은 사람이 마음을 열거나, 밖으로 나오거나, 방어를 포기하려고 할 때 생기는 위험 신호이다. 위험은 실제가 아닐 수 있으며, 위험하지 않다는 것을 의식적으로 알 수 있지만 많은 사람은 그것을 실제라고 느낀다. 마음을 열거나 방어를 포기하는 모든 환자는 "나는 약하다고 느껴요"라고 말한다. 물론 그는 약하고, 우리 모두가 약하다. 그것이 삶의 본질이다. 그러나 공격을 두려워하지 않는다면 약하다고 **느끼지** 않을 수 있다. 우리는 모두 필멸의 존재이지만 우리의 몸에 심각한 문제가 있음을 감지하지 않는 한 죽을 것이라고 **생각하지** 않는다. 약하다고 느끼는 순간에, 우리의 불안치는 상승한다. 공황 상태가 오거나, 마음을 닫거나, 방어선을 다시 구축하려고 하면 심각한 불안을 경험하게 된다.

이 과정을 바이오에너지적으로 살펴보겠다. 심장에서 나오는 주요 의사 소통 통로는 좁은 목과 허리를 통해 세상과 접촉하는 말초 기관에 도달한다. 이 통로가 열리면 사람이 열리고 마음 또한 세상에 열린다. 우리의 방어선은 이 통로 주변에 세워져 있으며 모든 의사소통을 위한 접촉을 완전히 차단하지는 않는데, 그것은 곧 죽음이기 때문이다. 제한된 대응 또는 제한된 접근만을 허용한다. 사람은 이러한 제한 안에서 머무는 한 불안에서 벗어나 있다. 그러나 이것은 구속하고 옥죄는 생활 방식이다. 우리 모두는 삶에 더 열려 있기를 원한다.

우리는 감정의 수위나 강도에 맞선다. 외부로 흘러나오는 감정의 양이 근육 긴장에 의해 설정된 범위 안에 있는 한 불안은 없을 것이다. 더 강한 감정을 극복하려고 시도하느라 공황에 잠식할 때 불안이 발생한다. 공황 상태는 한 개인이 거의 완전히 폐쇄되는 것으로 유기체의 생명을 위태롭게 만든다.

이러한 관점에서 모든 효과적인 치료 방법은 대개 처음에는 불안을 경험하게 한다. 치료에서 불안이 종종 긍정적인 신호로 간주되는 이유이다. 그것은 사람으로 하여금 자신의 방어를 보다 객관적으로 보도록 강요하고 심리적, 근육적 차원에서 모든 두려움을 극복하는 것을 촉진한다. 치료의 진전은 더 많은 감정, 더 많은 불안, 그리고 마침내 더 많은 즐거움으로 이어진다.

불안의 본질에 대한 이러한 생각은 심장에서 좁은 뇌를 통해 신체의 주변 기관으로 감정의 흐름을 보여주는 그림으로 묘사할 수 있다. 200쪽의 그림에서 감정의 흐름은 생명을 유지하는 산소와 영양소를 신체의 모든 세포로 운반하는 혈액의 흐름과 유사하다는 것을 알 수 있다. 머리의 주요 기관은 뇌와 감각 수용체, 그리고 코와 입이다. 뇌를 제외하고 이 부분의 주요 기능은 섭취와 관련이 있다. 팔은 이

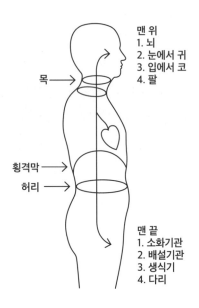

맨 위
1. 뇌
2. 눈에서 귀
3. 입에서 코
4. 팔

목 →

횡격막 →
허리 →

맨 끝
1. 소화기관
2. 배설기관
3. 생식기
4. 다리

것을 더 가능하게 도와준다. 산소, 음식, 감각 자극은 머리를 통해 들어가고 하복부와 골반은 배출, 즉 배설과 성기능을 담당한다. 바이오에너지에서 다리는 유기체를 움직이게 하거나 땅에 서 있게 하므로 방출 기관으로 간주한다. 신체 기능의 이러한 양극성은 신체의 머리끝이 에너지 충전 또는 흥분을 증가시키는 과정과 관련되어 있고 꼬리 쪽 끝은 에너지 방출로 이어지는 과정과 관련되어 있다는 개념의 기초가 된다.

생명의 유지는 지속적인 에너지(음식, 산소, 자극)의 공급뿐만 아니라 이에 상응하는 에너지 배출에 달려 있다. 건강은 성장과 생식기능을 위한 여분의 에너지를 적절히 허용하는 상대적 균형 상태라는 점을 강조하고 싶다. 불충분한 섭취는 에너지 비축량을 고갈시키고 생명 과정을 느리게 한다. 반면에 분비물의 상태가 충분하지 않을 때 첫 결과로 불안이 생성된다. 이것은 때때로 치료 중에 더 깊은 호흡의 결과로 유기체의 에너지 또는 흥분이 증가하는데, 자기표현이 억제되어 감정적 해제로 이 흥분을 방출할 수 없을 때 발생한다. 그는 긴장하고 불안해하겠지만, 이 상태에서 울거나 화를 효과적으로 방출하면 즉시 가라앉게 될 것이다. 그러한 방출을 할 수 없는 상황에 직면한 사람은 호흡을 제한해야 한다.

대부분의 사람에게 불안은 신체를 과도하게 흥분시키는 상황에서 발생하는 일시적인 현상이다. 사람들은 상대적인 에너지 균형 상태를 유지하는 경향이 있다. 불행히도 이 균형 잡힌 상태의 에너지 지수는 매우 낮기 때문에 많은 사람이 만성 피로와 무력감을 호소한다. 에너지를 높이는 것은 보통의 사람이라면 치료 지원 없이는 견딜 수 없는 불안을 유발할 위험이 있다. 이때의 지원은 환자가 자신의 불안을 이해하도록 감정 표현을 통해 흥분을 해소하게 돕는 형태를 취한다. 자기표현을 방해받지 않는 사람들의 경우 에너지 지수가 높은 수준으로 유지돼, 활력 넘치고 삶에 완전히 반응하는 몸이 된다.

한 가지 더 강조해야 할 점이 있다. 생명체는 수동적으로 움직이는 것이 아니다. 유기체는 필요한 것을 얻고 받아들이기 위해 마음을 열고 손을 뻗어야 한다. 이것은 음식은 물론 산소도 마찬가지다. 영유아의 호흡 기능과 식사 기능은 모두 같은 생리적 메커니즘인 빨아들이는 기능을 사용한다. 영유아는 입과 소화기관으로 우유를 빨아들이듯이 폐로 공기를 빨아들인다. 그리고 두 기능 모두 공통 메커니즘을 사용하기 때문에 한 가지 활동에 장애가 생기면 다른 활동에 영향을 미친다.

아주 이른 시기에 젖을 뗀 아기에게 어떤 일이 일어나는지 생각해보자. 대부분의 영유아는 첫사랑의 대상을 잃는 것을 쉽게 받아들이지 않는다. 그들은 울면서 입과 손으로 가슴을 만진다. 이것이 그들의 사랑 표현 방식이다. 그들은 이러한 시도에 좌절을 느끼면 안절부절못하고 분노하여 운다. 영유아의 이러한 행동은 종종 어머니로부터 적대적인 반응을 불러일으키며, 영유아는 곧 이러한 욕망을 억제해야 한다는 것을 깨닫게 된다. 손을 내밀고 싶은 충동과 울고 싶은 충동을 억제함으로써 그렇게 한다. 목과 목의 근육이 수축하면서 목구멍을 수축시키고 충동을 차단한다. 수축된 목은 손을 뻗어 공기를 빨아들이려는 충동을 차단하기 때문에 호흡에도 영향을 미친다. 수유 장애와 호흡 장애의 밀접한 관계는 마거릿 리블Margaret Ribble이 그녀의 저서 《유아의 권리》*에서 다음과 같이 설명하고 있다.

나는 마음을 열고 받아들이기 위해 손을 뻗는 적극적인 과정의 예로 수유를 제시했다. 마음을 열고 손을 뻗는 것은 에너지나 쾌락의 원천을 향한 유기체의 광범위한 움직임이다. 아이가 엄마와의 접촉을 위해 손을 내밀거나, 장난감을 잡거나, 나중에 어른이 되어 사랑하는 사람에게 손을 뻗는 경우에도 동일한 행동이 수반된다. 다정한 키스도 비슷한 행동이다. 이러한 행동을 차단해야 할 때, 아이는 그러한 충동을 억제하기 위해 정신적, 근육적 차원에서 모두 방어 체계를 구축한다. 시간이 지나면서 이러한 방어 체계는 만성적인 근육 긴장의 형태로, 신체에 구조화되고 정신에는 성격적 특성으로 자리 잡게 된다. 동시에 경험에 대한 기억은 억압되고, 접촉하고 친밀감을 느끼고 빨고 사랑을 찾으려는 욕망보다 개인을 우선시하는 자아 이상이 생성된다.

이 예에서 우리는 성격의 다른 층들 사이의 연관성을 볼 수 있다. 표면적으로, 즉 자아 차원에서 방어는 "우는 것은 남자답지 않다"라고 말하는 자아 이상과 "여하튼 나도 울고 싶지 않다"라는 부정의 형태를 취한다. 이런 방어는 목과 팔

* Margaret Ribble, *The Rights of Infants*, New York, Columbia University Press, 1948.

의 근육 긴장과 밀접하게 연결되어 열린 마음과 손을 뻗고
자 하는 충동을 차단한다. 신체 차원에서 문제는 우는 것이
남자다운 것이냐 아니냐가 아니다. 긴장이 매우 심하면 사람
이 우는 것조차 거의 불가능해진다. 어깨에서 유사한 긴장이
발견되어 팔을 완전히 뻗는 것 역시 똑같이 어려워진다. 더
깊은 감정적 차원에는 물어뜯고 싶은 충동과 함께 슬픔, 절
망, 분노, 두려움, 갈망의 억압된 감정이 있다. 사람의 마음이
다시 완전히 열리기 전에 이 모든 것을 해결해야 한다.

그러나 그 사람은 죽지 않았다. 그의 마음은 사랑을 갈망
하고 그의 감정은 표현을 요구하며 그의 몸은 자유를 원한
다. 그러나 그가 이 방향으로 강하게 움직이면 그의 방어력
이 충동을 차단하고 그를 불안에 빠뜨릴 것이다. 대부분의
경우 이러한 불안이 너무 심해서 에너지 단계를 낮추고 욕
망을 최소한으로 하며, 삶을 중단하더라도 물러서며 마음
을 닫는다. 온전히 살아 있는 것에 대한 두려움으로 사는 것
이 사람들 대부분의 모습이다.

5장

쾌락: 제1의 본성

쾌락 원칙

삶의 제1의 본성은 고통에서 벗어나 쾌락으로 향하는 것이
다. 신체 차원에서 쾌락은 유기체의 생명과 행복을 촉진하
기 때문에 이것은 생물학적 방향이다. 우리 모두가 알다시
피 고통은 유기체의 온전함에 대한 위협으로 경험된다. 우
리는 쾌락에 자발적으로 마음을 열고 다가가며 고통스러운
상황에서는 몸을 수축하고 물러난다. 그러나 어떤 상황에
서 쾌락의 약속과 고통의 위협이 함께할 때, 우리는 불안을
경험한다.

이러한 불안 개념은 우리가 이때까지 얘기했던 견해와
다르지 않다. 쾌락의 약속은 유기체에게 쾌락의 근원에 도
달하려는 외향적인 충동을 불러일으키지만, 고통의 위협은

유기체로 하여금 이러한 충동을 중단시키도록 하여 불안 상태를 만든다. 개의 조건반사에 대한 파블로프의 연구는 같은 상황에서 고통스러운 자극과 즐거운 자극을 결합하여 어떻게 불안을 야기할 수 있는지를 분명히 보여주었다. 파블로프의 실험은 매우 간단했다. 그는 먼저 종이 울린 직후에 음식을 제공함으로써 개가 종이 울리면 반응하도록 설정했다. 아주 짧은 시간 안에 개는 종이 울리는 것만으로도 음식의 즐거움을 기대하고 흥분하며 침을 흘렸다.

이 반사가 잘 확립되었을 때 파블로프는 종이 울릴 때마다 개에게 전기 충격을 주어 상황을 바꿨다. 종소리는 개의 마음에 음식의 가능성과 고통의 위협으로 결합되었다. 그 개는 먹이를 향해 움직이고 싶으면서도 두려움에 떠는 극심한 불안에 빠졌다.

혼합된 신호에 의해 만들어진 이러한 패턴은 모든 신경증과 정신병적 성격 장애의 바탕에 깔려 있는 불안의 원인이다. 이런 상황은 부모와 자녀 사이의 양육 시기에 발생한다. 아기나 어린아이는 부모를 기쁨의 원천으로 보고 사랑으로 다가간다. 이것은 부모가 영유아에게 필요한 음식이나 접촉 및 감각 자극의 원천이기 때문에 정상적인 생물학적 패턴이다. 좌절이나 박탈감을 겪기 전까지 영유아는 모든 마음을 다한다. 그러나 정서적 접촉의 박탈과 좌절이 흔하고, 성장기에 일반적으로 처벌과 위협이 동반되는 우리 문화에서 이런 현상은 오래 지속되지 않는다. 불행히도 부모는 단순히 즐거움의 원천이 아니라, 아이의 마음속 고통의 가능성과 빠르게 관련한다. 내 생각에 그로 인한 불안은 많은 아이가 보여주는 불안증과 과잉 행동의 원인이 된다. 불안을 줄이기 위해 조만간 방어막을 세우게 되는데 이러한 방어는 유기체의 생명과 활력을 감소시킨다.

쾌락 박탈에 의한 좌절이나 처벌 불안의 방어로 이어지는 순서는 모든 성격 문제를 설명하는 일반적인 방식이다. 개별 사례를 이해하려면 불안을 야기한 특정 상황과 이것에 대처하기 위해 세워진 방어책에 대한 지식이 보완돼야 한다. 또 다른 중요한 요소는 시간이다. 불안이 일찍 발생할수록 더 만연하고 이에 대한 방어 체계가 더 깊이 구조화된다. 위협으로 인한 고통의 특성이나 강도는 방어적 기제를 결정하는 데 중요한 역할을 한다.

우리 사회의 거의 모든 사람은 과거 심각한 불안의 원인이던 쾌락에 대한 이러한 분투에 대해 방어기제를 가지고 있다. 하지만 이런 방어기제는 쾌락에 도달하려는 모든 충동을 완전히 차단하지는 못한다. 만약 그렇게 된다면 결국 죽음으로 끝날 것이다. 최종 분석에 의하면 불안에 대한 완전한 방어는 죽음이다. 물론 모든 방어 자체가 삶을 제한하기 때문에 부분적인 죽음이기도 하다. 방어는 특정한 충동을 특정한 제한 조건에서 특정한 제한 정도까지 허용한다. 하지만 앞서 언급했듯이 방어는 사람마다 달라서 다양한 유형으로 분류할 수 있다.

바이오에너지에서는 다양한 유형의 방어가 '성격 구조'라는 범주 아래 포함된다. 성격은 개인이 쾌락을 위해 노력하는 전형적인 방식의 고정된 행동 패턴이다. 이것은 만성적이고 대체로 무의식적인 근육 긴장의 형태로 신체에 구조화되어 충동을 차단하거나 제한한다. 또한 성격은 부정하고 합리화하며 투사하고 조율하는 방식으로 뒷받침하고 그 가치를 긍정하는 자아 이상에 맞춰진 심리적 태도이다. 심리적 성격과 신체 구조 또는 근육 조직의 기능적 특성은 몸을 통해 성격을 읽고 심리적 표현으로부터 몸의 태도를 설명할 수 있게 해주며, 그 반대도 마찬가지로 성격을 이해하게 하는 핵심 요소이다.

바이오에너지 치료사는 환자에게 성격 유형으로 접근하지는 않는다. 우리는 그가 쾌락을 위해 노력하지만 불안에 시달리는 고유한 인간으로 전형적인 방어책을 세웠다고 보고 있다. 환자의 성격 구조를 진단하면 더 깊은 문제를 파악할 수 있으므로 이전까지 삶의 경험으로 인한 한계에서 벗어날 수 있도록 도울 수 있다. 다양한 성격 구조를 신체적,

심리적으로 설명하기 전에 쾌락의 본질에 대해 논의하고 설명할 수 있는 이론적 틀을 마련하고자 한다.

쾌락은 여러 가지로 정의할 수 있다. 유기체가 원활하고 쉽게 기능을 하면 쾌락을 느끼지만 그 기능이 방해받거나 위협받을 때 불안이나 고통을 경험하게 된다. 우리에게 쾌락을 주는 또 다른 상황이 있는데 그것은 우리가 손을 뻗을 때이다. 자연스럽게 우리는 즐거울 것이라고 생각하는 것에 손을 뻗으며, 나는 손을 내미는 행위 자체가 쾌락 경험의 기초라고 주장한다. 그것은 전체 유기체의 확장, 유기체와 세계의 주변부로 향하는 감정과 에너지의 흐름을 나타낸다. 최종적으로 분석하면 감정은 유기체의 움직임에 대한 인식이다. 따라서 사람이 쾌락 상태에 있다고 말할 때 신체의 움직임, 특히 내부 움직임은 리드미컬하고 제한되지 않으며 외향성을 나타낸다.

그러므로 쾌감이란 몸을 개방하고, 손을 뻗고, 접촉하는 등 신체의 확장된 움직임에 대한 인식이라고 정의할 수 있다. 닫거나 물러서고 참거나 버티는 것은 쾌락으로 느껴지지 않으며 실제로 고통이나 불안으로 감지된다. 통증은 충동의 에너지가 차단되면서 생성되는 압력에 의해 발생한다. 고통이나 불안을 피하는 유일한 방법은 충동에 대한 방어 체계를 구축하는 것이다. 충동을 억제하면 불안이나 고통을 느끼지 않지만 쾌락도 느끼지 못한다. 무슨 일이 일어나고 있는지는 몸의 표현으로 알 수 있다.

사람이 즐거울 때는 눈이 밝고, 피부색이 분홍빛으로 온기를 띠며, 행동이 편안하고 활기차며, 태도에는 부드러움과 여유가 있다. 이러한 눈에 보이는 징후는 신체에서 외향적이고 확장적인 행동이나 충동의 생리학적인 대응 관계에 있는 신체 말초로 향하는 느낌과 혈액 및 에너지 흐름의 발현이다. 이러한 징후의 부재는 사람이 인지하든 못하든 쾌락의 상태가 아니라 고통의 상태에 있음을 나타낸다.《쾌락》에서 나는 고통은 쾌락의 부재라고 말했다. 이 견해를 뒷받침하는 신체 징후가 있다. 눈이 흐릿해지는 것은 눈에서 감정이 사라진 것을 나타내고, 차갑고 하얀 피부는 모세혈관과 세동맥의 수축으로 인해 혈액이 몸의 표면까지 도달하지 못하도록 억제되고 있음을 나타낸다. 경직과 비자발성은 에너지가 근육계로 자유롭게 흐르지 않는다는 것을 암시한다. 이런 상황은 고통의 신체적인 측면인 유기체의 수축 상태로 합쳐진다.

어떤 신체는 한 부분은 따뜻하고 부드러우며 밝은 반면, 다른 부분은 차갑고 긴장되며 색이 없는 혼합된 현상을 보여준다. 경계선이 항상 뚜렷하지는 않지만 그러한 차이는 보고 느낄 수 있다. 이 장애의 흔한 상태로 상반신은 양호한 색조를 띠는 반면 하반신은 상체와 비교했을 때 비교적 갈색톤의 불균일한 색상을 띠며, 약한 근육처럼 균형에 맞지 않는 무게감이 있다. 이런 신체 상태는 하반신, 특히 성적인 감정의 흐름에 장애가 있으며 신체의 이 부분이 움츠러들거나 수축된 상태를 의미한다. 또 상당히 자주 관찰되는 점은 따뜻한 몸에 손과 발만 차가운 상태이다. 이 상태는 주변 구조, 즉 환경과 접촉하는 말초 구조에 긴장 또는 억압이 있음을 나타낸다. '차가운 손, 따뜻한 마음'이라는 말이 이러한 해석을 뒷받침한다.

신체를 관찰하는 우리의 주된 방향은 유기체가 환경에 유쾌하게 반응하거나 확장할 수 있는 정도를 결정하는 것이다. 앞서 말했듯이 그러한 반응은 사람의 중심부 또는 심장으로부터 말초 기관으로 느낌과 흥분과 에너지가 흘러나가는 것을 의미한다. 유쾌함의 반응은 외부 세계와 직접 소통하기 때문에 따뜻하고 사랑스러운 반응이다. 만성 근육 긴장으로 인해 심장의 의사소통 통로를 차단하고 신체 말초로의 에너지 흐름을 제한하는 장애를 가진 사람은 여러 가지로 고통을 겪는다. 그는 자신의 삶에 대한 좌절감과 불만족감을 경험할 수 있고, 불안과 우울증, 위축감과 소외감을 느낄 수 있으며, 특정 신체 장애가 발생할 수 있다. 이것이 사람들이 정신건강의학과 의사에게 호소하는 주요 불만

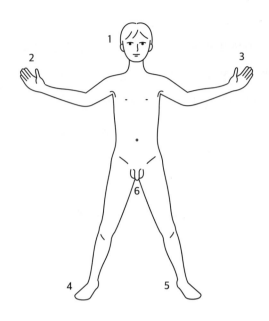

사항이므로 쾌락에 대한 완전한 능력이 회복된 경우에만
제거될 수 있음을 알아야 한다.

인체는 외부 세계와 접촉하는 여섯 가지 주요 영역이 있
다. 감각 기관을 포함하는 얼굴, 두 손, 생식기 그리고 두 발
이다. 여성의 가슴이나 대부분의 피부, 앉아 있을 때의 엉덩
이처럼 경미한 접촉 부위도 있다. 여섯 개의 주요 영역은 사
람이 다리와 발을 벌리고 팔과 손을 뻗은 상태로 서 있을 때
가장 잘 보이는 흥미로운 구도를 형성한다. 위의 스케치에
서 여섯 개의 영역에 번호가 매겨진 신체의 모습이 잘 나타
난다.

이 그림을 다이내믹한 도표로 변환해보면, 여섯 개의 영역이 신체의 가장 확장된 부분임을 에너지적으로 나타난다.

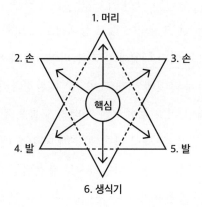

이 도표에서 1번 지점은 자아 기능의 위치이며 청각, 미각, 시각, 후각의 감각 기관을 포함하는 머리를 나타낸다. 2번과 3번 지점은 환경을 만지고 조작(처리)하는 손을, 4번과 5번 지점은 지면과의 필수적인 접촉을 담당하는 발을 나타낸다. 그리고 6번 지점은 이성과의 접촉이나 관계를 위한 주요 기관인 생식기를 나타낸다.

확장되어 있거나 쾌락적인 반응은 중심에서 모두 여섯 개 지점으로 에너지가 흐르는 것과 관계가 있다. 여섯 개의 점은 아메바의 고정된 위족처럼 유기체가 확장되는 것으로 간주할 수 있다. 고정된 구조임에도 불구하고 어느 정도 확장이 가능하다. 입술은 내밀거나 오므릴 수 있고, 손이 닿는 정도에 따라 팔을 뻗거나 접을 수 있으며, 남녀의 생식기는 피가 차고 감각이 차서 확장되면 실제 위족 같은 기능을 한다. 하지는 더 고정되어 있고 상대적으로 변화가 적다. 목은 유연한 기관이기 때문에 머리를 튀어나오게 하거나 들어 올리거나 어깨 사이에 끼게 할 수 있다. 환경과의 강한 접촉이 이루어지면 이 지점에서의 에너지 교류는 강렬하다. 예를 들어, 흥분한 두 사람 사이에 눈이 마주칠 때 그 사이를 통과하는 전류를 느낀다. 마찬가지로 충전된 손으로 만지는 것은 차갑고 건조하거나 꽉 조이는 손으로 만지는 것과는 사뭇 다른 경험이다. 에너지가 넘치는 섹스에서의 상호작용은 물론 격렬하지만 여기에서도 상호작용의 특성과 정도는 이 접촉 영역으로 흐르는 전류의 양에 따라 달라진다.

자아와 몸

성인은 동시에 두 가지 다른 차원에서 기능한다. 하나는 정신적·영적 차원이고 다른 하나는 육체적·생리적somatic 차원이다. 이것은 유기체의 단일성을 부정하는 것이 아니다. 이원성과 단일성이 모든 생물학적 과정을 특징짓는다는 것은 라이히로부터 이어받은 바이오에너지의 기본 방침이다. 이원성과 단일성은 다음 도표와 같이 변증법적 개념으로 통합된다.

건강한 성격에서는 정신적 육체적 차원의 기능이 협력하여 행복을 촉진한다. 불안한 성격에서는 감정과 행동의 영역에 있어서 이런 차원의 기능과 성격적 측면들이 충돌한다. 충돌의 영역은 자극과 느낌의 자유로운 표현을 방해

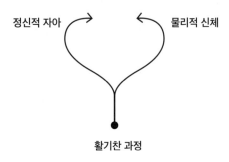

정신적 자아 　　　　　 물리적 신체

활기찬 과정

한다. 의식적으로 통제할 수 있는 표현의 억제에 대해 말하는 것이 아니다. 내가 말하는 방해는 무의식적으로 움직임과 표현을 제한하는 것이다. 그러한 차단은 자신의 욕구를 충족시키기 위해 세상에 다가서는 능력을 제한하고 따라서 쾌락을 위한 능력을 감소시킨다.

　정신과 육체가 아닌 자아와 신체 관계의 관점에서 대치해놓으면 쾌락을 향한 신체의 노력에 맞서는 자아 이상과 자아상 개념을 소개할 수 있다. 이러한 개념은 자아가 합성 작용의 역할을 하는 데서 비롯된다. 자아는 내면 세계와 외부 세계, 자아와 타자 사이의 중재자이다. 이 기능은 몸의 표면과 마음의 표면에서 파생된다.* 모든 유기체가 따라야 하는 외부 세계의 그림을 구현함으로써 개인의 자아상도 형성한다. 반대로 이 자아상은 어떤 감정과 충동을 표현해

---

* 　Lowen, *The Phisical Dynamics of Character Structure, op. cit.*

도 되는지를 좌우한다. 성격 내에서 자아는 현실의 대표자이다.

그러나 현실은 무엇인가? 우리가 생각하는 이미지가 실제 상황과 항상 일치하는 것은 아니다. 우리는 성장하는 과정에서 이 그림을 발전시켰으며, 그것은 성년기의 사회적 세계보다 유년기와 가족 간의 세계를 더 많이 반영한다. 두세계는 완전히 다르지 않다. 가족의 세계가 사회라는 더 큰세계를 반영하기 때문에 차이점은 더 넓은 세계는 가족의세계에서 제공하지 않는 관계의 선택권을 제공한다는 사실에 있다. 예를 들어, 어렸을 때 도움을 요청하는 것이 나약함과 의존성의 표시라고 배웠다고 하자. 이런 가르침을 통해 도움을 요청하는 것이 무기력하거나 의존적인 것이라조롱을 받았다면 쉽게 도움을 구할 수 있는 상황에서도 도움을 요청하는 데 어려움을 겪을 것이다. 사람은 자립하고스스로 일을 해야 한다는 자아상을 발달시키며, 이 이미지를 배신하면 조롱과 굴욕을 느끼게 된다. 그리고 무의식적으로 자신의 가짜 독립성을 존경하고 격려하는 관계를 선택하여 다소 비현실적인 자아상을 강화할 것이다.

성격 형성을 이해하려면 자아와 신체 사이의 상호작용에변증법적 과정이 작용하고 있음을 알아야 한다. 자아상은자아가 수의근 조직에 가하는 통제를 통해 신체를 형성한다. 하나는 턱을 고정하고 목을 조이고 숨을 참고 배를 욱조임으로써 울고 싶은 충동을 억제한다. 분노 때문에 후려치고 싶은 표현은 견갑대의 근육을 수축시켜 어깨를 뒤로 당김으로써 억제할 수 있다. 처음에 억제는 의식적이며 사람이 더 많은 갈등과 고통을 겪지 않는 것을 목표로 한다. 그러나 의식적이고 자발적인 근육 수축에는 에너지가 필요하므로 무한정 유지될 수 없다. 어떤 감정에 대한 표현이 아이의 세계에서 받아들여지지 않아 무기한 억제되어야 할 때, 자아는 금지된 행동에 대한 통제를 포기하고 충동으로부터 에너지를 철회한다. 그러면 충동에 대한 저항이 무의식화되고 근육은 팽창과 이완을 위한 에너지가 부족하기 때문에 수축된 상태를 유지한다. 그래서 남은 에너지를 사회에서 받아들여지는 다른 행동에 투여할 수 있으며, 이를 통해 자아상을 형성한다.

이런 항복으로 인해 두 가지 결과가 발생한다. 하나는 에너지를 빼앗긴 근육이 만성적인 수축이나 경직 상태에 들어가 억제된 느낌을 더 이상 표현하지 못하는 것이다. 따라서 충동이 효과적으로 억제되고, 사람은 더 이상 욕망을 느끼지 않는다. 그러나 억제된 충동은 없어지는 것이 아니다. 그것은 의식에 영향을 미치지 않는 신체 표면 아래에 잠복해 있다. 강한 스트레스를 받거나 충분히 자극받으면 충동이 너무 강해져서 억제나 차단을 뚫을 수 있다. 이것이 히스테리성 폭발이나 살인적인 분노로 발생한다. 두 번째 결과는 유기체의 에너지 대사가 감소하는 것이다. 만성 근육 긴장은 완전한 자연 호흡을 방해하여 에너지 단계를 떨어뜨린다. 사람은 일상적인 활동에서 충분한 산소를 얻을 수 있으므로 기초대사가 정상으로 보일 수는 있다. 그러나 호흡 곤란은 스트레스를 받는 상황에서 충분한 공기를 얻을 수 없거나 스트레스에 대처할 수 없을 때 나타난다.

이제 신체 상태는 변증법이 반대로 작동하도록 한다. 신체적 상황은 개인의 사고와 자아상을 형성한다. 에너지 단계가 낮아지면 그의 생활 방식에 특정한 조정을 가해야 한다. 그는 억압된 감정을 불러일으킬 수 있는 상황을 반드시 피할 것이다. 그리고 현실의 본질에 대한 합리화를 발전시킴으로써 이러한 회피를 정당화할 것이다. 이러한 조작은 감정적 혼란이 의식화되는 것을 방지하기 위한 자아 장치이다. 이러한 이유로 이것들을 자기방어라고 부른다. 다른 자기방어에는 부정, 투사, 도발, 비난 등이 있다. 이러한 방어는 갈등에서 철회한 에너지에서 비롯된다. 사람은 억압된 충동에 맞서 성격적으로 무장하게 된다. 육체적인 면에서 그의 만성적인 근육 긴장이 그를 보호하는 것이다. 이 과정에 의해 완전히 무장되었지만, 그럼에도 제한된 방식으로 또는 부분적으로 기능은 할 수 있다.

어느 정도의 안정성과 평안함을 얻은 자아는 성취에 자부심을 느낀다. 그 사람은 자신의 조정과 보상에서 자아 만족을 얻는다. 울지 못하는 남자는 그 불능을 마치 자신의 힘과 용기의 표시라고 생각한다. 심지어 쉽게 우는 남자나 소년을 조롱하면서 자신의 신경증적 특성을 미덕으로 선전하기도 한다. 화를 내거나 때리지 못하는 남자는 상대방의 입장을 볼 수 있는 합리적인 남자의 특징이라고 주장함으로써 자신의 핸디캡을 미덕으로 삼는다. 공개적으로 사랑을 구하지 못하는 여성은 원하는 접촉을 얻기 위해서 섹스나 복종을 활용하고 자신을 특히 섹시하고 여성적인 존재로 보이려 할 것이다.

모든 근육 긴장은 인간이 쾌락을 위해 세상에 직접 다가서는 것을 차단한다. 그러한 제한에 직면한 자아는 접촉과 쾌락에 대한 신체적 욕구를 충족하기 위해 환경을 조작할 것이다. 그런 다음 조작을 필요에 의한 것이고 정상적인 것이라고 정당화할 것이다. 왜냐하면 자아는 자신을 그런 위치로 몰아넣은 감정적 갈등과의 접점을 잃었기 때문이다. 이 갈등은 신체에 구조화되어 자아의 범위를 벗어난 것이다. 신체 차원에서 자신의 문제에 직면하지 않으면, 사람의 변화에 대한 생각은 말뿐인 것이며, 진정한 변화는 거의 없

을 것이다.

자아와 신체 사이의 복잡한 관계를 이해하려면 인간 인격에 대한 두 가지 상반된 관점을 통합해야 한다.* 첫 번째 관점은 바닥에서부터 올라간다. 그런 관점에서 성격 기능의 계층 구조는 위의 도표같이 피라미드 모양으로 나타난다.

피라미드의 아랫부분은 생명을 유지하고 성격을 지원하는 신체 과정으로 구성된다. 이것은 대지나 자연환경에 접촉하고 그 위에 놓인다. 이러한 과정은 느낌과 감정을 발생시키고 다시 사고하는 과정으로 이어진다. 정점에 자아가 있으며, 바이오에너지에서 이것은 머리와 동일시된다. 점선은 모든 기능이 서로 연결되어 있고 의존하고 있음을 보여준다.

---

* 이 관계에 대한 더 자세한 논의는 *The Physical Dynamics of Character Structure*, *op. cit.*

자아와 신체는 장군과 군대의 관계에 비유할 수 있다. 장군이나 지휘관이 없으면 군대는 군대가 아니라 군중에 불과하다. 군대가 없는 장군은 그저 허수아비일 뿐이다. 참모부와 부대가 화합하고 조화롭게 기능할 때 원활하고 효율적인 군대가 된다. 서로 충돌하면 혼란이 일어나고 문제가 생긴다. 이것은 장군이 자신이 지휘하는 전쟁에서 자신의 군대를 숫자나 졸병 정도로만 볼 때 발생할 수 있다. 장군은 전쟁이 군대에 의해서 일어나는 것뿐 아니라 군대를 위해서 싸운다는 것은 물론 자신의 영광을 위해 싸우지 않는다는 사실을 잊을 수 있다. 자아 역시 보여주고 싶어 하는 이미지가 아니라 본인의 신체가 더 중요하다는 사실을 잊어버릴 수 있다.

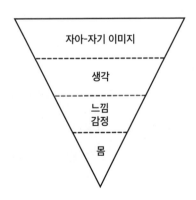

장군의 입장에서 보면 군대 내에서 정상적인 권위의 위계는 뒤바뀔 수 있다. 어떤 장군도 자신을 가장 중요하게 여기지 않고는 제 역할을 할 수 없다. 자아와 신체도 마찬가지다. 즉 자아의 입장에서 본다면 성격 기능의 피라미드는 위아래가 뒤집힐 것이다. 위에서부터 내려다보는 관점은 의식이나 통제의 정도를 측정할 수 있다. 다른 어떤 기능보다 자아에 더 많은 의식이 투입된다. 그러므로 우리는 감정보다 생각을 더 많이 의식하고, 신체 과정에 대해서는 거의 의식하지 않는다. 이것이 권력의 측면에서 군대의 위계를 보는 장군의 견해이다. 이것은 자아의 작용인 지식의 관점에서 본 성격의 기능적인 측면과 동일시할 수 있다. 반면에 신체는 지식의 습득에 선행하는 지혜를 갖고 있다.

인간의 성격에 대한 이 두 가지 견해는 한 삼각형을 다른 삼각형 위에 겹쳐서 통합할 수 있다. 그러면 이전 섹션에서 전신을 나타내는 데 사용된 육각의 별 모양이 생긴다. 점선은 신체의 두 반쪽이 만나는 부위인 횡격막이나 허리, 즉 갈등이 가장 심한 곳을 나타낸다.

또한 두 개의 삼각형은 하늘과 땅, 낮과 밤, 남성과 여성, 불과 물 등 삶의 다른 많은 양극 관계를 나타낼 수 있다. 흥미롭게도 중국인들은 중국철학에서 음과 양이라고 부르는 생명력의 이중성을 묘사하기 위해 다른 그림 사용한다. 두

그림의 차이는 두 가지 다른 생활 방식을 암시한다. 중국식 원형 도표는 균형을 강조하고, 다윗의 별이라고도 알려진 육각별 그림은 상호작용을 강조한다.

이 두 힘은 유기체 내에서 상호작용하여 서양적 활동을 특징짓는 추진력을 생성할 뿐만 아니라, 유기체가 환경과 공격적으로 상호작용하도록 한다. 나는 여기서 '공격적'이라는 단어를 파괴적인 의미보다는 '수동성'과 반대되는 의미로 사용하고 있다. 서양의 공격성에는 긍정적인 측면과 부정적인 측면을 모두 가지고 있다. 그러나 긍정적이든 부정적이든 안정을 지향하는 동양적 태도와 달리 변화를 지향한다. 쉽게 설명하기 위해 나는 인간의 활동을 지성적, 사회적, 창의적, 성적인 것을 포함한 신체적인 네 그룹으로 나눠보겠다. 아래와 같이 네 그룹을 그림의 네 면에 배치하면 상호작용의 개념을 명확하게 할 수 있다.

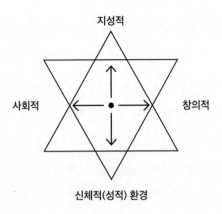

이제 이 그림에 앞에서 보여줬던 유사한 그림을 결합하면 인간의 성격에 관련한 역동적인 힘의 그림이 완성된다.
(223쪽, 224쪽 그림)

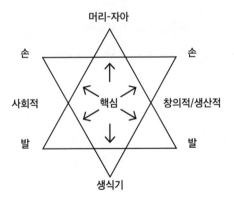

세상과 사람의 상호작용 배후에 있는 발산하는 힘인 충

동의 강도는 몸의 바이오에너지 처리 과정의 강도에 달려 있다. 또한, 욕구 충족을 위한 이러한 충동의 효과는 그것들을 표현할 수 있는 자유에 달려 있다. 충동과 감각의 흐름을 막는 패턴이나 만성 근육 긴장은 인간으로서의 효율성을 저해할 뿐만 아니라 세상과의 접촉과 상호작용을 제한한다. 이 때문에 어딘가에 소속되어 있다라는 느낌, 내가 세상의 일부라는 느낌이 감소하고 영혼의 충만함도 제한된다.

여기서 서구적 삶의 방식을 찬성하거나 반대하려는 것은 아니다. 과도하게 공격적이고 착취적이며 조작적인 삶을 살면서 우리는 중요한 균형 감각을 잃어버렸다. 우리는 자아가 몸을 전복하도록 내버려두었고 지식으로 몸의 지혜를 무시했다. 우리는 우리 자신과 우리가 살고 있는 세상과의 관계에서 적절한 균형을 회복해야 한다. 그러나 서양의 태도를 거부하고 동양적인 태도를 취함으로써 그 균형을 회복할 수 있을지 의문이다. 우리는 동양이 지금 서양의 방식을 받아들이기 위해 열심히 노력하고 있다는 것은 인지할 필요가 있다.

성격 연구

바이오에너지에서는 다양한 성격 구조를 다섯 가지 기본
유형으로 분류한다. 각 유형은 심리적 차원과 근육적 차원
모두에서 다른 유형과 구별되는 특별한 방어 패턴을 가지
고 있다. 이것은 사람 자체를 분류하는 것이 아니라 방어 자
세에 따른 분류라는 점을 유의해야 한다. 어떤 사람도 순수
하게 딱 한 유형이 아니며 우리 문화의 모든 사람은 자신의
성격 내에서 이러한 방어 패턴의 일부 또는 전부를 다른 정
도로 결합한다. 개인의 성격은 성격 구조와 구별되며 그의
활력, 즉 충동의 강도와 이러한 충동을 통제하기 위해 구축
한 방어막에 의해 차이가 결정된다. 타고난 활력이나 삶의
경험에서 비롯되는 방어 패턴은 어느 누구도 비슷하지 않

다. 그럼에도 의사소통과 이해의 명료성을 위해 유형별로 말할 필요가 있다.

다섯 가지 유형은 '스키조이드형(분열형)', '오럴형(구강형)', '사이코패스형(반사회형)', '마조히스트형(피학형)', '리지드형(경직형)'이다. 이 용어들은 정신건강의학계에서 성격 장애를 지칭하는 용어로 사용하며 그 정의가 알려지고 받아들여졌기 때문에 그 분야에서 주로 사용했다. 우리의 분류 또한 이미 인정받은 기준에서 크게 위배되지 않는다. 이러한 유형에 대한 다음의 설명은 일반적으로 바이오에너지의 관점에서 각 특성에 대해 자세히 논의하는데 한번에 이해하기는 어렵기 때문에 개요 형식으로 제시하려 한다. 성격 유형이 상당히 복잡하기 때문에 각 유형의 대략적인 측면만 언급할 수 있겠다.

스키조이드형 성격 구조

설명

'분열성schizoid'이라는 용어는 흔히 조현병이라고 부르는 '정신분열증Schizophrenia'에서 파생되었으며 성격에 정신분열적 상태의 경향이 있는 개인을 가리킨다. 이러한 경향은 다음과 같다.

(1) 성격이 하나로 기능하는 것을 분할한다. 예를 들어, 사고와 감정을 분리하는 경향이 있다. 이런 사람은 생각하는 것이 그가 느끼고 행동하는 방식과 관련이 없는 것처럼 보인다.

(2) 내면으로 파고들어 세상이나 외부 현실과의 접촉을 끊거나 상실한다. 스키조이드형의 사람은 조현병 환자가 아니며 그렇게 되지 않을 수 있고 그의 성격에 이런 경향이 존재하는 것으로, 일반적으로는 잘 보완된다.

'분열성'이라는 용어는 자기 감각이 저하되고, 자아가 약하며, 자기 신체와의 연결성이 떨어지는 사람을 말한다.

바이오에너지 상태

신체의 말초 조직, 즉 얼굴, 손, 생식기, 발과 같은 외부 세계와 접촉하는 기관으로 가는 에너지 공급이 잘 안 된다. 이 장기들은 중심부(core, 중추신경계와 심근계)와 에너지적으로 온전히 연결되어 있지 않다. 즉, 중심의 자극이 자유롭게 흐르지 않고 머리 아래, 어깨, 골반, 고관절에 있는 만성 근육 긴장에 의해 차단된다. 따라서 이러한 기관들이 수행하는 기능은 사람의 중심에 있는 감정과 분리된다.

내부 전하charge는 중심부에서 얼어버리는 경향이 있다. 결과적으로 충동 형성이 약하다. 그러나 전하 자체는 (압축으로 인해) 폭발적이며 폭력이나 살인으로 분출될 수 있다. 이것은 방어가 유지되지 않고 유기체가 감당할 수 없는 양의 에너지로 넘쳐날 때 발생한다. 성격이 분리되고 정신분열 상태가 발생한다. 이 상황에서 살인은 드문 일이 아니다.

방어는 말초 구조가 감정과 에너지로 가득 차는 것을 방지함으로써 성격을 묶어놓는 근육 긴장 패턴으로 구현된다. 이러한 근육 긴장은 앞서 설명한 것과 같이 중심부와 말초 기관들의 접촉을 차단하는 역할을 한다. 따라서 이런 방어는 문제적이다.

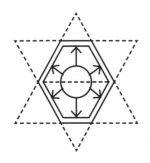

이중선은 분열적 특성의 수축된 에너지 경계를, 점선들은 중심부와의 연결 부족 및 전하 부족을, 가운데 있는 점선은 신체가 둘로 갈라져 있음을 나타낸다.

허리 부위에서 신체가 에너지적으로 분리되어 상반신과 하반신의 통합이 부족하다.

이 바이오에너지 분석은 위 그림에 잘 나와 있다.

신체적 특성

대부분의 경우 몸이 가늘고 위축되어 있다. 성격에 편집증적인 요소가 있다면 신체는 좀더 풍만하고 운동 능력이 더 뛰어나다.

주된 긴장 부위는 머리 아래, 어깨 관절, 다리 관절, 골반 관절, 횡격막 등이다. 골반 관절과 횡격막 부분에서 대개 아주 심하게 나타나서 몸이 둘로 나뉘는 경향이 있다. 주된 경련은 관절을 둘러싸고 있는 작은 근육에서 생긴다. 그러므로 이 성격 유형에서는 관절의 극단적인 경직 또는 과잉 유연성을 볼 수 있다.

얼굴은 가면 같다. 눈이 조현병 환자처럼 텅 빈 느낌은 아니지만 생기가 없고 시선을 잘 맞추지 않는다. 팔은 몸의 연장선이 아니라 부속물처럼 매달려 있다. 발이 수축되어 있고 차갑고 종종 들려진 상태이므로 몸의 무게는 발 바깥쪽으로 쏠리게 된다.

신체가 두 쪽으로 나뉘어 현저한 불일치가 보인다. 많은 경우에 같은 사람의 것처럼 보이지 않는다.

예를 들어 스트레스를 받을 때 이 사람이 활의 자세를 취하면 몸의 라인이 끊어진 것처럼 보인다. 머리, 몸통, 다리는 서로 비스듬하게 있는 것처럼 보인다. (2장 참조)

심리적 연관성

이들은 신체와의 일치가 떨어져 자아 감각이 부족하다. 연결되어 있거나 통합되어 있다고 느끼지 못한다.[*]

머리와 신체 나머지 부분 사이의 에너지 연결이 부족해 신체 차원에서 표현되는 분리 경향이 성격 또한 어느 정도는 반대의 태도로 분열시킨다. 따라서 오만함과 자기를 비하하는 태도, 순결과 음란의 느낌이 결합된 태도를 발견할 수 있다. 이때는 특히 상하체의 분열을 보여준다.

스키조이드형 성격은 말초 전하의 결핍에 대한 심리적 대응 관계가 약한 자아 경계로 인해 과민증을 보인다. 이러한 약점은 외부 압력에 대한 저항력을 떨어뜨리고 자기방어를 위해 내면으로 파고들게 만든다.

스키조이드형 성격에는 친밀하고 정서적인 관계를 피하려는 경향이 강하다. 실제로 말초 구조에 전하가 부족하기 때문에 그러한 관계 맺기가 매우 어렵다.

행동에 동기를 부여하기 위해 의지를 사용하면 스키조이드형 사람들의 행동은 거짓되다는 느낌을 준다. '마치 ○○ 같은' 행동이 감정에 기반한 것 같지만 행동 자체에는 감정이 표현되지 않는 것이다.

---

[*]   R.D.Laing, *The Divided Self*, New York, Pantheon, 1969.

병리적 요인과 생애사적 요인

여기서 이 구조의 기원에 대한 역사적 데이터를 제시하는 것이 중요하다. 다음은 이런 문제를 가진 많은 사람을 치료하고 분석해온 연구자들의 관찰을 요약한 것이다.

모든 경우에서 환자들은 어려서 어머니로부터 거부당한 경험이 있어서 자신의 존재를 위협받은 적이 있었다는 증거들이 있다. 거부에는 은밀하고도 노골적인 적대감이 수반되었다.

거부와 적대감으로 인해 환자들은 다가가거나 요구하거나 자기주장을 하면 자신이 파멸될 것이라는 두려움을 갖게 된다.

과거력을 보면 안정감이나 기쁨 같은 강하고 긍정적인 감정이 결여된 면이 있다. 어린 시절에는 야경증이 흔하다.

위축되거나 무감각한 행동과 함께 이따금 분노를 폭발하는 것은 자폐증 행동의 전형에 비유된다.

부모 중 한 명이 오이디푸스 시기에 성적인 뉘앙스로 아이에게 과도하게 시간과 노력을 쏟는데 이는 매우 흔한 일이며 성격에 편집증적 요소가 추가된다. 이것은 아동기 후반과 성인기에 어느 정도의 돌발행동을 나타낼 수 있다.

이러한 과거를 감안할 때, 아이는 살아남기 위해 현실(강렬한 환상의 삶)과 몸(추상 지능)으로부터 자신을 분리할 수밖에 없다. 지배적인 감정은 공포와 살인적인 분노였기 때문에 아이는 자기방어를 위해 모든 감정을 차단했을 것이다.

오럴형 성격 구조

설명

구강기에 있을 법한 특성, 즉 영유아기의 전형적인 특성을 성격에 많이 포함하고 있을 때 오럴형 성격 구조라고 설명한다. 이러한 특성은 독립심이 부족하고 다른 사람에게 집착하는 경향이 있으며 공격성이 약하고 안아주고 지지해주는 등의 돌봄을 원한다. 이것들은 영유아기의 성취감 부족을 나타내며 해당 발달 수준에서 고착되어 있음을 나타낸다. 어떤 사람들에게는 이러한 특성이 의식적으로 선택한 보상적 태도에 의해 가려진다. 이런 구조의 성격은 과장된 독립성을 보여주지만 스트레스가 생기면 바로 무너져버린다. 오럴형 성격의 근본적인 경험은 결핍인 반면, 스키조이드형 구조에 상응하는 경험은 거부이다.

바이오에너지 상태

에너지상으로 봤을 때 오럴형 구조는 충전이 덜 된 상태이다. 분열 상태에서처럼 에너지가 중심부에서 얼어 있지는 않고, 몸의 바깥쪽으로 흘러나오긴 하지만 미약하다.

완전히 명확하지 않은 이유로 선형 성장이 두드러져 길고 얇은 몸이 된다. 한 가지 가능한 설명은 성숙이 지체되면서 뼈가 과도하게 길게 자랄 수 있다는 것이다. 또 다른 요인으로 근육이 발달되지 않아 뼈의 성장을 억제하지 못했을 수도 있다.

어린이의 신체 발달은 머리에서 아래쪽으로 진행되기 때문에 에너지와 힘의 부족은 하체에서 가장 두드러진다.

환경과 접촉하는 모든 지점에서 충전이 부족하다. 눈이 약하고 근시 경향이 있으며 생식기 흥분 단계도 감소돼 있다.

바이오에너지 상태는 아래의 그림처럼 표시된다.

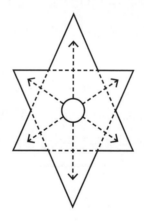

신체적 특성

심리학자 윌리엄 셸던William Sheldon이 분류한 외배엽형에 해당하는 몸으로 가늘고 긴 편이다. 단단히 수축되어 있지 않다는 점에서 스키조이드형의 몸하고는 다르다.

근육 조직은 발달이 덜 되었지만 스키조이드형 신체처럼 힘줄이 드러날 정도로 야윈 상태는 아니다. 이러한 발달 부족 상태는 팔과 다리에서 가장 두드러진다. 길고 가느다란 다리는 이 구조의 일반적인 징후이다. 발도 좁고 얇다. 다리는 몸을 지탱할 수 있을 만큼 강해 보이지 않는다. 무릎은 대개 단단하게 지지하기 위해 고정돼 있다.

신체는 부분적으로 근육계의 약화로 구부정한 편이다.

종종 미성숙의 신체적 징후가 있다. 남성과 여성 모두 골반이 표준보다 작을 수 있다. 체모가 많이 빠진다. 일부 여성의 경우 전체 성장 과정이 지연되어 어린아이 같은 몸을 갖게 된다.

오럴 유형은 호흡이 얕아서 성격상 낮은 에너지 단계를 보여준다. 구강기 때 결핍이 있었기 때문에 빨아들이는 힘이 저하되었다. 좋은 호흡은 공기를 빨아들이는 능력에 달려 있다.

심리적 연관성

오럴형 성격은 문자 그대로나 비유적으로나 자신의 발로 서는 데 어려움을 겪는다. 그는 다른 사람에게 기대거나 집착하는 경향이 있다. 그러나 앞서 말했듯이 이러한 경향은 지나친 독립심으로 가려질 수 있다. 또한 집착은 혼자 있을 수 없음을 드러낸다. 타인의 온기와 지지를 받기 위해 접촉을 지나치게 필요로 한다.

오럴형 성격은 내적 공허를 잘 느낀다. 그는 마치 다른 이들에게 자신이 지원을 제공하는 것처럼 행동할지라도 자신을 채우기 위해 끊임없이 다른 사람들을 찾는다. 내면의 공허함은 강렬한 갈망의 감정을 억제하는 것을 반영하며, 이를 표현하면 깊은 울음과 더 가득한 호흡으로 이어질 것이다.

그의 낮은 에너지 단계 때문에, 오럴형 성격은 우울과 기쁨의 기분 변화를 겪는다. 우울증 경향은 오럴형 성격의 특징이다.

또 다른 전형적인 특성은 '그 어떤 것'이 자신에게 잘못을 저질렀다고 여기는 태도이다. 이것은 세상이 자신에게 신세를 지고 있다는 생각으로 표현되며 어린 시절 박탈의 경험에서 직접적으로 비롯된다.

병리적 요인과 생애사적 요인

어린 시절의 박탈은 질병이나 사망으로 인해 따뜻하고 든든한 어머니의 모습을 실제로 상실했거나 근무 등의 이유로 인한 어머니의 부재 때문일 수 있다. 또는 어머니 자신이 우울증을 앓고 있었다면 아이를 돌볼 여유가 없었을 것이다.

과거를 살펴보면 많이들 평균보다 일찍 말하고 걷는 법을 배우는 등 조숙한 발달을 보여주기도 한다. 이러한 발달은 자립함으로써 상실감을 극복하려는 노력 때문이라고 생각한다.

어린 시절에 아버지나 형제자매에게 접촉하고 싶고, 온기나 지지를 요청하려고 했을 때 실망한 경험이 종종 있었을 것이다. 그러한 실망은 성격에 쓰라린 느낌을 남길 수 있다.

아동기 후반이나 청소년기 초기의 우울증 일화는 일반적이다. 그러나 오럴형 아동은 스키조이드형 아동의 자폐 성향을 나타내지는 않는다. 스키조이드형 구조에 오럴형 요소가 있을 수 있는 것처럼 오랄형 성격에도 스키조이드형 요소가 있을 수 있다.

사이코패스형 성격 구조

설명

이 성격 구조에는 몇 마디 소개가 필요하다. 나의 이전 연구에서도 이 타입에 대해서는 특별히 설명하거나 분석하지 않았다. 매우 복잡한 구조일 수 있지만 간결하고 명확하게 설명하기 위해 간단한 형태의 장애에 대해 설명하겠다.

사이코패스형의 기본 태도는 감정의 부정이다. 이러한 태도는 자신의 감정에서 분리되는 스키조이드형 성격과 대조된다. 사이코패스형 성격의 자아 또는 심리는 몸과 몸의 감각, 특히 성적인 감각에 맞선다. 그래서 '정신병리학psycho-pathology'이라는 용어가 등장했다. 자아의 정상적인 기능은 신체의 쾌락을 위해 노력하는 것이지, 자아의 이미지를 위해 신체를 전복시키는 것이 아니다. 모든 사이코패스형 성격은 자신의 이미지에 엄청난 에너지를 투자한다. 이 성격의 또 다른 측면은 권력에 대한 욕구와 지배하고 통제하려는 욕구이다.

이 성격 유형이 복잡한 이유는 다른 사람에 대한 권력을 얻는 데는 두 가지 방법이 있기 때문이다. 하나는 다른 사람을 괴롭히거나 제압하는 것인데, 이 경우 괴롭히는 사람에게 맞서지 않으면 어떤 의미에서는 피해자가 될 수도 있다.

두 번째 방법은 사이코패스형의 영향력에 빠져드는 순진한 사람들에게 매우 효과적인 방법인데 이것은 매혹적인 접근 방식을 통해 사람을 약화시키는 것이다.

바이오에너지 상태

사이코패스형 구조에 해당하는 두 가지 신체 유형이 있다. 제압하는 타입은 바이오에너지의 관점에서 더 쉽게 설명되므로, 나는 나의 그림에서 이것을 예로 사용할 것이다. 다른 사람을 능가하는 권력을 얻는 것은 다른 사람보다 높이 올라감으로써 달성된다. 이 유형에서는 신체의 머리끝 쪽으로 에너지가 현저하게 이동하며 신체의 아래쪽으로 흐르는 전하는 감소한다. 몸의 양 반쪽은 눈에 띄게 불균형하며, 상반신은 더 크고 우월한 외모를 가지고 있다.

일반적으로 횡격막과 허리 부분은 확실히 수축되어 에너지의 흐름을 차단하고 아래로 내려가는 것을 막는 느낌이 있다.

머리는 에너지가 과충전되어 있으며, 이는 정신적 기관이 과도하게 흥분되어 상황을 통제하고 지배하는 방법에 대해 지속적으로 고려하고 있음을 의미한다.

눈은 경계하거나 불신하는 눈빛이다. 그들은 상호 관계를 향해 눈뜨지 않는다. 보고 이해하는 것에서 눈을 감는 것

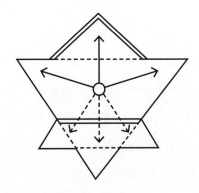

은 모든 사이코패스형 성격의 특징이다.

통제의 욕구 또한 자아에 대한 것이다. 머리를 매우 단단히 붙잡고 있지만 (머리를 숙여서는 안 된다) 그것은 몸통을 단단히 붙잡는 역할을 한다.

이러한 에너지 관계는 위의 그림에 잘 나와 있다.

신체적 특성

제압하려는 유형의 몸은 상반신이 불균형하게 발달한 모습을 보여준다. 부풀어 오른 듯한 인상을 주는데 이것은 개인의 부풀어 오른 자아상과 일치한다. 상체가 무겁고 단단한 구조라고 말할 수 있다. 가늘고 약한 하체는 오럴형 성격의 전형적인 모습을 보이기도 한다.

내가 매혹적이거나 해롭다고 보는 두 번째 유형의 몸은 더 균일하며 부풀어 오른 모습이 없다. 등은 일반적으로 매우 유연하다.

두 경우 모두 신체의 양쪽 사이의 흐름에 방해가 있다. 첫 번째 유형에서는 골반에 에너지 충전이 지나치게 부족하고 단단히 고정돼 있는데, 두 번째에서는 과충전되어 있지만 연결은 끊겨 있다. 두 유형 모두 횡격막이 현저하게 경직돼 있다.

눈과 후두부를 포함하는 신체의 안구 부분에는 뚜렷한 긴장이 있다.

이와 유사하게 구강 부분에 해당하는 두개골 아래쪽을 따라 심한 근육 긴장이 느껴질 수 있다. 이러한 긴장은 빠는 충동의 억제를 나타낸다.

심리적 연관성

사이코패스형 성격은 통제할 누군가를 필요로 하며, 그 사람을 통제하는 것처럼 보이지만 또한 그에게 의존하기도 한다. 따라서 모든 사이코패스형 인간에게는 어느 정도의 오럴성이 있다. 정신건강의학 문헌에 따르면 구강에 집착하는 것으로 설명하고 있다.

통제의 욕구는 통제를 받는 것에 대한 두려움과 밀접한 관련이 있다. 통제된다는 것은 이용된다는 의미이다. 우리는 이러한 성격 구조를 가진 사람들은 과거에 부모와 자식

사이에 지배와 통제를 위한 투쟁이 있었음을 알 수 있다.

정상에 오르고 성공하려는 욕구가 너무 강해서 패배를 인정하거나 허용할 수 없다. 패배는 그를 피해자로 만들기 **때문에** 그는 모든 경쟁에서 승자가 되어야 한다.

이 힘 겨루기에는 항상 섹슈얼리티가 사용된다. 그는 겉으로 보이는 힘이나 부드럽고 교묘한 유혹으로 상대를 매혹시킨다. 섹스의 즐거움은 성과나 정복의 부차적인 것이다.

감정의 부정은 기본적으로 욕구의 부정이다. 사이코패스형의 수법은 다른 사람들이 그를 필요로 하여 그가 자신의 욕구를 표현할 필요가 없도록 하는 것이다. 따라서 그는 언제나 세상에서 우위에 서 있다.

병리적 요인과 생애사적 요인

모든 성격 유형과 마찬가지로 한 사람의 과거는 그의 행동을 설명한다. 나는 자신의 과거를 모르면 아무도 자신의 행동을 이해할 수 없다는 일반적인 이야기를 하겠다. 따라서 모든 치료의 주요 과제 중 하나는 환자의 삶의 경험을 밝히는 것이다. 감정을 부정하는 사이코패스형의 경향에는 경험의 부정이 포함되기 때문에 이 성격의 경우 과거를 밝히기가 매우 어렵다. 이러한 문제에도 불구하고 바이오에너지에서는 이 문제의 배경에 대해 많은 것을 밝혀냈다.

이 상태의 병리적 요인에서 가장 중요한 요소는 성적으로 매혹적인 부모이다. 유혹은 은밀하게 나타나며 부모의 자기애적 욕구를 충족시키기 위해 행해진다. 그것은 아이를 부모에게 묶어버리는 것을 목표로 한다.

유혹적인 부모는 항상 자녀가 필요로 하는 지원과 신체 접촉을 거부한다. 필요한 접촉과 지원의 부족은 이 성격 구조의 오럴적 요소를 설명한다.

매혹적인 관계는 아이를 동성의 부모에게 도전하는 처지의 삼각 포지션을 만든다. 이것은 동성의 부모와의 필수적인 동일시의 장벽을 만들고 매혹적인 부모와의 동일시를 더욱 심화시킨다.

이 상황에서 접촉을 위해 손을 뻗는 것은 아이를 극도로 취약하게 만들 것이다. 아이는 욕구보다 위로 올라가거나 (상향 이동) 부모를 조종하여 욕구를 충족한다(유혹형).

사이코패스형 성격에는 매혹적인 부모에 대한 복종에서 비롯된 마조히즘적 요소가 있다. 아이는 반항하거나 상황에서 벗어날 수 없었을 것이다. 아이가 할 수 있는 유일한 방어는 내부적인 것이었다. 복종은 겉으로만 나타난다. 그럼에도 아이가 공개적으로 복종을 하는 정도에 따라 부모와 어느 정도 친밀감을 얻을 수 있었다.

마조히즘적 요소는 이 성격 구조의 유혹적이고 매력적인

다양성에서 강력하게 보인다. 초기 계획은 마조히즘적으로 복종하는 역할로 관계를 시작하는 것이다. 그러다 유인이 되고 상대방의 애착이 안정되면 역할이 역전되어 가학성 성질이 나타난다.

마조히스트형 성격 구조

설명

마조히즘은 일반인들의 마음속에 있는 고통받고자 하는 욕망과 같다. 그런데 실제로 이런 성격 구조를 가진 사람들에게 이 말은 해당하지 않는다. 그는 고통을 겪고 있으며 상황을 바꿀 수 없기 때문에 그 상태를 유지하기를 원하는 것으로 추론된다. 나는 마조히즘적 변태인 사람, 즉 섹스를 즐기기 위해 구타를 당하려는 사람에 대해 말하는 것이 아니다. 마조히스트형 성격 구조는 고통받고 징징거리거나 불평하지만 여전히 복종하는 개인을 묘사하는 것이다. 복종은 마조히스트의 주된 성향이다.

마조히스트형 성격은 외적으로 복종하는 태도를 보이지만 내면은 정반대이다. 더 깊은 감정적 차원에서 그는 악의, 부정, 적대감 및 우월감이 강하다. 그러나 이러한 감정은 폭

력적인 행동으로 폭발할지 모른다는 두려움 때문에 강하게
차단된다. 그는 폭발에 대한 두려움을 참는 근육질의 패턴
으로 대응한다. 두껍고 강력한 근육은 직접적인 주장을 억
제하고 징징거리거나 불평만 하도록 허용한다.

바이오에너지 상태

오럴형 구조와 대조적으로 마조히스트형 구조는 에너지
로 가득 차 있다. 이 전류는 단단히 고정되어 있지만 얼어
있는 것은 아니다.

심각한 억제로 인해 말초 기관은 약하게 충전되어 있어
방출이나 해방감으로 이어지지 않는다. 즉, 표현 행위가 제
한된다.

억제가 너무 심해서 유기체가 압축되고 붕괴된다. 몸이
긴장의 부담으로 구부러지면서 허리가 무너진다.[*]

위아래로 움직이는 충동은 목과 허리에서 차단되며, 이는
이 성격이 불안을 느끼는 경향이 강하다는 것을 보여준다.

몸을 늘리거나 손을 뻗는 것과 같은 신체 확장이 심하게
축소되며 확장의 축소는 앞서 설명한 것처럼 체형을 짧아
지게 한다.

---

[*] 마조히스트형 구조에서 이러한 에너지상의 힘의 작용에 대한 또 다른 견해는 나의 책
The Physical Dynamics of Character Structure, op. cit., p. 191 참조.

다음은 마조히즘적 신체를 그림으로 표현한 것이다.

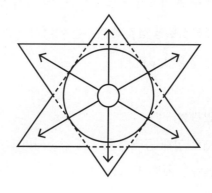

신체적 특성

짧고 굵은 근육질의 신체는 마조히즘형 구조의 전형적인 모습이다. 이유가 알려지지 않았지만, 일반적으로 체모의 성장이 왕성하다. 특히 특징적인 것은 머리를 끌당기는 것 같은 짧고 두꺼운 목이다. 그에 비례해 허리는 더 짧고 두껍다.

또 다른 중요한 특징은 골반을 앞으로 당기는 것이다. 이는 문자 그대로 엉덩이를 집어넣고 납작하게 하는 것으로 설명할 수 있다. 이 자세는 꼬리를 다리 사이로 넣는 개의 그림과 비슷하다.

엉덩이를 집어넣는 것은 상반신의 긴장한 무게로 인해 허리에서 몸이 접히거나 무너지는 원인이 된다.

일부 여성의 경우 상반신의 경직과 하반신의 마조히즘이

결합되어 무거운 엉덩이와 허벅지, 당겨진 골반저근 및 전류의 침체로 인해 피부가 어두워진 색조를 나타낸다.

모든 마조히스트형 성격의 피부는 에너지의 정체로 인해 갈색을 띠는 경향이 있다.

심리적 연관성

심한 억제로 인해 공격성은 크게 감소되어 있다. 마찬가지로 자기주장도 제한적이다.

자기주장 대신 징징거림과 불평이 나온다. 이 칭얼대는 소리는 목이 막혔기 때문에 유일하게 쉽게 나올 수밖에 없는 음성 표현이다. 마조히스트는 공격성 대신 성관계 등에서 격렬하고 폭발적으로 반응할 수 있을 만큼 충분히 상대방의 강력한 반응을 이끌어내는 것을 목표로 하는 도발적인 행동을 한다.

강한 억제로 인해 전하는 자유롭게 움직일 수 없는 '수렁에 빠진' 느낌으로 이어진다.

복종하고 기쁘게 하는 태도는 마조히즘적 행동의 특징이다. 의식적인 수준에서 마조히스트는 기쁘게 하려고 노력하는 것이 특징이지만 무의식적 수준에서 이러한 태도는 악의, 부정, 적대감에 의해 거부된다. 이러한 억압된 감정은 마조히스트형 인간이 삶의 상황에 자유롭게 대응하기 전에 반드시 풀어야 한다.

병리적 요인과 생애사적 요인

사랑과 수용이 있지만 가혹한 압박이 있는 가정에서 마조히즘적 구조가 발달한다. 어머니는 지배적이며 희생적이다. 아버지는 수동적이고 복종적이다.

지배적이고 자기희생적인 어머니는 말 그대로 아이를 질식시킨다. 아이는 자유를 선언하거나 부정적인 태도를 취하려는 시도에 대해 극도로 죄책감을 느끼게 된다.

식사와 배변에 집중하는 것이 일반적이다. 이것은 위와 아래의 압박으로 다가온다. "착하게 행동해야지. 엄마를 기분 좋게 하려면 음식을 다 먹어야지…… 그리고 정기적으로 배변 활동도 잘해야지. 엄마한테 보여 줘야지" 등등.

짜증을 포함한 모든 저항의 시도는 무산되었을 것이다. 마조히스트형 구조의 사람들은 모두 어릴 때 화를 내더라도 곧 그것조차 포기할 수밖에 없었던 것이다. 덫에 걸린 듯한 느낌으로 악의에 찬 반응을 했지만 자멸로 끝나버리는 감정은 흔한 경험이었을 것이다. 아이에게는 탈출구가 보이지 않았다.

환자는 어린 시절 구토나 더럽히기 또는 다른 반항의 형태로 '자유를 내뿜을' 때마다 깊은 굴욕감에 몸부림쳤을 것이다.

마조히스트는 자신이 잘려나갈까 봐 사지를 내밀거나 목을 내미는 것을 (성기마저) 두려워한다. 이 성격은 거세 불안이 강하다. 가장 중요한 것은 사랑을 제공하면서도 조건부인 부모와의 관계에서 오는 단절에 대한 두려움이다. 우리는 다음 장에서 이 중요성을 더 명확하게 보게 될 것이다.

리지드형 성격 구조

설명

경직성 개념은 사람들이 자부심을 가지고 자신을 굳건하게 유지하려는 경향에서 비롯된다. 따라서 머리는 높게 들고 척추는 곧게 세운다. 자존감이 지나치게 방어적으로 발동하거나 경직성이 과도하게 완고하지 않다면 이것은 긍정적인 특성이 될 수도 있다. 리지드형 성격은 포기하는 것을 두려워하고 굴복은 패배라고 생각하며, 내재된 마조히스트 경향에 대한 방어를 드러낸다.

이런 리지드형 성격은 편승하거나 이용당하거나 갇히는 것을 경계한다. 그의 경계심은 마음을 열고 손을 내밀고자 하는 충동을 억제하는 형태를 취한다. 참는다는 것은 등을 굳히는 것을 의미한다. 억제하는 능력은 높은 수준의 통제력을 지닌 강한 자아에서 비롯된다. 비슷한 맥락으로 생식기에 힘을 주는 자세가 뒷받침되어 신체의 머리와 발, 양쪽 끝에 실체를 고정시키고 현실과의 원활한 접촉을 만든다. 불행히도 현실에 대한 강조는 쾌락을 추구하는 것에 대한 방어로 이용되고 그것이 인격의 근본적인 갈등이 된다.

바이오에너지 상태

이 구조는 주변 환경과 접촉하는 모든 지점에서 상당히 강한 전하를 띠며, 이는 행동하기 전에 현실을 시험해보는 데 유리하다.

억제는 말초에 감정이 흐르도록 하되 표현은 제한한다.

긴장의 주요 영역은 신체의 긴 근육이다. 신전근과 굴곡근의 경직이 결합하여 리지드형 성향을 만든다.

당연히 리지드형의 강도는 사람마다 다르다. 억제력이 가벼울 때 그들의 성격은 생기 있고 활기차다.

바이오에너지 상태는 다음 그림으로 표시된다.

신체적 특성

리지드형 성격의 몸은 균형이 잡혀 있고 조화를 이루며 통합되고 연결되어 보인다. 그럼에도 불구하고 다른 유형에서 보여진 문제와 왜곡된 일부 요소를 볼 수 있다.

중요한 특징은 신체의 활력이다. 밝은 눈과 좋은 피부색을 가지며 몸짓과 움직임의 생동감이 있다. 경직이 심하면 위에서 언급한 긍정적인 요소가 감소되어 있고, 움직임의 조화와 우아함이 감소하며, 눈의 광택이 일부 손실되고, 피부 톤이 창백하거나 칙칙해질 수 있다.

심리적 연관성

이러한 성격 구조를 가진 개인은 일반적으로 세속적이고 야심만만하며 경쟁적이고 공격적이다. 수동성은 취약성으로 경험된다.

리지드형 성격은 고집스러워 보일 수 있지만 악의를 품

는 것은 드문 일이다. 그의 고집스러움은 일종의 자존심에서 비롯되는데 고집을 꺾으면 어리석어 보일지 모른다는 두려움 때문에 참는 것이다. 또한 복종하면 자유를 잃을 수 있다는 두려움에서 비롯된 것이기도 하다.

리지드형 성격에서 '경직성'이라는 용어는 바이오에너지에서 채택한 용어인데 이것은 여러 가지로 분류된 여러 성격의 공통 요소를 설명하기 위해 채택한 것이다. 따라서 여기에는 발기력에 중점을 둔 남근, 자기애주의적 남성과 성생활에 대한 방어 수단으로 성을 사용하는 빅토리아시대 유형의 히스테리 여성도 라이히가 **성격 분석**에서 설명한 사람들에 포함한다. 예전부터 내려오던 강박적인 성격도 이 넓은 범주에 속한다.

이 성격의 경직성은 강철과 같다. 에너지 시스템의 얼어붙은 상태로 인해 얼음처럼 부서지기 쉬운 분열 구조도 볼 수 있다. 일반적으로 경직된 성격은 자신의 세계에 효과적으로 대처한다.

병리적 요인과 생애사적 요인

이 구조를 가진 사람의 숨겨진 역사에서 흥미로운 지점은 심각한 방어 자세를 만들 만한 그다지 가혹한 경험을 하지 않았다는 점이다.

여기서 중요한 트라우마는 생식기에 한해 에로틱한 만족을 추구하는 과정에서 좌절을 경험한 것이다. 이것은 유아의 자위 행위에 대한 금지와 이성의 부모와의 관계에서 발생한다.

성적인 쾌락을 추구하는 아이의 노력을 거부하는 것은 아이가 사랑에 손을 내미는 것에 대한 배신으로 여겨진다. 에로틱한 쾌락, 성생활, 사랑 모두가 아이의 마음에는 동의어이다.

강한 자아 발달로 인해 리지드형 성격은 이러한 자각을 잃어버리지 않는다. 그림에서 볼 수 있듯이 그의 마음은 말초 부위에서 단절되지 않는다. 그들은 마음으로 행동하지만 자아의 절제와 통제로 행동하는 사람이다. 이 통제력을 포기하고 마음이 그 자리를 차지하도록 한다면 바람직한 상태가 될 것이다.

육체적인 친밀감과 성적인 쾌락에 대한 욕구로 사랑을 공개적으로 표현했을 때 부모가 거부했기 때문에 그의 완고한 성격은 자신의 목적을 달성하기 위해 간접적으로 그리고 조심스럽게 움직인다. 그는 사이코패스형 캐릭터처럼 조종하지 않는다. 그는 친밀감을 얻기 위해 행동한다.

그의 자존심에서 중요성은 그것이 이러한 사랑의 감정과 연결되어 있다는 사실에 있다. 성적 사랑을 표현했을 때 당한 거부는 그의 자존심에 상처였던 것이다. 마찬가지로, 그의 자존심에 대한 모욕 역시 그의 사랑을 거부하는 것으로 느낀다.

마지막으로 의견이 하나 있다. 치료사는 성격 유형을 치료하는 게 아니라 사람을 치료하기 때문에 이러한 문제에 대한 치료에 대해 논의하지 않았다. 치료는 개인의 직접적인 관계, 즉 신체, 그가 서 있는 땅, 그와 관련된 사람들, 그리고 치료사와의 관계에 초점을 맞춰야 한다. 이것이 치료사의 접근 방식에서 특히 중요하다. 그러나 그 배경에는 환자와 그의 문제를 이해할 수 없는 성격에 대한 지식이 있다. 숙련된 치료사는 어느 쪽도 놓치지 않고 한쪽에서 다른 쪽으로 쉽게 이동할 수 있다.

성격 유형의 계층 구조와 기본권 보장

성격 구조는 개인이 사랑에 대한 욕구, 친밀감과 친근함에 대한 갈망, 쾌락을 위한 분투에 대응하는 방식을 정의한다. 이러한 관점에서 볼 때 서로 다른 성격 구조는 계층 구조를 형성하며, 한쪽 끝에는 친밀감과 친근함이 너무 위협적이기 때문에 회피하려는 분열형 성격이 있고, 다른 쪽 끝에는 친밀함과 접촉을 위해 공개적으로 손을 내밀고자 하는 충동을 억제하지 않는 정서적으로 건강한 상태의 성격이 있다. 다양한 성격 유형은 친밀감과 접촉을 허용하는 정도에 따라 계층으로 나열된다. 순서는 성격 유형을 제시한 순서와 같다.

스키조이드형 성격은 친밀감과 친근함을 회피한다.

오럴형 성격은 온기와 지지를 바라는 욕구에 의해 친밀함을 형성할 수 있는데, 유아기 단계에서만 가능하다.

사이코패스형 성격은 그를 필요로 하는 사람들하고만 공감할 수 있다. 그가 필요하고 관계를 통제할 수 있는 위치에 있는 한 제한된 정도의 친밀감을 발전하도록 허용한다.

마조히스트형 성격은 놀랍게도 복종적인 태도를 바탕으로 친밀한 관계를 형성할 수 있다. 물론, 그러한 관계는 단지 '반쪽짜리'라고 할 수 있지만, 이전의 세 가지 유형이 발전할 수 있는 어떤 관계보다 더 친밀하다. 마조히스트형 구조의 문제는 부정적인 감정을 표출하거나 자유를 선언하면 관계를 잃거나 친밀감에서 단절될 것이라는 불안감을 느끼는 것이다.

리지드형 성격은 꽤나 친밀한 관계를 형성한다. 내가 '꽤나'라는 단어를 사용한 것은 친밀하고 헌신적인 것처럼 보이지만 그가 여전히 경계하고 있기 때문이다.

각 성격 구조마다 그들 고유의 갈등이 포함되어 있다. 왜냐하면 성격 안에는 친밀감과 친근함, 자기표현에 대한 욕구와 함께 이러한 표현 욕구가 상호 배타적이라는 두려움이 동시에 있기 때문이다. 성격 구조는 생의 초기 단계에서

그 사람이 할 수 있었던 최선의 타협이었던 것이다. 불행히
도 성인이 되면서 환경 상황이 바뀌지만 그 타협에 갇혀 있
다. 이러한 갈등을 좀더 자세히 살펴볼 필요가 있다. 우리는
또한 이 분석을 통해 각 성격 구조가 계층 구조에서 더 낮은
계층에 대해 어떻게 방어하는지 알 수 있다.

스키조이드형: 친밀감에 대한 욕구를 표현하면 존재가
위협받는다. 바꿔 말하면 "친밀함을 필요로 하지 않아야 난
존재할 수 있다"가 된다. 그러므로 그는 고립된 상태에 머물
러야 한다.

오럴형: 갈등을 다음과 같이 표현할 수 있다. "내가 독립
적이게 되면 어떤 지지와 온기를 필요로 하는 것을 포기해
야 한다." 이런 진술은 그를 의존적으로 남아 있게 한다. 그
래서 다시 "내가 독립적이지 않는 한 나는 욕구를 표현할
수 있다"로 수정된다. 만약 이 사람이 사랑이나 친근함에 대
한 욕구를 포기한다면 그는 스키조이드 상태로 내려가야
하고, 이는 훨씬 더 생명을 부정하는 상태로 빠지는 것이다.

사이코패스형: 이 구조에는 독립성 또는 자율성과 친밀
감 사이에 갈등이 있다. 이것은 다음과 같이 표현할 수 있
다. "내가 너에게 나를 조정하게 하거나 이용하게 한다면 나
는 너와 가까워 질 수 있다." 그것은 자아의 완전한 항복을

수반하기 때문에 허용할 수 없다. 반면에 그는 스키조이드 형처럼 친밀감에 대한 욕구를 포기할 수는 없으며 오럴형 성격처럼 의존적이게 될 위험도 감수할 수 없다. 어린 시절 이런 구속에서 그는 역할을 반대로 해야 했다. 현재의 관계에서 그는 오럴의 위치로 제한된 다른 사람에 비해 통제적이고 매혹적인 부모가 된다. 따라서 그는 다른 사람에 대한 통제를 유지함으로써 어느 정도 친밀감을 허용한다. 이렇게 말할 수 있다. "당신이 나를 우러러보는 한 당신은 나와 가까이 있을 수 있다." 사이코패스적 요소는 "나는 당신과 가까워지기를 원한다"가 아니라 "당신은 나와 가까워질 수 있다"라는 반전에 있다.

마조히스트형: 여기에서 갈등은 사랑 또는 친밀함과 자유 사이에 있다. 간단히 말해서 "내가 자유롭다면 당신은 나를 사랑하지 않을 것이다." 이 갈등에 직면한 마조히스트는 "나는 당신의 착한 아들이 될 것이고 당신은 나를 사랑할 것이다"라고 말한다.

리지드형: 리지드형 성격은 상대적으로 자유롭다. 왜냐하면 그는 끊임없이 마음의 욕망이 이성을 너무 잃지 않도록 함으로써 그 자유를 지키고 있기 때문이다. 그의 갈등은 다음과 같이 말할 수 있다. "내가 사랑에 완벽하게 항복하지 않고, 내 이성을 지키는 한 나는 자유로울 수 있다." 이 유형

의 사람은 항복은 복종이라고 생각하고 그렇게 되면 그는 마조히스트형 성격이 된다고 믿는다. 결과적으로 그는 항상 사랑과 욕구를 방어한다.

우리는 위의 모든 말을 쉽게 정리할 수 있고 갈등은 더 선명하게 볼 수 있다.

스키조이드형 = 존재 vs 욕구

오럴형 = 욕구 vs 독립

사이코패스형 = 독립 vs 친근함

마조히스트형 = 친근함 vs 자유

리지드형 = 자유 vs 사랑에 대한 항복

이러한 갈등 중 하나라도 해결된다는 것은 두 가지 집합 사이의 적대가 사라지는 것을 의미한다. 스키조이드형은 존재와 욕구가 상호 배타적이지 않으며 둘 다 가질 수 있음을 알게 된다. 오럴형은 다른 이를 필요로 하면서도 또한 독립적일 수 있음을 발견한다(자신의 발로 설 수 있음).

인격 성장과 발달은 아동이 자신의 인권을 점진적으로 의식하게 되는 과정이다. 이것은 **존재할 권리**, 즉 개별 유기체로서 세상에 존재할 권리이다. 이 권리는 일반적으로 생후 몇 달 사이 확립된다. 이 권리가 제대로 확립되지 않으면, 스키조이드형 구조가 될 소인이 생긴다. 그러나 이 권리가 심각하게 위협받아 자신의 권리가 불확실하다고 느끼게 되면 스키조이드 경향이 나타난다.

욕구로부터 안전할 권리는 생후 1년 사이 어머니의 부양과 영양 제공에서 비롯된다. 이 단계에서 기본적인 불안감은 오럴형 구조로 연결된다.

자율적이고 독립적일 권리, 즉 다른 사람의 요구에 종속되지 않을 권리이다. 이 권리는 이성의 부모가 유혹적인 경우 상실되거나 확립되지 못한다. 유혹에 굴복하면 아이는 부모의 권력 아래에 놓이게 된다. 아이는 부모에 대한 지배력을 위해 유혹적으로 이 위협에 맞서게 된다. 이 상황은 일반적으로 사이코패스형 구조를 만든다.

독립적일 권리는 아동이 자기주장으로 부모에게 반대를 하며 형성된다. 자기주장과 반대가 무너지면 마조히스트형 성격이 발달한다. 자기주장은 일반적으로 생후 18개월 정도에 시작되며 이 시기에 아이는 거절하는 법을 배우고 이후 1년 동안 계속 발달한다. 이 시기는 배변 훈련과 겹치며, 강제 훈련으로 발생하는 문제는 자기주장과 반대하는 주장을 하는 데 어려움으로 연결된다.

욕구를 충족시키기 위해 직접적이고 공개적으로 행동할 권리. 이 권리는 자아 요소가 크며 가장 늦게 확립되는 천부적 권리이다. 나는 이것의 출현과 발달을 대략 3세에서 6세 사이의 시기와 연관시킨다. 이것은 아동의 초기 성적 감정과 강하게 연결되어 있다.

이러한 기본적이고 필수적인 권리가 확립되지 않으면 그 나이와 상황에 고착되고 완전한 발달이 중단된다.

모든 사람은 이러한 각 단계 또는 수준에서 어느 정도 고착이 되어 있기 때문에 이러한 각 갈등에는 해소하는 작업이 필요하다. 이 시점에서 나는 치료 과정에 어떤 순서가 맞는지 모르겠다. 환자가 삶에서 이러한 갈등에 직면할 때마다 환자를 따라가는 것이 가장 좋은 절차인 것 같다. 이것이 올바르게 수행되면 환자는 이 세상에 있을 권리와 욕구를 느끼며 독립적이고 자유로운 가운데 사랑이 많고 희생적이라 생각하며 치료를 끝낼 것이다.

6장

현실: 제2의 본성

현실과 환상

성격 유형을 설명한 장의 말미에서 나는 이러한 유형별 접근은 치료사의 배경지식으로만 있어야 한다고 말했다. 앞에는 환자의 현재 삶의 구체적인 상황이 놓여야 한다. 여기에는 환자의 현재 불만 사항 즉, 그 사람이 자신의 세계에서 자신을 어떻게 보는지(자신의 성격과 자신이 맞선 어려움 사이의 관계를 어떻게 보는지), 자신과 신체와의 관계(문제 요인이 될 수 있는 근육 긴장에 대해 얼마나 인식하는지), 치료에 대한 기대와 더불어 그가 치료사를 다른 인간으로서 어떻게 생각하는지 등이 포함된다. 치료 초기에는 현실에서 그 사람의 성향에 초점을 맞춘다. 이 초점을 치료 과정에서 결코 저버리면 안 되며, 그의 삶과 과거의 더 많은 측면을 고려하면서 지속적으로 확대시켜야 한다.

초기 초점은 현실에 맞추지만 나는 그것을 2차적 성향이라고 부른다. 그것은 시간상으로 2차적이라는 것이다. 즉, 사람의 현실에서의 성향은 성인이 되면서 점차 발전하는 반면, 쾌락적 성향은 태어날 때부터 존재한다. 사람이 얼마나 현실적이냐에 따라 그의 행동이 쾌락을 얼마나 효과적으로 충족할 수 있는지가 결정된다. 자신의 삶에 대해 비현실적인 사람은 그토록 간절히 바라는 쾌락, 만족, 성취를 얻는 것을 상상하기 어렵다.

그러나 현실은 어떠한가? 그리고 한 사람이 자신의 삶에 대해 현실적인지 아닌지 어떻게 알 수 있을까? 첫 번째 질문에 대해 나도 정말로 알고 있는지 확신할 수 없다. 좋은 호흡의 중요성, 만성적인 근육 긴장으로부터 자유로움이 주는 가치, 자신의 몸과 동일시되어야 할 필요성, 즐거움의 창조적 잠재력 등 현실에 기반을 두고 있다는 특정 진리가 존재한다고 믿는다. 나도 특정 문제에 대해서는 비현실적이었다. 쉽게 돈을 벌 수 있을 것이라고 생각하고 주식 시장에서 돈을 잃었다. 그리고 또 다른 이슈로 혼란스럽기도 하다. 나만큼 많은 환자를 보는 것은 또 얼마나 현실적인가? 이 정도의 무거운 책임감을 지는 것은? 첫 번째 질문에 대한 완전한 답을 아는 사람은 아무도 없을 것이므로 두 번째 질문으로 넘어가겠다.

다행히도 치료를 받으러 오는 사람은 자신이 곤경에 처해 있고, 어떻게든 자신의 삶이 원하는 대로 되지 않았으며, 자신이 기대하는 것이 현실적인지 확신할 수 없다는 사실을 인정한다. 이러한 요소와 더불어 다른 사람에게는 객관적이기 더 쉽다는 사실을 감안할 때 치료사는 일반적으로 그 사람의 비현실적인 생각과 행동을 식별할 수 있다. 치료사는 그러한 생각과 행동은 현실보다 환상에 더 가깝다고 말할 수 있다.

예를 들어, 결혼 생활의 파탄으로 우울증에 걸린 한 젊은 여성이 상담을 요청했다. 그녀는 남편이 다른 여자와 바람을 피운다는 사실을 알게 되었고, 이로 인해 '완벽한 아내'라는 자신의 이미지는 산산조각 났다. 그녀가 사용한 두 형용사는 적절했다. 그녀는 남편에게 헌신적이었으며 남편의 성공에 없어서는 안 될 존재라고 믿었던 밝고 아담한 여성이었다. 그가 다른 여자에게 관심이 있다는 것을 알았을 때 그녀가 받았을 충격을 쉽게 상상할 수 있다. 누가 남편에게 더 많은 것을 제공할 수 있겠는가?

이 이야기에서 내 환자가 삶에 대해 비현실적이었다는 것은 아주 분명하다. 자신이 '완벽한 아내'가 될 수 있다는 생각은 분명히 환상이다. 인간의 본성은 완벽과는 멀기 때문이다. 남편이 아내에게 자신을 성공적으로 만들어준 것에 대해 감사할 것이라는 믿음은 실제로 근거가 없다. 그러한 태도의 결과는 남성을 부인하고 거세하는 것이기 때문이다. 환상의 붕괴는 항상 우울증으로 이어지며,[*] 이는 그 사람에게 자신의 환상을 노출시키고 보다 견고한 기반 위에서 생각과 행동을 재정립할 기회를 제공한다.

나는 스키조이드형 구조에 대해 연구하면서 환상의 기능에 처음으로 관심을 갖게 되었다.[**] 스키조이드형 구조의 절망적인 상태는 그가 생존을 위한 투쟁에서 자신의 정신을 유지하기 위해 환상을 만들도록 강요한다는 것이다. 위협적인 현실을 변화시키거나 회피하는 일이 무력하다고 느끼는 상황에서, 환상에 의지하는 일은 그 사람이 희망 없는 절망에 빠지는 것을 방지한다. 스키조이드형 구조의 모든 사람은 자신이 소중히 여기고 이루기를 바라는 비밀스러운 환상을 가지고 있다. 자신의 인간 본성을 거부당했다고 감지한 그는 그러한 특별한 자질로 인해 평범한 인간보다 우월하다는 환상을 갖게 된다. 다른 어느 남자보다 고귀하고 다른 어느 여자들보다 순수하다. 이러한 환상은 종종 그 사람의 실제 경험과 상반된다. 예를 들어, 성적으로 자유분방

---

[*] Lowen, *Depression ami the Body, op. cit.*
[**] Lowen, *Betrayal of the Body, op. cit.* 참조.

한 젊은 여성은 자신이 순수하고 고결하다고 믿는다. 이 환상의 이면에는 언젠가 자신의 외적인 방탕함을 넘어서 내면의 빛나는 마음을 발견할 왕자가 나타날 것이라는 희망이 있다.

그러나 환상의 위험은 절망을 영속시키는 데 있다. 나의 저서 《몸의 배신》에 나오는 인용문이 이를 잘 설명한다.

> 환상이 힘을 얻으면 그 성취를 요구하게 되고 이로 인해 개인은 현실과 충돌하여 절망적인 행동을 하게 된다. 환상을 성취하려면 현재의 좋은 감정을 희생해야 하며, 환상 속에 사는 사람은 본래의 쾌락을 욕망할 수 없다. 절망 속에서 그는 자신의 쾌락을 포기하고 환상이 실현되면 절망을 없애줄 것이라는 희망으로 삶을 절제한다.*

내 환자 중 한 명은, "사람들은 비현실적인 목표를 세우고 그것을 실현하기 위해 끊임없이 절망적인 상태에 빠진다"** 며, 이 생각을 아름답게 표현하기도 했다.

비현실적인 목표라는 주제가 나의 우울증 연구에 다시 등장했다. 기본적인 발견은 모든 우울한 사람은 자신의 행

---

* *Ibid.*, p. 127.
** *Ibid.*, p. 121.

동과 행위에 비현실적인 환상을 가지고 있다는 것이다. 이로부터 우울한 반응은 환상의 붕괴를 따른다는 것이 분명해졌다. 내 책《우울증과 신체》에 인용하고 싶은 중요한 단락이 있다.

> 어린 시절에 안정감과 자기 수용감을 약화시키는 상실이나 트라우마를 경험한 사람은 미래상에 과거의 경험을 전복시켜야 한다는 욕구를 투사할 것이다. 따라서 어린 시절에 거부를 경험했던 사람은 미래에는 수용과 인정이 보장될 것을 상상할 것이다. 어려서 난감함이나 무력감에 맞서 싸웠다면, 그의 마음은 자연스럽게 자신이 강력하고 통제할 수 있는 미래상으로 자존심에 대한 모욕을 보상하려 할 것이다. 환상과 백일몽에 빠진 마음은 이미지와 꿈을 창조시키면서 마음에 안 들고 받아들일 수 없는 현실을 반전시키려고 시도한다. 그는 어린 시절의 경험에서 비롯된 이 환상에 대한 기원을 잊어버리고 그것들을 성취하기 위해 현재를 희생한다. 이러한 이미지는 비현실적인 목표이며 그것의 실현은 달성할 수 없는 목표이다.[*]

이 단락의 의미는 환상의 기능이 모든 성격 유형으로 확

---

[*] *Ibid.*, p. 25.

장된다는 것이다. 각 성격 구조는 모두 그 사람의 '안정감과 자기 수용감'을 약화시킨 어린 시절의 경험에서 비롯된다. 따라서 각 성격 구조에서 우리는 자아에 대한 이러한 상처를 보상하는 이미지, 환상 또는 자아 이상을 찾을 수 있다. 모든 경우 이미지나 환상에 많은 에너지를 투여하지만 트라우마가 심할수록 더 많이 투여한다. 환상이나 비현실적인 목표를 위해 전환되는 에너지는 현재의 일상생활에 사용할 수 없다. 따라서 각 성격 구조의 인간은 자신이 처한 현실을 파악하는 능력에 장애를 겪는다.

각자의 환상이나 자아 이상은 그 사람의 성격만큼이나 독특하다. 그러나 이해를 돕기 위해 각 성격 구조의 전형적인 환상이나 자아 이상을 광범위하게 설명해보겠다.

스키조이드형 성격: 스키조이드형 구조의 사람들은 인간으로서 거부당했다고 느낀다고 말했었다. 이 거부에 대한 그의 반응은 자신을 우월하다고 여기는 것이었다. 그는 사실은 변장한 왕자이며 실제로는 부모의 자식도 아니다. 어떤 사람들은 자신이 입양되었다고 상상하기까지 한다. 예를 들어 내 환자 중 한 명이 이렇게 말했다. "나는 귀양 보내진 왕자라는 이상적인 이미지를 가지고 있다는 것을 알게 되었습니다. 이것은 내 아버지인 왕이 와서 나를 후계자로 지

명할 것이라는 꿈과 관련이 있습니다. [······] 나는 아직도 내가 언젠가는 발견될 것이라는 환상을 가지고 있다는 것을 알아요. 그동안 나는 연기를 해야 합니다. 왕자가 일상적인 일을 하며 내 자신을 비하할 수는 없어요. 내가 특별하다는 걸 보여줘야 해요."

자신의 인간 본성을 거부당한 상황에서 특별해지기 위해 극단적인 선택을 하는 것은 조현병, 즉 정신분열증적 인격 장애에서 볼 수 있다. 자신이 예수 그리스도, 나폴레옹, 여신 이시스 등이라고 믿는 조현병 환자를 흔히 볼 수 있다. 정신분열 상태에서 환상은 망상의 성질을 띤다. 환자는 더 이상 현실과 환상을 구별할 수 없다.

오럴형 성격: 이러한 성격의 트라우마는 욕망할 권리를 상실함으로써 신체가 충족되지 않은 상태이다. 결과적 보상으로서의 환상은 그가 자유롭게 소비하는 에너지와 감정으로 온전히 충전되고 채워진 모습이다. 전형적으로 오럴형 구조의 성격은 기분이 좋아지면, 그 환상을 행동으로 옮긴다. 흥분하고 말이 많아지며, 감정의 홍수 속에서 생각과 아이디어를 쏟아낸다. 이것이 그의 자아 이상으로, 온전히 베푸는 사람으로서 관심의 중심이 되는 것이다. 그러나 그 득의양양은 이미지만큼 견고하지 않고, 이들은 그 정도의 에너지가 없기 때문에 유지되지도 않는다. 따라서 두 가지 다 무너

지고 오럴형 성격의 한 전형인 우울의 상태로 종지부를 찍는다.

몇 년 전에 내가 치료한 환자의 이야기가 이것과 관련된다. 어느 날 그는 내가 가진 것을 아낌없이 달라고 제안했다. 그도 그렇게 할 준비가 되어 있다고도 했다. 그는 "내가 가진 것을 기꺼이 나누겠다"며, "당신도 그렇게 하는 게 어때요?" 하고 말했고 나는 "당신은 얼마를 가지고 있습니까?" 하고 물었다. "2달러"라는 대답이 돌아왔다. 나는 그보다 더 많은 것을 가지고 있었기 때문에 그것은 나에게 현실적인 제안처럼 보이지 않았다. 그럼에도 불구하고 그는 자신의 제안이 관대한 것이라고 확신했다.

사이코패스형 성격: 이 유형은 권력에 대한 환상으로, 자신이 비밀스럽게 권력을 가지고 있으며 그것이 무엇보다 중요하다고 생각한다. 이 환상은 매혹적이고 조종에 능한 부모의 손에서 속수무책이었던 경험에 대한 보상이다. 그러나 자신의 마음에 있는 환상을 실현하기 위해서는 부나 권력을 가진 사람인 것처럼 스스로를 내세워야 한다. 사이코패스형 성격이 권력을 얻으면(드물지 않게 발생하는데), 이것은 위험한 상황이 된다. 왜냐하면 그는 자신의 실제 권력을 권력자라는 자아상과 분리할 수 없기 때문이다. 따라서 권력은 건설적으로 사용되지 않고 그의 자아상을 고양시키는

데 사용된다.

한 환자는 몇 년 동안 자신이 800만 달러짜리 돈가방을 들고 다니는 이미지를 가지고 있었다고 말했다. 그 이미지는 그를 강력하고 중요한 사람으로 느끼게 했다. 치료실에서 그를 보았을 때 그는 수백만 달러를 모았던 것이 사실이지만 자신이 강력하지도 않고 중요하지도 않다는 것을 깨닫기 시작했다. '깨달음'이라는 단어는 현실을 직시하는 것을 의미한다. 권력이 자신을 위해 무엇을 할 수 있다는 환상은 우리 문화에서 매우 보편적이다. 쾌락에 반대되는 개념은 대해서는《쾌락》* 에서 더 논의하였다.

마조히스트형 성격: 모든 마조히즘 성격은 열등감을 느낀다. 어릴 적에는 수치와 모욕을 당했지만 속으로는 자신을 남보다 우월하다고 생각한다. 이 이미지를 뒷받침하는 것은 치료사, 그의 상사 그리고 실제로는 우월한 위치에 있는 모든 사람에 대한 경멸이 억압된 감정이다.

이 문제를 다루는 것이 어려운 이유 중 하나는 이러한 성격 구조를 가진 환자는 치료를 성공시킬 여력이 없기 때문이다. 치료의 성공은 치료사가 환자보다 더 나은(더 유능한) 사람임을 증명할 수 있을 때 가능하다. 정말 곤란한 일일 것이다. 이 환상은 대체 왜 마조히스트형 성격이 실패하는 일

* Lowen, *Pleasure, op. cit.*

에 그렇게 투자하는지를 부분적으로 설명해준다. 실패는 항상 '나는 충분히 노력하지 않았다'는 근거로 설명된다. 이 것은 그가 원한다면 정말로 성공할 수 있다는 것을 의미한 다. 실패는 거꾸로 된 방식으로 자신의 우월성에 대한 환상 을 뒷받침한다.

리지드형 성격: 이 구조는 아이의 사랑에 대한 부모의 거부 에서 비롯된다. 아이는 배신감과 상심을 느꼈다. 자기방어 를 위해 그는 자신을 무장하거나 배신을 두려워하여 공개 적으로 사랑을 표현하지 않도록 경계한다. 그럼으로써 그의 사랑이 지켜진다. 그는 이런 식으로 세상에 존재하지만 자 신을 그렇게 보지는 않는다. 그의 환상 또는 자아상은 사랑 을 인정받지 못하는 본인을 사랑스러운 사람이라고 생각하 는 것이다.

리지드 성격에 대한 분석은 흥미로운 생각을 불러일으킨 다. 그는 사랑스러운 사람이다. 그의 마음은 사랑에 열려 있 지만 그 의사소통은 자유롭지 않고 방어적이다. 사랑의 표 현은 자제하면 그 가치가 떨어진다. 따라서 리지드형은 감 정에 있어서는 사랑스러운 사람이지만 행동에 있어서는 그 렇지 않다. 흥미로운 점은 환상이 모두 거짓이 아니라 그 안 에 현실적 요소가 있어서 "모든 환상은 다 그런 것일까?"라 고 궁금하게 만든다. 깊이 생각하지 않은 상태에서 내 즉각적인 대답은 '그렇다'이다. 모든 환상에는 다소간의 진실이나 현실이 있기 때문에 사람들이 왜 그토록 끈질기게 환상을 붙잡고 있는지 이해하는 데 도움이 될 수 있다. 여기 몇 가지 예가 있다.

스키조이드형 성격의 이미지에는 어느 정도 진실이 있다. 그들 중 일부는 실제로 평생 동안 특별하고 뛰어난 사람이 되기도 한다. 우리 모두가 알고 있듯이 천재는 광기와 그리 멀리 떨어져 있지 않다. 어머니가 아이를 거부한 이유가 그들이 어머니의 눈에 좀 특별했기 때문이라고 말할 수 있을까? 나는 이 견해에 어느 정도는 타당성이 있다고 믿는다.

오럴형 성격은 주는 사람이다. 그런데 불행히도 그는 줄 것이 거의 없다. 그러므로 그의 환상은 행동이 아니라 느낌에 근거한 것으로 볼 수 있다. 어른의 세계에서는 실제 화폐에 대한 행위만이 인정된다.

사이코패스형 성격은 부모가 원하는 것을 가지고 있었다. 그렇지 않았다면 그는 유혹과 조종의 대상이 되지 않았을 것이다. 어렸을 때 그는 이것을 알고 있었을 것이고, 그것으로부터 권력의 맛을 처음 보았을 것이다. 사실, 그는 정말 무기력했고 그래서 그의 힘은 마음속에만 있었다. 그러나 그는 나중에 삶을 살며 유용한 한 가지를 배웠다. 누군가가 자신에게서 무언가를 필요로 할 때, 그는 그들을 지배할 수 있다는 것을.

마조히스트형 성격에서 우월감에 대한 근거를 찾기는 어렵지만 반드시 존재한다는 것은 안다. 내가 조심스럽게 하는 생각은 그가 고통스러운 상황을 참는 능력이 뛰어나다는 것이다. "마조히스트가 아니면 누구도 참을 수 없다"는 말이 있다. 그는 그것을 참으며 다른 사람들이라면 오래전에 포기했을 관계를 유지한다. 이 태도에 미덕이 있을까? 경우에 따라 있을 수 있다. 다른 사람이 자신에게 절대적으로 의존할 때 자신이 상황에 복종하는 태도는 귀한 특성을 가질 수 있다. 나는 이것이 마조히스트형 성격의 사람과 그의 어머니와의 관계에 대한 경험이라고 생각한다. 그로 인해 자식에게 어떤 내적 가치를 남겼던 것이다.

환상이나 자아상이 위험한 것은 그것이 사람을 현실에서 눈멀게 한다는 것이다. 마조히스트형 성격은 고통스러운 상황에 복종하는 것이 고귀한 일인지 자멸적이고 피학적인지 분별할 수 없다. 마찬가지로, 리지드형 성격은 자신의 행동이 사랑스러운 것인지 아닌지 알 수 없다. 우리는 환상에 눈이 멀었을 뿐만 아니라 환상 안에 들어 있는 자아상에 매달려 있다. 그곳에 매달린 상태로 우리는 땅에 발을 딛지 못하며 진정한 자신을 발견할 수도 없다.

얽매임

자신을 움직이지 못하게 하고 상황을 바꾸기 위한 효과적인 행동을 방해하는 감정적 갈등에 사로잡혔을 때 사람들은 '얽매였다hang-up'*고 한다. 그러한 갈등에는 두 가지 상반되는 감정이 있으며, 각각은 서로의 표현을 차단한다. 소년에게 매달리는 소녀가 좋은 예이다. 소녀는 그 소년에게 매력을 느끼고 그가 필요하다고 느끼지만 한편으로, 그녀는 그의 거절을 두려워하고 그에게 다가가면 자신이 상처받을 것이라고 느낀다. 두려움 때문에 앞으로 나아가지 못하고 욕망 때문에 나오지도 못한다. 완전히 얽매인 것이다. 사람

---

* 심리적으로 영향을 끼치는 장애나 콤플렉스 혹은 특정 대상과 연결이 끊기거나 중단된 상태를 두루 아우른다. (옮긴이)

은 자신이 전념하지 않는 일에도 안전함 때문에 떠나기를 두려워하고 얽매일 수 있다. 상충되는 감정이 효과적인 움직임을 방해하는 상황에 걸려버린 것이다.

얽매임은 의식적일 수도 무의식적일 수도 있다. 갈등을 인식하고 있지만 해결할 수 없는 사람은 갈등에 매여 있다는 느낌을 받는다. 그러나 오랫동안 억눌린 어린 시절의 갈등에 걸려 있을 수도 있다. 이 경우에는 자신이 얽매여 있다는 것을 전혀 의식하지 못한다.

의식적이든 무의식적이든 모든 얽매임은 갈등 영역뿐 아니라 삶의 모든 영역에서 개인의 자유를 제한한다. 소년에게 얽매여 있는 소녀는 직장이나 학업에 어려움을 겪고 가족 및 친구들과의 관계에도 영향을 받게 된다. 그리고 비록 정도는 약하지만 해결되지 않은 모든 감정적 갈등과 마찬가지로 무의식적 얽매임 역시 만성적인 근육 긴장의 형태로 신체에 구조화된다. 이러한 근육 긴장은 실제로 내가 곧 설명하려는 방식으로 몸을 얽어맨다.

사람이 가지고 있는 모든 환상이 그를 매달리게 한다는 것은 일반적인 생각은 아니다. 그는 한편의 현실적 요구와 다른 한편의 환상을 충족시키려는 시도 사이에서 해결할 수 없는 갈등에 걸려 있다. 그 사람은 자신의 환상을 포기하려 하지 않는데, 왜냐하면 이것은 자신의 자아에 대한 패배를 의미하기 때문이다. 동시에 그는 현실의 요구를 완전히 무시할 수도 없다. 그리고 어느 정도 현실과 동떨어져 있기 때문에 현실은 무섭고 위협적인 면이 종종 있다. 그는 여전히 절망적인 아이의 눈으로 현실을 본다.

환상 자체가 비밀스러운 삶을 가지고 있다는 사실, 다르게 말하면 환상과 백일몽이 사람들 대부분의 비밀스러운 삶의 일부라는 사실로 인해 문제는 더욱 복잡해진다. 이 비밀스러운 삶이 정신과 의사에게 자연스럽게 드러나는 경우는 거의 없다고 말하면 독자들은 놀랄 것이다. 적어도 내 경험에 비추어볼 때, 그것은 특별한 일은 아니다. 고의적으로 그런 비밀을 숨기려는 것이 아니다. 대부분의 환자는 단순히 그 관련성을 인지하지 못한다. 그들은 도움을 구하는 즉각적인 문제에 집중하느라 자신의 이미지나 환상, 공상이 중요하다고 생각하지 않는다. 물론 그것들은 중요하며 우리는 이 정보를 숨기려는 무의식적 거부 작용이 있다고 가정해야 한다. 머지않아 이 정보는 반드시 드러날 것이다.

나는 아주 오랫동안 우울증에 걸린 한 청년을 치료했다. 치료는 집중적인 신체 운동, 호흡, 움직임, 감정 표현 등을 포함했고, 환자는 이에 호의적으로 반응했다. 동시에 그는 자신의 문제를 설명하기 위해 어린 시절에 대한 많은 정보를 공개했다. 그러나 각 치료 단계마다 그의 태도는 약간씩 개선되었지만 우울증은 몇 년 동안 계속되었다. 그럼에도 그는 바이오에너지가 자신에게 도움이 될 것이라고 굳게 믿었고 나는 그와 함께할 준비가 되어 있었다.

어린 시절의 중요한 사건 중 하나는 그가 아홉 살 때 어머니가 돌아가신 일이었다. 그녀는 암으로 사망했고 그 전에 얼마 동안 병상에 누워 있었다. 그녀가 죽었을 때 내 환자는 자신의 어머니가 자신에게 헌신적이었다고 회상했지만 감정을 거의 느끼지 못했다고 말했다. 그는 어떤 슬픔도 느끼지 않았다고 했는데, 이는 매우 이해하기 어려웠다. 이러한 부정을 나중에 겪게 되는 그의 우울증의 원인으로 볼 수도 있지만, 그것은 우리가 뚫을 수 없는 장벽이었다.

임상 세미나에서 동료들에게 이 청년을 소개했을 때 돌파구가 생겼다. 발표회에서 우리는 몸의 언어를 사용하여 그의 신체 문제를 분석하고 병력을 검토했다. 그는 여전히 우울하다고 했다. 그때 내 동료 중 한 명이 놀라운 말을 했다. "당신은 당신이 어머니를 죽음으로부터 되살릴 수 있다고 믿었군요." 내 환자는 "어떻게 알았어요?"라고 되묻고는 멋쩍게 웃으며 "네"라고 대답했다.

그녀가 어떻게 알았는지, 나는 모른다. 그것은 훌륭한 직관이었고, 이 환자가 20년 넘게 매달려 있던 환상을 밝혀낸 것이었다. 나는 그가 자발적으로 그것을 공개했을 것이라고 믿지 않는다. 아마도 수치심 때문에 스스로에게도 그것을 숨기려고 했을 것이다. 그런데 그것이 밝혀지면서 치료 과정에서 현저한 차이를 만들었다.

모든 치료에는 치료사의 직관적인 통찰이 필요하다. 또한 환자가 한 인간으로서, 어느 지점에 있는지에 대한 치료사의 이해가 필요하다. 환자가 가지고 있는 환상을 쉽게 밝힐 수 없다면, 일부 쉽게 드러나는 환상이 있더라도 환자가 얽매여 있다고 판단하는 곳에서 그 역학을 살펴볼 수 있다. 얽매임은 신체의 물리적 표현에서 드러나기 때문에 관찰 가능하다. 그의 얽매임 상태를 보면 정확한 본질을 알고 있든 모르고 있든 그의 환상을 유추할 수 있다.

사람이 얽매임에 있는지 아닌지를 몸의 표정으로 판단하는 두 가지 방법이 있다. 첫 번째는 그가 얼마나 땅에 밀착해 잘 서 있는가를 보는 것이다. 땅에 잘 접지했다는 것은 얽매여 있다는 것과 반대의 모습이다. 땅에 발을 디디고 서 있는 것은 그 사람이 현실과 접촉하고 있음을 드러내는 신체 언어이며, 그가 의식적이든 무의식적이든 어떤 환상 아래 있지 않다는 것 의미한다. 문자 그대로 모든 사람은 땅에 발을 디디고 있지만 에너지적인 의미에서 모두가 그런 것은 아니다. 사람의 에너지가 발로 강하게 흐르지 않으면 에너지나 지면과의 접촉이 매우 제한적이다. 접촉이 느슨한 전기회로처럼 전류의 흐름을 보장할 수가 없다.

에너지가 넘친다는 관념의 타당성을 이해하려면 사람이 기분이 좋을 때 어떤 일이 일어나는지 생각해보자. 여러 종류의 희열이 있지만 모두의 특징은 발이 땅에서 떨어져 있는 듯한 감각이다. 예를 들어 알코올의존증 상태의 사람은 발아래 땅을 감지하는 데 큰 어려움을 겪고 접촉이 불안정하다. 이것은 알코올로 인한 조절 능력의 부족 때문이다. 그러나 매우 좋은 소식을 접할 때도 같은 느낌을 받는다. 마치 그는 홀로 항해하는 것처럼 느낀다. 사랑에 빠진 사람은 발이 땅에 거의 닿지 않고 춤을 춘다. 약물에 취하면 떠다니는 느낌을 받는데, 이는 조현병 환자도 가끔 경험하는 증상이다. 주변 환경과 접촉하지 않고 사위를 통과하듯 지나는 사람을 우리는 부표floater라고 부른다.

희열에 대한 바이오에너지적 설명은 발과 다리에서 에너지가 위쪽으로 올라가는 것을 말한다. 올라간 에너지 양이 많아질수록 사람은 더 높이 솟아오르는 것처럼 보인다. 에너지적 또는 감정적 의미에서 그는 땅에서 더 멀리 떨어져 있기 때문이다. 예를 들어 중요한 목표의 달성과 같은 흥미진진한 사건에 의해 생성되는 희열 때문에 다리와 발에서 에너지가 빠지는 것은 흥분과 에너지가 머리로 일부 상향 급증하는 것이다. 그것은 상향하는 혈액의 흐름을 동반하여 얼굴을 붉게 하고 전체적으로 사람을 생기 있게 만든다. 반면에 약물에 의한 희열은 이러한 상향 흐름이 처음에는 발생하지만, 그런 다음 에너지는 신체의 아래쪽 부분에서 없어지듯이 머리에서도 빠져나간다. 얼굴의 색이 바래고 눈이 칙칙해지거나 흐릿해지며 생기가 없어진다. 그럼에도 지상에서 에너지를 위쪽으로 끌어올리기 때문에 높이 있다는 느낌은 있다. 머리에서 에너지가 빠져나가면 정신이 분리되며, 몸의 다른 쪽 끝에서는 몸의 경계를 벗어나 자유롭게 떠다니는 것처럼 보인다.

얽매임을 물리적으로 볼 수 있는 두 번째 방법은 상반신의 움직임이나 억압 자세이다. 몇 가지 일반적인 얽매임이 있는데 가장 흔히 볼 수 있는 것은 옷걸이형이다. 이것은 남성에게서 거의 독점적으로 나타나는데 어깨는 올라가고 어느 정도 직각이 되며 머리와 목은 앞으로 기울어진다. 팔은 관절에서 느슨하게 매달려 있고 가슴도 올라간다. 몸이 보이지 않는 옷걸이에 의해 지탱되는 것처럼 보이기 때문에 나는 이것을 옷걸이라고 부른다.

신체 표현에 대한 분석은 이 얽매임의 역학을 보여준다. 어깨가 올라간다는 것은 두려움의 표현이다. 공포의 표현을 가정하여 이것을 증명할 수 있다. 어깨가 자동으로 올라가고 가슴이 부풀어 오르면서 숨이 가빠진다. 사랑의 반응은

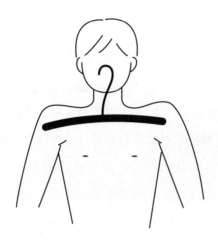

보통 어깨가 내려간다. 습관적으로 올라간다는 것은 그 사람이 인식하지 못해 떨쳐낼 수도 없는 두려움의 상태에 갇혀 있음을 나타낸다. 일반적으로 두려움을 일으킨 상황 그 자체는 잊히지만 감정은 억눌려져 존재한다. 그러한 습관적인 자세는 한 번의 경험에서 비롯되는 것이 아니라 무서운 상황에 지속적으로 노출된 결과이다. 예를 들어, 이것은 오랫동안 아버지를 두려워했던 소년의 경험일 수 있다.

이러한 두려움의 태도에 대한 표시는 마치 위협에 맞서거나 위협이 있는지 확인하기 위해 머리를 내미는 몸짓을 취하는 것이다. 머리를 앞으로 내미는 것은 다른 사람과의 육체적인 대결에서 불리하기 때문에 사실상 이 자세는 두려움을 부정하는 것이다. "두려울 것이 하나도 보이지 않네"라고 말하는 것이다. 이 자세는 반드시 하체에 영향을 미친다. 사람은 겁이 나면 가볍게 디딘다. 두려움은 사람을 땅에서 들어 올린다.

겁이 나지만 그것을 부인하면, 얽매임이 생긴다. 그 사람은 두려움 때문에 앞으로 나아갈 수 없지만 두려움을 부정한다고 해서 물러설 수 있는 것도 아니다. 그는 감정적으로 움직일 수 없게 되는데 이것이 얽매임의 특성이다.

두려움을 억제하면 관련된 분노가 억제된다. 두려워할 것이 없으니 화낼 것도 없다. 하지만 억눌린 감정은 간접적으로 표출되는 방식이 있다. 얼마 전 학생운동의 리더였던 한 청년을 상담한 적이 있다. 그는 자신이 불만족스럽다고 불평했다. 여성들에게서 편안함을 느끼지 못했다. 여러 차례 성관계를 시도하다가 발기가 되지 않아 불안해했고, 진로를 결정하는 데도 큰 어려움을 겪었다고 말했다.

이 청년의 신체를 관찰한 결과 어깨와 가슴은 올라가서 당겨지고, 배는 안으로 당겨지고, 골반은 앞으로 기울어져 단단히 고정되었으며, 머리는 짧은 목에 기대어 앞으로 기울어져 있는 것으로 나타났다. 이 자세는 상반신이 앞으로 기울어진 것처럼 보이게 했다. 그는 경계하는 눈빛을 가졌고 턱은 굳게 닫혀 있었다.

그의 다리를 보니 단단하게 경직돼 무릎을 구부리는 데

약간의 어려움이 있었다. 그의 발은 만졌을 때 차가웠고 어떤 감각이나 기류가 없어 보였다. 그가 활 자세를 취하려고 했을 때, 골반이 수축되어 몸의 아치가 무너졌다. 나는 그의 하반신에 감각이나 전하가 거의 흐르지 않는 것을 감지했고, 이것은 그가 가진 성적인 어려움을 설명해주었다. 그는 다리에 감각이 부족하다고 느낀 것을 인정했다. 또한 호흡이 매우 얕았으며 호흡 운동에 복부가 거의 움직이지 않는다는 것을 덧붙여야겠다.

그의 문제들을 감안할 때 이 청년이 치료를 받지 않기로 결정했다는 사실에 독자들은 놀랄 수도 있겠다. 그의 문제에 대해 논의하면서 우리는 그가 학생운동에 너무 매달리고 있어 개인적 문제를 충분히 직면하지 못하는 것이 분명하다고 판단했다. 그는 이 활동이 자신의 개인적인 어려움을 해결하는 데 어떻게 도움이 될 수 있는지에 대한 환상이 있었지만, 어떤 환상인지 나는 알지 못했다. 그러나 그가 개인의 존엄성과 자유를 위한 투쟁을 사회로 옮김으로써 실패한 개인의 현실을 떠나 공격적인 남성의 이미지를 유지할 수 있었던 것은 분명했다.

여성의 일반적인 얽매임은 목, 어깨, 몸통의 교차점에서 일곱 번째 경추 바로 아래에 축적되는 조직 덩어리인 뒷복살로 나타난다. 이 덩어리는 젊은 여성에게는 거의 나타나

지 않지만 나이 든 여성에게는 드물지 않다는 사실에서 이름이 유래했다. 외관상 고기를 걸 때 그 부분을 갈고리로 걸 것 같아서 그 부분을 고기 갈고리라고 부른다.

덩어리의 위치는 분노의 감정이 팔로 흘러 머리로 올라가는 지점이다. 고양이나 개의 경우 분노의 감정은 척추를 따라 털이 곤두서고 등이 아치형으로 휘어짐으로써 나타난다. 다윈도 《인간과 동물의 감정 표현》*에서 이것에 대해 언급했다. 신체에 대한 나의 관찰에 의하면 덩어리는 막힌 분노가 축적되어 생성된다. 나이 든 여성에게 나타나는 것은 평

* Charles Darwin, *The Expression of the Emotions in Man and Animals*, London, Watts & Co., 1934. 다윈은 "아누비스 긴코원숭이가 화가 났을 때 목에서부터 허리까지 등을 따라 우박이 내리는 듯했다고 말했다."(p. 40) 다윈은 육식동물의 경우 이 행동이 "거의 보편적이며 종종 위협적 움직임과 함께 이빨을 드러내고, 야만적으로 으르렁거리는 소리를 동반하는 것과 같다"고 했다.(p. 41)

생 동안 쌓인 불만의 결과로 표현되지 않은 분노가 점진적으로 쌓이는 것을 나타낸다. 나이 든 많은 여성은 나이가 들어감에 따라 점점 더 작아지고 무거워지는 경향이 있다.

그것은 분노의 언어적 표현이 아니라 때리려는 물리적 표현이라는 점을 분명히 해야 한다. 일부 노부인이나 미망인들은 날카로운 말로 꽤 유명하다.

덩어리를 만드는 대표적 문제에 대한 나의 분석은 복종하는 태도, 즉 아버지와 가족을 기쁘게 하는 착한 딸이 되려는 태도와 성적 좌절에 대한 강한 분노 감정 사이의 갈등을 포함한다는 것이다. 문제는, 어린 소녀들이 아버지에 대한 사랑과 성적인 감정 그리고 다른 한편에 자리한 분노와 좌절이라는 상반된 감정에 갇힌 오이디푸스적 상황에서 비롯한다는 것이다. 소녀는 거부와 사랑을 상실할 수 있다는 두려움에 분노를 표현하지 못하고 성적인 감정으로 아버지에게 다가갈 수 없기 때문에 얽매임이 생긴다. 이것은 아버지와의 성적 접촉이 아니라 정상적인 애정 표현의 일부인 즐겁고 사랑스러운 접촉에 대해 이야기하는 것이다. 여기에는 아버지가 딸의 섹슈얼리티를 받아들이는 일이 포함된다. 그녀가 착한 소녀가 되어야 한다는 요구 사항에 복종하는 것은 물론 성적 도덕의 이중 기준을 수용하는 것을 의미하며, 성적 쾌락을 추구하지 못하게 한다. 그것은 그녀가 수

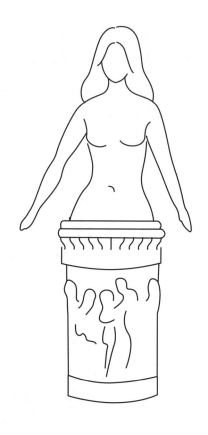

동적인 역할을 하도록 강요한다. 우리는 소녀가 성적 공격
성을 상실한 것을 보상받기 위해 환상을 만들어내는 상상
을 해볼 수 있다.

여성이 성적 도덕에 매달리는 또 다른 방법이 있는데, 그
것은 받침대에 올려져 있는 것이다. 나는《우울증과 신체》
에서 그러한 사례를 설명했다. 받침대로 올라가면 다른 얽

매임과 마찬가지로 확실하게 바닥에서 떨어진다. 내가 치료한 한 환자는 골반부터 아래로는 받침대처럼 보였다. 그것은 단단하고 움직이지 않으며 상반신을 받쳐주는 기반으로만 작용하는 것처럼 보였다.

두 개의 얽매임을 더 언급해야 한다. 하나는 스키조이드형 구조와 관련이 있으며 몸의 자세가 교수형에 처한 사람의 모습과 비슷하기 때문에 올가미라고 불린다. 머리가 약간 옆으로 늘어져 있고 몸의 나머지 부분과의 연결이 끊어진 것처럼 보인다. 스키조이드형 성격 구조는 머리와 자아의 기능이 신체 기능과 연결이 끊어져 있다. 목에 걸려 있다는 것은 땅에서 떨어진다는 것이다. 스키조이드형 성격은 땅을 잘 디디고 서 있지 않으며 현실과의 접촉이 미약하다. 그러나 가장 중요한 것은 이 구조의 핵심 긴장 부위는 두개골 바로 밑에 있다는 사실이며, 이곳의 긴장이 성격의 통일성을 분열시킨다. 실제로 이 부위의 근육 긴장은 목의 교차점에서 올가미처럼 작동하는 고리를 형성한다. 바이오에너지에서는 성격의 통일성을 재확립하기 위해 이러한 긴장에 많은 작업을 수행한다.

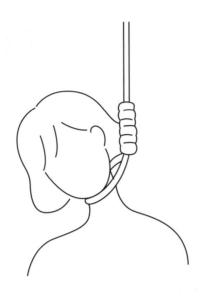

　마지막으로, 경계성 조현병 환자들에게서 가끔 볼 수 있는 끊김 현상이 있는데 그것을 십자가라고 부른다. 그런 사람에게 팔을 옆으로 벌리라고 하면, 몸의 자세가 십자가에 못 박히거나 십자가에서 내려진 직후의 그리스도 모습과 매우 비슷해 강한 충격을 받는다. 많은 조현병 환자가 예수 그리스도와 자신을 강하게 동일시하며, 일부는 심지어 자신이 그리스도라는 망상으로까지 발전하기도 한다. 이런 생각이 신체 차원으로 반영된 것을 보면 놀랍다.

　개인의 얽매임을 드러내는 이러한 신체 자세들의 완전한 목록이 만들어진 것은 아니다. 나는 일반적으로 묘사되는 모세의 모습과 몸과 표정이 놀라울 정도로 닮은 사람들을 여럿 보았다. 이것이 성격의 문제를 나타내는 것이라고 확신하지만, 그것에 대해서는 어떤 결정적인 진술을 할 만큼 충분히 깊이 연구하지 않아 말할 수가 없다. 다른 신체 자세들은 앞으로 더 밝혀질 수 있을 것이다.

사람의 얽매임을 몸으로 읽어보면 그 사람을 이해하는 데 큰 도움이 된다. 그러나 몸의 표현이 분명하지 않기 때문에 몸을 보고 그의 얽매임을 묘사할 수 없다면, 우리는 발이 땅에 단단히 고정되지 않은 사람은 모두 에너지적으로 말해서 얽매였다는 것을 확실히 알 수 있고 해결되지 않은 정서적 문제가 있음을 알 수 있다. 그가 발을 땅에 디디지 않는 한 그는 현실과 완전히 접촉하지 않은 것이다. 이 인식이 모든 환자를 치료하는 나의 접근법이다. 왜냐하면 나는 환자가 자기 현실의 모든 측면에 더 확고하게 설 수 있게 하고 더 많이 접촉하도록 돕는 것에서 치료를 시작하기 때문이다. 그러다 보면 근본적인 갈등이 표면화되고, 그 사람의 얽매임의 본질과 상응하는 심리적인 환상이 우리 모두에게 분명해진다.

접지

바이오에너지에서 접지는 사람을 단단한 바닥에 세우는 것을 의미한다. 접지는 얽매이는 것과 반대 개념이다. 바이오에너지학에 등장하는 많은 이름들이 그렇듯, 접지 역시 문자 그대로 땅에 충분히 접촉한다는 의미를 가지고 있다.

사람들은 대부분 발이 땅을 딛고 있다고 생각하며, 기계적인 의미에서는 그렇다고 할 수 있다. 우리는 그들이 기계적으로는 접촉한다고 말할 수 있지만 그것이 감정이나 에너지의 접촉은 아니다. 그러나 그 차이는 겪어보기 전에는 모른다. 예전에 반년에 한 번씩 바이오에너지를 가르치기 위해 몇 년 동안 에살렌Esalen에 방문했었다. 그때 주민들과 방문객들을 위해 태극권을 가르치는 한 젊은 여성이 나를 찾아왔다. 그녀는 바이오에너지 운동을 시도했지만 다리에 어떤 진동도 발생시킬 수 없다고 말했다. 그녀는 내 워크숍에 참가한 사람들의 다리에서 진동이 발생하는 것을 보았는데 왜 자신에게는 그런 느낌이 오지 않는지 궁금해했다. 이 젊은 여성은 태극권 교사가 되기 전에는 무용수였다고 한다. 내가 같이 치료를 해보자고 제안했을 때 그녀는 흔쾌히 수락했다. 그녀에게 세 가지 운동을 사용했다. 첫 번째는 2장에서 설명한 활 자세로 몸을 정렬하여 호흡을 깊게 하는데 도움이 되는 운동이다. 어떤 사람들은 이 운동이 몸에 주는 자극 때문에 약간의 진동이 발생하지만 이 사람은 그렇지 않았다. 그녀의 다리는 너무 팽팽하고 뻣뻣했다. 그녀의 뻣뻣함을 무너뜨리고 진동 운동이 일어날 수 있도록 더 강한 자극이 필요했다. 무릎을 구부린 채 한 다리로 서서 옆에 있는 의자를 잡고 균형을 잡는 방식이었다. 그녀 몸의 모든 무게는 구부러진 다리에 실렸다. 그녀에게 할 수 있는 한 오랫동안 그 자세를 유지하다가 통증이 너무 심해지면 바닥에 깔린 담요 위에 쓰러지라고 지시했다. 그녀는 이 운동을 다리를 번갈아가며 두 번씩 이행했다. 세 번째 운동은 무릎을 약간 구부린 상태에서 상체를 앞으로 구부리고 손가락 끝으로 땅을 만지는 것이다.

처음 두 가지 운동의 결과로 그녀의 호흡은 더 풍부하고

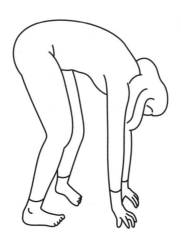

깊어졌다. 허벅지 뒤쪽 근육이 팽팽해지며 자극이 가해지는 세 번째 운동을 했을 때 그녀의 다리가 진동하기 시작했다. 그녀는 그 느낌을 느끼며 한동안 이 자세를 유지했다. 그녀는 자리에서 일어나 "나는 평생 내 다리로 서 있었는데 그것을 느낀 건 지금이 처음이에요"라고 말했다. 나는 그 말이 많은 사람에게 해당하는 사실이라고 믿는다.

정신이 매우 불안한 사람의 경우 발에 감각이 거의 없을 수 있다. 조현병에 가까웠던 또 다른 젊은 여성이 생각난다. 그녀는 뉴욕의 비 오는 겨울날이었는데도 운동화 한 켤레만 신고 나와의 약속 장소에 왔다. 그녀가 운동화를 벗었을 때 나는 그녀의 발이 추위에 파랗게 변한 것을 보았다. 그래서 춥지 않냐고 물었더니 아니라고 했다. 그녀는 추위를 못

느낀 게 아니고 그냥 아무것도 느끼지 않은 것이었다.

전문가에게 바이오에너지 기술의 일부를 시연하면서 접지의 개념을 설명한 후, 나는 그들에게 직접 몇 가지 간단한 접지 운동을 하도록 하여 다리의 진동을 발생하게 했다. 진동 현상은 다리와 발의 감각과 느낌을 증가시킨다. 이럴 때 자주 그들은 "정말로 내 다리와 발을 느꼈어요. 전에는 이런 느낌을 느껴본 적이 없어요"라고 말했다. 이 경험은 접지가 무엇인지에 대해 어느 정도 이해할 수 있게 해주며 자신을 지탱하는 뿌리와 더 접촉하여 자신을 보다 완전히 감각할 수 있게 해준다.

그러나 몇 번의 운동으로 사람을 완전히 접지하게 할 수는 없다. 잘 접지된 자세가 제공하는 안정감과 뿌리내리고 있다는 느낌을 얻고 유지하기 위해서는 정기적으로 계속해야 한다. 앞서 3장에서 언급한 꿈에서 나는 가느다란 철사로 묶인 발목을 쉽게 풀었던 것에 대해 설명했다. 꿈에서는 몸을 구부려 그것을 떼어내기만 하면 되었다. 그러나 그것이 현실에서 의미하는 바는 무엇이었을까? 최근에 다리를 단련하면서 발목이 얼마나 묶인 느낌이었는지 경험한 적 있다. 사실, 그 발목은 내가 보는 대부분의 발목들처럼 뻣뻣하지는 않았지만, 완전히 느슨하지도 않았다. 그리고 나도 내 발의 긴장을 인식하고 있었다. 예를 들어, 발을 쭉 뻗고 발뒤꿈치로 앉는 것은 매우 고통스럽다. 발목이 아프고 발바닥에는 경련이 일어난다. 어느 날 아내가 진행하는 바이오에너지 운동 수업을 듣다가 다리가 너무 심하게 떨려서 버틸 수가 없는 상태가 되었다. 물론 버텨내긴 했지만 이것은 나에게 새로운 경험이었다. 이러한 문제를 이제 63세를 넘긴 나이 때문이라고 생각할 수 있지만, 나는 성장 잠재력이 있다고 생각하고 더 깊이 뿌리내리고 좀더 완전히 기초를 다진다면 실현할 수 있다고 생각했다. 그래서 나 자신을 계속해서 단련한다.

바이오에너지적으로 말하면 접지는 고압 전기회로에서 일어나는 것과 마찬가지로 유기체의 에너지 시스템에 같은 기능을 제공한다. 과잉 자극의 방출을 위한 안전밸브 같은 역할이다. 전기 시스템에서 갑자기 전하가 축적되면 부품이 타거나 화재가 발생할 수 있다. 사람의 경우도 접지가 안 된 상태에서 전하가 축적되면 위험할 수 있다. 분열이 일어날 수도 있고, 히스테리를 일으키거나, 불안을 경험하거나, 슬럼프에 빠질 수 있다. 경계성 조현병 환자와 같이 접지가 부족한 사람들에게 특히 위험이 크다. 내 동료와 나는 이러한 사람들과 함께 충전(호흡)을 강화하는 운동과 흥분(느낌의 표현)을 방출하는 활동 그리고 사람을 안정시키는 운동의 균형을 맞추는 것을 연습한다. 어떤 사람이 치료 과정이나 워크숍을 마치고 나설 때 기분이 너무 고조된 상태라면 충동을 일으킬 가능성이 높다. 기분이 다운될 것을 예상하고 대처할 수 있다면 심각한 문제가 아니다. 물론 기분이 좋고 견고한 상태에서 떠난다면 그는 이 기분을 오래 지속할 수 있을 가능성이 높다.

현재의 지식 상태에서 우리는 발과 땅 사이의 에너지적 연결을 완전히 이해하지 못한다. 하나, 연결이 있다는 것은 확실하다. 내가 확실히 아는 것은 사람이 지면과의 접촉을 통해 자신을 더 잘 지탱할 수 있고 더 많은 책임을 견디며 더 많은 감정을 감당할 수 있다는 것이다. 따라서 접지는 바이오에너지 수련에서 가장 중요한 목표이다. 이는 작업의 주요한 취지가 아래쪽, 즉 사람을 다리와 발로 끌어당기는 것임을 의미한다.

이것이 왜 그렇게 어려운 일인지 궁금할 수 있을 것 같다. 분명 하락하는 움직임은 상승하는 것보다 항상 더 무섭다. 예를 들어 비행기의 착륙은 이륙보다 더 무섭다. 내려오는 것은 대부분의 사람들에게 일반적으로 억눌려 있는 떨어지는 것에 대한 두려움을 불러일으킨다. 다음 장에서 나는 인간의 특성에서 가장 뿌리 깊은 것 중 하나인 넘어진다는 생각과 관련된 낙상의 불안에 대해 논의할 것이다. 이 시점에서 나는 에너지와 감정이 몸에서 아래 방향으로 흐르도록 허용할 때 직면하는 몇 가지 문제를 설명하고 싶다.

일반적으로 사람이 '낙심'할 때 느끼는 첫 번째 감정은 슬픔이다. 사람이 그 슬픔의 감정을 받아들이고 굴복한다면 그는 울기 시작할 것이다. 우리는 사람이 눈물을 흘릴 때 '무너진다'고도 말한다. 얽매여 있는 모든 사람에게는 깊은 슬픔이 있으며 사람들은 대부분 슬픔이 곧 절망이기 때문에 슬픔에 직면하기보다 슬픔에 매여 있는 상태로 있는 것을 선호한다. 이해심 있는 치료사의 도움이 있으면 절망과 슬픔을 이겨낼 수 있지만 쉽지 않은 일이다. 슬픔과 울음은 배에 축적이 되어 있는데 이곳은 성적인 해방과 만족에 대한 돌파구를 위한 전하가 축적되는 곳이기도 하다. 기쁨으로 가는 길은 필시 절망을 통과해서 간다.[*]

또한 골반 깊은 곳에서 나오는 성적 감정은 많은 사람에게 매우 두려운 것이다. 그들은 피상적이고 쉽게 배출되는 생식기 전하의 제한된 흥분을 견딜 수 있으며 오르가스틱 경련에 완전히 굴복할 것을 원하지 않는다. 달콤하고 녹아내리는 듯한 골반의 성적 감각은 이와 같은 항복으로 이어지고 떨어질 때 느끼는 불안감의 한 측면인 통제력 상실에 대한 두려움을 불러 일으킨다. 치료에서 우리가 직면하는

---

[*] Lowen, *Pleasure, op. cit.*

문제는 생식기가 아니라 성적 감각, 즉 배와 골반이 타오르는 열정의 불에 녹아내리거나 쏟아지는 것 같은 두려움이다.

　마지막으로, **혼자** 서는 것을 의미하는 자신의 발로 서 있는 것에 대한 불안이 있다. 성인으로서 우리는 모두 혼자이다. 그것이 우리 존재의 현실이다. 그러나 대부분의 사람들은 이러한 현실을 받아들이기를 꺼려 한다. 그들에게 이것은 혼자 있는 것을 의미하기 때문이다. 독립적인 모습 뒤에는 관계에 집착하고 얽매이게 된다. 관계에 매달리면 관계의 가치가 파괴되는데도 손을 떼고 스스로 서는 것을 두려워한다. 하지만 일단 그렇게 서보면 그들은 혼자가 아니라는 사실에 놀란다. 관계가 개선되어 양쪽 모두에게 즐거움의 원천이 되기 때문이다. 물론 손을 놓고 땅에 발을 단단히 붙이는 사이에 발생하는 넘어질 듯한 느낌과 그로 인한 불안 때문에 이 과정은 쉽지 않다.

7장

낙상 불안

높이가 주는 공포

낙상 불안은 일반적으로 고소공포증과 관련이 있다. 대부분의 사람은 절벽 가장자리 가까이에 서 있을 때 그것을 경험한다. 발이 단단한 땅 위에 있고 실제로 떨어질 위험이 없더라도, 어지러움을 느끼고 균형 감각을 잃는다. 비슷한 상황에서 네 발 동물은 모두 안정감을 느끼기 때문에 낙상 불안은 인간만이 느끼는 독특한 경험이다. 어떤 사람들에게는 이러한 불안이 너무 심해서 단순히 차를 타고 다리를 건너는 것만으로도 비슷한 반응을 일으킬 수 있다. 그러한 경우는 매우 병적인 상태이다.

이 불안이 전혀 없어 보이는 사람들도 있다. 나는 소란스러운 도시의 좁은 대들보 위에서 손쉽게 움직이는 철강 노동자들을 놀라움과 경외심을 가지고 지켜본 적이 있다. 내가 그곳에 올라가 있는 것은 상상할 수도 없었다. 오랫동안 고소공포증이 있었기 때문에 내 불안은 너무나도 컸다. 여덟 살 때 퍼레이드를 보기 위해 아버지의 어깨에 올랐다 겁을 먹은 것이 기억난다. 이때는 아버지와 함께 롤러코스터를 타는 것이 무서웠다. 나중에 놀이동산에서 일하며 매일 한 번씩 타면서 그 두려움을 극복했다. 수년에 걸쳐 고소공포증이 크게 줄어들었는데, 이는 내 다리로 굳게 지지하고 안정감을 갖기 위해 노력한 덕분이다. 이제 나는 큰 걱정 없이 높은 사다리 위에서 일하거나 높은 곳에서 아래를 내려다볼 수 있다.

낙상 불안을 보이지 않는 사람들이 안정감을 보이는 데에는 두 가지 이유가 있다. 아메리칸 인디언과 같은 일부 사람들은 확실히 발을 단단히 디디고 서 있다. 그들은 높은 건설 작업에 고용된 최초의 철강 노동자 중 하나였다. 무의식적으로 두려움을 부인하는 사람들이 있다. 《몸의 배신》에서 나는 감각이 거의 없을 정도의, 극도로 팽팽하게 긴장된 다리를 가진 조현병 청년의 사례를 보고했었다. 그는 자신에게 의미 있고 감동적인 "어떤 일도 일어나지 않는다"는 느낌과 함께 심각한 우울증에 시달렸다. 그러나 이 환자에게 낙상 불안은 없었다.

빌은 최고의 암벽 등반가였다. 그는 두려움도 주저함도 없이 가파른 절벽을 여러 번 올랐다. 그는 높은 곳이나 떨어지는 것을 두려워하지 않았다. 그의 성격 어떤 부분이 떨어져도 상관없다고 생각하게 했기 때문에 두려워하지 않았던 것 같다. 그는 혼자 등반하다가 절벽에서 발을 헛디뎠을 때의 일을 이야기했다. 잠시 동안 좁은 난간을 손으로 잡고 매달려 발가락으로 디딜 곳을 더듬는 동안 그는 정신이 혼미해졌다. 그는 "내가 떨어지면 어떻게 될까?" 하고 생각했지만 공포를 느끼지는 않았다.*

빌은 모든 감정을 차단했기 때문에 두려움을 느끼지 않았고, 그렇기 때문에 자신의 인생에서 감정적으로 아무 일도 일어나지 않는다고 느꼈다. 그러나 동시에 그는 번데기처럼 자신을 감싸고 있는 차갑고 비인격적인 의지를 무너뜨리거나 깨뜨릴 무언가를 간절히 원했다. 마음에 닿을 무언가를 원했지만 먼저 번데기를 부숴야만 했다. 그는 유혹을 받았다. 고압 전선을 만지고 싶고 과속하는 자동차 앞으로 나아가고 싶은 충동을 느꼈다. 그는 자신이 안전하기만 하다면 절벽에서 뛰어내리고 싶다고 말했다. 그는 험프티 덤프티Humpty dumpty처럼 자신의 껍데기가 부서지도록 떨어지고

* Lowen, *Betrayal of the Body, op. cit.*, p. 107.

싶었지만 그것이 자신의 종말을 의미할까 봐 두려워했다.

빌은 벼랑 끝에 매달린 사람으로 그 위치가 내포하는 모든 함의를 갖고 있다. 그에게는 버티거나 놓아버리거나 두 가지 선택지밖에 없는 것 같았다. 놓아준다는 것은 죽음으로 떨어지는 것을 의미했고, 빌은 그럴 준비가 되어 있지 않았지만 버티는 한 아무 일도 일어나지 않았다. 그는 얽매여 있었고 그러니 감정적으로 아무 일도 일어나지 않았던 것이다.

최근에 나는 소녀 시절에는 낙상 불안이 전혀 없었는데, 얼마 전부터 그것이 진정한 공포로 다가왔다고 말하는 젊은 여성을 보았다. 그녀는 떨어지는 것에 대한 강박적인 환상을 가지고 있었다. 이러한 전개는 그녀의 삶의 변화와 일치했다. 그녀는 좋지 않은 결혼 생활을 청산했고 삶과 치료 모두에서 발을 땅에 닿게 하기 위해 열심히 노력하고 있었다. 그녀는 왜 본인이 낙상하는 것을 두려워하게 되었는지 이해할 수 없었고 나에게 그것에 대해 물었다. 나는 그녀가 더 이상 매달리지 않기 위해 '놓아주기' 시작했고, 그래서 자신이 억누르던 낙상의 두려움이 극적으로 표면화된 것이라고 설명했다.

낙상의 두려움은 얽매여 있는 것과 발을 땅에 단단히 고정시키는 단계 사이의 과도기적 단계이다. 전자는 환상에 의해 그 두려움이 거부된 것이고 후자는 떨어질 염려가 없다. 이 분석에 의하면, 자신의 환상을 놓고 발을 땅에 디디려 하는 순간 모든 환자는 불안을 경험할 것이다. 손을 내밀고 싶은 충동을 억제하거나 뒤로 물러났을 때 발생하는 질식 불안도 마찬가지다. 이 충동이 성격 구조에 의한 한계 내에서만 표현되도록 허용되는 한 불안은 경험되지 않는다. 이러한 한계를 넘어서는 순간에 불안이 발생한다.

불안에 대한 일반적인 논의를 한 4장에서 나는 사람의 전반적인 불안 정도가 질식 불안의 정도와 대등하다는 것을 관찰했다. 이것은 질식 불안이 있는 사람은 동일한 비중의 낙상 불안을 가질 것이며 그 반대의 경우도 마찬가지임을 의미한다. 이것은 신체의 모든 말초 지점 또는 기관으로의 자극의 흐름이 거의 동일하다는 개념에서 비롯된다.

다양한 성격 구조 연구에서 우리는 각 성격 유형이 특정 종류의 낙상 불안과 관련이 있음을 확인했지만 해당 용어는 사용하지 않았다. 스키조이드형 성격 구조는 놓으면 다 **부서질 거라고** 생각하는 두려움 때문에 **서로를 붙잡고** 있는 모습을 나타낸다. '다 부서진다'라는 용어를 문자 그대로 받아들인다면, 스키조이드형 성격의 경우 낙상 행위는 자신이 부서지거나 박살 날 거라는 것을 의미한다. 그러므로 우리는 이 성격 구조에서 강렬한 낙상 불안을 발견할 것이다.

이러한 불안이 가끔 꿈에서 나타나는 경우가 여기에 해당한다.

한 조현병 환자는 나에게 이렇게 말했다. "나는 넘어지는 꿈을 자주 꿨는데 그중 가장 끔찍했던 건 내가 서 있는 곳마다 바닥이 무너지는 꿈이었어요. 나는 자리를 바꿨고, 그곳도 무너지기 시작했어요. 계단을 올라갔는데 그것도 무너졌어요. 그래서 나는 아버지에게 가서 나를 붙잡아달라고 하기로 결심했어요. 왜냐하면 아버지는 떨어지지 않는다는 것을 알았기 때문이에요. 하지만 그것 또한 불확실했어요. 혼자 있는 것보다는 낫지만 완전히 안전한 것은 아니라고 느꼈어요. 아주 끔찍했죠."

이 꿈이 왜 무서운지 우리는 쉽게 이해할 수 있다. 사람들은 발아래의 땅이 안정을 잃을 때 지진 발생에서와 같은 공포를 경험한다. 확고한 기반이 없다는 감각은 인간으로서 우리의 지향성을 약화시킨다. 사람이 견고한 기반을 잃는 느낌을 받는 것은 그러한 경험을 위한 엄격한 훈련을 받지 않는 한 끔찍한 일이다. 감각이 위축되고 인격의 완전성이 일시적으로 위협을 받는다.

다른 성격 유형에서도 낙상의 두려움은 그 구조와 관련이 있다. **오럴형 성격**의 경우 넘어지는 것에 대한 두려움은 뒤처지거나 뒤로 넘어져서 혼자가 될 것이라는 불안을 수반한다. 다리가 풀리면서 더 이상 다리가 자신을 지탱하지 않을 때 갑자기 주저앉았는데, 부모가 자신을 일으켜주지 않고 먼저 앞서간 어린아이의 느낌과 같을 것이다.

사이코패스형 성격에게 낙상의 두려움은 실패에 대한 두려움이다. 일어나 있는 한, 그는 이 세상에서 한 발 앞서 있다. 낙상은 패배를 의미하며, 패배한 그는 이 세상에 이용당할 수 있게 되는 것이다.

마조히스트형 성격의 경우 낙상하는 것은 그의 바닥이 무너지는 것을 의미한다. 이것은 그의 세계 또는 관계의 끝을 의미할 수 있다. 이 태도에는 항문의 요소도 있다. 그의 밑이(배변) 떨어지면 엉망이 되어서 착한 소년으로서의 역할은 끝나버린다.

리지드형 성격에게 낙상하는 것은 자부심의 상실을 말한다. 그는 얼굴이 앞으로 숙여지고, 그의 자아는 박살 날 것이다. 개인의 인격이 독립심과 자유의 감정과 강하게 연결되어 있다면 이것은 경미한 불안이 아니다.

그러므로 모든 환자에게 낙상은 그를 지지하는 패턴, 즉 방어적 자세를 포기하거나 항복하는 것을 나타낸다. 그러나 이러한 자세는 생존 메커니즘으로 어느 정도의 접촉과 어느 정도의 독립 및 자유를 보장하기 위해 개발되었기 때문에 항복을 한다는 것은 원래 이 메커니즘의 개발이 필요하던 때 있었던 모든 불안을 다시 불러일으킨다. 성인이 된 자신의 상황은 어린 시절의 상황과 다르기 때문에 환자에게 이런 위험을 감수하도록 요청할 수 있다. 현실적으로 말해서 스키조이드형 인간은 놓아버려도 무너지지 않고, 자신을 주장한다고 해서 파멸하지 않는다. 치료자로서 그가 과도기 단계의 불안을 극복하도록 도울 수 있다면 그는 발아래의 땅이 견고하고 그 위에 설 능력이 있다는 것을 알게 될 것이다. 이 목적을 달성하기 위해 내가 사용하는 단계 중하나는 넘어지는 운동이다.

넘어지는 운동

무엇보다 먼저 내가 매우 효과적이라고 생각하는 이 운동은 바이오에너지에서 시행하는 많은 신체 운동 과정 중 하나일 뿐이라는 것을 말해두려 한다.

나는 바닥에 무거운 접이식 매트나 담요를 깔아놓고 환자가 넘어지면서 그 위로 떨어지도록 앞에 서게 한다. 이 운동에서 사람이 다칠 염려는 없으며 물론 아무도 다친 적 없다. 그 사람이 내 앞에 서 있을 때 나는 그의 태도, 그가 자신을 지키는 방식 또는 그가 세상에 서 있는 방식에 대한 직관을 얻으려고 노력한다. 이 평가를 하려면 몸의 언어를 읽는 기술, 다양한 사람들과의 경험 및 탁월한 상상력이 필요하다. 이 시점에서 나는 일반적으로 그 사람의 문제와 개인사에 대해 어느 정도는 알고 있다. 그러나 그럼에도 그 사람의 자세에서 명확한 직관을 얻을 수 없다면, 나는 그의 얽매임을 드러나게 하기 위해 운동 자체에 의존한다.

그런 다음 한쪽 다리에 체중을 모두 실어 무릎을 완전히 구부리라고 요청한다. 다른 쪽 발은 바닥에 가볍게 닿아 균형을 잡는 데만 사용한다. 지시 사항은 매우 간단하다. 그 사람은 넘어질 때까지 그 자세로 서 있어야 하지만 스스로 넘어지면 안 된다. 의식적으로 넘어지는 것은 사람이 내려놓는 것을 제어하기 때문에 넘어지는 것이 아니다. 효과가 있으려면 비자발적으로 넘어져야 한다. 그 자세를 유지하겠다고 마음을 먹으면 넘어짐은 의식적인 통제에서 몸이 벗어나는 것을 나타낸다. 사람들 대부분은 자신의 몸에 대한 통제력을 잃는 것을 두려워하기 때문에 이것은 그 자체로 불안을 유발한다.

어떤 면에서 이 운동은 자아나 의지가 도전을 받지만 무력해진다는 점에서 선禪의 '선문답'과 유사하다. 이 자세를 무한정 유지할 수는 없으며 넘어지지 않으려면 의지를 발휘해야 한다. 결국 의지는 자발적인 행위가 아니라 자연의 우월한 힘, 중력에 굴복해야 한다. 자연의 우월한 힘에 굴복하는 것은 파괴적인 영향을 미치지 않으며 이러한 힘에 맞서려고 끊임없이 자신의 의지를 발휘할 필요가 없다는 것을 배우게 한다. 그 기원이 무엇이든, 모든 몸을 지지하는 패턴은 현재 삶의 자연적 힘에 대한 의지의 무의식적인 사용을 나타낸다.

이 운동의 목적은 사람을 매달리게 하고 넘어지는 것에 대한 불안을 유발하는 얽매임을 드러나게 하는 것이다. 현실과 그 사람의 접촉을 알아봐야 하는데 예를 들어, 한 젊은 여성은 담요 앞에 서서 바라보는 것만으로 공중 1.5킬로미터 정도 높이에서 평원을 내려다보는 것처럼 느꼈다고 말했다. 이 높이에서 떨어지는 것은 무서운 경험이 될 것이며 그녀는 그것을 두려워했다. 그러다가 마침내 비명을 지르며 넘어져 이불 위에 누웠을 때 큰 안도감과 해방감을 경험했다. 땅은 아주 가까운 거리에 있었다. 나는 그녀에게 다른 쪽 다리를 사용하여 운동을 반복하게 했고, 이번에는 땅에서 그렇게 멀리 있다고 느끼지 않았다.

사람들이 담요를 볼 때 각기 다른 시각을 보였다. 어떤 사람은 넘어지면 몸이 부서질 것 같은 바위의 지형을 본다. 다른 사람은 자신이 뛰어들게 될 물을 본다. 떨어지는 것과 물은 모두 나중에 살펴보게 될 성적인 상징으로서 의미가 있다. 또 다른 사람은 어머니나 아버지의 얼굴을 본다. 이 사람들에게 넘어지는 것은 부모에게 항복하거나 굴복하는 것을 나타낸다.

한쪽 다리로 지탱하다가 몸을 쓰러지게 하면 운동은 더 효과적이다. 그는 가슴을 낮추고 쉽게 호흡하여 감각을 키우려고 할 것이다. 그리고 나는 또한 그에게 계속해서 "나는 넘어질 것이다"라고 말하게 한다. 왜냐하면 일어날 일이기 때문이다. 처음에 그가 이 말을 할 때, 그 목소리에는 어떤 감정적 어조도 없다. 그러나 통증이 커지고 넘어질 가능성이 더 확실해짐에 따라 목소리가 높아지고 두려움이 묻어날 수 있다.

종종 그 사람은 자발적으로 "나는 넘어지지 않을 거다"라고 외칠 것이다. 때로는 주먹을 꽉 쥐고 결의에 차 말할 것이다. 이제 본격적인 투쟁이 시작된다. 나는 그 사람에게 "떨어지는 것은 당신에게 무엇을 의미합니까?"라고 묻는다. 때에 따라 대답은 "실패" 혹은 "나는 실패하지 않을 것이다"이다. 한 젊은 여성은 이 운동을 각 다리에 두 번씩 총 네 번 수행하면서 극적으로 고군분투했다. 그녀는 다음과 같이 말했다.

첫 번째 : "나는 넘어지지 않을 거야."
"나는 실패하지 않을 거야."
"난 항상 실패했었어." 그 말과 함께 그녀는 넘어져 펑펑 울기 시작했다.

두 번째: "나는 넘어지지 않을 거야."

"나는 실패하지 않을 거야."

"나는 항상 실패했어. 실패할 거야." 다시 그녀는 넘어져 울었다.

세 번째: "하지만 나는 실패하고 싶지 않아. 내가 넘어질 필요는 없어. 나는 영원히 서 있을 수 있을 거야."

"넘어지지 않을 거야." 그러나 고통이 커질수록 그녀는 넘어질 것이라는 깨달음도 커졌다.

"영원히 서 있을 수는 없다고. 못 한다고." 그리고 그 말에 그녀는 넘어져 울기 시작했다.

네 번째 : "나는 실패하지 않을거야."

"나는 시도할 때마다 실패해."

"이제 시도하지 않을 거야."

"하지만 노력해야 해." 그러면서 넘어지고 항상 실패로 끝나야 한다는 것을 깨달았다.

왜 실패로 끝나야 할까? 나는 그녀에게 무엇을 이루고 싶은지 물었다. 그녀의 대답은 "사람들이 나에게 기대하는 모습이 되는 것입니다"였다. 그것은 영원히 서 있는 것과 같이 불가능한 작업이다. 그런 일은 실패할 수밖에 없다. 왜냐하면 그 누구도 자신이 아닌 다른 사람이 될 수 없기 때문이다. 자아(프로이트식 용어로 초자아)가 추진하지 않는 한 어떤 신체도 그렇게 많은 생명력을 소모하는 그런 무의미한 노력을 계속하지는 않을 것이다. 이 초자아의 폭정을 버리고 목표의 비현실성과 그것을 달성할 수 있다는 환상에서 벗어나려면 불가능을 고통스럽게 자각해야 한다. 이것이 이 운동이 달성하고자 하는 것이며 결국 그렇게 되었다.

모든 환자는 부모에게 거부받은 경험이 있기 때문에 자신과는 다른 사람이 되기 위해 신경증적인 투쟁을 벌인다. 한 사람이 치료를 시작할 때 그의 바람은 치료사가 이 목표를 달성하는 데 도움을 줄 거라는 것이다. 성격에 약간의 변화가 필요한 것은 사실이지만 변화의 방향은 이미지의 완성이 아니라 자기 인식과 자기 수용을 향한다. 이 방향은 땅과 현실을 향한 아래쪽이다. 그러나 다른 사람들의 요구를 충족시키기 위해 이러한 신경증적인 투쟁에 참여하는 한 그는 어린 시절의 갈등에 얽매인 채로 남아 있게 된다. 항복 외에는 이 투쟁에서 벗어날 길이 없다.

신경증적 투쟁의 이러한 문제는 다음 사례에서 생생하게 설명된다. 짐은 치료를 받으러 와서 이러한 꿈을 말해주었다. "어젯밤 저는 시들어 죽어 있는 하반신을 끌고 땅 위를 다니는 꿈을 꿨어요. 움직이기 위해서는 상반신을 움직여야 했어요." 이어 그는 "예전에는 물에 떠다니는 꿈을 꿨는

데"라고 덧붙였다. 그의 하반신은 매우 단단하고 팽팽했다. 그는 심한 요통으로 인해 요천추 부위에 척추유합술을 받았었다. 그의 꿈은 그의 에너지 상태를 정확하게 묘사한 것이었다.

꿈을 떠올리고 나서 짐은 "오늘 아침 엄마가 뱀이 되는 환상을 봤어요. 나는 그녀의 얼굴에서 뱀을 볼 수 있었죠. 엄마는 내 허리를 감싸 날 조이는 보아뱀이었어요. 엄마의 머리는 내 성기에 있었고, 그것을 빨고 있었어요. 엄마는 내가 어렸을 때 너무 귀여워서 제 모든 곳에, 성기에까지 키스를 했다고 말했어요. 이 말을 하면 나는 정신이 흐릿해지고 멍해지며 땀이 나기 시작해요"라고 말했다.

그런 다음 그는 투쟁의 강도를 드러내는 넘어지는 운동에 들어갔다. 그는 "포기할 것 같지만 나는 넘어지지 않을 거예요. 나는 떨어지지 않고 영원히 버틸 거예요"라고 말했다.

그는 자신에게 "짐, 너는 영원히 버틸 거야"라고 말했다.

그리고 나에게 "떨어지면 바닥 없는 구덩이에 빠질 거예요. 떨어질 때 배 속이 꽉 차서 숨을 쉴 수 없는 것 같은 느낌 알지요? 나는 어렸을 때 나는 것에 대한 환상이 있었어요. 날려고도 해봤는데 떨어져 넘어졌죠. 부모님이 자기들을 놀라게 했다고 나를 때렸어요"라고 말했다.

"버틸 수 있어야 해요. 나는 이 생각이 매우 강해요. 나는 그렇게 놔버린 내 자신에게 화가 나요. 나는 너무 빨리 포기해요. 나는 겁쟁이, 회피자, 우는 아기예요. 엄마는 내가 버티고 견뎌내지 못하면 실패자라고 느끼게 하셨죠. 그녀의 좌우명은 '어려운 일은 즉시하자. 불가능한 일은 조금 더 오래 걸릴 뿐이다'였어요."

이때 짐은 투쟁을 포기할 준비가 되어 있지 않았다. 넘어지는 것에 대한 두려움이 너무 컸다. 짐과 나는 그가 처한 상황을 받아들이며 계속해서 문제를 해결해야 했다. 나는 그에게 목욕용 타월을 주었고, 그는 양손으로 그것을 비틀었다. 그러면서 "뱀이다. 내가 이걸 꼭 잡아야 해요. 안 그럼 이것이 나를 잡을 거예요"(그는 이것이 자신의 어머니를 가리킨다는 것을 알고 있었다)라고 말했다.

짐은 심리치료사였기 때문에 내가 그의 환상에 대해 해석할 필요는 없었다. 그는 자신의 어머니가 매혹적이며 포기한다는 것은 어머니에 대한 자신의 성적 감정에 항복한다는 의미임을 알고 있었다. 만약 그가 어렸을 때 그렇게 했다면, 그녀는 말뿐이 아니라 그가 그녀를 향한 열정에 사로잡혀 독립적이라는 느낌을 잃어버렸을 거라는 의미에서 그를 삼켰을 것이다. 그의 방어는 허리를 조이고 성적 감정을 차단하는 것이었다. 이것은 사이코패스적 방어이지만, 짐에게는 대안이 없었다. 지금도 그는 그 태도를 포기할 위험을 감수할 수 없었다. 환자가 이러한 매우 깊이 구조화된 갈등을 헤쳐나갈 때 인내를 가져야 한다.

이후 치료에서 짐은 넘어지는 것에 대한 두려움으로 되돌아왔다. 그가 들어왔을 때 그는 나에게 말했다. "운전을 하는데 내가 운전대를 두드리고 있었어요. 그 행동을 말로 표현하면 '널 죽일 거야'였죠." 우리는 다시 넘어지는 운동을 시작했는데 짐은 "당신이 나에게 넘어질 거라고 말하라고 했을 때 내 느낌으로는 내가 죽을 것 같았어요. 사투를 벌이는 것처럼요. 놔버리면 죽을 것 같았어요. 내가 그들을 죽이면 나도 죽겠죠"라고 말했다.

"제가 운영하는 방식은 매우 복잡해요. 격렬한 상황에 오래 머물 수는 없지만 영원히 버틸 수는 있어요. 다른 사람들이 그만두었을 때도 나는 이기거나 일을 완수할 때까지 계속 버티고 있어요." 그렇게 말하며 그는 주먹을 꽉 쥐었다. "긴 여행이지만, 나는 그저 한 발 한 발을 내디디며 갑니다."

"어머니의 채찍질은 저를 조금씩 갉아먹었어요. 나는 나 자신과 다른 사람들에게 똑같이 합니다. 밀어붙이고, 또 밀어붙이고, 고군분투합니다. 그런데도 나는 내가 포기하지 않는다고 믿어요. 나는 스스로에게 '짐, 네가 그렇게 포기하지 않았다면 너 열심히 일하게 될 거야'라고 말합니다."

이 투쟁은 이제 짐이 하고 있는 넘어지는 운동으로 옮겨졌다. 그는 "나는 넘어질 것이고, 실패할 것입니다. 하지만 이겨야 하고, 성공해야 합니다"라고 말한다. 그러나 현실이 다그친다. 그는 "물론 나는 이미 실패했어요"라고 말한다.

하지만 짐은 아직 이 현실을 받아들일 수 없다. 양 허벅지를 주먹으로 두드리며 "버티지 못하면 난 내 자신을 죽이겠어. 하지만 버티면 난 죽을 거야. 폐암에 걸릴까 두려워. 하지만 담배를 피우지 않으려고 하면 할수록 담배를 더 많이 피우게 된다고"라고 말했다.

이 독백 과정에서 짐은 넘어져 울었다. 이것은 작은 배출에 불과했다. 그런 다음 그는 다른 쪽 다리로 이 운동을 반복하고 계속해서 자신의 두려움을 표현했다. 이와 같은 강한 느낌으로 불안을 배출하는 것은 매우 효과적인 치료 절차이다. 넘어지는 운동이 끝난 후 짐은 어린 시절의 에피소드를 회상했다.

"모든 것이 괜찮아지면 곧 죽을 것 같아 두렵습니다. 고군분투해야만 살아남아요. 투쟁을 멈추면 나는 죽을 거예요. 저는 어렸을 때 고열로 패혈증을 앓아 1년 정도 병원을 들락날락했습니다. 때때로 혼수상태에 빠졌어요. 피를 뽑아내고 수혈을 받아야 했습니다. 거의 죽을 뻔했지요. 그러나 나는 살기 위해 모든 의지를 발휘하여 버텼습니다. 나는 힘들 때 어떻게 존재해야 하는지 압니다. 그런데 좋을 때는 어떻게 존재해야 할지 모르겠어요" 하고 말했다.

이 경험에 비추어볼 때 짐이 낙상을 죽음과 연관시키는 이유를 이해하는 것은 어렵지 않다. 짐에게는 둘 다 자신의 의지를 포기하는 것과 관련이 있는 것 같다. 그러나 짐이 의식적으로 자신의 몸에 항복을 하고 신뢰할 만한 선택을 할 수 있다고 생각하는 것은 어리석다. 그러한 선택은 의지를 사용하여 또 다른 의지를 부정하는 것이고 그러한 것은 도움이 되지 않는다. 짐의 죽음에 대한 두려움, 즉 어머니에게 굴복하면 본인의 영혼이 죽고, 분투를 멈추면 육체가 죽는다는 두려움을 철저히 경험하고 분석해야 한다. 동시에 그는 자신의 몸과 성적 감정을 믿는 법을 배워야 한다. 짐은 자신의 신체와 성적 감정의 현실을 의식적으로 받아들일 준비가 되어 있지만, 이를 신뢰하는 데는 치료가 완전히 새로운 신체 경험을 얼마나 잘 제공하느냐에 달려 있다.

이 특정 운동은 이러한 경험을 제공하는 데도 도움이 된다. 한쪽 다리에 체중을 실은 상태로 서 있으면 다리 근육에 충분한 압력이 가해지기 때문에 피로해진다. 지친 상태에서 근육은 긴장이나 수축을 유지할 수 없다. 근육은 긴장을 풀어야 하는데 그러면서 점차 강한 진동이 시작된다. 이렇게 하면 다리의 감각이 증가하여 더 이상 '위축된 다리'처럼 느껴지지 않는다. 동시에 호흡은 더 깊어진다. 진동이 몸에 전해지지만 넘어지지 않고, 의식적으로 몸을 통제하는 능력이 감소했음에도 불구하고 다리가 계속해서 몸을 지지하고 있다는 사실에 놀라게 된다. 그러다가 마침내 다리가 풀려 넘어지면 자신이 철로 만들어진 것이 아니며 더 이상 서 있을 수 없을 때 넘어진다는 사실에 상당한 안도감을 갖게 된다. 마지막으로, 넘어지는 것이 끝이 아니며 몸은 파괴되지 않고 다시 일어날 수 있다는 강한 깨달음을 얻는다.

넘어지는 운동의 상징성은 언급할 가치가 있다. 땅은 어머니의 상징이며, 어머니는 땅의 대표자이다. 어머니와 대지는 모두 우리 힘의 원천이다. 헤라클레스가 싸운 많은 전투 중 안타이오스와의 전투가 있다. 헤라클레스는 안타이오스를 반복적으로 쓰러뜨렸지만 싸움에서 이기기는커녕 지고 있었다. 헤라클레스가 지쳐가는 사이 안타이오스는 대지와 접촉할 때마다 전보다 더 강해졌다. 그 후 헤라클레스는 안타이오스가 대지의 아들이라는 사실과 그가 땅으로 돌아올 때마다 갱생되고 강해진다는 것을 깨달았다. 헤라클레스는 안타이오스를 들어올려 죽을 때까지 공중에 안고 있었다.

우리는 모두 어머니라는 대지의 자녀이며 어머니는 우리에게 힘의 원천이 되어야 한다. 불행하게도 짐의 경우처럼 어머니는 도리어 아이에게 위협이 될 수 있으며 그럴 때에는 굴복하기보다는 저항해야 한다. 그러므로 심한 불안을 느끼지 않고는 놓아버릴 수가 없다. 얽매인 채로 있으면 신체의 에너지 이동으로 인해 자신의 존재에 실질적인 위협이 되는 반면, 넘어지는 것은 죽음에 대한 두려움을 불러일으킬 수 있지만 실제로 위험한 것은 아니다. 넘어지는 운동을 하면 어머니와의 갈등이 올라오고, 그 갈등은 분석되고 해결될 수 있으므로 그 사람은 안정감을 느끼며 놓아버리거나 넘어질 수 있다. 땅은 우리를 위해 존재하기 때문이다.

나는 최근에 오른쪽 다리까지 퍼진 심한 허리 통증을 치료하라고 토론토의 프레드 사이퍼 박사Dr. Fred Sypher에게 추천했던 한 남자로부터 편지를 받았다. 그는 "사이퍼 박사의 치료 중 매우 흥미로운 측면은 바닥과의 접촉입니다. 바닥은 친구가 되어주고, 항상 곁에 있어주는 단단한 요가 되어 내가 심하게 다치지 않도록 지켜줍니다. 이미 땅에 붙어 있다면 넘어질 수 없고, 또 넘어질 수 있다고 느꼈을 때 다루기 어려웠던 많은 일을 땅에 닿아 있는 한 감당할 수 있었습니다. 내 안의 공포를 많이 풀어주니까요"라고 말했다.

많은 경우 넘어지는 운동에 이어 일어나기 운동을 하게 된다. 넘어지면 다시 일어나지 못할까 봐 두렵다는 말을 많은 환자에게서 들었다. 물론 그들은 의지로 스스로 추스려서 일어설 수 있다는 것을 안다. 다만 일어설 수 있다는 것을 확신하지 못할 뿐이다.

일어선다는 것은 성장과 같다. 예를 들어 식물은 땅에서 솟아오르지만 스스로 끌어올리지는 않는다. 상승할 때 힘이 들어오고 위로 당기는 것은 위에서 오는 힘이다. 상승의 전형적인 예는 아래에서 방출하는 에너지의 양에 비례하여 상승하는 로켓이다. 보통의 걷기는 이 범주의 움직임에 속한다. 왜냐하면 한 걸음씩 앞으로 나아갈 때마다 우리는 되밀어주듯 지면을 누르고, 그 힘은 우리를 앞으로 보내기 때문이다. 이와 관련된 물리적 원리는 작용-반작용이다.

일어서기 운동에서 사람은 바닥에 접힌 담요 위에 두 무릎을 꿇고 발은 뒤로 뻗는다. 그런 다음 한 발을 앞으로 내밀고 체중의 일부가 그 발로 옮겨지도록 앞으로 몸을 기울인다. 나는 그가 자신의 발이 바닥에 닿는 것을 느끼고 그 느낌을 증가시키게 하기 위해 앞뒤로 흔들도록 요청한다. 다음으로, 그는 몸을 약간 들어 올려 구부러진 앞쪽 다리에 모든 체중을 싣는다. 이제 그 다리를 충분히 세게 누르면, 자신이 일어나는 것을 발견하게 될 것이다. 이것을 올바르게 수행하면 실제로 땅에서 몸을 통해 위로 움직이는 힘을 느끼고 아래에서 위로 곧게 펴진다. 그러나 이것은 쉬운 운동이 아니며 대부분의 사람들은 이 과정을 위해 자신을 약간 들어 올려야 한다. 연습을 하면 더 쉬워지고, 일어나기 위해 에너지를 다리 아래로 향하게 하는 방법을 배운다. 일 반적으로 양 다리에 각각 2회씩 실시하여 땅을 누르고 일어나는 느낌을 발달시킨다.

뚱뚱하고 무거운 사람들은 이 운동에 특히 어려움을 겪는다. 나는 그들이 일어나려고 하지만 아기처럼 넘어지는 것을 보았다. 마치 그들은 일어날 수 있는 능력이 없기 때문에 달리고 노는 것보다 먹는 것이 심리적으로 삶의 주요 관심과 만족을 제공하는 유아 단계로 퇴보한 것과 같다. 나는 그러한 사람들이 동시에 두 가지 차원에서 기능하는 것을 본다. 의지로 스스로를 일으켜 움직일 수 있게 하는 힘이 있는 성인의 면모와 먹고 무력감(특히 먹는 것에 대해)을 느끼는 유아적 모습이다.

일어섬과 넘어짐은 하나의 작용이 없이는 존재할 수 없는 한 쌍의 상반된 기능을 구성한다. 사람은 넘어지지 않으면 일어설 수 없다. 이것은 우리가 잠들고 아침에 일어나는 수면 현상과 같다. 넘어지고 일어나는 자연적인 기능 대신에 의지를 사용하는 사람은 자신을 낮췄다가 다시 들어 올리거나 누웠다가 일어난다. 아침에 처음 일어날 때처럼 의지가 동원되지 않는 사람은 침대에서 일어나기가 매우 어려울 것이다. 이 문제의 기저에는 넘어지는 불안, 즉 일찍 잠자리에 들지 못하고 쉽게 잠들지 못하는 기질이 있다. 결과적으로 그러한 사람들은 아침에 피곤하고 쉽게 일어날 기력이 부족하다.

환자가 넘어지는 운동을 하고 나면 몸은 훨씬 느슨해진다. 일반적으로 그다음 나의 절차는 그가 등받이가 없는 의자 위에서 호흡을 하도록 하는 것이다. 운동 후에는 비자발적인 요소가 커지는데 신체 떨림이 생성되고 종종 호흡은 흐느낌과 울음으로 발전할 수 있다. 이러한 비자발적 신체 움직임은 신체가 긴장에서 벗어나려는 자발적인 노력을 나타내기 때문에 항상 격려해야 한다.

낙상 불안이 어떻게 생기는지에 대한 질문으로 넘어가기 전에, 한 가지 더 사례를 더 들고 싶다. 마크는 사십대 중반의 동성애자로 감정을 공개적으로 표현하지 못하는 고립과 외로움이 기본적인 문제였다. 그의 몸은 뻣뻣하고, 무거웠는데, 그 안에서는 겁에 질린 아이가 나오지 못하는 것이 느껴졌다. 마크는 치료 시간에 와서 다음과 같은 꿈에 대해 말했다. "어젯밤 꿈에 나는 저녁 식사 파티를 하고 있었고, 내 손님들은 머리와 몸통이었어요. 이것은 아마도 내가 오늘 여기에 오기 위한 준비 과정이었을 거예요. 그 둘은 키가 작고, 근육질이며, 완고하고, 가슴이 통통하고, 극심하게 독립적이었어요. 둘은 잘 섞이지 못할(함께 흐르지 못할) 것 같았어요. 저녁 식사는 그다지 중요하지 않았어요. 나는 그들을 모으고 싶었지만, 우리는 저녁에 함께하지 못했어요. 파티는 결국 무산되었어요."

그런 다음 마크는 넘어지는 운동을 위한 자세를 취했다. 담요 앞에 선 그는 "구멍이 보여요. 구멍에 빨려 들어가는 것 같아요. 우물처럼 아주 깊습니다. 내 환상 중 하나는 밖으로 나오려고 끝없이 노력하는 것이에요. 빠져나올 것 같지만 다음이 되면 여전히 빠져나가려고 노력하는 나 자신을 발견합니다."

"나는 평생 동안 떨어지는 꿈을 꾸었어요. 예전에는 계단에서 떨어지는 꿈을 꾸었는데 지금은 훨씬 더 높은 곳에서 떨어지는 꿈을 꾸죠. 이번 여름에 나는 유럽에서 고층 호텔 방에 있었는데, 깨어 있는 동안 침대에서 떨어져 발코니를 가로질러 우주로 날아가는 환상을 보았어요."

"나는 어렸을 때 나뭇가지를 잡을 수만 있다면 나무를 높이 오를 수 있었어요. 손에 잡히는 것이 있으면 높이에 대한 두려움은 없는 것 같았어요. 내가 여덟 살이었을 때, 누군가가 나에게 약 30미터 높이의 탑 꼭대기에 있는 60센티미터 폭, 2.5미터 길이의 난간을 걸을 수 있을 만큼 용감하냐고 했어요. 게다가 약 60미터 정도의 거리를 도는 거였어요. 전 그것을 했어요. 하지만 나중에 대학교 시절의 나는 그 타워 근처에도 가지 못했어요."

"또 여섯 살, 일곱 살, 여덟 살쯤에 나는 날 수 있는 꿈을 꾸곤 했어요. 너무 현실적이어서 진짜로 일어날 수 있다고 믿었어요. 실제로 사람들이 보는 데서 시도해봤어요. 이륙하려고 했지만 바로 얼굴로 착지했지요."

마크는 넘어져 담요 위에 누워서 말했다. "떨어지니 안도감이 들어요. 나는 나를 불안정하게 붙어 있는 블록으로 쌓아 올린 것처럼 느껴요. 나는 매우 흔들리는 것 위에 앉아 있는 것 같고 바닥에 누워 있는 것이 더 낫다는 생각이 들어요."

낙상 불안의 원인

나는 앞서 인간만이 낙상 불안을 경험하는 유일한 동물일 수 있다고 말했다. 물론 모든 동물은 넘어지면 불안해한다. 나는 앵무새가 자는 동안 횃대에서 균형을 잃었을 때 불안해하는 것을 보았다. 깜짝 놀라 잠에서 깨어나 잠시 어리둥절한 듯했다가 다시 균형을 잡았다. 그러나 인간은 견고한 바닥 위에 서 있어도 넘어질까 봐 불안해한다. 그 원인은 아마도 우리의 선조들이 유인원처럼 나무에서 살았던 시대까지 진화의 역사를 거슬러 올라가야 알 수 있을 것 같다.

인류학적으로 인류의 조상이 음식을 찾아 평원으로 모험을 떠나기 전에 숲에 살았다는 것은 꽤 잘 알려져 있는 것 같다. 《인간의 출현》에서 존 E. 파이퍼는 숲에서 산다는 것이 무엇을 의미하는지 설명한다. "더욱 중요한 점은 숲에서의 삶은 새롭고 만성적인 심리적 불안과 불확실성이라는 독특한 특징을 초래했다는 것이다."* 그 불안은 낙상의 위험과 관련 있다. 떨어지는 일은 흔했다. 나무에 사는 영장류인 긴팔원숭이에 대한 파이퍼의 연구에 따르면, 성장한 긴팔원숭이 넷 중 하나꼴로 적어도 한 개의 뼈가 부러진 것으로 나타났다. 그러나 나무에 사는 것에는 장점이 있다. 먹이가 풍부하고 포식자로부터 상대적으로 안전했으며 손이 물건을 잡고 잘 다룰 수 있도록 발달되었다.

나무의 큰 가지나 잔가지를 잡을 수 있으면 떨어질 위험이 크게 감소된다. 어미가 나무 사이를 이동할 때 아기 원숭이는 팔과 다리로 어미의 몸을 감싸고 달라붙는다. 어미는 또한 한쪽 팔이 자유로울 때 그 팔로 아기를 떠받쳐준다. 따라서 새끼 원숭이의 경우 어미의 몸과의 접촉이 끊어지면 즉시 떨어져 부상을 입거나 사망할 가능성이 높아진다. 다람쥐 같은 나무에 사는 설치류는 어미가 없는 동안에도 새끼를 안전하게 보호할 수 있도록 나무 구멍에 둥지를 틀고 새끼를 기른다. 그러나 나무에 사는 유인원이나 원숭이가 새끼를 데리고 다니며 새끼의 안전을 지킬 유일한 방법은 어미의 몸을 붙잡고 있는 것뿐이다.

* John E. Pfeiffer, *The Emergence of Man*, New York, Harper & Son, 1969, p. 21.

갓 태어난 신생아에게는 손으로 움켜쥐고 붙잡고 싶은 본능이 태어날 때부터 존재하며, 이는 계통발생적 역사에서 내려온 것이다. 매달려 있을 때, 일부 영아는 손으로 움켜쥐어서 체중을 지탱할 수 있다. 그러나 이것은 단지 흔적으로 남은 능력일 뿐이며 인간 유아는 **안아줘야** 안정감을 느낄 수 있다. 이런 지지력이 없어지고 순간적으로 떨어지게 되면, 아기는 겁을 먹고 불안해진다. 신생아를 위협하는 또 다른 조건은 두 가지뿐이다. 숨을 쉴 수 없으면 질식 불안이 생기고, 갑자기 큰 소리가 나면 놀람 반응이 나타난다.

안도감을 느끼기 위해 안으려는 유아의 욕구가 반영된 인간 동물의 계통발생적 역사는 낙상 불안의 소인이 된다. 실질적인 원인은 어머니와의 충분한 포옹과 신체 접촉의 부족이다.

1945년 라이히는 생후 3주 된 유아의 낙상 불안에 대한 관찰을 발표했다. 그것은 불안이 매우 심각하고 깊이 구조화된 암 환자의 낙상 불안에 대한 연구에 포함되어 있었다. 이 논문은 나에게 매우 강한 인상을 남겼지만, 내 작업에서 이 논문을 제대로 적용하는 데 25년이 걸렸다.

라이히는 유아에 대해 다음과 같이 썼다.

아이가 3주 정도 되었을 때 아이에게 극심한 낙상 불안이 있었다. 아이가 목욕을 하고 식탁 위에 등을 대었을 때 일어난 일이다. 그를 눕히는 동작이 너무 빨랐는지, 아니면 피부가 식어서 추웠기 때문에 불안을 유발했는지는 분명하지 않았다. 여하튼 아이는 **격렬하게 울기 시작했고, 지지를 얻으려는 듯 팔을 뒤로 젖히고, 머리를 앞으로 내밀며, 눈에 심한 불안을 보였고, 진정할 수 없었다.** 그를 다시 들어야 했다.

다음번에 내려놓으려는 시도에서도 같은 강도로 떨어지는 불안이 다시 나타났다. 들어 올렸을 때 비로소 다시 진정되었다.[*]

이 사건이 있은 후 라이히는 아이의 오른쪽 어깨가 뒤로 당겨졌다는 사실에 주목했다. "불안 발작 중에 힘을 얻으려는 듯 양쪽 어깨를 뒤로 당겼다." 이런 태도는 불안이 없는 상황에서도 계속되는 것 같았다.[**]

아이가 의식적으로 낙상 불안을 갖고 있던 게 아니라는 사실은 라이히에게 명백했다고 한다. 불안 발작은 신체의 말초 부위로 전하가 빠져 나가면서 평형 감각을 상실하는

---

[*] Wilhelm Reich, *The cancer Biopathy*, New York, The Orgone Institute Press, 1949, p. 329.
[**] *Ibid.*, *p.* 330.

것으로 설명할 수 있다. 그것은 마치 아이가 라이히가 '안오르가니아anorgania'라고 부르는 약간의 쇼크 상태에 빠진 것과 같았다. 쇼크를 받으면 몸의 말초 부위에서 혈액과 전하가 빠져나가고 평형 감각을 잃고 넘어질 것 같다고 느끼거나 실제로 넘어진다. 쇼크를 받은 모든 동물 유기체는 동일한 반응을 일으킨다. 충격 상태가 지속되는 한 다리로 일어서거나 중력을 거스르는 행동은 어려움을 겪을 것이다. 라이히는 아이가 왜 쇼크로 보이는 상태를 경험했는지 이유를 알고 싶었다.

라이히는 아기와 엄마 사이에 접촉이 부족하다는 것을 알아차렸다. 아기는 요구할 때마다 수유를 받았고 어머니와의 이러한 접촉은 즐겁고 만족스러웠다. 그러나 수유를 하지 않을 때 엄마는 타자기로 일을 했고, 아기는 엄마 옆에 있는 유아용 침대나 유모차에 누워 있었다. 라이히는 신체 접촉에 대한 아기의 욕구가 충족되지 않았다고 생각했다. 충분히 안겨 있지 못했다. 발작 이전에 아기는 수유에 대해 특히 강한 반응을 보였고, 라이히는 이를 입과 얼굴의 떨림과 수축으로 나타나는 입의 오르가슴이라고 불렀다. 라이히의 말에 따르면, "이것은 접촉의 욕구를 더욱 증가시킨다." 수유하지 않은 상태에서 아기를 눕혔을 때, 아기는 위축 상태에 빠졌다.

이 아이의 낙상 불안 경향을 극복하기 위해 라이히는 세 가지 접근 방식을 사용했다. "아이가 울면 안아줘야 한다. 이것은 도움이 되었다." 나는 원시인들처럼 포대기를 사용하여 아이를 더 자주 안아주는 것이 더 나을 것이라고 생각한다. **"어깨는 후방으로 고정해서 앞으로 부드럽게 끌어올려야"** 아이의 기질적인 갑옷이 발달하는 것을 방지할 수 있다. 라이히는 약 두 달 동안 장난스럽게 이 일을 했다. **"실제로 아이가 넘어지는 느낌에 익숙해지게 하기 위해 '아이를 넘어지게 하는 것'이 필요했다. 이것도 성공적이었다."** 이 역시 아기가 게임으로 받아드릴 수 있는 매우 부드럽고 장난기 있는 방식으로 이루어졌다.

왜 어떤 사람들에게는 이러한 불안이 평생 동안 지속될까? 그 대답은 부모가 문제를 인식하지 못해 상황을 바꾸려는 행동을 하지 않았기 때문이다. 안아달라는 아이의 욕망을 모르기 때문에 무시한다. 접촉하려는 충동은 지속되지만 응답을 기대할 근거가 없다는 데서 오는 두려움은 커지고 이 세상에서 도움이 필요한 유기체로서 자신의 위치에 대한 확신이 없으며 마침내는 설 수 있는 기반이 없다는 두려움이 커진다.

라이히는 오르곤 유아 연구센터에서 진행 상황을 추적하

고 있던 또 다른 유아의 사례를 연구했다.* 이 아이는 2주 동안 잘 지냈지만 셋째 주에 기관지염에 걸렸다. 가슴이 예민해지고 호흡이 불편해지며 아기가 안절부절못하고 초조해했으며 불행해 보였다. 조사 결과 엄마와 아기 사이의 정서적 접촉에 약간의 균열이 있는 것으로 나타났다. **"엄마는 '건강한' 엄마가 되지 못한 것에 대해 죄책감을 느끼는 것 같았고, 기대한 모든 것을 충족하지 못한 듯했다."** 그녀는 아기에게 많은 시간과 에너지를 쏟아야 하는 것에 화가 났고 아이의 요구에 놀랐으며, 과중한 부담감을 느꼈다고 인정했다. 아기는 엄마의 불편함과 불안에 따라서 불안해하는 것으로 반응했다.

이 사례의 보고는 몇 가지 이유로 흥미롭다. 첫째, 라이히는 횡격막 부분이 "정서적 바이오에너지의 부족에 가장 먼저 가장 심하게 반응하는 것 같다"고 관찰했다. 라이히에 따르면 또 다른 차단은 이 영역에서 양방향으로 확장된다. 횡격막의 긴장은 하반신으로 흥분이 흐르는 것을 감소시키기 때문에 낙상 불안과 밀접한 관련이 있다. 둘째, 바람직한 접촉이란 단지 잡거나 만지는 행위 이상이 포함된 것이 분명하다. 안거나 만지는 것의 **질**이 중요하다. 아기가 접촉을 통

---

* Wilhelm Reich, *Armoring in a Newborn Infant*, Orgone Energy Bulletin, New York, Orgone Institute Press, 1951, Vol. 8, No. 3, pp. 120~138.

해 효과를 얻으려면 엄마의 몸이 따뜻하고 편안하며 생기가 있어야 한다. 엄마 몸에 있는 모든 긴장은 아이에게 그대로 전달된다. 셋째, 라이히가 생각하는 엄마와 아이의 관계에 있어 필수 요소는 "엄마가 아이를 즐기게 한다면 접촉은 자연스럽게 이루어진다"는 것이다.

낙상 불안과 호흡 장애는 단일 과정에서 나타나는 두 가지 측면이다. 앞서 짐은 넘어지는 느낌을 "배가 긴장을 하고 숨을 쉬기 어려운 느낌"이라고 설명했다. 라이히에 따르면, 낙상 불안은 "호흡기의 급격한 수축과 관련이 있으며, 사실 그 불안 자체가 호흡기에 의해 생성된다. 실제 낙상이 생물학적 수축을 일으키는 것처럼 수축은 역으로 낙하의 감각을 유발한다."[*]

다리와 발에서 에너지가 빠져나가면 지면과의 접촉이 끊어지는데, 이는 마치 땅이 사람에게서 떨어진 것과 같은 감각을 준다.

---

[*] Wilhelm Reich, *Anorgonia in the Carcinomatous Shrinking Biopathy of Sex and Orgone Research*, New York Orgone Institute Press, 1955. Vol. IV p. 32.

사랑에 빠지다

낙상 불안은 높이가 주는 공포뿐 아니라 몸에서 떨어지는 느낌을 유발할 수 있는 어떤 상황에 대한 공포로 이어진다. 우리의 언어에는 이러한 상황을 곯아떨어지다falling asleep, 사랑에 빠지다falling in love와 같은 두 상황에서 발견할 수 있다. 그러나 이것이 단순한 문학적 표현이 아닌가 하고 물을 수 있다. 깨어 있는 상태에서 수면으로 전환되는 과정이 어떤 면에서 떨어지는 행위와 유사할까? 신체 차원에서 둘 사이에 유사점이 있다면, 왜 그렇게 많은 사람이 잠드는 데 어려움을 겪고 불안을 완화하기 위해, 의식에서 무의식으로의 전환을 촉진하기 위해 진정제가 필요한지 이해할 수도 있다.

의식에서 무의식으로의 전환은 오랫동안 하향 움직임으

로 여겨졌다. 실제로 사람이 서 있는 상태에서 잠이 든다면 기절하여 의식을 잃는 것처럼 넘어질 것이다. 하지만 서서 잠을 자는 사람은 거의 없다. 우리는 보통 누워 있는 동안 잠을 자는데, 이런 경우는 공간에서 신체의 변위가 없다. 따라서 떨어지는 감각은 수면이 사람을 압도할 때 신체 내에서 일어나는 내부 운동에서 비롯되는 것이 분명하다.

'잠에 빠지다sink into sleep'라는 표현에서 단서를 찾을 수 있는데, 실제로는 잠드는 과정에서 '가라앉는sinking' 기분을 느낀다. 시작은 졸음이 오는 것이다. 몸이 갑자기 무거워진다. 사람은 이것을 눈과 머리와 팔다리에서 경험한다. 졸린 사람이 눈을 뜨거나 고개를 들어 올리려면 노력이 필요하다. 그가 졸면 머리가 떨어진다. 팔다리는 마치 몸을 지탱하지 않는 것처럼 느껴진다. 잠에 빠지는 것은 땅에 가라앉는 것과 같다. 누워서 중력과의 투쟁을 포기하려는 강한 욕구를 갖는다.

때로는 잠이 빨리 온다. 한순간 깨어 있지만 다음 순간에는 의식이 없다. 수면은 때때로 점차적으로 이루어지며 신체의 일부에서 점진적으로 감각이 상실되는 것을 느낄 수 있다. 나는 아내 옆에 그녀의 몸에 손을 얹고 누울 때 먼저 그녀의 몸에 대한 의식을 잃은 다음 내 손에 대해 의식을 잃는 것을 알아차렸다. 그러나 감각에 지나치게 주의를 기울이면 나는 다시 깨어난다. 주의력은 의식의 기능이라 의식을 증가시킨다. 일반적으로 나에게 이것은 매우 짧은 찰나이며, 나는 그것을 완전히 알아차리기 전에 곤히 잠들어 있다. 물론 못 알아차리는 이유는 잠에 의해 의식의 기능이 소멸되기 때문이다.

잠이 들면 신체와 마음의 표면에서 흥분과 에너지가 빠져나간다. 넘어지는 과정에서도 동일하게 에너지가 빠져나가므로 두 상황은 에너지적으로 동일하다고 할 수 있다. 물론 땅에 떨어지는 것은 다칠 위험이 있고, 침대에서 자는 것은 안전한 절차라는 점에서 실질적으로 다르다. 그럼에도 낙상과 관련된 불안은 공통된 역동적 메커니즘 때문에 잠이 들 때 나타날 수 있다. 자아 통제를 포기하는 개인의 능력이 관건인데, 이는 마음과 몸의 표면에서 에너지가 빠져나가는 것과 관련이 있기 때문이다. 의지를 통해 주로 기능하는 사람들은 자아 통제와 생존을 동일시함으로써 잠에서 요구되는 통제의 굴복을 무의식적으로 거부하며, 그것을 요구하는 상황은 심각한 불안을 야기한다.

신경증적 불안은 신체의 활기찬 움직임과 그 움직임을 제한하거나 멈추기 위해 설정된 무의식적 통제 또는 차단 사이의 내부 갈등에서 비롯된다. 이와 같은 차단은 자아 통제 아래 있는 가로무늬근 또는 수의근 조직에서 주로 발생하는 만성 근육 긴장이다. 이런 근육 긴장이 만성화되면 의식적인 자아 통제가 상실된다. 이것은 통제를 포기했다는 뜻이 아니라 통제 자체가 무너졌다는 의미이다. 무너진 자아 통제는 자아나 인격이 권위를 상실한 파수꾼이나 경비원과 같다. 그것은 성격에서 독립적인 존재로 기능하며 만성 신체 긴장에 정비례하여 힘을 얻는다. 충전, 방전, 흐름 및 움직임은 신체의 생명이지만 이 경비원이 자신의 생존을 위해 제지하고 제한해야만 한다. 놔버리고 흐르고 싶어도 경비원은 "아니야, 너무 위험해"라고 말한다. 우리는 어린 시절 우리가 너무 시끄럽고, 지나치게 활동적이고, 너무 생기가 넘쳐서 위협받거나 처벌받을 때와 유사하게 저지된다.

누구나 자아를 통제하려는 시도를 '놓아버리고', 포기하면 넘어지는 것이 덜 위험하다는 것을 알고 있다. 사실, 사람이 넘어지는 것을 제어하려고 애쓰면 땅에 부딪치기도 전에 뼈가 부러질 수 있다. 골절은 갑작스러운 근육 수축으로 인해 발생한다. 자아 통제력이 약한 아동이나 술에 취해 자아 통제력이 약화된 사람들은 큰 부상 없이 넘어진다. 안전한 낙상의 비결은 낙상과 함께 몸의 흐름을 자유롭게 하고 감각을 두려워하지 않는 것이다. 이러한 이유로 미식축구 선수 같은 일부 운동 선수는 발생할 수 있는 심각한 부상을 피하기 위해 넘어지는 연습을 한다.

모든 신경증 환자가 낙상 불안을 겪는 것은 아니다. 나는 감각을 차단할 수 있다면 불안을 경험하지 않을 것이라고 앞서 언급했다. 이것은 암벽등반가인 빌의 경우도 마찬가지다. 두려운 것은 감각이다. 흥분의 흐름을 멈추거나 그에 대한 인식을 막을 수 있다면 두려움은 사라진다. 이것은 모든 신경증 환자가 잠드는 데 어려움을 겪는 이유를 설명하는 데 도움이 된다. 잠들 때는 표면에서 에너지가 빠져나가는 것을 느낄 때만 불안을 일으키거나 두려워하게 된다. 의식에서 수면 상태로의 이행과 관련된 감각이 없다면 불안은 일어나지 않을 것이다.

　　이 감각은 그 자체로 무서운 것이 아니다. 즐거움으로 경험할 수도 있다. 그러나 그것이 두려운 것은 몸의 표면에서 에너지가 빠져나와 의식이 흐려지는 것이 죽음과 유사하기 때문이다. 나중에 되돌릴 수 없다는 점을 제외하고는 죽어가는 경우에도 동일한 빠져나감이 발생한다. 사람이 잠드는 것과 죽어가는 것 사이의 관계를 어느 정도 인식하게 된다면, 자아 통제를 자연적인 과정에 맡기는 것이 어려워진다.

　　《몸의 배신》에서 나는 이러한 불안을 경험한 한 젊은 여성의 사례를 보고했다. 그녀는 꿈에 대해 "죽음의 현실을 생생하게 경험했어요. 땅에 묻힌 사람이 썩을 때까지 그곳에 있다는 것의 의미를 생생하게 경험했죠"라고 말했다.

이어 그녀는 "모든 사람이 그러하듯 나에게도 일어날 것임을 깨달았어요. 어린 시절 나는 잠을 자다가 죽어서 관 속에서 깨어나지 않을까 하는 불안 때문에 잠을 이루지 못했어요. 출구도 없이 갇힌 것 같았어요."*

이 말에는 이상한 모순이 있다. 잠을 자다가 죽더라도 관 속에서 깨어나지 않는다. 그녀는 죽는 것을 두려워하는 만큼 갇히는 것을 두려워했다. 생명은 움직임을 의미하고 움직이지 못하는 것은 죽는 것과 같기 때문이다. 죽는다는 것은 꼼짝도 할 수 없는 덫에 걸린 것이고, 덫에 걸린 것은 죽는 것이다. 이 환자에게 의식이란 것은 인식 이상의 것이다. 갇힐 가능성에 대한 경각심이 높아진 상태다. 잠드는 것은 이러한 경계심을 포기하는 것과 관련이 있으며, 따라서 갇히거나 죽을 위험에 처하는 것이다.

그녀의 말을 더 해석하자면 나는 관을 그녀의 몸과 동일시할 것이다. 일반적으로 잠에서 깨어났을 때 가장 먼저 인식하는 것은 몸이다. 의식은 잘 때 몸을 떠난 순서대로 돌아오는데, 처음에는 몸, 그다음에 외부 세계 순이다. 그러므로 사람이 자신의 몸을 어떻게 경험하느냐에 많은 것이 달려 있다. 몸이 살아 있지 않다면 영혼을 가두는 관처럼 느껴질 것이다. 또한 시체에만 일어나는 부패와 분해의 대상이 될

* Lowen, *Betrayal of the Body*. op. cit., p. 185.

것이다. 삶의 동요를 느끼는 살아 있는 몸으로 깨어나는 것은 지친 몸을 잠에게 맡기는 것만큼이나 큰 기쁨이다.

수면 중 몸에 항복할 때 몸에 아주 좋은 일이 일어난다. 그것은 하루의 근심을 버리고 세상으로부터 고요한 안식과 평화의 상태로 들어가는 것이다. 각성에서 수면으로의 변화는 호흡에서 가장 두드러진다. 우리는 종종 호흡의 질과 리듬의 변화로 우리 가까이에 누워 있는 누군가가 언제 잠들었는지 알 수 있다. 호흡의 질은 더 깊어지고 더 잘 들리며 리듬은 더 느리고 균일해진다. 이런 변화는 주간 활동 중에 긴장한 횡격막이 긴장 상태에서 벗어난 결과이다. 수면 중에는 신체의 에너지 집중을 낮추기 위해 횡격막이 이완된다. 우리가 사랑에 빠지거나 오르가슴을 느낄 때도 동일하게 횡격막 이완이 일어난다.

고대 철학에서 신체는 횡격막(지구의 윤곽을 닮은 돔 모양의 근육)에 의해 두 영역으로 나뉘었다. 횡격막 위쪽 영역은 의식과 낮, 즉 빛의 영역과 관련이 있다. 횡격막 아래의 신체 영역은 무의식과 밤에 속하고 어둠의 영역으로 간주되었다. 의식은 태양과 동일시되었다. 낮에 빛을 가져오는 지구의 지평선 위로 태양이 떠오르는 것은 복부 중심에서 머리와 가슴으로 신체 내부의 흥분이 상승하는 것과 일치한다. 이러한 감정의 상향 흐름은 의식의 각성을 초래했다. 잠을 잘 때는 반대 현상이 발생했다. 원시인들이 태양이 하강하는 것을 보았던 것처럼, 해가 지거나 태양이 바다로 떨어지는 것은 신체의 흥분이 횡격막 아래 영역으로 내려가는 것과 일치한다.

복부는 상징적으로 어둠의 영역인 땅과 바다에 해당한다. 그러나 이 복부 부위에서 생명이 나온다. 그곳은 삶과 죽음의 과정과 관련된 신비한 힘의 거처이다. 그곳은 또한 아래 영역에 거주하는 어둠의 영들의 거처이기도 하다. 이러한 원시적 관념이 기독교 윤리와 연결되었을 때, 아래 영역은 마귀, 즉 어둠의 왕에게 맡겨졌다. 그는 성적 유혹을 통해 사람들을 타락으로 이끌었다. 마귀는 땅의 구덩이에 있기도 하지만 성적으로 불이 타는 배 속의 구덩이에도 존재한다. 이러한 열정에 굴복하면 의식이 흐려지고 자아가 용해되는 오르가슴으로 이어질 수 있으며, 이를 '자아의 죽음'이라고 한다. 또한 물의 개념도 섹스와 관련이 있다. 아마도 생명이 바다에서 시작되었다는 사실에서 비롯된 것 같다. 많은 환자가 넘어지는 것에 대한 두려움과 연결되는 익사에 두려움을 느끼는 것은 성적 감정에 굴복하는 것에 대한 두려움과 관련 있을 수 있다.

우리는 사랑을 너무 이상화하여 섹스, 특히 섹스의 에로틱하고 관능적인 측면과의 밀접하고 친밀한 관계를 간과한다. 나는 사랑을 쾌락에 대한 기대라고 정의했지만,[*] 사랑에 빠지게 만드는 것은 특히 성적 쾌락이다. 심리학적으로 사랑은 자아가 사랑하는 대상에게 굴복하는 것을 의미하며, 자아보다 더 중요한 존재가 되는 것이다. 그러나 자아의 굴복은 신체의 감각이 내려가서 깊은 복부와 골반으로 흥분이 하향 흐름하는 것을 포함한다. 이 하향 흐름은 아주 기분 좋은 감각의 흐름과 몸이 녹는 듯한 감각을 생성한다. 말 그대로 사랑으로 녹아내리는 것이다. 생식기 부위에 국한되지 않고 성적인 흥분이 매우 강하다면 동일한 사랑스러운 감각이 발생할 것이다. 이러한 감각은 모든 완전한 오르가슴 분출 전에 나타난다.

이상하게도 넘어지는 행위 역시 비슷한 감각을 일으키기 때문에 아이들은 그네를 타는 것을 즐긴다. 그네가 떨어지면서 몸 전체에 기분 좋은 감각이 흐른다. 우리 중 일부는 그 사랑스러운 감각을 기억할 것이다. 또한 롤러코스터의 추락을 경험할 때도 비슷한 느낌이다. 이것이 그러한 놀이기구가 인기 있는 이유이다. 낙하와 관련된 많은 활동, 예를 들어 다이빙, 트램펄린 같은 것이 유사한 즐거움을 준다.

이 현상의 핵심은 횡격막이 풀어져서 신체 하부로 강한 자극이 흐를 수 있도록 하는 것이다. 그런데 이러한 경험을

[*] Lowen, *Pleasure, op. cit.*

하며 숨을 참으면 불안을 불러일으키고 즐거움을 파괴한다는 것을 깨달을 때 우리에게 이 관계가 분명해진다. 섹스에서도 똑같은 일이 일어난다. 넘어지는 것을 두려워하여 숨을 참으면 녹는 느낌이 없고 절정은 부분적으로만 만족스럽다.

'사랑에 빠진다'는 표현은 사랑에 빠진 느낌이 최고조에 이른 것이라는 점에서 모순을 내포하고 있는 것처럼 보일 수 있다. 어떻게 최고점에서 아래로 빠질 수 있을까? 그러나 빠지는 (떨어지는) 것이 생물학적으로 흥분의 최고 상태에 도달하는 유일한 방법이다. 트램펄린 점퍼는 올라오기 전에 떨어져야 한다. 상승을 위해서는 밀어내는 힘을 받기 위해 아래로 눌러야 한다. 그러면 상승을 하고 그것은 또 다른 낙하를 만들며, 또 다른 상승을 만든다. 오르가슴이 큰 낙하라면 매우 만족스러운 성행위 후 느끼는 고조감은 배출 후의 자연스러운 반동이다. 사랑에 빠지면 우리는 구름 위를 걷지만, 이것은 우리가 이전에 우리 자신이 나락으로 떨어지도록 내버려두었기 때문이다.

낙상이 왜 그렇게 강력한 영향을 미치는지 이해하려면 삶을 움직임으로 생각해야 한다. 움직임의 부재는 죽음이다. 그러나 이 움직임은 기본적으로 우리가 많은 시간을 보내는 공간에서의 수평적 이동이 아니다. 그것은 몸속에서의 맥동적인 흥분의 상승과 하강이며, 도약과 점프, 서고 눕기로 나타나며 더 높은 곳을 위해 노력하지만 항상 단단한 땅, 대지 그리고 우리의 지상 존재라는 현실로 돌아가는 방식으로 나타난다. 더 높이 올라가고 더 많은 것을 성취하기 위한 노력에 우리 에너지의 많은 부분을 사용해 종종 우리는 내려오거나 놔버리는 것을 어려워한다. 우리는 매달리고 넘어지는 것을 두려워한다. 넘어지는 것이 두려운 사람은 더 많은 안정을 얻을 수 있을 것이란 생각에 더 높이 올라가려고 끊임없이 노력한다. 유아기에 낙상 불안을 경험한 어린이는 반드시 더 높이 올라가는 것이 인생의 목표인 성인이 된다. 상상으로라도 달에 도달하면 황량함, 공허함, 고립감을 수반한 광기의 위험에 빠지게 된다. 지구의 대기를 벗어나는 것은 한계를 드러내는 것이다. 지구가 우리 몸을 당기는 중력의 유일한 효과가 사라짐으로써 쉽게 방향을 잃을 수 있다.

최고의 수면은 좋은 섹스를 따르기 때문에 수면과 섹스는 밀접하게 연결되어 있다. 마찬가지로, 모두가 알고 있듯이 섹스는 불안에 대한 최고의 해독제이다. 그러나 섹스가 이러한 효과를 가지려면 성적 감정에 굴복할 수 있어야 한다. 불행히도, 낙상 불안은 섹스에 집착하여 긴장과 흥분을 방출하는 주요 수단으로서의 자연적인 기능을 제한한다.

우리는 여전히 성행위를 할 수 있지만 그것은 수평적 차원에서 이루어지며, 에너지적으로 말하면 해방되는 추락도 들뜨는 상승도 없다. 우리는 환자가 섹스와 수면을 충분히 즐기고 항복을 통해 새로워지고 상쾌한 상태로 일어나게 하려면 낙상 불안을 극복하도록 도울 의무가 있다.

8장

스트레스와 성

중력: 스트레스에 대한 일반적인 견해

모두 알고 있듯이 성적 해방이 긴장을 풀어주는 역할을 한다는 사실을 고려할 때 스트레스와 성에 대한 논의로 한 장을 할애한다는 것은 그리 놀라운 일이 아니다. 따라서 스트레스에 대한 모든 논의에는 성적 오르가슴에 대한 분석이 포함되어야 한다. 그러나 나는 가장 먼저 스트레스의 본질에 대한 일반적인 견해를 제시하려고 한다.

스트레스는 유기체에 힘이나 압력이 가해질 때 발생하며 그 유기체는 에너지를 동원하여 이에 대응한다. 물론 유기체가 압력에서 벗어날 수 있다면 스트레스를 받지 않을 것이다. 어떤 유기체도 피할 수는 없지만, 보통의 경우 잘 대처할 수 있는 자연적인 스트레스도 있다. 그리고 개인의 문화적 상황과 사회생활 조건에 따라 달라지는 압력이 있다. 예를 들어 위험한 사고를 피하기 위해 항상 경계해야 하는 혼잡한 고속도로에서 운전하는 경우를 들 수 있다. 오늘날과 같은 경쟁이 치열한 사회에서는 이와 비슷한 압력이 더 나열하기 어려울 정도로 너무 많다. 대인 관계가 한 인간에게 요구하는 것들 때문에 스트레스를 받는다. 폭력의 위협이 있을 때에도 스트레스를 받는다. 마지막으로 외부의 작용만큼 스스로가 신체에 부과하는 구속의 스트레스가 있다.

스트레스를 생성하는 자연력 중 가장 보편적인 것은 중력이다. 누우면 일시적으로 중력의 스트레스를 피할 수 있지만 일어서거나 움직일 때마다 스트레스를 받는다. 서서 움직이려면 중력에 대항하기 위해 에너지를 동원해야 한다. 서 있는 것은 기계적인 과정이 아니다. 뼈의 구조적 정렬의 도움을 받지만 이 자세를 유지하기 위해 근육이 상당한 일을 해야 한다. 우리가 피곤하거나 기력이 없을 때, 불가능하지는 않더라도 일어서기가 어려워진다. 오랜 시간 꼼짝하지 않고 서 있어야 하는 병사들은 기력이 바닥나면 쓰러진다. 또한 사람은 심리적 또는 신체적 충격을 받아 신체 주변부로 에너지가 빠져나갈 때도 쓰러진다.

넘어지거나 쓰러지는 것은 끊임없는 스트레스의 위험에 대한 자연적인 보호 장치이다. 몸이 망가지기 전까지 감당할 수 있는 스트레스는 적지 않다. 서 있는 동안 이 한계를 초과한 군인은 사망하기도 한다. 또한 고온의 스트레스에 대처하는 신체의 능력이 떨어지면 일사병으로 사망할 수도 있다. 하지만 이런 상황에서도 넘어지거나 누워 있으면 중력의 스트레스가 없어져 위험을 크게 줄일 수 있다.

일반적으로 스트레스는 위에서 사람을 누르거나 아래에서 끌어내리는 힘으로 볼 수 있다. 부담은 우리를 짓누르고 압박하며 중력은 우리를 끌어내리는 작용을 한다. 우리는 지상에 역으로 압을 가함으로써 우리의 에너지로 이러한 압력에 대항한다. 작용은 반작용과 같다는 물리적 원리에 따라, 우리가 땅을 누르면 땅은 우리를 밀어내며 설 수 있게 해준다. 그래서 우리는 사람이 스트레스를 받거나 어려운 상황에 쳐하면 그에 '맞선다stands up'고 말한다.

똑바로 서 있는 것은 일반적인 인간의 자세이다. 인간만이 유일하게 이런 자세가 자연스러운 동물이다. 그러나 서 있으려면 상당한 에너지가 필요하다. 사람의 몸이 해부학적으로 두 발로 걷는 자세에 적합하다는 사실에도 불구하고, 나는 인간의 두 발로 선 자세를 의학적으로만 설명할 수는 없다고 생각한다. 우리는 인간이라는 유기체가 다른 동물보다 더 고도로 충전된 에너지 체계이고, 더 큰 에너지나 더 높은 수준의 흥분이 사람으로 하여금 직립 상태를 유지가능하게 함을 인식해야 한다.

인간 유기체가 고도로 충전된 에너지 체계라는 것은 입증할 필요도 없다. 인간의 활동과 업적에 대한 기록이 충분한 증거이다. 라이히가 믿었던 것처럼 이 에너지가 반중력 특성을 가지고 있는지 또는 중력에 대항하기 위해 사용되는지에 대한 여부를 현시점에서 결정할 필요는 없다. 중요한 것은 그것이 인간의 몸의 축을 따라 위아래로 흐른다는 것이다. 이 강한 맥동의 효과는 신체의 양극이 높게 흥분되어 강렬한 활동의 구심점이 된다는 것이다.

우리는 인간이 지구를 지배하게 된 이유가 궁극적으로 두뇌의 우월한 발달에서 비롯되었다는 생각에 익숙할 것이다. 그것은 분명한 사실이다. 그러나 많은 인류학자가 지적했듯이, 지배종으로서 성장에 중요한 영향을 미쳤던 것은 협동 사냥, 공유하는 사회 그리고 남성과 여성 간의 강한 유대감의 발달 때문이다. 결국 인간의 사회성은 그의 섹슈얼리티의 반영이다.* 인간 여성의 성생활이 배란 주기의 속박에서 벗어나 가족이라는 상황 내에서 지속적인 쾌락과 성적 만족의 기회를 제공함으로써 인간 사회를 안정시키는 데 중요한 역할을 했다. 이를 통해 남성은 여성과 자손에게

---

* Weston LaBarre, *The Human Animal*, Chicago, The University of Chicago Press, 1954. 이 책에는 인간의 성이 인간의 사회적 관계에 미치는 영향에 대한 훌륭한 논의가 담겨 있다.

필요한 헌신을 하며 아이들의 안전을 지킬 수 있었다.

내 요점은 큰 뇌의 발달, 인간이란 동물의 성적 관심과 활동의 증가 및 직립 자세가 인간 유기체의 에너지 전하 증가의 결과라는 것이다. 이 증가된 전하량이 인간을 직립 자세로 이끌었을 수도 있다. 해부학적, 생리학적 변화는 필연적으로 증가된 에너지 전하를 동반한다. 이 모든 특별한 인간 활동에는 다른 동물은 가지고 있지 않은 정도의 흥분이나 에너지가 필요하기 때문에 인간의 변화 이전에 에너지 증가가 있었다고 생각한다.

언급할 가치가 있는 인간의 많은 특성은 바로 우리 종의 직립 자세에 기인한다. 가장 중요한 것은 앞다리가 지지 및 이동 기능에서 자유로워지고, 인간의 팔과 손의 모습으로 진화할 수 있게 된 것이다. 우리는 도구와 무기를 모두 포함한 물체를 다루고 조작할 수 있으며, 손끝의 감각이 매우 예민해져 만지는 것들을 구별할 수 있고 팔과 손의 움직임 범위가 넓어져 몸짓을 통한 자기표현도 풍부하게 할 수 있게 되었다. 그러나 두 번째 결과는 인간이 신체의 가장 취약한 부분인 복부를 노출시킨 채로 세상을 마주해야 한다는 것이다. 따라서 인간의 가슴과 심장, 배와 허리는 만지기가 더 쉽고 공격으로부터 덜 보호된다. 친절함의 자질은 세상에 존재하는 이러한 방식과 관련이 있다고 상상할 수 있다.

셋째, 사람의 머리가 몸의 나머지 부분보다 높이 있다는 사실에는 사람의 사고에서 가치의 위계를 도입하고 확립하는 데 부분적으로 책임이 있다고 생각한다.

프로이트는 혐오감의 원인을 땅에서 머리를 들어 올리는 데 있다고 설명했다. 대부분의 다른 포유류에게 코는 배설 및 성적 배출구와 같은 역할을 하며 동물들은 인간들과 다르게 이 기능에 혐오감을 느끼지 않는다. 나는 프로이트가 이러한 부분들이 어떤 식으로든 인간의 신경증 경향에 기여했다고 믿었던 점에 대해 논할 준비가 되어 있지 않다. 확실한 것은 우리는 엉덩이 쪽보다 머리 쪽의 기능에 더 높은 가치를 부여한다는 점이다. 엉덩이가 실제로 신체의 몸 아래쪽에 있다는 이유로 논리적으로 '후장rear end'이라고만 명할 수는 없다. 나도 인간이고 문명인이기 때문에 이 가치 체계를 받아들였다. 이 가치 체계는 신체 하부의 기능과 밀접하게 관련된 인간의 기본적인 동물적 본능을 거스르지 않는 한 가치가 있다고 믿는다.

그러나 스트레스를 받을 때 직립 자세에서 발생할 수 있는 문제를 이해하려면 그 역학을 살펴보아야 한다. 이와 관련하여 하찮은 볼기짝이 중요한 역할을 한다. 해부학적으로 나는 직립 자세를 안정화시킨 변화가 엉덩이의 발달이라는 로버트 아드리Robert Ardrey의 의견에 동의한다. 이 두 개의 큰 근육 덩어리는 골반의 뒤쪽 기울기와 함께 작용하여 직립체를 구조적으로 지지한다.

내가 아드리에 동의하는 이유는 엉덩이가 수축되고 골반이 앞으로 기울어지면 신체가 부분적으로 무너진다는 관찰 때문이다. 이것은 앞서 설명한 마조히스트형 성격 구조에서 볼 수 있다. 흥미롭게도, 마조히스트형 구조에서 몸은 부분적으로는 무너진 자세와 일부 다모증 현상으로 유인원과 같아진다. 마조히스트형 구조는 위와 아래로부터의 끊임없는 스트레스로 아이는 피하지도 견디지도 못한다. 그의 유일한 대안은 복종이다. 계속되는 스트레스를 견디기 위해 그의 근육 조직이 과도하게 발달한 것이 마조히스트형 구조의 물리적 징후 중 하나이다.

마조히즘은 사람들이 스트레스를 다루는 세 번째 방법이다. 스트레스 상황에서 벗어나거나 압력에 맞서지 못하고 상황을 처리할 수 없는 마조히스트는 스트레스에 굴복한다. 이 성격 패턴은 스트레스를 받는 힘을 피할 수도, 맞설 수도 없는 상황에서 발달한다.

불행히도, 우리가 부모와 학교 당국의 압력에 대처하는 패턴은 어린 시절에 이미 확립된다. 그것에 따라 성인이 되어서 스트레스를 어떻게 처리하는지 결정이 된다. 마조히스트형 구조에서 스트레스를 견디기 위해 과도하게 발달된 근육 조직이 만들어지면서 복종의 패턴이 만들어지는 것을 볼 수 있다. 그러나 생후 첫해 일찍이 압력을 가하면 영아가 참을성을 발달시키는 데 필요한 근육을 형성할 수 없어서 복종하는 것이 불가능하다. 이런 상황에서 물리적으로 후퇴하는 것도 불가능하다. 물론 이 나이에 스트레스를 견디는 것은 불가능하다. 심리적 후퇴는 **삶의 방식**the modus vivendi이 된다. 유아와 아동은 상황과 현실에서 분리된다. 그는 환상의 세계에 살거나 중력의 압박을 거부하고 하늘을 나는 꿈을 꾸거나 자폐증에 빠진다. 이 패턴은 나중에 개인이 압도적인 스트레스에 직면할 때 나온다. 리지드형 구조의 경우처럼 늦은 어린 시절의 시기에 압력이 가해지면 스트레스에 맞설 수 있다. 그러나 스트레스가 지속되면 맞서는 성격은 기질적 태도가 되고, 몸과 마음의 경직성으로 이어진다. 리지드 구조를 가진 사람은 자신에게 손상을 줄 수도 있고 다치게 할 수도 있는 경우에도 모든 스트레스를 견뎌낸다. 그리고 그는 구조화가 너무 심해져서 스트레스를 얼마나 잘 견딜 수 있는지 증명하기 위해 스트레스를 찾아다닌다.

스트레스에 대한 이러한 반응 패턴은 신체에 구조화되어 있으며 개인의 성격 태도의 일부라는 사실이 이제 독자에게 분명해졌을 것이다. 사실상 사람은 외부 압력이 가해지지 않을 때조차 스트레스에 반응한다. 이 경우 우리는 스스로 부과한 압력에 대해 말할 수 있다. 자아(또는 프로이트가 초자아라고 부른 것)는 압력을 삶의 필수 조건으로 여긴다.

어깨가 올라가고, 어깨에 짐을 걸머메는 것이 남자다움의 표현인 것처럼 자세를 취하는 사람의 예를 들어보자. 그는 그 느낌이나 태도를 의식하지 못할 수도 있지만 그의 몸이 그렇게 말한다. 그의 어깨에 가해지는 근육 긴장의 양이 어깨에 약 45킬로그램의 무게를 짊어지는 데 필요한 양과 같다고 가정한다면, 그가 그만큼의 압력을 받고 있다고 추론하는 것이 논리적일 것이다. 그의 신체는 그만큼의 무게가 자신을 짓누르는 것처럼 행동하고 있는 것이다. 그가 정말로 무거운 것을 지고 있었다면 그것이 차라리 더 낫다. 왜냐하면 그는 그 짐을 의식하고 조만간 그것을 놓아버릴 것이기 때문이다. 그의 현재 상태로는, 그것을 자각하지 못한 채 끊임없는 스트레스를 받고 있어 그것을 떨쳐버릴 수가 없다.

모든 만성적인 근육 긴장은 신체에 지속적인 스트레스를 가한다. 이것은 무서운 생각이다. 한스 셀리에Hans Selye가 지적했듯이* 지속적인 스트레스는 신체에 해로운 영향을 미친다. 스트레스가 무엇인지는 별로 중요하지 않다. 신체는 일반적응증후군general adaptation syndrome으로 모든 스트레스에 반

---

* Hans Selye, *The Stress of Life*, New York, McGraw-Hill, 1956.

응한다. 이 증후군은 세 단계로 구성된다. 1단계를 경보 반응이라고 한다. 신체는 스트레스에 대처하기 위해 신체의 에너지를 동원하는 부신수질 호르몬을 분출한다. 스트레스가 신체적 모욕일 때 경보 반응은 염증 과정의 형태를 취한다. 이 반응이 부상을 극복하고 스트레스를 제거하는 데 성공하면 몸이 진정되고 자연적인 항상성 상태로 돌아간다. 그러나 스트레스가 계속되면 2단계가 시작된다. 이 단계에서 신체는 스트레스에 적응하려고 시도한다. 여기에는 항염증 작용을 하는 부신 피질 호르몬이 관여한다. 그러나 적응 과정에는 신체의 저장고에서 동원되어야 하는 에너지도 필요하다. 2단계는 신체가 스트레스 유발하는 물질을 제거할 수 없어 억제하려고 한다는 점에서 냉전과 비슷하다. 2단계는 오랫동안 지속할 수 있지만 결국 몸이 약해진다. 3단계는 고갈된 단계이다. 몸은 더 이상 스트레스를 감당할 에너지가 없어서 무너지기 시작한다.

스트레스에 대한 반응을 설명한 셀리에의 개념을 이런 짧은 소개로 신체에 대한 이해에 얼마나 중요한 기여를 했는지는 설명이 안 된다. 그러나 우리 주제의 범위가 넓기 때문에 그의 업적만큼 대단한 주의를 기울이는 것은 불가능하다. 반면에 스트레스에 대해 논의할 때는 이를 무시할 수 없다. 우리에게 특히 중요한 것은 3단계인 고갈 단계다. 피로 또는 만성 피로로 해석되는 이 단계는 아마도 우리 문화에서 가장 보편적인 불만일 것이다. 나는 만성적인 근육 긴장으로 인해 받는 지속적인 스트레스로 많은 사람의 고갈 위기에 임박한 신호를 인지한다.

이러한 신체적 스트레스의 존재는 일상생활의 스트레스를 처리하는 데 사용할 수 있는 에너지를 제한한다. 바이오 에너지 치료 과정에서 사람의 근육 긴장이 감소하면 개인 상황의 스트레스에 훨씬 더 효과적으로 대처할 수 있다는 것을 알게 되었다. 스트레스에 대처하는 비결은 단순히 에너지를 충분히 확보하는 것인데, 이는 몸이 상대적으로 긴장되지 않은 경우에만 가능하다.

요약하면 나는 많은 사람의 상황을 다음과 같이 설명할 것이다. 그들은 큰 스트레스를 받으며 노동을 하고 있지만 계속하지 않으면 인간으로서의 약점과 실패를 인정하는 것이라고 생각한다. 이 절박한 해협에서 그들은 턱을 더 단단히 고정하고 다리를 뻣뻣하게 굳히고 무릎을 꿇고 때로는 믿기지 않는 의지로 분투한다. 내 환자 짐이 말했듯이 "나는 포기를 모르는 사람이다". 여러 면에서 이러한 의지는 훌륭하지만 신체에 치명적인 영향을 미칠 수 있으며 실제로도 그러하다.

허리 통증

사람을 움직이지 못하게 하고 침대에서 못 일어나게 할 정
도의 급성 허리 통증은 종종 스트레스의 직접적이고 즉각
적인 결과이다. 갑자기 무거운 물건을 들어 올리다가 요추
부위에 날카로운 통증을 느끼고 곧게 펼 수 없다는 것을 인
지한다. 우리는 그것을 보고 등이 경련을 일으켰다고 말한
다. 대개 한쪽의 하나 이상의 근육이 등을 움직일 때마다 극
도로 고통스러운 심한 경련 상태에 빠지게 된다. 때때로 경
련의 결과로 신경근 중 하나를 누르는 추간판탈출증이 발
생하여 통증이 한쪽 다리로도 내려갈 수 있다. 추간판탈출
증은 흔하지 않지만 신경에 가해지는 압력이 경직된 근육
자체에서 올 수 있다.

나는 정신과 의사이지만 이런 증상으로 고통받는 많은 사람을 치료했다. 그중에는 바이오에너지 요법의 치료를 받던 환자 중 허리 부분에 경련 상태가 자주 발생하는 증세를 가진 사람도 있었다. 그 외 다른 사람들은 바이오에너지 요법이 근육 긴장을 다루기 때문에 나에게 치료를 부탁했다. 이 상태에 대한 빠르고 쉬운 치료법이 없다는 것을 처음부터 말해야겠다. 사람이 통증으로 인해 움직이지 못하면 가라앉을 때까지 침상 안정이 필요하다. 침상 안정은 중력이 주는 스트레스를 제거하는 역할을 하여 점차 근육이 이완되기 시작한다. 이 시점에서 나는 긴장된 근육의 이완을 촉진하고 경련의 재발을 방지하도록 설계된 바이오에너지 운동 프로그램을 진행한다.

이 운동을 이해하려면 왜 그러한 경련이 발생하는지 알아야 한다. 어떤 자세나 서 있는 패턴이 사람의 허리를 취약하게 만드는가? 사람들이 직립 자세 때문에 허리 문제가 생기기 쉽다고 믿는 것은 잘못된 것이다. 요통이 정상적인 것이라고 가정하는 것도 잘못되었다. 이 고통은 우리 문화에서 널리 퍼져 있으며 일반적 예이지만 심장병과 근시도 마찬가지이다. 사람이 심장이 있어서 심장병에 걸리기 쉽거나 눈이 있기 때문에 근시가 될 수 있다고 할 수 있을까? 심장 질환이 드물고 근시 또한 존재하지 않으며 허리 통증의 문제를 알지도 못하는 문화가 있다. 차이는 사람들에게 있지 않다. 그들 역시 직립보행을 하고 심장과 눈이 있다. 그러나 그들은 우리가 서양인이라고 부르는 많은 사람처럼 스트레스의 종류와 정도에 영향을 받지 않는다.

스트레스가 허리 문제의 원인이라는 것이 사실일까? 나는 지금까지 사람이 무거운 물건을 드는 경우에만 연결성을 지적했다. 그러나 많은 사람이 겉보기에 대수롭지 않은 활동에서도 허리 경련을 일으켰다. 작은 물건을 주우려고 몸을 굽혀도 등은 경련을 일으키기도 한다. 드문 일이 아니다. 나는 사람이 자고 있는 동안 경련이 일어난 사례를 하나 알고 있다. 그녀는 몸을 뒤집었고 그 움직임은 경련을 일으키기에 충분했다. 항상 경련을 유발하는 행동에 분명한 스트레스가 있는 것은 아니다. 그러나 경련이 발생하는 각각의 경우에 스트레스는 있게 마련이다.

등에 심한 경련을 일으킨 한 청년은 여자친구와 함께 아파트로 이사를 가던 중이었다. 이틀 동안 그는 짐을 꾸리느라 바빴고, 거의 끝이 날 즈음에 책을 집어 들기 위해 몸을 구부렸는데 병원에 입원을 하게 됐다. 내가 그를 봤을 때 드러난 이야기는 그가 이사에 대해 갈등을 겪고 있었다는 것이다. 그의 여자친구와의 관계는 열렬했지만 논쟁, 질투 및 불확실성에서 거의 자유롭지 못했다. 그는 그 이사에 대해 심각한 불안을 가지고 있었고 관계를 유지하기 위해 그렇게 해야 한다는 압박감을 느꼈다. 본성이 가로막고 있었고 그는 절대 움직이려 하지 않았다. 그러나 물러설 수 없다고 느꼈고, 대신 허리가 삐끗한 것이다. 나는 그것이 간단한 이치라고 믿는다. 스트레스를 참을 수 없게 되면서 등이 무너졌다.

또 다른 사례는 한동안 하차하고 싶었던 쇼에 출연했던 여배우와 관련된 것이다. 그녀는 감독은 물론 일부 출연진과 잘 지내지 못했다. 게다가 추가 리허설로 늦은 시간까지 일하느라 지쳐 있었다. 그녀는 그만두고 싶었지만 그럴 수 없었다. 그러자 그녀는 '실수'라고 할 만한 일을 저질렀고, 결국 무대에서 내려왔다. 그녀는 쇼를 떠났지만 병원의 침대에 실려서 떠난 격이다. 그야말로 그녀의 몸이 그녀를 그만두게 했다. 나는 그녀의 경우에도, 스트레스를 견딜 수 없던 것이라고 말하고 싶다.

자다가 등에 경련을 일으킨 한 사람은 당시 상당한 압박을 받고 있었다. 전날부터 등 부위가 그녀를 괴롭히기 시작했다. 그녀는 집안일을 하느라 바쁘게 서둘렀지만 똑바로 서 있지 않고 비틀거리고 있다는 것을 알아차렸다. 그녀는 이전에 발작을 겪어 일주일 동안 침대에 누워 있었기 때문에, 그 징후를 알고 있었다. 그래도 그녀는 '일이 끝나마자 집에 가서 쉬고 일어나면 되겠지' 생각했다. 일을 끝내고 집에 가서 잠시 쉬었지만 그것만으로는 충분하지 않았다. 경련이 일어났을 때, 그녀는 일주일 동안 자리에서 일어나지 못했다.

허리가 아픈 이유는 무엇일까? 이곳이 특히 스트레스에 취약한 이유는 무엇일까? 답은 허리가 두 개의 반대되는 힘이 만나 스트레스를 유발하는 곳이라는 것이다. 그 하나가 중력으로, 중력은 위로부터 사람에게 작용하는 모든 압력, 권위, 의무, 죄책감 및 육체적 정신적 부담에 대해 작용한다. 다른 하나는 직립 자세로 사람을 지지하며 그에게 가해지는 요구와 부담에 맞서는 다리를 통해 위쪽으로 가해지는 힘이다. 이 두 힘은 요천골 부위에서 만난다.

이 개념은 중력이 주는 스트레스를 연구하면 명확해진다. 한 자세로 오랜 시간 서 있어야 하는 상황은 부담스러울 수 있다. 그렇다면 문제는 '사람의 다리가 얼마나 오래 지탱할 수 있는가?'이다. 언젠가 다리는 무너져야 하고 다리가 무너지면 등은 괜찮아진다. 등이 위험해지는 상황은 다리가 풀리지 않을 때 발생한다. 그러면 등이 다치게 된다.

하루, 이틀 또는 그 이상이라는 믿을 수 없는 시간 동안 사람이 움직이지 않고 서 있을 수 있는 병에 대해 언급해야 한다. 흥미롭게도 이 상태에서는 다리나 등을 다치지 않는

다. 그 상태는 조현병 양상 중 하나인 긴장증catatonia이다. 긴
장증에 대해 생각할 때, **그 사람은** 포기했다는 것, 즉 그가
사라졌다는 것을 깨닫게 된다. 나는 앞서 분열 현상이 사람
들이 압도적인 스트레스를 처리하는 방법 중 하나라고 언
급했다. 긴장증은 분열된 존재이다. 정신이나 마음은 더 이
상 몸과 통일되지 않는다. 몸이 조각상으로 변한 것이다. 긴
장증을 가진 사람들은 조각상 같은 포즈로 서 있다.

우리의 다리는 스트레스에 대처하는 것이 아니라 스트레
스에 반응하도록 자연스럽게 구조화되어 있다. 이러한 능
력이 무릎의 기능이다. 무릎의 작용은 신체에 유연성을 제
공한다. 무릎은 유기체의 충격 흡수 기관이다. 위로부터의
압력이 너무 크면 무릎이 구부러지고 압력이 견디기 힘들
때 무릎이 접히며 넘어진다.

성격에 낙상 불안이 있을 때 무릎은 이 기능을 잃는다. 그
는 압력에 맞서기 위해 무릎을 고정시킨 채 서서 다리의 근
육을 긴장시켜 단단한 지지대처럼 기능하게 한다. 그에게 유
연성은 포기하는 것을 의미하므로 그것을 두려워한다.

다리가 부드럽고 유연하면 위에서 오는 압력이 다리로
전달되어 땅으로 배출된다. 그러나 사람이 압력을 견디기
위해 무릎을 고정시키고 다리를 뻣뻣하게 만들 때, 그 경직
성은 천골과 골반까지 위쪽으로 확장된다. 모든 압력은 이

요천추 접합부에 국한되어 부상에 취약해진다.

설명하기 위해 세 가지 단순화된 인체 그림을 사용해보겠다.

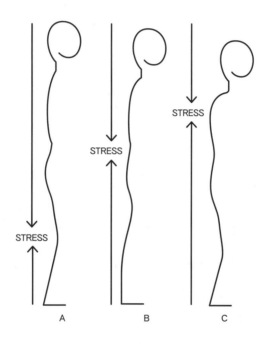

왼쪽 그림은 상당히 정상적인 자세를 보여준다. 무릎은 구부러지고 골반은 자유롭다. 즉, 일정 위치에 고정되어 있지 않다. 이 자세는 충격을 흡수하는 역할을 하는 무릎에 압력이 전달되도록 한다. 압력이 너무 크면 무릎이 무너진다. 그러나 그런 일은 거의 발생하지 않는다. 이 자세를 가진 사람은 넘어지는 것을 두려워하지 않기 때문에 포기하는 것을 두려워하지 않는다. 압력을 견딜 수 없을 때 그는 그 상황에서 벗어난다. 그는 관계가 자신의 몸보다 빨리 무너지도록 내버려둘 것이다.

가운데 그림은 무릎을 고정시키고 서 있는 사람의 자세를 보여준다. 이 경우 골반을 포함한 하반신이 단단한 받침대 역할을 한다. 이 자세는 매우 불안정하여 지지를 위한 견고한 지지대가 필요함을 알려준다. 이 자세는 결국 모든 스트레스가 요천추 부위에 집중되어 이 부위의 근육이 극도로 긴장되도록 만든다. 사람은 지속적인 스트레스를 받기 때문에 추가로 스트레스를 받으면 이 부위의 등이 무너질 수 있다. 요천추 근육의 수축 상태가 주는 또 다른 결과는 척추 관절의 인대와 뼈에 과도한 마모와 긴장을 일으켜 결국 관절염 상태를 유발하는 것이다.

오른쪽 그림은 또 다른 자세를 보여준다. 계속해서 무거운 짐을 지고 있는 것처럼 등 위쪽이 구부러져 있다. 무릎은 구부러져 있지만 이것은 골반이 앞쪽에 위치해 절충된다. 이 자세에서는 스트레스로 인해 등 전체가 무너져 요천추 부위를 보호한다. 압력에 저항하기보다는 복종하는 마조히스트형 성격의 전형적인 자세이다. 이 태도는 허리를 보호하느라 성격 전반을 희생한다. 일어서서 반격하기 위해 강한 노력을 기울이면 실패할 것이다. 이러한 일이 발생하면 치료 과정에서와 마찬가지로 허리는 긴장하게 된다. 나는 항상 이런 일이 일어날 것이라고 환자들에게 경고한다. 그러나 환자는 이미 골반을 풀고 요추 부위의 긴장을 줄이기 위해 고안된 바이오에너지 운동에 참여하고 있기 때문에 문제가 심각해지지는 않는다.

스트레스 상황에 대처하기 위해 신체의 에너지를 동원하는 호르몬을 분비하는 부신이 신체의 후벽에 맞닿은 신장 맨 위에 가로로 놓인 요추 부위에 위치한다는 것은 특별한 의미가 있다. 따라서 부신은 신체가 받는 스트레스의 정도를 평가할 수 있는 위치에 있다. 하지만 어떻게 그렇게 하는지는 내가 대답할 수 없는 질문이다. 그러나 나는 그것들의 위치가 순전히 우연적이라고 생각하지 않는다.

나에게 중요한 것은 신체가 바이오에너지 원리에 따라 조직되어 있음을 보여주는 것이다. 이것은 또 다른 중요한 내분비선인 갑상선의 위치로 확인된다.

갑상선은 음식이 에너지를 생성하기 위해 산화되는 과정인 유기체의 신진대사를 조절한다. 갑상선이 에너지 생산을 조절한다고 말할 수 있다. 이것은 혈류를 순환하는 호르몬인 티록신을 생성하여 신체의 세포에서 대사산물의 산화를 촉진하여 이를 수행한다. 티록신이 너무 적으면 에너지 부족으로 기운이 없고, 너무 많으면 신경이 과민해진다. 호르몬 자체는 에너지를 생산하지 않는다. 그것은 우리가 먹는 음식의 양과 종류, 호흡하는 공기의 양, 신체가 요구하는 에너지에 의해 직접적으로 결정된다. 호르몬은 필요에 따라 에너지 생산을 조정한다.

갑상선은 갑상선 연골 바로 아래의 삼면에서 기관을 둘러싸고 있다. 부신이 허리의 좁은 부분에 있는 것처럼 목의 좁은 부분에 갑상선 분비선이 있다. 그리고 부신이 스트레스에 민감한 위치에 있는 것처럼 갑상선도 호흡에 민감한 위치에 있다. 그것은 폐와 마찬가지로 발생학적으로 인두의 바깥쪽에서 발달한다. 이것은 티록신의 분비가 호흡하는 공기의 양과 직접적인 관련이 있다는 것이다. 의학계는 이 관계를 오랫동안 알고 있었고 이를 개인의 기초대사율을 테스트하는 데 사용해왔다. 휴식 상태에서 특정 시간 단위당 개인의 호흡을 측정하면 티록신 분비량을 알 수 있다. 그러나 샘의 위치가 이것과 관련이 있다고 가정하지는 않았다. 나는 그것이 우연이 아니라고 생각하는데, 갑상선의 위치와 발생학적 기원 때문에 분비선은 호흡과 함께 일어나는 기관의 미세한 팽창과 수축에 참여하거나 이에 반응하여 산소 섭취량과 신체의 신진대사 활동을 조정할 수 있다고 생각한다.

다시 스트레스, 요추 부위 및 부신으로 돌아가보겠다. 존 F. 케네디가 심각한 허리 통증을 앓았다는 것은 널리 알려진 사실이다. 그의 어깨가 매우 높이 치솟고 떡 벌어진 것을 상기하면 그가 매우 무거운 책임을 짊어지고 있었음을 시사한다. 그러나 이러한 신체 성향은 그가 공직에 오르기 훨씬 전에 발달했다. 그 기원은 어린 시절의 경험에서 찾아야 한다. 일단 그 성향이 몸에 구조화되면 개인의 부담에 상관없이 그러한 책임을 받아들이는 경향이 있고, 그는 그런 사람이었다. 케네디는 또한 분비선의 고갈로 인해 부신 기능이 거의 완전히 상실되는 애디슨병의 희생자였다. 내 생각에 이것은 사람이 지속적으로 스트레스를 받으면 먼저 이 분비선이 과다 활동을 일으키고 그다음에는 결국 고갈될 때 발생할 수 있다.

스트레스는 사람의 신체 건강은 물론 정서적 건강에 악영향을 미친다. 우리는 극도로 스트레스를 많이 받는 시대에 살고 있기 때문에 스트레스의 해로운 영향으로부터 몸과 마음을 보호하는 방법을 배워야 한다. 스트레스에 대한 개인의 취약성을 줄이려면 '실망'에 대한 신체적, 정신적 방어를 통해 스트레스를 해소해야 한다. 이것은 성공과 성취, 정상에 오르고 얻는 것에 최우선 가치를 두는 문화에서 쉬운 일이 아니다. 우리의 자아는 실패를 받아들일 만큼 강하지 않기 때문에 우리는 우리의 건강에 해로운 상황에도 버티도록 우리 몸에 강요한다. 결국 우리의 성공은 일시적이고 공허하다. 왜냐하면 우리의 몸은 지속적인 스트레스로 인해 망가지기 때문이다. 그러나 실패에 대한 두려움이 너무 커서 최종 붕괴가 일어날 때까지 자아는 몸에 굴복하는 것을 거부한다. 심층적 차원에서 실패는 항복으로 인식된다. 이러한 자아는 치료의 일부로 사례별로 신중하게 분석해야 한다.

또한, 실망하기를 막는 신체의 물리적 또는 구조적 요소는 지속적으로 개선해야 한다. 우리는 바이오에너지 요법에서 두 가지 세트의 운동을 사용하여 사람이 흥분이나 스트레스의 방출을 방해하는 근육 긴장을 감소시키도록 돕는다. 첫 번째는 다리를 통해 신체를 **접지**시키고 넘어지거나 실패하는 불안을 극복하는 것을 목표로 하는 모든 운동을 한다. 앞서 이러한 연습 중 일부를 설명했으며 다시 참조할 것이다. 두 번째는 골반을 자유롭게 하고 성적 감각을 여는 특정한 목적을 가지고 있다. 이것들 중 일부는 성적 해방을 다루는 다음 섹션에서 설명할 것이다. 이미 말했듯이 골반이 움직이지 않고 고정된 위치에 단단히 유지되어 있으면 어떠한 압력이 다리로 내려가 배출되는 것을 막을 수 있다는 것을 명확히 알아야 한다. 스트레스는 요추 부위에 집중되고 우리가 봤던 결과를 초래할 것이다.

하체가 효과적으로 기능하는 데 기본 작업은 유연한 무릎이다. 고정된 무릎은 흥분이나 느낌이 다리를 통해 발로 흐르는 것을 막는다. 따라서 바이오에너지 요법의 첫 번째 명령 중 하나는 '항상 무릎을 구부린 상태로 유지'하라는 것이다. 어깨를 낮추고 복부 근육을 당기거나 조이지 않을 것과 같은 몇 가지 다른 명령이 있다. 이 간단한 동작은 호흡과 감각의 흐름을 개선하는 데 도움이 되며, 더 생기 있고 반응이 빠른 신체에 관심 있는 사람들에게 권장될 수 있다. 그들은 '어깨는 펴고, 가슴은 밖으로, 배는 안으로'라는 문화적 지령에 대응하는 데 필요한 태도이다. 문화적 지령의 목적은 표면적으로는 똑바로 서도록 돕는 것이지만 실제로는 뻣뻣하게 서도록 강요하는 것이다.

무릎을 구부린 상태를 유지하라는 명령은 무거운 물건을 들어 올릴 때 중요한 것으로 알려져 있다. 그렇게 하지 않으면 허리 경련이 발생할 수 있다. 프로 미식축구를 중계하는 아나운서가 무릎을 굽히지 않은 러닝백은 힘을 잃고 중상을 입기 쉽다고 지적하는 걸 들은 적이 있다. 그런데 이 자세가 스트레스를 많이 주는 자세라면 직립을 하는 모든 인간에게 적합하지 않을 이유가 있을까?

평소에 이 자세로 서 있지 않던 환자들은 처음에는 부자연스럽고 불안감까지 느꼈다고 한다. 그러나 꼿꼿한 무릎은 안정감을 준다고 착각하게 할 뿐이며, 무릎을 구부려서 서 보면 그 착각은 사라진다. 무릎을 구부리고 서 있는 습관을 기르려면 처음에는 의식적인 주의가 필요하다. 면도를 하거나 설거지를 하거나 구석에서 빛이 바뀔 때까지 기다리는 동안 연습할 수 있다. 잠시 후면 이 새로운 자세에서 마음이 편안해지고, 그렇게 되면 무릎을 딱 펴고 서 있는 것이 부자연스럽고 어색하게 느껴진다. 서 있는 자세와 다리도 의식하게 된다. 피곤함을 느낄 수도 있지만 맞서지 않고 굴복하여 휴식하게 된다.

다음 단계는 다리에 약간의 진동을 주는 것이다. 이것은 경직성을 줄이기 위한 것이다. 진동은 근육 긴장을 풀어주는 자연의 방법이다. 사람이 긴장을 놔버리면 긴장이 풀린 용수철처럼 진동한다. 우리의 다리는 용수철과 같아서 너무 오랫동안 긴장을 유지하면 뻣뻣해지고 굳어져 탄력을 잃는다.

다리를 진동시키는 방법에는 여러 가지가 있다. 바이오에너지에서 가장 일반적으로 사용하는 운동은 손을 땅에 대고 무릎을 약간 구부린 채 앞으로 숙인 자세이다. (6장 참조) 이 운동은 접지와 관련하여 앞서 설명하였다. 이 운동은 항상 호흡 의자 위에서 호흡 운동을 하고, 활 자세를 취한 후에 사용한다.

허리 문제를 치료할 때 나는 활 자세와 앞으로 구부린 자세를 번갈아가며 환자가 너무 많은 고통을 느끼지 않을 정도로 뒤로 또는 앞으로 구부리게 한다. 굽히는 것을 번갈아 하면 허리 근육이 풀어지지만 급성 허리 질환에서 회복 중인 경우 점진적으로 수행해야 한다. 그런 다음 비교적 등에 통증이 없을 때 허리의 좁아지는 부분에 말아놓은 담요를 깔고 바닥에 눕는 것이 좋다. 이것은 고통스러울 수 있다. 환자에게 통증에 굴복하고 그것에 대해 긴장하지 말라고 말한다. 이렇게 하면 등의 근육이 풀어질 것이다. 그러나 이 운동이나 그 어떤 다른 운동을 억지로 강요해서는 안 된다. 강요는 우리가 줄이려고 하는 바로 그 긴장을 더 만든다. 환자가 이 운동을 쉽게 할 수 있게 되면 허리에 압력을 가한 채 호흡용 의자에 눕힌다. 의자는 머리가 침대에 닿을 수 있도록 침대 옆에 놓아 여기에서도 환자는 고통에 굴복하고 긴장을 풀라는 지시를 받는다. 환자는 놓아버리자마자 고통이 사라진다는 것을 알게 된다.

허리 문제를 극복하는 데 가장 큰 장애물은 두려움, 통증에 대한 공포이다. 환자가 완전히 고통에서 벗어나게 하려면 이 두려움을 극복할 수 있도록 도와야 한다. 두려움은 긴장을 낳고 긴장은 통증을 낳는다. 결국 수술 외에는 방법이 없어 보이는 악순환에 빠진다. 나는 수술을 권하지 않는다. 왜냐하면 그것은 문제의 근원인 근육 긴장에 아무런 효과가 없기 때문이다. 허리에 깁스를 하면 운동성을 감소시켜 통증을 없앨 수 있지만, 나는 그러한 수술을 두 번 이상 받고도 큰 효과가 없었던 사람들을 알고 있다. 이 사람들은 바이오에너지 요법으로 눈에 띄게 개선되었다.

허리의 운동성을 회복하면 통증을 없앨 수 있다. 그러나 이를 위해서는 두려움을 극복해야 한다. 이 환자들은 단순히 고통만을 두려워하는 것이 아니라, 고통이 의미하는 바, 즉 통증이 위험 신호라는 사실을 두려워한다. 그들은 등이 실제로 **부러질까** 두려워한다. 이 두려움은 그들이 허리를 대고 의자 위에 누웠을 때 나타난다. 아프기 시작할 때 무엇이 두렵냐고 묻는다면 언제나 "등이 부러질까 두렵다"고 대답할 것이다.

내 오랜 경험에 따르면 바이오에너지 운동을 올바르게 수행하며 허리를 다친 사람은 없다. 올바르게 수행한다는 것은 문제를 해결하는 데 사용하는 것이 아니라 문제를 알아차리는 단계를 일컫는다. 사람이 겁을 먹을 때 위험 지점을 넘어서는 운동을 해서는 안 된다. 이런 일이 발생하면 두려움에 대한 분석이 필요하다. "등뼈가 부러질 수 있다는 생각은 어디서 나왔어요?"나 "허리가 부러지는 원인은 무엇입니까?"와 같은 질문을 해야 한다. 조만간 환자는 골절에 대한 두려움을 어린 시절 상황과 연관시키게 된다. 예를 들어, 그는 부모가 "너 잡히기만 하면 등을 부러뜨릴 거야"라고 위협했던 것을 기억할 수 있겠다. 반항적인 아이에게 이것은 부모가 아이의 정신이나 저항의 근원을 부러뜨릴 것이라는 의미로 받아들여질 것이다. 이 위협에 대해 아이는 "당신은 나를 부러뜨리지 못할 거다"라고 말하는 듯이, 등을 뻣뻣하게 만드는 반응을 보일 수 있다. 그러나 등이 만성적으로 뻣뻣해지는 것은 부러지는 것에 대한 두려움이 방어의 수단으로 몸에 구조화된 것이다.

등을 뻣뻣하게 만드는 데 항상 명확하게 표현되는 언어적 공격만이 있는 것은 아니다. 더 일반적으로는 의지의 공개적인 충돌이 있으며, 이 상황에서 아동은 자신의 완전성을 유지하기 위해 무의식적으로 등을 뻣뻣하게 만들 수 있다. 어떤 경우든 등이 뻣뻣해지는 것은 무의식적인 저항, 굴복 또는 포기에 대한 저항을 나타낸다. 경직성은 성실성을 유지한다는 긍정적 측면이 있지만 욕구나 열망, 사랑에 대한 경직이라는 부정적인 효과도 있다. 경직성은 울고 싶은 마음을 포기하게 하고 성적 갈망에 굴복하는 것을 차단한다. 사람들이 울 때, 우리는 그들이 눈물과 흐느낌으로 무너진다고 말한다. 무너지는 것에 대한 두려움은 근본적으로

부서지고, 굴복하고 항복하는 것에 대한 두려움이다. 환자가 자신의 두려움이 어디에서 왔는지 이해할 수 있는 연관성을 만드는 것이 중요하다.

사람은 아이가 부모와의 관계에서처럼 갇혀 있지 않는 한 무너질 수 없다. 환자들은 이런 상황에 있지 않다. 나는 모든 환자에게 바이오에너지 운동을 하거나 하지 않을 자유가 있으며 원할 때마다 자유롭게 중단할 수 있다는 말을 해준다. 그러나 환자들을 비롯해 일상을 사는 사람들은 일반적으로 경직과 만성적인 근육 긴장에 갇혀 있으며, 이러한 느낌을 인간관계에 투영한다. 따라서 이 운동은 절대 강박적으로 해서는 안 된다. 이렇게 하면 갇힌 느낌이 더 커지기 때문이다. 자신의 몸에서 일어나는 현상과 그 이유를 감지하는 수단으로 이 운동을 수행해야 한다. 우리는 조심하지 않으면 인생이 무너질 수 있다는 느낌을 가지고는 살 여력이 없다. 그렇게 살면 반드시 그렇게 될 것이기 때문이다.

나는 다리를 진동시키는데 여러 가지 방법이 있다고 언급했다. 아마도 우리가 사용하는 가장 간단한 운동은 환자가 침대에 등을 대고 두 다리를 위로 뻗게 하는 것이다. 발목을 구부리고 발뒤꿈치를 위로 밀면 다리 뒤쪽 근육에 가해지는 스트레칭으로 인해 대개 다리가 진동한다.

몸에 진동을 주는 것은 긴장을 푸는 것 외에도 또 다른 중요한 기능을 가지고 있다. 그것은 사람이 신체의 비자발적 움직임을 경험하고 즐길 수 있게 해준다. 이것들은 그것의 생명력, 활기찬 힘의 표현이다. 그런 움직임을 두려워하며 항상 자신을 완전히 통제해야 한다고 느끼면 그는 자발성을 잃고 경직되고 기계화된 사람이 될 것이다.

더욱 강하게 말하겠다. 신체의 비자발적 움직임이 생명의 본질이다. 심장의 박동, 호흡의 순환, 장의 연동 운동 이 모든 것이 비자발적 행동이다. 그러나 몸 전체를 다 보더라도 이러한 비자발적 움직임이야말로 가장 의미가 있다. 우리는 웃느라 경련을 일으키고, 고통이나 슬픔 때문에 울고, 분노로 떨고, 기뻐서 뛰고, 설렘으로 뛰어오르고, 기쁨으로 미소를 짓는다. 이러한 행동은 비자발적인 행동이기 때문에 깊고 의미 있는 방식으로 우리를 움직이게 한다. 그리고 이러한 비자발적 반응 중 가장 만족스럽고 가장 의미 있는 것은 골반이 저절로 움직이고 온몸이 해방의 황홀경에 경련하는 오르가슴이다.

성적 배출

만족스러운 성적 배출은 신체의 과도한 흥분을 방출하여 전반적인 긴장 수준을 크게 줄여준다. 성관계에서 과도한 흥분은 생식기에 집중되어 절정에 방출된다. 만족스러운 성적 배출의 경험은 사람을 조용하고 편안하게 하며 종종 졸리게도 만든다. 매우 즐겁고 성취감 있는 경험이다. "아! 이것이 인생이구나. 기분이 너무 좋고, 뭔가 딱 좋은 느낌이야" 하는 생각을 하게 한다.

반면 이것은 성적 경험이나 만남이 만족스럽지 않고 그러한 결론으로 이어지지 않을 수 있다는 것을 암시하기도 한다. 흥분을 하게 되지만 절정에 이르지 않고 방출되지 못하는 불만족스러운 성적 접촉을 가질 수 있다. 이런 일이 발생하면, 그 사람은 종종 좌절감이나 불안감, 과민성의 상태에 놓이게 된다. 그러나 절정의 부족이 반드시 좌절로 이어지는 것은 아니다. 성적 흥분의 정도가 낮으면 절정에 도달하지 못해도 신체는 크게 문제되지 않는다. 하지만 발기부전의 징후를 실패로 받아들이면 정신적 고통을 유발할 수는 있다. 절정이 강렬하지 않은 것이 성적 흥분이 강하지 않기 때문이라는 것을 인식한다면 이 정신적 고통을 피할 수 있다. 이런 경우 성적 접촉은 서로를 사랑하는 관계라면 그 자체로도 즐거울 수 있다.

또한 모든 절정이 완전히 만족스러운 것은 아니다. 흥분의 일부분만 방출이 되는 상황도 있다. 부분적 만족이라고 할 수도 있지만 이 역시 모순된 용어이다. 만족은 완전함 또는 충만함이 있어야 하지만, 이런 모순적인 감정이 사람들의 마음에 존재할 수 있고 실제로 존재한다. 이것이 그 사람이 달성할 수 있는 최선이라면 80퍼센트 방출에도 만족할 수 있다. 왜냐하면 정신적 요인이 감정에 영향을 미치고 감정을 수정하기 때문이다. 이전에 성행위에서 절정을 경험한 적이 없는 여성은 그 정도의 방출도 보람 있고 만족스럽게 경험할 것이다. 우리는 이전 경험과 비교하는 방법으로만 느낌을 설명할 수 있기에 그렇다. 이 경우 비교를 하는 것이 매우 유리하다.

지금까지 나는 '오르가슴'이라는 단어를 피해왔다. 왜냐하면 많이 오용되고 잘못 이해된 용어이기 때문이다. 앨버트 엘리스Albert Ellis가 말한 "오르가슴은 오르가슴이다"라는 표현은 말장난이다. 그는 오르가슴을 절정과 동일시하는데, 이는 잘못된 것이며 방출과 만족의 정도를 구분하지 않는다. 모든 사람이 알다시피, 성교 행위는 할 때마다 느낌이나 경험이 다르다. 어떤 오르가슴도 비슷하지 않다. 사물과 사건에 감정이 개입하지 않을 때는 다 비슷할 수 있다. 하지만 감정이 관련된 곳에서는 모든 경험이 고유해진다.

라이히는 '오르가슴'이라는 용어를 매우 특별한 의미로 사용했는데, 방출을 위한 경련 운동에 전신이 완전히 반응하여 성적 흥분에 완벽하게 굴복하는 것을 나타낸다. 라이히가 설명했듯이 오르가슴은 사람들에게 간혹 일어나는 황홀한 경험이다. 그러나 라이히 자신도 인정했듯이 그것은 매우 드물게 나타난다. 어떤 상황에 대한 총체적인 반응은 우리 문화에서 드문 일이다. 우리 모두는 어떤 감정에 완전히 굴복하기에는 너무 많은 갈등을 겪고 있다.

나는 우리가 '오르가슴'이라는 단어를 신체와 골반의 유쾌하고 자발적인 경련 및 비자발적 움직임에 따른 만족스러운 경험으로 느껴지는 성적 배출이라고 설명해야 한다고 생각한다. 생식기만 방출과 배출의 감각에 관여할 때, 이것을 오르가슴이라고 하기에는 너무 제한된 반응이라고 할 수 있다. 그것은 남자의 경우에는 사정, 여자의 경우에는 절정으로 설명해야 한다. 오르가슴이라고 하려면 배출이 신체의 다른 부분, 적어도 골반과 다리 등으로 확장되어야 하며 신체에 기분 좋은 비자발적 움직임이 있어야 한다. 오르가슴은 감동적인 경험이어야 한다. 우리는 그것에 의해 마음이 움직인다. 만약 우리의 전신이, 존재가 저절로 움직이고, 특히 심장이 반응한다면 완전한 오르가슴을 느낄 수 있다. 이것이 우리 모두가 성행위에서 바라는 것이다.

오르가슴은 신체가 관여하는 데 있어서 전체이든 부분이든 적극적으로 반응하는 부위들의 긴장을 풀어준다. 그러나 배출은 영구적이지 않다. 우리는 매일 스트레스를 받기 때문에 긴장이 다시 쌓일 수 있다. 우리 몸의 긴장을 낮추려면 한 번의 좋은 경험이 아닌 만족스러운 성생활이 필요하다.

오르가슴에 대해 신비로움을 만들고 싶지는 않지만 이 기능은 매우 중요하다고 생각한다. 이것이 긴장을 푸는 유일한 방법은 아니며 그러한 목적에서 의식적으로 사용해서도 안 된다. 긴장을 풀기 위해 우는 것이 아니라 슬프기 때문에 우는 것이지만, 우는 것은 긴장을 푸는 기본적인 방법이다. 완전한 오르가슴이 가장 만족스럽고 효과적인 방출 기제라 하더라도 그러한 오르가슴 없는 섹스나 절정이 없는 성관계가 무의미하고 쾌감이 없는 것은 아니다. 우리는 쾌락을 위해 섹스를 하며, 그것이 우리의 성적 행위의 주요 기준이 되어야 한다. 내가 주장하는 것은 완전한 오르가슴은 황홀의 절정에 도달할 수 있을 만큼 훨씬 더 즐겁다는 것이다. 그러나 쾌락의 정도는 그 이전의 흥분의 정도에 달려 있고, 그것은 우리의 의지나 통제를 초월하기 때문에 우리는 우리가 경험하는 쾌락에 감사해야 한다.

대부분의 사람이 직면하는 문제는 신체의 긴장이 너무 깊이 구조화되어 있어 오르가슴 배출이 거의 발생하지 않는다는 것이다. 즐거운 경련적 움직임은 너무 두렵고, 항복은 너무 위협적으로 느껴진다. 사람들은 대부분 어떻게 말하든 상관없이 강한 성적 감정에 굴복하는 것을 두려워한다. 그러나 많은 환자가 치료 시작 시 자신의 성생활은 좋고 만족스러우며 성적인 문제가 없다고 말한다. 어떤 경우에는 섹스가 어떤 것인지 잘 알지 못하며, 그들이 가지고 있는 작은 즐거움이 섹스의 전부라고 생각한다. 또 다른 경우에는 자기기만이 작동하기도 한다. 특히 남성의 자아는 성적 결핍에 대해 부정하고 방어할 것이다. 치료가 진행되면서 두 유형 모두 자신의 성관계가 얼마나 불충분했는지 알게 된다. 그들은 더 충족되고 만족스러운 성적 방출을 경험함으로써 이런 깨달음을 얻는다.

모든 경우, 신체는 그의 성기능의 진정한 상태를 보여준다. 상대적으로 몸에 큰 긴장이 없는 사람은 침대에 누워 호흡하는 동안 오르가슴 반사작용을 나타낼 것이다. 나는 첫 번째 장에서 라이히와의 내 개인 치료에 대해 논의하면서 이 신체 반응을 설명했다. 여기서 그 설명을 한 번 더 반복해야겠다.

　　환자를 침대에 눕히고 무릎을 구부려 발이 침대에 닿도록 한다. 머리는 방해가 안 되도록 뒤로 젖힌다. 팔은 옆구리 쪽에 내려놓는다. 호흡이 쉬워지고 깊어지면서 호흡의 파동이 전신을 통과할 때 근육 긴장이 그것을 차단하지 않으면 숨을 쉴 때마다 골반은 저절로 움직인다. 골반은 숨을 내쉴 때 위로 올라가고 들숨 때 아래로 떨어진다. 머리는 역방향으로, 들숨과 함께 위로 향하고, 날숨에는 아래로 물러난다. 그러나 목은 날숨과 함께 앞으로 움직인다. 이것은 391쪽의 그림에 나와 있다.

　　라이히는 반사를 신체의 두 끝이 함께 모이는 운동으로 묘사했다. 그러나 머리는 이 전진 운동에 참여하지 않고 뒤로 뉘여 있다. (392쪽 그림 참조) 그림을 보고 팔도 위로 뻗는 모습을 상상할 수 있다면, 그 움직임은 포위하거나 둘러싸는 동작으로 설명할 수 있다. 그것은 아메바가 먹이 입자 주위를 돌아다니며 먹이를 둘러싸고 삼키는 동작과 비슷하다. 이 움직임은 머리가 주도적 역할을 하는 빨기보다도 더 원시적이다. 빠는 것은 들숨과 관련이 있다. 숨을 들이마시면 머리가 앞으로 나오고 목과 골반이 뒤로 움직인다.

이 운동은 모든 완전한 오르가슴의 경우에 발생하기 때문에 오르가슴 반사라고 한다. 부분적 오르가슴에는 부분적으로 골반 운동이 있지만 몸 전체가 완전히 움직이지 않는다.

한 가지는 분명히 해야 한다. 오르가슴 반사는 오르가슴이 아니다. 낮은 수준의 흥분에서 발생하는 부드러운 움직임이다. 내면의 자유와 편안함의 즐거운 느낌으로 반사를 경험한다. 그것은 몸에 긴장이 없음을 나타낸다.

날숨 - 골반이 앞으로 움직임

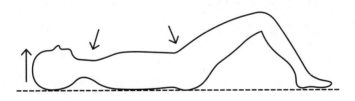

들숨 - 골반이 뒤로 움직임

활 또는 아치 자세   방출=오르가슴 반사

오르가슴 반사 = 활 자세의 방출

　치료 상황에서 오르가슴 반사가 진행된다고 해서 환자가 성관계에서 완전한 오르가슴을 가질 것이라는 보장은 없다. 두 상황은 근본적으로 다르다. 성관계에서는 흥분의 단계가 매우 높아서 몸에 항복을 하는 것이 더 어려워진다. 긴장하거나 불안해하지 않고 이 높은 단계의 흥분을 견딜 수 있는 능력을 얻어야 한다. 또 다른 차이점으로 치료의 환경에서는 환자를 지원하도록 맞춰져 있다는 것이다. 치료사가 그를 위해 거기에 있다. 성적 대상이 개인적인 관심을 가지고 원하게 되는 성관계와는 다르다. 치료 상황의 지지적인 분위기에서 반사에 굴복할 수 없는 사람이라면, 성관계의 더 격렬한 분위기에서는 더 그렇게 할 수 없을 것이다.

　이러한 이유로 바이오에너지 요법은 라이히만큼 오르가슴 반사에 중요성을 두지는 않는다. 중요하지 않아서도 아니고, 치료의 목표가 이것의 발달과 관계가 없어서도 아니다. 다만, 성적인 상황에서 반사가 환자를 위해 기능할 수 있도록 스트레스를 처리하는 환자의 능력에 중점을 두어야 하기 때문이다. 이것은 전하가 다리와 발로 흐르게 함으로써 이루어지며, 이 경우 반사의 질이 달라진다.

전하가 지면에서 골반까지 위쪽으로 이동하면 부드러운 동작에 공격적인 요소가 추가된다. 공격적이라는 말이 가학적이라거나 세게 움켜쥐는 것을 의미하지는 않는다고 먼저 말해야겠다. 그것은 긍정적인 의미로 강력하다는 뜻이다. 공격성이란 말은 성격 이론에서 사용되는 단어로 원하는 것을 추구하는 능력을 나타낸다. 수동성과 반대되는 개념으로 누군가가 원하는 것을 충족하기를 기다리는 것을 의미한다.

나의 첫 책에서* 나는 갈망과 공격성이라는 두 가지 본능에 대해 가정했다. 갈망은 에로스, 사랑과 부드러움과 관련이 있다. 그것은 부드럽고 에로틱한 특성을 지닌 것으로 인식되고 몸의 앞쪽을 따라 흥분의 움직임이 있다는 것이 특징이다. 공격성은 근육계, 특히 등, 다리, 팔의 큰 근육으로 흥분이 흐름으로써 발생한다. 이 근육은 서 있고 움직이는 데 관여한다. 공격성aggression이라는 단어의 본래 의미는 '~을 향해 나아가다'이다. 이 동작은 이러한 근육의 작동에 따라 달라진다.

공격성은 남성과 여성 모두에게 성행위의 필수 요소이

---

* I.owen, *The Physical Dynamics of Character Structure, op. cit.*; *The Language of the Body, op. cit.*

다. 공격성이 없으면 섹스는 관능으로, 절정이나 오르가슴이 없는 에로틱한 자극으로 끝이 난다. 자신을 움직이게 하는 대상, 섹스에서 사랑의 대상, 자위에서 환상의 대상이 없으면 공격성은 없다.

다시 한번 강조하지만, 공격성이 반드시 적대적인 의도를 갖고 있는 것은 아니다. 움직임의 의도는 사랑일 수도 있고 적대성일 수도 있다. 실제로 공격성을 구성하는 것은 움직임이다.

공격성은 또한 우리가 스트레스를 접하고, 맞서고, 처리할 수 있게 해주는 힘이다. 성격이 가진 공격성의 정도에 따라 성격 구조를 정렬한다면, 앞서 말한 성격 구조의 계층과 동일하다. 우선 사이코패스 유형의 공격성은 허위 공격성이라는 것을 이해해야 한다. 그의 지향점은 그가 원하는 것보다 지배를 향한 것이다. 통제력을 얻으면 그는 수동적이 된다. 반면에, 마조히스트는 보이는 것처럼 수동적이지 않다. 그의 공격성은 숨겨져 있다. 그것은 그의 투덜거림과 불평에서 나온다. 오럴형은 발달하지 않은 근육 때문에 주로 수동적이다. 리지드형은 내면의 좌절감을 보상하기 위해 지나치게 공격적이다.

이제 우리는 성관계에서의 공격성에 대한 합리적인 근거를 얻었으니, 치료는 남성과 여성 모두에서 골반의 추력인 성적 공격성을 발달시키는 데 도움이 되어야 한다. 이런 반응을 설명하는 데 '도달' 대신 '추력'이라는 단어를 사용했다는 것에 의미가 있다.

골반의 전방 이동은 세 가지 방법으로 가능하다. 한 가지 방법은 복부 근육을 수축시켜 앞으로 당기는 것이다. 그러나 이것은 몸의 앞쪽을 긴장시키고 부드럽고 에로틱한 감정이 배로 흐르는 것을 차단하는 결과를 초래한다. 그것은 몸의 언어로 감정 없는 도달을 나타낸다. 엉덩이나 엉덩이의 근육을 수축시켜 뒤에서 앞으로 미는 방법도 있다. 이 동작은 골반저층을 긴장시키고 생식기로 분비물이 흐르는 것을 제한한다. 이것이 사람들이 성관계에서 골반을 움직이는 일반적인 방법이다. 치료에서 골반을 앞으로 움직이도록 요청하면 이런 동일한 움직임을 하게 된다.

골반을 앞으로 움직이는 세 번째 방법은 발로 땅을 누르는 것이다. 이 동작은 무릎을 구부린 자세를 유지하고 골반을 앞으로 움직인다. 그런 다음 바닥에 가해지는 압력이 풀리면 뒤로 넘어진다. 그러나 이 동작은 에너지를 발로 보낼 수 있는 능력에 따라 달라진다. 이러한 유형의 골반 움직임에서는 모든 스트레스가 다리에 있다. 당겨지거나 밀리는 것이 아니라 골반에는 긴장감이나 흔들림이 없다.

이 움직임의 에너지 역학은 지면과 관련된 인체의 세 가지 기본 동작인 걷기, 일어서기, 골반 추력을 보여주는 다음 그림에 나와 있다. 이러한 행동의 기초가 되는 원칙은 앞서 언급한 작용과 반작용이다. 사람이 땅을 누르면 땅이 뒤로 밀리고 사람이 위로 움직인다. 로켓의 비행에서도 같은 원리가 작동한다. 로켓 끝에서 방출되는 에너지는 로켓을 위로 밀어낸다. 여기 나열된 세 가지 작업에서 이 원칙이 작동하는 방식은 다음과 같다.

걷기: 다리를 약 15센티미터 정도 벌리고 무릎은 구부린 상태에서 몸은 곧게 편 자세를 취한다. 체중을 발볼로 옮긴다. 오른발을 아래로 누르고 왼발을 들어 앞으로 그네처럼

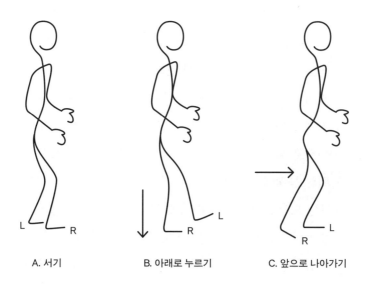

A. 서기 B. 아래로 누르기 C. 앞으로 나아가기

흔들게 한다. 오른발 뒤꿈치를 떼면서 왼발로 앞으로 나아간다. 이 과정을 각 발을 번갈아가며 반복하는 것이 걷기이다.

일어서기: 같은 자세를 취하되 무릎을 더 구부린다. 체중을 발볼로 옮기고 발을 아래로 누른다. 그러나 이때 왼발을 들어 올리거나 뒤꿈치를 땅에서 떼지 않는다. 발뒤꿈치가 땅에 잘 닿아 있으면 앞으로 나아갈 수 없다. 누르는 동작으로 인해 결과적으로 힘이 어느 정도 영향을 미치기 때문에 무릎이 곧게 펴지고 완전히 서 있는 자세로 올라간다.

일어서기

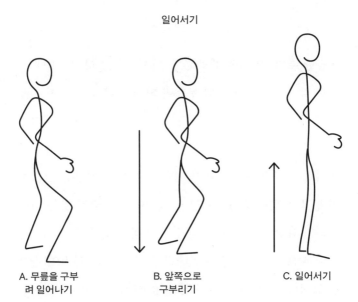

A. 무릎을 구부　　　B. 앞쪽으로　　　C. 일어서기
려 일어나기　　　　구부리기

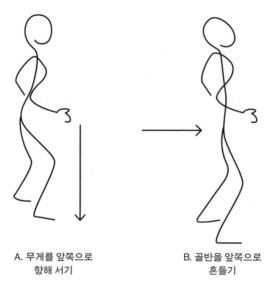

골반 추력

A. 무게를 앞쪽으로
향해 서기

B. 골반을 앞쪽으로
흔들기

골반 추력: 일어설 때와 같은 자세를 취한다. 두 번째 운동과 같은 과정을 거치되 무릎이 펴지지 않도록 한다. 무릎을 구부리면 일어나지 못하고, 발뒤꿈치가 땅을 잘 디디고 있으면 앞으로 나아가지 못한다. 결과적으로 남은 유일한 움직임은 골반을 앞으로 밀어내는 것이다. 골반을 고정하면 근육에 힘이 작용하지만 움직임이 허용되지 않는 정적 수축의 상황이 된다. 다리의 긴장이 힘이 위로 흐르게 하는 것을 막으면 움직임은 일어나지 않고, 골반의 긴장이 골반을 고정하고 자유로운 움직임을 방해하는 경우에도 움직임

은 발생하지 않는다.

골반 부위의 긴장은 다양한 운동과 긴장된 근육을 마사지하고 주무르면 풀릴 수 있다. 긴장된 근육은 매듭이나 팽팽한 끈 같은 느낌으로 감지된다. 나는 우리가 바이오에너지 운동에서 사용하는 많은 운동을 별도로 바이오에너지 운동의 매뉴얼로 만들 예정이다. 이 책은 성격과 신체의 밀접한 관계에 대한 일반적인 이해를 제공하기 위한 것이다.

골반을 풀어주기 위한 마지막 운동은 넘어지는 것과 관계가 있다. 독자들 가운데 그것을 시도하고 싶으신 분들을 위해 설명하겠다(다음 그림).

먼저 등받이 없는 의자나 그냥 의자에는 몸의 균형을 잡

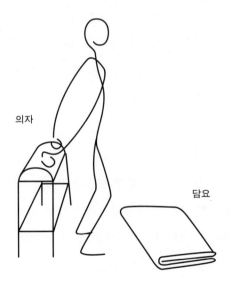

의자

담요

기 위해서만 손이 닿도록 자세를 취한다. 발은 15센티미터 정도 벌리고 무릎은 거의 완전히 구부린다. 발뒤꿈치가 지면에서 약간 떨어질 때까지 몸을 앞으로 기울인다. 체중은 발가락이 아닌 발볼에 가 있어야 한다. 몸은 뒤로 아치형이어야 하고 골반은 긴장 없이 앞으로 내밀어 끊어지지 않는 아치를 만들어야 한다. 이 운동에서는 양쪽 발뒤꿈치가 아래로 힘을 가하지만 바닥에 닿지 않도록 하는 것이 중요하다. 그렇게 하기 위해서는 앞으로 숙이고 무릎을 구부린 상태를 유지해야 한다. 발뒤꿈치에 가해지는 압력은 앞으로 나아가지 못하게 하고 구부러진 무릎은 상승을 허용하지 않는다.

환자는 의지나 인내심을 시험한다는 생각은 하지 않는 상태로 가능한 한 오랫동안 이 자세를 유지하도록 지시받는다. 호흡은 복식으로 하되 편안하게 해야 한다. 배는 나와야 하고 골반은 느슨하게 고정되어 있어야 한다. 자세를 유지하지 못하면 담요 위에 무릎을 꿇고 앞으로 넘어진다.

이 운동에서는 중력이 아래쪽 압력으로 작용하기 때문에 의식적인 압력을 사용할 필요가 없다. 이것은 매우 강한 운동이며 허벅지 근육을 긴장시키면 상당한 양의 통증이 발생한다. 통증을 견딜 수 없게 됐을 때 넘어진다. 일반적으로 넘어지기 전에 다리가 진동한다. 또한 호흡이 이완되고 깊고 느슨해지면 진동이 골반까지 확장되어 무의식적으로 앞뒤로 움직인다. 나는 환자들에게 이 운동을 2, 3회 반복하게 한다. 왜냐하면 매번 진동의 움직임이 더 강해지기 때문이다. 나는 또한 이 운동이 스키 타는 사람들에게 큰 도움이 된다고 들었다.

이 운동은 사람에게 신체에 다른 감각을 주기 때문에 중요하다. 또한 차단과 긴장을 인식하도록 도와서 두려움과 불안을 이해하도록 이끈다. 환자들이 표현하는 가장 일반적인 두려움은 성적 감정에 굴복하면 성적으로 이용당할 수도 있다는 것이다. 이 두려움은 일반적으로 이성의 부모나 이성의 부모 역할을 한 사람에게로 거슬러 올라갈 수 있다. '이용당한다'는 것은 부모가 자녀와 성관계를 갖는 것부터 자녀의 욕구를 자극하는 것까지 다양한 죄를 포함한다. 구체적인 두려움을 해명해야 하며, 이것은 분석적으로 또는 다른 방식으로 수행될 수 있다. 경우에 따라 넘어지는 운동을 하다 보면 두려움이 수면으로 떠오를 것이다.

한 젊은 여성이 한쪽 다리를 굽히고 서서 담요를 내려다보고 있었는데 넘어지는 생각을 하던 중 성기의 형상을 보았다. 그런 다음 그녀는 넘어지는 것에 대한 두려움을 성적 항복에 대한 두려움, 즉 자신의 감정에 항복하는 두려움과 동일시했다. 성기의 이미지는 그녀에게 그녀의 아버지를 생각나게 했다. 그녀는 아버지가 가학적이었다고 말했다. "아버지는 나를 때리고 모욕감을 주었어요. 그는 내 감정을 전혀 고려하지 않고 알몸으로 집 안을 돌아다녔죠"라고 말했다. 그녀는 그의 시선이 가장 충격적이었다고 덧붙였다. "아버지는 눈으로 내 옷을 벗겼어요."

더 이상 자세히 설명할 필요도 없었다. 나는 그녀의 문제를 이해하고 그녀에게 공감할 수 있었다. 그녀는 자신의 성적 감정을 차단하는 것 외에는 방어할 방법이 없었다. 그녀가 할 수 있는 유일한 방법은 상반신을 끌어올리는 것뿐이었다. 이것은 횡격막을 조이고 복부와 골반을 긴장시키는 것을 포함했다. 그 결과 그녀는 낙상 불안을 갖게 되었다.

그러나 낙상 불안만이 유일한 방어 행동의 결과는 아니다. 사람이 모욕을 당하거나 상해를 입었을 때 그의 자연스러운 반응은 분노이다. 그리고 분노가 두려움 때문에 차단되거나 억제될 때만 그 사람은 방어적 태도를 취한다. 억제된 분노는 적개심과 부정적인 감정으로 변한다. 그리고는 죄책감을 느끼고 방어적인 자세는 더 이상 모욕이나 부상에 대한 것이 아니라 본인의 적대적이고 부정적인 감정을 향하게 된다. 그러므로 어렸을 때 겪었던 모욕이나 상해에 더 이상 취약하지 않다는 사실을 깨닫고 받아들이는 것만으로는 충분하지 않다. 방어는 적대감을 숨기는 기능이 있기 때문에 그의 방어 자세에 실질적으로 영향을 미치지 않는다.

나는 앞서 3장에서 두 개의 외부 층인 자기 방어와 근육 갑옷이 성격의 감정적 또는 본능적인 부분을 감시하고 통제하는 기능을 한다고 지적했다. 모든 신경증 환자와 정신 질환자는 본인의 감정, 특히 그의 부정적 감정의 강도를 두려워한다. 이러한 감정을 쏟아내야 하고 표현해야 사랑의 핵심 감정이 자유롭고 완전하게 세상을 향해 흐르게 된다. 이것은 무고한 사람들에게 이러한 감정을 쏟는 것을 방지하기 위해 치료 안에서 수행되어야 한다. 치료 상황에서 적절할 때마다 즉각적으로 표현을 장려하는 것은 바이오에너지 치료의 일관된 관행이다. 아버지를 가학적이고 굴욕적인 존재로 경험한 환자에게도 마찬가지다. 그녀가 성적 감정에 긍정적으로 굴복하기를 기대한다면 먼저 부정적인 측면에 굴복하도록 허용해야 한다.

이 환자와 비슷한 트라우마를 겪은 여성들은 남성에 대해 양가적인 감정을 가지고 있음을 인식해야 한다. 소녀이자 여성으로서 남자를 사랑하며 여기에는 아버지도 포함되지만, 어린 시절에 한 남자에게 상처와 굴욕을 받은 여성은 모든 남자를 증오한다. 성격의 일부에서 그녀는 그들이 그녀에게 상처 준 일을 되갚고 싶어 한다. 그녀는 어린 시절

감히 그런 감정을 표현하지 못했고, 어른이 되어서도 감히 표현하지 못한다. 그녀는 또한 그러한 감정이 그녀에게 그랬던 것처럼 어떤 관계에도 파괴적이라는 것을 알고 있다. 그녀는 곤경에 처했고 치료로써 자신을 해방시켜야 한다. 이것을 해결할 수 있는 유일한 방법은 그녀에게 부정적인 감정에 대한 출구를 제공하는 것이다.

몇 가지 적절한 운동이 있다. 하나는 환자에게 손으로 비틀 수 있는 수건을 주는 것이다. 수건은 모든 사람을 대표할 수 있다. 이 경우 아버지, 현재 남자 친구 또는 나를 비롯해 그녀가 싫어하는 남성을 대표하는 누군가일 수 있다. 수건을 비틀면서 환자는 아버지나 어떤 남자에게 하고 싶은 모든 말을 할 수 있다. "넌 나쁜 놈이야. 네가 싫어. 넌 나를 모욕했고 나는 너를 경멸해. 나는 이제 비틀어서 머리를 몸에서 뜯어버릴 수 있어. 그러면 그 음탕한 눈으로 날 쳐다볼 수 없잖아." 수건이 페니스를 나타낼 수도 있다는 것은 분명하다. 그것을 비틀어, 그녀는 그 기관에 대한 많은 적대감을 풀 수 있었다.

이 운동을 일상적으로 하지는 않는다. 그것은 트라우마에 대해 환자가 폭로할 때만 가치가 있다. 그러한 경험이 반드시 성적인 것일 필요는 없다. 이 운동은 부상이나 모욕에서 비롯된 적대감이나 분노를 해소하는 데 사용된다.

현재 상황에서, 특히 성과 관련 있는 더 적절한 운동은 다음과 같다. 환자는 팔꿈치와 무릎을 접고 침대에 누워 발가락을 매트리스에 파묻는다. 이것은 성교에서 일반적인 남성의 자세이다. 이제 환자는 남성이든 여성이든 골반을 침대에 대고 세게 움직인다. 말을 해도 되고 안 하면서 해도 된다. 단어가 사용되면 반드시 비열하고, 가학적이고, 상처를 주는, 저속한 내용일 것이다.

환자가 이 운동에서 긴장을 풀면 큰 해방감을 경험하게 된다. 그는 자신이나 다른 사람에게 해롭지 않은 방식으로 마침내 그것을 꺼낸 것이다. 다른 사람을 비하하는 행동이므로 저속한 표현이 적절하지만, 더러운 손을 씻은 것처럼 깨끗하다고 느낀다. 그 후의 깨끗한 느낌은 상처를 입힌 사람에 대한 깨끗한 분노이다. 이 분노는 테니스 라켓으로 침대를 치는 것으로 표현할 수 있다. 때리는 행동은 비하도 처벌도 아니다. 이는 환자가 한 개인으로서 존중받을 권리를 확인하고 자존감을 강화한다. 개인의 모욕이나 상해에 대해 화를 낼 수 없거나 내지 않는다면 아무도 자신을 존중하지 않는다.

적대감이나 부정적인 감정이 풀릴 때마다 낙상 불안이 줄어든다. 다른 유효한 분노 표현도 마찬가지이다. 그러나 이러한 수법만으로는 낙상 불안이 제거되지 않는다. 그것은 이제 직면하거나 직면해야 할 두려움, 그 자체로 존재한다. 말이 아니라 행동으로 두려움 없이 내려놓는 법을 배우게 된다. 그리고 그 과정에서 치료사를 포함한 모든 사람으로부터 자신을 존중하고 자신의 섹슈얼리티를 옹호하는 법도 배운다.

나는 모든 운동이 억압된 감정뿐만 아니라 근육의 긴장도 풀어준다는 점을 덧붙이고 싶다. 넘어지면 두려움 때문에 몸을 지탱해야 하는 부담에서 다리가 해방된다. 골반을 흔드는 것(억제된 항문 사디즘과 관련된 근육 긴장을 풀기 위해서는 골반을 뒤쪽으로 흔든다)은 엉덩이와 다리 이음뼈(pelvic girdle, 요대)의 근육 긴장을 줄여준다. 수건을 비틀거나 침대를 두드리는 것은 신체의 다른 부위에 유사한 효과를 준다.

이것은 자기표현을 위한 전형적인 운동이다. 우리가 바이오에너지에서 사용하는 것은 이것만이 아니며 부정적이고 적대적이며 화난 감정에 국한되지도 않는다. 접촉을 위해 손을 뻗고, 부드럽게 만지고, 안아주는 것은 애정과 갈망을 표현하는 데 사용된다. 다음 장에서는 자기표현의 본질에 대해 논의하고 자기표현의 문제를 치료하는 몇 가지 방법을 설명할 것이다. 그러나 여기에는 두 가지 끝맺음의 말이 필요하다.

부정적인 감정에서 벗어나는 것을 강조하는 것은 "아니"

라고 말할 수 없는 사람은 "예"라고도 말할 수 없다는 임상적 사실에 근거한 것이다. 그러므로 적절한 때에 적대적이거나 화난 감정을 표현할 수 있는 것이 중요하다. 나는 내 책《쾌락: 삶에 대한 창의적인 접근법》에서 이 관점의 철학적 함의를 자세히 살펴보았다. 인간의 성격을 본성상 긍정적이라고 생각하는 것은 비현실적이다. 쾌락은 생명에는 긍정적이지만 반생명에는 부정적이다. 그러나 어떤 사람들은 혼란스러워 이 두 개를 착각한다. 세상에는 두 종류의 힘이 모두 존재하며, 그렇지 않다고 생각하는 것은 순진한 것이다. 우리가 그것들을 구별할 수 있다면, 부정성은 인간 행동에서 적절한 위치을 차지한다.

신체 표현을 지나치게 강조하는 것처럼 보여서 독자로 하여금 바이오에너지 요법은 말이 중요하지 않다고 생각될 수 있다. 이것은 내 작업에 있어 사실이 아니며 마지막 장에서 말의 역할에 대해 더 이야기하려 한다. 나는 우리가 신체 표현을 지나치게 강조한다고 생각하지 않는다. 대부분의 다른 치료법에서는 무시되기 때문에 여기에서 강조하는 것이다. 말은 몸의 움직임을 대신할 수 없지만 그렇다고 몸의 움직임이 언어와 동등한 것도 아니다. 삶에서와 마찬가지로 치료에서도 각각의 자리가 있다. 많은 환자가 언어를 통해 자신을 만족스럽게 표현하는 데 약간의 어려움을 겪는다. 다른 치료사와 마찬가지로 나는 그들과 함께 이 문제를 해결한다. 그러나 나의 환자들은 모두 신체 차원에서 자신을 완전히 표현하는 데 어려움을 겪고 있으며, 이 문제가 바이오에너지의 주요 초점인 것이다. 나는 또한 신체 문제가 언어 문제와 동일하지는 않지만 언어 문제의 기저에 있음을 발견했다. 섹스에 빠져드는 것보다 섹스에 대해 유창하게 말하는 것이 더 쉽다.

9장

자기표현과 생존

자기표현과 자발성

자기표현은 자유롭고 자연적이며 자발적인 신체 활동인 동시에 자기보존과 같이 모든 살아 있는 유기체의 고유한 특성이다. 걷기나 먹기 같은 가장 일상적인 것부터 노래나 춤 같은 아주 정교한 것까지 신체의 모든 활동은 자기표현에 기여한다. 예를 들어 한 사람이 걷는 방식은 사람을 인간으로 정의할 뿐만 아니라 (다른 동물은 사람처럼 걷지 않으므로) 성별, 대략적인 나이, 성격 구조 및 개성을 정의한다. 완전히 똑같이 걷거나, 똑같이 생겼거나, 똑같이 행동하는 사람은 없다. 사람은 그가 취하는 모든 행동이나 몸의 움직임으로 자신을 표현한다.

행동과 몸의 움직임이 자기표현의 유일한 양식은 아니

다. 몸의 형태와 모양, 색깔, 머리카락, 눈, 음성은 종과 개체를 식별한다. 우리는 그림에서 사자나 말을 알아볼 수 있다. 여기에는 어떤 행동이나 움직임도 포함되지 않는다. 우리가 사진에서 사람을 알아볼 수 있는 것처럼, 말을 알고 있다면 그 사진에서 말의 개체를 알아차릴 수 있다. 소리와 냄새로도 종과 개체를 식별할 수 있다.

이 정의에 따르면 자기표현은 일반적으로 의식적인 활동이 아니다. 우리는 의식적으로 자기표현을 하거나 자기표현을 의식할 수 있다. 그러나 우리가 그것을 알아차리든 말든 우리는 항상 자신을 표현한다. 이 사실에서 중요한 점 두 가지를 알 수 있다. 하나는 자기 자신은 의식적인 자신에 국한되지 않으며, 이것은 자아와 동일하지도 않다. 두 번째는 우리가 자기 자신을 표현하기 위해 무언가를 할 필요가 없다는 것이다. 우리는 존재만으로도 사람들에게 감동을 주고 때로는 자기표현을 하려고 하기보다 아무것도 하지 않는 것이 더 감동을 주기도 한다. 후자의 경우 인정받기 위해 필사적인 사람이라는 인상을 줄 위험이 있다. 그리고 우리의 자기표현은 자의식에 의해 억제될 수 있다.

자기표현의 본질적 특징은 의식보다는 자발성이다. 에이브러햄 매슬로Abraham Maslow는 미발표 논문 〈창의적인 태도The Creative Attitude〉에서 다음과 같이 말했다.

완전한 자발성은 자유롭게 기능하는 유기체의 본성과 스타일, 그리고 그것의 고유성을 솔직하게 표현하는 것을 보장한다. 자발성과 표현력, 이 두 단어는 모두 정직성, 자연스러움, 진실성, 교활하지 않음, 비모방성 등을 의미하는데, 이는 행동의 비정형화된 특성, 의지적으로 노력하지 않고, 노력에 따르는 분투나 긴장 없이 충동의 흐름을 방해하지 않는 깊이 있는 사람의 자유로운 방사성 표현 등을 의미하기도 하기 때문이다.

자발성이 '의지적인 노력의 결여', '교활하지 않음', '방해하지 않음'과 같은 부정적인 용어로 정의되어야 한다는 점은 주목할 만하다. 자발성은 가르칠 수 없다. 자발성은 배울 수 없으므로 치료로도 그것을 가르칠 수 없다. 치료의 목적은 더 자발적이고 더 자기표현력이 향상되어 결국은 자존감이 높아지도록 돕는 것이므로 치료적 노력은 자기표현에 대한 장벽이나 장애물을 제거하도록 설계되어야 한다. 그러려면 이러한 장애물들을 이해해야 한다. 나에게 그것은 억제된 자기표현의 문제에 바이오에너지적으로 접근하는 것을 의미한다.

자발적인 행동을 학습된 행동과 비교하면 전자와 자기표현의 관계가 명확해진다. 학습된 행동은 일반적으로 배운 내용을 반영하므로 자기self가 아닌 자아ego 또는 초자아superego의 표현으로 간주되어야 한다. 그러나 대부분의 행동에는 학습된 요소와 자발적 요소가 모두 포함되어 있기 때문에 이러한 구분을 엄격하게 적용하기는 어렵다. 말하기가 좋은 예이다. 우리가 사용하는 단어는 학습된 반응이지만 말하기는 단어나 구문 그 이상의 것으로 대부분 자발적이고 화자의 고유한 억양, 어조, 리듬 및 몸짓을 포함한다. 후자는 말하기에 색채를 더하고 표현에 풍부함을 더한다. 반면에, 자발성을 위해 단어의 일반적인 의미를 왜곡하고 문법 규칙을 무시하는 말하기는 아무도 변론해주지 않을 것이다. 자아 통제와 분리된 자발성은 때때로 아기의 옹알이와 조현병 환자의 중얼거림을 이해할 수 있다는 사실에도 불구하고 혼돈과 무질서이다. 자아 통제와 자발성 사이의 적절한 균형은 충동을 가장 효율적으로 표현하면서도 개인의 삶에 강하게 스며들게 한다.

자발적인 동작은 충동을 직접적으로 표현하므로 내면의 자아를 직접 드러내지만 충동적인 동작이 모두 자기표현적인 것은 아니다. 반응 행동의 자발적 측면은 이전 경험에 의해 조절되고 미리 결정되기 때문에 기만적인 측면이 있다. 좌절할 때마다 분노를 터뜨리는 사람은 자발적으로 행동하는 것처럼 보일 수 있지만, 반응의 폭발적인 특성을 보면 알 수 있다. 폭발은 작은 도발에 의한 충동이 차단되고 그 뒤에 에너지가 축적되어 있다가 방출하는 데서 기인한다. 반응적 행동은 '충동의 흐름에 대한 개입'에서 비롯하며 유기체의 차단된 상태의 표현이다. 그러나 그러한 폭발적인 반응은 깊이 구조화된 차단 상태를 제거하기 위해 통제된 치료 환경에서 권장되어야 한다.

바이오에너지는 때때로 이런 입장 때문에 비판을 받는다. 많은 치료사가 인간 행동에서 폭력은 합리적이지 않다는 순진한 가정을 한다. 그렇게 말하는 사람이 목숨을 위협받는다면 어떤 반응을 보일지 궁금하다! 이것은 내 많은 환자가 어린 시절에 받은 위협이다. 위협이 정말 실행되었는지 여부를 묻는 것은 중요하지 않다. 어린아이들은 이러한 구분을 할 여력이 없다. 그들의 즉각적이며 진정으로 자발적인 반응은 폭력적이다. 보복에 대한 두려움에 의해 이런 반응이 차단되거나 억제되는 경우, 반응 행동의 내적 조건이 설정된다. 이러한 차단은 안심과 사랑을 통해서가 아니라, 그와 같은 안심과 사랑이 그의 일상생활에서 폭력을 행사하는 것이 아닌 치료라는 통제된 환경에서 자신의 폭력을 배출할 수 있는 권리를 지지받을 때에만 해소될 것이다.

즐거움은 자기표현의 핵심 요소이다. 우리가 진정으로 자신을 표현할 때마다 우리는 가벼운 것부터 섹스처럼 황홀한 것까지 다양한 즐거움을 경험한다. 자기표현의 즐거움은 환경의 반응에 의존하지 않으며, 자기표현 그 자체로 즐겁다. 자기표현의 즐거움이 다른 사람의 반응과 얼마나 무관한지 알기 쉽게 하기 위해 춤을 출 때 느꼈던 즐거움에 대해 독자들에게 묻고 싶다. 이것은 자기표현에 대한 긍정적인 반응이 가치가 없다는 것을 말하는 게 아니다. 우리의 즐거움은 다른 사람들의 반응에 의해 높아지거나 줄어든다. 그러나 이 반응에 의해 쾌락이 생성되는 것은 아니다. 샤워하며 노래를 부를 때는 남을 생각하지 않는데, 이 활동은 곧 자기표현이고 즐거움이다.

노래는 춤과 마찬가지로 자연스러운 자기표현의 행동이다. 그러나 그것이 공연이 될 때, 즉 노래를 부르고자 하는 자발적인 충동이 사라질 때, 이러한 특성은 일부 상실된다. 공연에서 자아 만족을 얻을 수 있지만 자발성의 요소가 낮을 때 즐거움은 그에 비례하여 감소한다. 다행히도 그러한 공연은 마찬가지로 청중들에게 영감을 주지 못하며 따라서 반복되지 않는 경향이 있다. 춤, 말하기, 쓰기, 요리 또는 모든 활동이 마찬가지다. 예술가에게 주어진 과제는 활동에 생명과 즐거움을 주는 자발성을 잃지 않으면서 높은 수준의 퍼포먼스를 유지하는 것이다.

표현에 대해 의식하지 않는 자유롭고 자발적인 상황에서

즐거움의 경험은 매우 높다. 어린이의 놀이는 이러한 특성을 가지고 있다. 우리 대부분의 행동에는 자발성과 통제력이 혼합되어 있으며, 통제력은 우리의 행동에 더 날카로운 집중력과 더 큰 효과를 주는 역할을 한다. 통제와 자발성이 조화되어 서로를 방해하지 않고 보완할 때 즐거움이 가장 크다. 그러한 동작에서 자아와 신체는 우아함으로만 특징지을 수 있는 움직임에서 어느 정도의 조정력을 만들어내기 위해 함께 작용한다.

우리는 몸이 우리 자신을 표현하기 때문에 아름다운 외모를 좋아한다. 우리는 부드러운 머릿결, 밝은 눈, 하얀 치아, 맑은 안색, 좋은 자세, 우아한 태도 등을 가진 사람을 부러워한다. 우리는 이러한 것들이 그 사람에게 기쁨의 원천이며 우리에게도 그럴 것이라고 느낀다. 신체의 건강과 활력은 외모에 반영된다는 것이 바이오에너지의 논제다. 아름다운 외모와 좋은 감정은 함께 간다.

자발성은 신체 운동성의 기능이다. 살아 있는 몸은 잠을 자더라도 완전히 쉬지 않는다. 물론 생명의 기능은 멈추지 않지만 그 외에도 수면 중에 일어나는 불수의적인 움직임이 많다. 이러한 움직임은 우리가 깨어 있고 활동적일 때 더 자주 발생한다. 자극 정도에 따라 질과 강도는 달라진다. 아이들은 너무 흥분했을 때 말 그대로 날뛰는 것 같다. 성인의 경우 이러한 불수의적 움직임은 몸짓, 얼굴 표정 및 기타 신체 행동의 기초가 된다. 일반적으로 우리는 의식적인 행동보다 우리를 훨씬 더 많이 표현하고 있는 이런 행동을 의식하지 못한다. 따라서 유기체의 운동성이 클수록 자기표현력이 높아지는 것을 알 수 있다.

신체의 운동성은 에너지 단계와 직접적인 관련이 있다. 움직이려면 에너지가 필요하다. 에너지 단계가 낮거나 우울해지면 운동성은 필연적으로 감소한다. 에너지와 자기표현은 직선으로 연결된다. 에너지→운동성→느낌→자발성→자기표현 순서이다. 이 순서는 역으로도 작동한다. 개인의 자기표현이 차단되면 자발성이 감소한다. 자발성이 감소하면 느낌의 정도가 약해지고, 이는 신체의 운동성을 감소시켜 에너지 단계를 저하시킨다. 동물의 자기표현에 관심이 있는 저명한 생물학자인 아돌프 포트만Adolf Portmann은 자신의 연구에서 이와 비슷한 결론에 도달했다. "풍부한 내면의 삶은 [⋯⋯] 풍부한 자기표현의 방식과 함께 진행되는 자기다움에 크게 좌우된다."

포트만의 진술은 성격의 세 가지 요소, 즉 내면의 삶, 외적 자기표현 및 자기다움의 상호 관계를 보여준다. 나는 이 요소들을 삼각형의 형태를 유지하기 위해 필요한 각각의 한 점으로 본다.

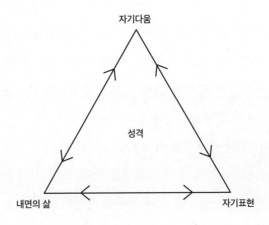

사람의 자기표현이 차단되거나 제한될 때, 그는 자아 이미지를 투영하여 보상하기도 한다. 이것을 수행하는 가장 일반적인 방법은 권력을 사용하는 것이며 이 투영의 가장 좋은 예는 나폴레옹이다. 나이가 들어감에 따라 머리가 어깨 안으로 들어가면서 키는 더욱 작아졌다. 그는 '꼬마 상사'라고 불렸지만 그의 이미지는 유럽 전역에 널리 각인되었다. 그는 막강한 권력을 휘두르는 황제였다. 그런 권력의 필요성은 자신과 자기표현의 차원에서 열등감의 반영으로만 볼 수 있다. 만일 나폴레옹이 노래하고 춤을 출 수 있었다면 그가 결코 성취한 적이 없었던 자기 감각을 얻기 위해 유럽 전역으로 군대를 진격할 필요가 없었을 것이다. 권력은 더 큰 자아가 아니라 더 큰 이미지를 창조할 뿐이다.

보상 심리의 또 다른 예는 내면의 작은 마음을 극복하기 위해 큰 집, 값비싼 차, 큰 배를 가지려는 사람에게서 볼 수 있다. 작은 것은 그의 자기표현의 범위이다. 그는 야망 때문에 부유해질 수 있지만, 그의 내적 생활(정신)과 자기표현 방식에서는 여전히 가난하다.

바이오에너지에서 우리는 자기표현의 세 가지 주요 영역인 움직임, 목소리, 눈빛에 중점을 둔다. 보통 사람들은 이러한 의사소통 수단을 통해 동시에 자신을 표현한다. 예를 들어, 슬픈 감정을 느끼면 눈에서 눈물이 흐르고 목소리는 흐느끼며 몸이 떨릴 수 있다. 분노도 마찬가지로 몸의 움직임, 소리, 표정으로 표현된다. 이러한 수단 중 하나를 차단하거나 막으면 감정과 표현이 약해지고 분열된다.

앞에서 나는 근육 긴장을 줄이고 신체 운동성을 자유롭게 하기 위해 사용하는 많은 운동과 동작에 대해 설명했다. 치료에서 같은 목적을 가지고 사용하는 몇 가지 표현 동작에 대해 말하고 싶다. 우리는 환자들에게 만지기, 빨기, 물기 등을 포함한 접촉을 할 수 있도록 발로 차고, 소파를 치고, 손을 뻗어 만지게 한다. 이러한 움직임을 우아하게 감정을 실어 실행할 수 있는 환자는 거의 없다. 그들의 행동은 조화롭지 않거나 폭발적이다. 이러한 동작을 적절한 발성이나 눈맞춤과 결합하여 보다 표현력 있게 만드는 경우는 흔하지 않다. 표현적인 움직임에 대한 이러한 차단은 신체의 이동성과 사람의 자발성을 감소시킨다. 이 차단은 움직임으로 작업해야만 해제할 수 있다.

발차기가 좋은 예이다. 발로 찬다는 것은 항의하는 것을 의미한다. 대부분의 아이들은 항의할 권리가 없었기 때문에 어른이 되어서도 어떤 확신이나 실질적인 효과를 가지고 발차기를 할 수 없다. 이 행동을 폭발적으로 발산하기 위해서는 도발이 필요하다. 도발이 없으면 발차기는 무질서하고 조화롭지 않다. 때때로 그들은 "나는 발로 차고 싶은 것이 아무것도 없습니다"라고 말한다. 그러나 이것은 부정하는 마음이다. 자신의 삶에 항의할 것이 없다고 느낀다면 치료를 받을 사람은 아무도 없을 것이기 때문이다.

쭉 뻗은 다리로 번갈아가며 침대를 차는데 이걸 잘하면 몸 전체가 참여하는 채찍질이 된다. 신체의 어느 부분에 긴장이 있다면 이 채찍질의 질을 방해한다. 예를 들어 다리는 움직일 수 있지만 머리와 몸통은 움직이지 않는다. 이 경우 다리 움직임은 강제적이고 자발성이 없다. 우리는 이 사람이 행동을 '놓아버리는 것'을 두려워한다고 말한다. 자발적으로 시작했지만 사람이 행동을 놓게 되면 자발적이거나 비자발적인 특성을 띠고 즐겁고 만족스럽게 된다. 발로 차면서 "안 돼"라고 말하는 등 목소리를 사용하면 몰입감과 해방감을 더해준다. 발차기에 해당하는 내용은 위에서 언급한 다른 표현적인 움직임에도 동일하게 적용된다.

　나는 환자들이 발로 차고, 때리고, 깨물고, 만지는 이러한 운동을 반복적으로 수행하여 움직임이 자유로워지고 느낌이 행동으로 원활하게 흘러갈 수 있게 하는 것이 필요하다는 것을 알게 되었다. 예를 들어, 침대를 발로 찰 때마다 그들은 움직임에 더 완전히 굴복하는 법을 배워 신체가 그 행동들을 더 느낄 수 있도록 한다. 대부분의 경우 환자가 운동에 굴복하지 못하고 버티는 것을 지적해야 한다. 예를 들어, 환자는 자신의 어깨로 버티면서 나에게 손을 뻗어 잡으려고 하겠지만, 내가 그것을 지적할 때까지 자신이 그 동작을 억제한다는 것을 깨닫지 못한다. 주먹이나 테니스 라켓으로 침대를 치는 것은 비교적 간단한 동작이지만 이것 또한 잘하는 사람은 거의 없다. 그들은 충분히 스트레칭하지 않고, 등을 아치형으로 만들지 않으며, 무릎을 고정시키는 등이 중 하나를 하더라도 행동에 완전히 몰입하지 못한다. 물론 때리는 것은 대부분의 아이들에게 금기였다. 현재 상태에서 심리적으로 그러한 금기를 없앤다고 해도 몸은 만성 긴장으로 구조화되어 있기 때문에 큰 도움이 되지 않는다. 그러나 연습을 통해 타격은 좀더 조정되고 효과적이게 되며 환자는 이 운동을 통해 즐거움을 느끼기 시작한다. 이는 자기표현의 새로운 영역이 열렸다는 신호이다.

나는 항상 치료에서 과거에 초점을 맞추는 것과 현재에 초점을 맞추는 이중 접근이 필요하다고 믿어왔다. 과거에 대한 작업은 사람의 행동이나 활동, 움직임의 이유를 강조하는 분석적 측면이다. 현재에 대한 작업은 어떻게 행동하고 움직이는지를 강조한다. 조정력과 효율적인 행동은 대부분의 동물이 어린 시절 놀이 과정에서 배운 특성이다. 그러나 아이에게 정서적 문제가 있는 경우 이러한 학습은 완전하고 자연스럽게 이루어지지 않는다. 따라서 어느 정도까지는 모든 치료에 재학습 및 재훈련 프로그램이 포함된다. 내 생각에 치료는 분석이든 학습이든 양자택일이 아니라 이 둘을 현명하게 조합하는 과정이어야 한다.

소리와 성격

'성격'이라는 단어에는 두 가지 어원적 의미가 있다. 첫 번째
는 연극에서 배우가 착용하는 역할을 정의하는 가면, 페르
소나에서 유래했다. 따라서 어떤 의미에서 성격은 개인이
삶에서 맡는 역할이나 그가 세상에 보여주는 얼굴에 의해
결정된다. 두 번째 의미는 첫 번째 의미와 정반대이다. '페르
소나'라는 단어를 구성하는 요소인 페르per와 소나sona를 나
누면 '소리sona'라는 의미가 드러난다. 이 의미에 따르면 성격
은 개인의 소리에 반영된다. 가면은 생물이 아니기 때문에
목소리처럼 살아 있는 생생한 특성을 잘 전달할 수 없다.

누군가는 "사람을 알고 싶다면 가면에 신경 쓰지 말고 그
의 소리를 들어라"라고 말한다. 부분적으로 이것은 말장난

이 아닌 믿을 만한 조언이다. 물론 가면을 무시하면 오류가 발생한다. 그러나 소리가 항상 그 사람이 어떤 역할을 맡았는지를 알려주는 것은 아니더라도 많은 경우에 그렇다. 역할을 식별할 수 있는 특별한 말투가 있다. 전도사, 교사, 고용인, 하사관들은 자신의 직업이나 소명을 식별하는 특징적인 말투를 가지고 있다. 가면은 음성에 영향을 미치고 변경된다. 그러나 목소리에는 가면이 영향을 미치지 않는 부분이 항상 있고 성격에 대해 다른 정보를 주는 요소가 있다.

풍부한 목소리는 자기표현의 다채로운 방식이며 풍요로운 내면의 삶을 나타낸다. 나는 이것이 우리 모두가 사람에 대해 느끼는 것이라고 믿으며, 이 감각은 객관적인 연구에 의해 뒷받침되지 않더라도 유효하다. 풍부한 목소리는 무엇을 의미할까? 필수 요소는 소리의 충만함을 제공하는 저음과 배음의 여부이다. 또 다른 요인은 범위이다. 단조로운 음으로 말하는 사람은 표현의 범위가 매우 제한적이며 우리는 이것을 제한된 성격과 동일시하는 경향이 있다. 목소리는 깊이나 울림 없이 밋밋할 수 있고, 에너지가 부족한 것처럼 낮을 수 있으며, 얇고 힘이 없을 수 있다. 이러한 각 특성은 개인의 성격과도 관련이 있다.

목소리는 성격과 밀접하게 연관되어 있어 목소리 분석만으로도 그 사람의 신경증을 진단할 수 있다. 목소리와 성격의 관계를 이해하고자 하는 사람이라면 누구에게나 폴 모지스Paul Moses의《신경증의 목소리The Voice of Neurosis》*를 주의 깊게 읽어보라고 권한다. 음성에 대한 연구는 거짓말 탐지에 이용될 수 있을 정도로 발전했다. 이것은 피부의 정신전기 반사를 기반으로 한 거짓말 탐지보다 더 미묘하지만 원리는 두 경우 모두 비슷하다. 사람이 거짓말을 할 때 그의 목소리에는 기기로 감지할 수 있는 밋밋함이 있다. 이것은 사람의 정상적인 목소리와 구별되는 것으로 진실을 말하려는 충동이 억제되거나 차단되고 있음을 나타낸다.

새로운 거짓말 탐지기는 심리적 스트레스 평가기PSE, Phschological Stress Evanluator로 알려져 있다. 이 장치를 판매하는 회사의 대표인 앨런 D. 벨Allan D. Bell은 이 장치의 작동 원리에 대해 다음과 같이 설명한다. "근육이 사용될 때는 항상 인체의 근육에 내재된 생리적 떨림이 있습니다. 그러나 스트레스를 받으면 떨림 정도가 감소합니다. 목소리의 근육도 스트레스뿐만 아니라 이와 같은 떨림을 나타냅니다. 우리가 고안한 전자 장비를 사용해 음성 녹음 테이프를 검사하면 이러한 떨림에 어떤 일이 일어나는지 관찰할 수 있습니다. 떨림의 정도는 그 사람이 느끼는 심리적 스트레스 정도에 반비례합니다."

* Paul M. Moses, *The Voice of Neurosis*, New York, Grune and Stratton, 1954.

떨림은 내가 진동이라고 부르는 것이다. 진동이 없다는 것은 몸에서든 목소리에서든 스트레스를 받거나 버티고 있다는 것을 나타낸다. 후자에서는 공명의 손실이 발생한다. 관계는 다음과 같다. 스트레스 = 버팀 = 진동의 손실 = 감정이나 느낌이 밋밋해짐.

나는 목소리에 대한 전문가는 아니지만 정신건강의학과 의사로서 환자를 대할 때 목소리에 세심한 주의를 기울인다. 나는 할 수 있는 한 진단할 때뿐만 아니라 치료상에서도 목소리를 사용한다. 사람이 자기표현의 잠재력을 최대한 회복하려면 모든 음역대와 감정의 모든 뉘앙스에서 목소리를 최대한 활용하는 것이 중요하다. 어떤 감정이 막히면 목소리 표현에 영향을 미친다. 그러므로 우리가 줄곧 논의해온 감정의 차단을 해제하는 것이 필요하다. 목소리 기관 주변에 존재하는 긴장을 제거하기 위해, 특히 소리 생성 과정을 관리하는 것이 필요하다.

소리 생성을 방해하는 긴장의 역할을 이해하려면 소리 생성에 관여하는 세 가지 요소를 각각 고려해야 한다. 이 요소는 진동을 생성하기 위해 성대에 압력을 작용하는 공기의 흐름이고, 진동 악기로써 기능하는 성대, 그리고 소리를 증폭시키는 공명강이다. 호흡을 방해하는 긴장, 특히 횡격막 부위의 긴장은 목소리의 음질에 일부 왜곡되어 반영된다. 예를 들어, 심한 불안에서 횡격막이 떨리면 목소리는 매우 불안하다. 일반적으로 성대 자체에는 만성 긴장이 없지만 급성 긴장이 영향을 끼쳐 쉰 목소리를 낸다. 목과 인후 근육의 긴장은 목소리의 공명에 영향을 미쳐 흉성음이나 두성음으로 이어진다. 자연스러운 목소리는 관련된 감정에 따라 다양한 정도로 조합된 음색이다. 그러한 조합이 균형 잡힌 목소리가 될 것이다.

목소리가 균형적이지 않다면 성격에 문제가 있다는 명백한 징후이다. 모지스가 이비인후과 전문의로서 말하는 치료 사례 두 가지를 인용하겠다.

스물다섯 살이 된 한 환자가 어린아이 같은 목소리로 크게 말하며 매우 난처해했다. 그는 건강한 바리톤을 내기에 충분한 정상적인 성대를 가지고 있었고 실제로 바리톤 노래를 부를 수 있었다. 그러나 그는 계속해서 가성으로 말했다. 또 다른 환자인 젊은 변호사는 만성적인 쉰 목소리를 호소했다. 그는 목소리를 낼 때 과도하게 흉부를 사용했다. 젊은 변호사에게는 자신의 고장에서 리더 역할을 한 저명한 아버지가 있었고 그 아들은 기대에 부응할 높은 이상이 있었다. 이런 이유로 아버지의 이미지와 동일시하는 데에 성공하지 못한 것을 숨기고 환상을 만들어내기 위해 억지스러운 어조를 만들었다. 마찬가지로 다른 환자의 지속되는 가성도 어머니의 앞치마 끈을 잡고 있었던 것으로 추적할 수 있었다.[*]

모지스는 이러한 문제에 대한 자신의 치료에 대해 설명하지 않았지만 그의 말에서 우리는 환자의 배경에 대해 일부 분석이 포함되어 있음을 알 수 있다. "두 경우 모두 그들은 인생을 거슬러 올라가 청년기에서 교훈을 다시 배워야 했다." 나는 모든 분석가나 치료사는 성격 문제를 성공적으로 해결한 후에 목소리가 풍부하게 된 많은 사례를 자신의 치료에서 봤을 것이라고 확신한다.

존 피에라코스는 바이오에너지적으로 차단된 음성을 열고 뒤에 숨겨진 감정을 풀어내는 방법 중 하나를 설명했다.

이러한 문제를 직접 처리하는 한 가지 방법은 오른손 엄지손가락을 턱 각도보다 약 2~3센티미터 아래에 놓고 가운뎃손가락을 목 뒤쪽 해당 위치에 놓는다. 환자가 지속적으로 높은 음조로 목소리를 내는 동안 목갈비근과 목빗근을 잡고 압력을 가한다. 목의 중간 지점과 기저부, 다른 성구

---

[*]   *Ibid.*, p. 47.

에서 같은 과정을 여러 번 반복한다. 많은 경우 이것은 깊이 흐느끼는 소리로 발전하고 진정한 감정의 개입과 더불어 항복을 담은 고통스러운 비명으로 이어진다. 슬픔은 절규하는 움직임으로 표현되며 온몸이 감정으로 진동한다. 목소리가 살아나고 맥박이 뛰고 목구멍이 열린다. 정형화된 목소리의 이면에 숨겨진 것이 무엇인지 발견하는 것은 놀랍다. 사춘기의 고음으로 추정되는 목소리를 가진 젊은 여성의 목소리가 아버지와 함께 어린 소녀의 역할을 맡은 이후 감미로운 성숙한 여성의 목소리로 바뀌기도 했다. 단조롭고 건조한 목소리를 가진 한 남자는 이런 역할 이후 깊고 남성적인 목소리로 음역을 바꾸고 '억압적인 아버지'에 도전했다. 불길하게 들리는 메마른 목소리 뒤에 숨어 있던 조현병 여성 환자가 목을 막고 있는 것을 뚫은 후 여섯 살 어린 소녀처럼 감미롭고 애절한 노래를 부르기 시작했을 때 나는 깊은 감동을 받았다.[*]

목소리는 감정과 매우 밀접하게 연결되어 있기 때문에 목소리를 해방시키려면 억압된 감정을 동원하여 소리로 표현하는 것이 필요하다. 사람은 감정에 따라 다른 소리가 나

---

[*] John C. Pierrakos, *The Voice and Feeling in Self-Expression*, New York, Institute for BioEnergetic Analysis, 1969, p. 11.

온다. 두려움과 공포는 비명으로, 분노는 크고 날카로운 어조로, 슬픔은 깊고 흐느끼는 목소리로, 기쁨과 사랑은 부드럽고 달콤하게 속삭이는 소리로 표현된다. 일반적으로 고음은 슬픔을 표현하는 깊은 음의 차단을 나타내고, 낮고 가슴에서 나오는 듯한 답답한 목소리는 두려움의 감정을 부정하고 비명을 지르고 싶은 표현에 대한 억제를 나타낸다고 말할 수 있다. 그러나 겉보기에 균형 잡힌 목소리로 말하는 사람이라고 해서 자신의 음성 표현을 제한하지 않는다고 가정할 수는 없다. 이 사람에게 균형은 강한 감정을 표함으로써 통제와 놓아버리는 것에 대한 공포를 나타낼 수 있다.

바이오에너지 치료에서는 소리를 내보내는 것에 지속적으로 중점을 둔다. 단어는 덜 중요하지만 아예 중요하지 않은 것은 아니다. 가장 좋은 소리는 저절로 나오는 소리이다. 나는 이제 그것들을 불러일으킬 수 있는 두 가지 절차를 설명하려 한다.

모든 아기는 우는 능력을 가지고 태어난다. 이 능력은 신생아의 자립적인 호흡을 확보하는 행위이다. 그 첫 울음의 강도는 유아의 활력을 가늠할 수 있는 척도로, 어떤 아기는 힘차게, 다른 아기는 힘없이 울지만, 곧 대부분의 아기는 큰 소리로 우는 법을 배운다. 태어난 지 얼마 되지 않아 그들은 비명을 지르는 능력도 얻게 된다. 비명은 두려움, 분노 또는 극심한 좌절로 인한 긴장을 풀어주는 주요한 형태이다. 많은 사람이 이러한 목적으로 비명을 지른다.

몇 년 전 나는 보스턴에서 열린 라디오 공개방송에 출연했다. 청취자 중 한 명이 전화를 걸어 사람들 앞에서 말하는 데 어려움을 겪고 있는데 어떻게 극복할 수 있을지 물었다. 문제의 원인을 모른 채 나는 몇 가지 조언을 해야 했는데 그녀에게 소리 지르는 연습을 해보라고 한 것이다. 나는 그것이 그녀에게 도움이 될 수 있다는 것을 알았다. 비명을 지르기 가장 좋은 장소는 고속도로의 창문이 닫힌 차 안이다. 교통 소음이 너무 커서 아무도 들을 수 없다. 이 제안을 마치고 또 다른 전화를 받았다. 프로그램을 듣고 있던 한 남자의 전화였다. 그는 자신이 세일즈맨이며 하루가 끝날 때에도 긴장을 느끼며 업무에 여전히 매어 있다고 말했다. 그는 이 상태로 집으로 돌아가고 싶지 않았다. 그가 그것을 달래기 위해 찾은 가장 좋은 방법은 차 안에서 비명을 지르는 것이었다. 그는 그것이 큰 도움이 되었다고 말했고 다른 사람이 그 방법을 생각했다는 것에 놀랐다고 말했다. 그 이후로 여러 사람이 이 방법을 사용하여 비슷한 결과를 얻었다는 이야기를 들었다.

불행히도 많은 사람이 비명을 지르지 못한다. 그들의 목구멍은 너무 꽉 조여서 비명이 통과할 수 없다. 목 옆의 극도로 긴장된 근육을 만질 수 있다. 이들 근육, 특히 목의 양쪽에 있는 앞목갈비근에 압력이 가해지면 긴장이 풀려 비명을 지르게 된다. 우리가 앞에서 본 것처럼 피에라코스는 이 방법을 사용했지만, 매우 중요하기 때문에 내가 이것을 어떻게 하는지도 설명하겠다. 침대에 누워 있는 환자에게 큰 소리를 내도록 요청한다. 그런 다음 엄지와 중지로 이 근육에 중간 정도의 압력을 가한다. 초기 통증은 일반적으로 환자가 비명을 지르게 할 만큼 충분히 강한데, 특히나 이미 환자가 큰 소리를 내고 있기 때문에 더욱 그렇다. 음정이 저절로 올라가고 비명이 터진다. 놀랍게도 환자가 비명을 지르는 동안에는 압박이 계속되는데도 통증을 느끼지 않는다. 종종 내가 손가락을 뗀 후에도 계속 비명을 지르게 된다. 환자가 비명을 지르지 않으면 비명을 참는 힘이 더 강해지기 때문에 압력을 멈춘다.

이 방법은 비명을 유발하는 데 효과적이지만 음성 생성에 영향을 미치는 입과 목 주위의 긴장을 모두 풀어주는 것은 아니다. 사람의 목소리가 자유로울 때 그것은 그의 마음에서 나오는 것이다. 그는 마음에서 우러나오는 말을 하는 사람이다. 이것은 마음에서 세상으로의 소통 통로가 열려 있고 장애물이 없다는 것을 의미한다. 이 통로는 해부학적으로 살펴보면 만성 긴장이 수축의 고리를 형성하여 통로를 좁히고 감정의 완전한 표현을 방해하는 세 가지 영역을 찾을 수 있다. 가장 표면적인 고리는 입 주위에 형성된다. 꽉 다물거나 조인 입은 감정의 모든 전달을 효과적으로 차단할 수 있다. 입술을 꽉 다물고 턱을 괴는 것은 외부로 어떤 소리도 새어나가지 않게 하기 위한 고정 방법이다. 우리는 이러한 태도를 가진 사람들을 '말이 없는' 사람이라고 말한다.

두 번째 긴장 고리는 머리와 목의 교차점에서 형성된다. 이것은 자발적 통제에서 비자발적 통제로 전환되는 부위이기 때문에 중요한 영역이다. 인두와 입은 이 영역 앞쪽에 있고 식도와 기도는 그 뒤쪽에 있다. 유기체는 입이나 인두에 있는 모든 것을 의식적으로 제어할 수 있으며 삼킬지 뱉을지 선택할 수 있다. 예를 들어, 음식물 또는 물이 이 영역을 통과하여 식도로 들어가면 그 선택권은 상실된다. 이때부터 아래쪽으로는 비자발적인 시스템이 발동하고, 의식적 통제는 사라진다. 이 전환 영역의 생물학적 중요성은 분명하다. 유기체가 맛을 본 다음에는 수용할 수 없거나, 부적합한 물질을 거부하는 것이 가능하기 때문이다. 덜 명백하지만 심리학적으로도 그 중요성은 분명하다. 용납할 수 없거나 해로운 요소를 삼키지 않음으로써 유기체의 심리적 무결성을 유지할 수 있다.

유감스럽게도 아이들의 심리적 완전성은 종종 거부하고 싶은 '것들'을 삼키도록 강요당함으로써 침해된다. 거부하고 싶은 '것들'이란 음식, 약, 발언, 상황 등을 말한다. 나는 우리 모두가 이런 종류의 경험을 가지고 있다고 확신한다. 어머니는 나에게 오렌지 주스에 피마자유를 섞어 마시게 하셨다. 그 혼합물은 매우 불쾌했고 수년 동안 나는 순수한 오렌지 주스의 맛이 참을 수 없이 싫었다. 우리는 모두 모욕이나 경멸적인 말을 삼켜야 했고, 많은 사람이 '말을 묵살' 당해야 했다. 내 환자 중 한 명은 그녀의 어머니가 자랑스럽게 들려준 흥미로운 이야기를 나에게 말해줬다. 엄마는 아기의 입에 시리얼을 넣고 아이가 뱉지 못하게 자기의 유방을 아이의 입에 억지로 밀어 넣어서 아기가 질식하지 않으려면 삼키도록 만들었다고 한다.*

이러한 방법의 결과는 중요한 접합부에 긴장의 고리를 만드는 것이다. 이 같은 긴장은 목에서 구강으로의 통로를 수축시키고 외부로부터 용납할 수 없는 '것들'을 삼키도록 강요받는 것에 대한 무의식적인 방어를 나타낸다. 동시에 그것은 다른 사람들이 용납하지 않을지도 모른다는 두려움의 표현에 대한 무의식적인 방어 또는 억압이기도 하다. 수축은 공기가 통과하는 구멍을 좁혀 호흡을 방해한다. 따라

* 표현의 자유가 보장되지 않아 눈물을 삼키고 항의해야 했던 경험이 얼마나 많았나.

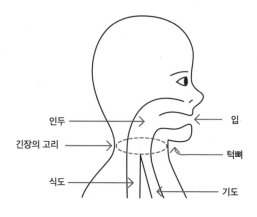

인두 →

입 ←

긴장의 고리 →

턱뼈 ←

식도 →

기도 ←

서 이것은 불안에 기여한다. 이 긴장의 고리 위치는 위의 그림에 나와 있다.

이 긴장의 고리는 해부학적인 구조가 아니라 기능적인 통합성이다. 많은 근육이 이 고리의 형성에 관여하고 턱과 혀와 같은 여러 구조가 이러한 작동에 관여한다. 아래턱은 턱을 다물게 함으로써 효과적으로 제자리에 긴장을 늦추는 특별한 역할을 한다. 턱을 고정하는 것은 위치에 관계없이 '통과시키지 않을 것'이라고 말하는 것과 같다. 이 점에서 그것은 탐탁지 않은 사람들을 막고 동시에 내부에 있는 사람들을 둘러싸 성에 가두는 쇠살문과 같은 기능을 한다. 유기체가 피곤하거나 졸릴 때처럼 더 많은 에너지를 필요로 할 때, 우리는 하품을 하는 것과 같이 더 충만한 호흡을 허용하기 위해 통로를 활짝 열어야 한다. 하품을 하면 턱을 움직이는 근육을 포함하는 긴장의 고리가 일시적으로 풀리면서 입, 인두 및 목이 활짝 열려 필요한 공기가 유입된다.

성격의 쇠살문이라는 전략적 위치 때문에 턱을 움직이는 근육의 긴장은 나머지 신체의 부분을 지탱하는 패턴의 핵심이다. 모든 사람에게 크든 작든 존재하는 이 긴장을 풀기 위해 바이오에너지에서 상당한 노력이 수행되었다. 그것은 라이히가 나와 함께 치료할 때 집중했던 첫 번째 영역이었다. 라이히는 턱을 내려뜨려야 할 필요성을 지속적으로 강조했다. 턱을 내렸을 때 눈을 크게 뜨면 비명이 나올 수 있다. 그러나 턱을 내려 떨어지게 하는 자발적인 행동만으로 이 부위의 긴장을 크게 줄이는 경우는 많지 않다. 라이히가 찾아낸 것처럼 턱 근육에 약간의 압력을 가하여 이완 효과를 내는 것이 필요했다. 턱 근육이 만성 긴장에 묶여서 억압된, 물고 싶은 충동을 극복하는 것도 필요하다.

나는 이 긴장을 줄이기 위해 목소리를 사용하는 간단한 동작 한 가지를 설명하려 한다. 환자가 침대에 누워 있을 때 위에 서서 턱 각도로 깨물근에 압력을 가한다. 이것은 고통스러운 절차이므로 환자가 저항하게 하는 것이 좋다. 내가 누를 때 그가 침대를 발로 차며 "내버려 둬"라고 외치게 하는 것이다. 고통으로 인한 그의 반응은 대개 진심이며, 환자의 항의가 얼마나 격렬한지 알고 놀란다. 대부분의 환자가 자연스럽게 치유되도록 '내버려 두지' 않기에 상당한 압력을 받는다. 그리고 그들에게 항의하거나 반대 목소리를 내는 것은 허용되지 않았을 것이다. 많은 환자에게 목소리와 행동으로 강한 감정을 표현하는 것 자체가 새로운 경험이다.

나는 통증이 바이오에너지 운동의 필수적인 요소라는 인상을 주고 싶지 않다. 많은 절차가 매우 즐겁지만 만성 긴장에서 벗어나고 싶다면 고통을 피할 수 없다. 아서 야노프 Arthur Janov가 《원초적 비명The Primal Scream》에서 지적했듯이 고통은 이미 환자 안에 있다. 울고 소리치는 것은 고통을 푸는 한 가지 방법이다. 긴장된 근육에 가하는 압력 자체가 그렇게 고통스럽지는 않다. 근육의 긴장 때문에 느끼는 통증과 비교할 때 내가 가하는 압력은 경미하며 근육이 이완된 사람은 통증을 느끼지 않을 것이다. 근육의 긴장에 나의 압력이 더해지면 통증의 한계점을 초과할 것이지만, 그것이 바로 자신의 긴장을 의식하게 하고 긴장을 풀게 할 것이다.

앞에서 나는 긴장의 고리가 발달하여 가슴에서 외부 세계로 연결되는 통로를 막거나 수축시킬 수 있는 세 가지 영역이 있다고 언급했다. 첫 번째는 입 주변이고, 두 번째는 머리와 목의 교차점에 있다. 세 번째는 목과 흉부의 교차점이다. 이 부위에서 발생하는 긴장의 고리는 본질적으로 기능적이며 대부분 앞목갈비근, 중간목갈비근 및 뒤목갈비근을 포함한다. 이 긴장의 고리는 흉강과 심장으로 통하는 입구를 보호한다. 만성적으로 수축되면 이 근육이 상부 갈비뼈를 들어 올려 고정시켜 가슴의 입구를 수축시킨다. 또한 이것은 자연스러운 호흡 운동을 방해하기 때문에 특히 흉부에서 목소리 생성에 심각한 영향을 미친다. 목소리를 치료할 때 이 긴장 영역을 인식해야 한다.

모든 소리에는 자기표현의 자리가 있다는 것을 여기에 덧붙이겠다. 웃음은 울음만큼 중요하고 노래는 통곡만큼 중요하다. 나는 종종 환자들에게 아기 때 한 번쯤 느꼈을 음성 표현의 즐거움을 느끼도록 돕기 위해 갸르릉거리고 옹알거리는 소리를 내도록 요청한다. 그러나 많은 사람이 본인이 아기였을 때와 여전히 마음속에 있는 아기를 동일시하는 것을 정말 어려워한다.

눈, 영혼의 거울

눈 맞춤

내가 의대에서 공부한 안과 교재의 첫 페이지에 "눈은 영혼의 거울이다"라는 문장이 있었다. 예전에도 들어본 적 있는 그 말에 흥미가 생겼고, 눈의 표현 기능에 대해 더 배우고 싶어졌다. 그러나 나는 안타깝게도 실망했다. 이 책에는 눈과 영혼 또는 눈과 감정 사이의 관계에 대해서는 더 이상의 언급이 포함되어 있지 않았다. 눈의 해부학, 생리학, 병리학은 눈이 성격의 표현 기관이라기보다 마치 카메라와 같은 기계인 것처럼 철저히 기능론적으로 묘사했다.

안과가 눈의 이러한 측면을 무시하는 이유는 엄격한 과

학적인 학문으로서 객관적인 데이터를 다루어야 하기 때문일 것이다. 눈의 표현 기능은 객관화하거나 측정하기가 어렵다. 그런 면에서 객관적이고 과학적인 견해가 눈의 기능, 더 나아가 인간의 기능을 완전히 이해할 수 있는지에 대한 의문이 생긴다. 정신건강의학과 의사나 인간의 성격 연구자들은 이러한 편협한 견해를 가져서는 안 된다. 우리는 사람이 드러내는 본성을 보아야 하는데, 우리가 바라보는 방식에 따라 그 사람을 이해하는 방식도 바뀔 뿐만 아니라 그가 우리에게 어떻게 반응하는지도 결정된다.

보디랭귀지는 시대의 지혜를 담고 있다. 눈이 영혼의 거울이라는 말이 사실이라는 데는 의심의 여지가 없다. 우리는 누군가의 눈을 바라볼 때 느끼는 주관적인 인상이 우리에게 보이는 그 사람의 표정과 같다고 생각한다. 영혼이 들어 있는 듯한 이러한 특성은 특히 개나 소의 눈에서 두드러진다. 동물들의 부드러운 갈색 눈은 그들이 편안해할 때 마치 대지와 비슷하다. 영혼이 담긴 동물의 표정은 내 생각에는 2장에서 설명한 생명, 자연, 우주의 일부라는 소속감 또는 접촉과 연관되어 있다.

각기 다른 동물의 눈은 그들만의 특성을 반영하는 특별한 표정을 가지고 있다. 예를 들어 고양이의 눈은 독립성과 거리감의 특성을 지니고 있다. 새의 눈은 다르다. 그러나 모든 동물의 눈은 감정을 표현할 수 있다. 고양이나 새와 함께 오래 살다 보면 다른 표현을 구별할 수 있다. 눈이 잠으로 무거워지고 흥분으로 밝아지는 것을 볼 수 있다. 눈이 영혼의 거울이라면 유기체 내면 생활의 풍요로움은 눈으로 볼 수 있는 느낌의 범위에 반영되어야 한다.

좀더 직접적으로 말하면 눈은 내면의 감정을 드러내기 때문에 몸의 창문이라고 할 수 있다. 그러나 모든 창문이 그렇듯 닫힐 수도 열릴 수도 있다. 처음에는 뚫을 수 없지만, 두 번째일 경우는 사람의 내면을 들여다볼 수 있다. 눈은 공허해 보이거나 멍해 보일 수 있다. 공허한 눈은 그 안에 '아무도 없다'라는 인상을 준다. 이 표정은 일반적으로 조현병 환자의 눈에서 볼 수 있다.* 그런 눈을 바라보면 내면의 공허함이 느껴진다. 멍한 눈은 그 사람이 어딘가로부터 멀리 떨어져 있음을 나타낸다. 주의를 끌면 그를 다시 데려올 수 있다. 다시 데려와 그가 우리를 바라보고 우리에게 초점을 맞출 때 그의 눈과 우리의 눈 사이에 접촉이 형성된다.

사람은 흥분하면 눈이 밝아지고 내면의 흥분이 사라지면 흐릿해진다. 눈을 창문으로 생각한다면 (나중에 더 알게 되겠지만 눈은 사실 그 이상이다) 눈에 비치는 빛은 우리 몸에서 타는

---

* Lowen, *The Betrayal of the Body, op. cit.* 분열형 성격의 눈에 대한 자세한 설명이 포함되어 있다.

불에서 나오는 내면의 빛이라고 가정할 수 있다. 우리는 내면의 불에 휩싸인 열정 어린 얼굴을 보고 불타는 눈에 대해 이야기하기도 한다. 웃는 눈, 그 자체로 반짝이는 눈, 빛나는 눈도 있으며 나는 사람의 눈에서 별을 본 적도 있다. 그러나 가장 흔하게 우리는 셔터가 열려 있지 않을 때 사람들의 눈에서 슬픔과 두려움을 본다.

눈의 표현적 측면은 눈 주위와 얼굴 전체에서 분리될 수 없지만 눈 자체만으로도 표정은 결정된다. 이 표정을 읽으려면 사람의 눈을 노려본다거나 뚫어져라 보는 것이 아니라 표정이 드러날 수 있도록 부드럽게 응시해야 한다. 이렇게 응시할 때, 사람은 감정에 대한 인상을 받을 수 있고, 상대방을 감지할 수 있다. 나는 내 이런 감각을 믿기 때문에 내가 받은 인상에 대해 거의 의문을 제기하지 않는다.

내가 본 사람들의 눈에 표현된 감정은 다음과 같다.

호소 - "나를 사랑해 주세요."

갈망 - "사랑하고 싶어요."

주시 - "어떻게 할 건가요?"

불신 - "당신에게 마음을 열 수 없어요."

에로틱 - "나는 당신 때문에 흥분되었어요."

증오 - "난 당신이 싫습니다."

혼란 - "이해가 안 돼요."

수년 전 나는 결코 잊지 못할 눈빛을 보았다. 아내와 나는 지하철을 타고 있었고, 우리 둘은 동시에 맞은편에 앉은 한 여성의 눈을 바라보았다. 그녀의 눈과 마주쳤을 때 나는 충격을 받았다. 그녀의 눈은 너무나 사악해 보였고 나는 거의 공포에 몸서리쳤다. 아내도 똑같은 반응을 보였는데, 나중에 이야기하면서 그렇게 사악한 눈을 본 적이 없다는 데 동의했다. 그 경험을 하기 전에 나는 눈이 사악해 보일 수 있다고 믿지 않았다. 그 사건은 내가 어렸을 때 그 이상하고 무서운 힘을 가진 '사악한 눈'에 대해 들었던 이야기를 떠올리게 했다.

눈의 표정을 결정하는 생리학적 과정은 알려져 있지 않다. 다만 우리는 고통스럽거나 두려울 때 동공이 넓어지고 기쁠 때 좁아진다는 것 정도는 안다. 동공이 좁아지면 초점이 선명해진다. 동공이 넓어지면 주변 시야는 확대되지만 동시에 초점의 선명도는 감소한다. 이러한 반응은 자율신경계에 의해 조정되지만 위에서 설명한 미묘한 현상을 설명하지는 못한다.

눈은 실제로 시각 기관이자 접촉 기관이라는 이중 기능을 가지고 있다. 두 사람의 눈이 마주치면, 그들 사이에는 신체적 접촉과 같은 감각이 일어난다. 그것의 특징은 눈빛에 달려 있다. 너무 냉정하고 강해서 얼굴을 한 대 때리는 것처럼 느껴지거나 너무 부드러워서 애무하는 것처럼 느껴질 수 있다. 눈빛으로 사람을 관통하는 것 같기도 하고, 옷을 벗기는 것 같을 수도 있다. 사람 속을 들여다볼 수도 있고, 사람을 통해서 볼 수도 있고, 사람 너머 혹은 주변을 살펴볼 수도 있다. 공격적이거나 능동적인 요소를 포함하는 바라보기는 눈으로 '받아들이는 것'으로 가장 잘 설명할 수 있다. 접촉은 바라보기look의 한 기능이다. 반면에 보이는 것see은 시각적 자극이 눈에 들어가 이미지만 생성한다는 점에서 보다 수동적인 과정이다. 바라볼 때 사람은 눈을 통해 자신을 적극적으로 표현한다.

눈 맞춤은 두 사람 사이의 가장 강력하고 친밀한 접촉 형태의 하나이다. 눈 맞춤은 스킨십의 한 형태이기 때문에 언어보다 더 깊은 차원의 감정 전달을 수반한다. 이러한 이유로 매우 흥미로울 수 있다. 예를 들어, 남자와 여자의 눈이 마주치면 자극은 너무 강해서 몸을 통해 배꼽과 생식기로 흘러갈 수 있다. 그러한 경험을 '첫눈에 반한 사랑'이라고 한다. 눈은 열려 있고 매력적이며 외모는 에로틱한 특성을 갖고 있다. 두 쌍의 눈 사이에 전달되는 감정이 무엇이든, 그들의 만남에 대한 효과는 두 사람 사이에 이해의 발전이다.

눈 맞춤은 아마도 부모와 자녀의 관계, 특히 엄마와 아기의 관계에서 가장 중요한 요소일 것이다. 수유 중인 아기가 수시로 엄마의 눈을 쳐다보는 모습을 관찰할 수 있다. 엄마가 사랑스럽게 반응한다면, 아기는 안정감과 믿음을 강화해 신체적 친밀감이 주는 기쁨을 공유하게 된다. 하지만 아이들이 엄마와 눈 맞춤을 하려고 하는 상황은 이뿐만이 아니다. 엄마가 아이의 방에 들어갈 때마다 아이의 눈은 그 접촉이 가져올 일에 대한 즐겁거나 두려운 기대로 엄마의 눈을 마주하며 치켜뜰 것이다. 엄마가 아이와 눈을 마주치지 않아 접촉이 부족하면 거부감을 느낀 아이는 고립감에 빠지게 된다.

부모가 아이를 어떤 방식으로 바라보든 그 시선은 아이의 감정에 영향을 미치며 행동에도 지대한 영향을 미칠 수 있다. 내가 말했듯이 눈길이 말보다 훨씬 더 강력하다. 종종 눈길은 말을 혼란스럽게 만든다. 엄마는 아이에게 사랑한다고 말할 수 있지만, 보는 모습이 차갑고 거림감이 느껴지고 목소리가 밋밋하거나 딱딱하면 아이는 사랑받고 있다는 느낌을 받지 못한다. 실제로는 정반대로 느낄 수도 있다. 이것은 혼란의 상태를 야기할 것이며, 그 말을 믿으려는 아이는 불안으로 자신의 감각에 대항할 때 신경증적으로 해결한다. 아이의 성격에 해를 끼치는 것은 혐오하듯 보는 것만

이 아니다. 부모의 매혹적인 눈빛이 대처하기가 훨씬 더 어렵다. 부모가 그것을 애정으로 정당화할 수 있기 때문에 아이는 그러한 표정에 쉽게 화를 내지 못한다. 부모가 아이를 바라보는 매혹적이거나 에로틱한 눈빛은 아이의 섹슈얼리티를 자극하고 그들 사이의 근친적 유대를 형성하게 한다. 나는 가족에게 일어나는 근친상간 관계는 행동보다 눈길에 기반하고 있다고 확신한다.

많은 사람이 상대방이 자신의 감정을 알아챌까 봐 두려워 눈 맞춤을 피한다. 다른 사람에게 자신의 감정을 드러내기가 부끄러워서 시선을 피하거나 고정된 시선으로 바라본다. 빤히 쳐다보는 것은 접촉을 피하거나 방해하는 데 사용된다. 중요한 점은 당사자 사이에 소통이나 감정의 교환이 없으면 접촉이 없다는 것이다. 그 감정은 다른 사람을 개인으로 인정하는 것 이상일 필요는 없다. 이와 관련하여 나는 일부 원시인들의 인사 형태가 "내가 너를 보고 있다"라는 표현을 한다고 언급하고 싶다. 눈 맞춤은 친밀함의 한 형태이기 때문에 특히 상대방이 이성일 때 성적 의미가 있을 수 있다. 어떤 사람의 성별을 알아차리지 않는 한 그 사람을 '인식한 것'이 아니다.

눈은 의사소통의 중요한 통로이기 때문에 많은 새로운 유형의 그룹 치료는 멤버들 간의 눈 접촉을 권장한다. 우리는 바이오에너지 그룹 치료에서 유사한 운동을 한다. 대부분의 환자는 눈에 감정을 불어넣고, 그로 인해 환자가 더 살아 있음을 느끼기 때문에 매우 도움이 된다고 생각한다. 사람들의 마음이 닫혀 있으면 눈을 감은 것과 같이 자신의 환경을 느끼지 못한다. 그들도 물론 보긴 보지만, 그런 식으로 보는 것은 흥분이나 느낌이 없다.

환자와 눈을 맞추는 것은 내가 끊임없이 노력하는 부분이다. 그것은 순간순간 환자에게 무슨 일이 일어나고 있는지 아는 데 도움이 될 뿐만 아니라 환자에게 내가 함께 있다는 깊은 확신을 주기 때문이다. 그룹 운동이나 개인 치료 요법의 일부로 사용될 때, 그것이 정직한 표현이 될 수 있도록 자연스러움을 유지해야 한다. 이것은 눈을 맞추고, 만지고, 재빨리 이해한 다음 고개를 돌리는 등 짧은 접촉을 통해 달성할 수 있다. 짧은 시간 이상으로 눈을 맞추는 것은 부자연스럽고 부담스러운 일이다. 그것은 강제적이고 기계적인 시선이 된다.

눈과 성격

눈은 신체의 에너지 작용을 직접적이고 즉각적으로 반영

하기 때문에 영혼의 거울이라고 할 수 있다. 활력이 넘치면 사람의 눈은 밝아진다. 건강 상태의 좋은 신호이다. 사람의 에너지 상태가 저하되면 눈의 광택은 희미해진다. 죽음에 이르면 눈은 멀겋게 된다. 또한 눈의 기류는 섹슈얼리티의 정도에도 관계가 있다. 눈에 영향을 미치는 생식기의 흥분에 대해 말하는 것이 아니다. 섹슈얼리티는 몸 전체의 현상이며 개인에 있어 자신의 성기능과 동일시되는 정도를 나타낸다. 섹슈얼리티가 강한 사람의 경우 에너지 흐름이 가득 차 있고 세상과 접촉하는 경계 지점이 충전된 상태이다. 이 지점은 앞에서 언급했듯이 눈, 손, 생식기 그리고 발이다. 이것은 생식기가 흥분된다는 것을 의미하지는 않는다. 그것은 느낌이나 에너지가 그 기관에 집중될 때 발생한다. 눈과 섹슈얼리티의 관계는 '밝은 눈과 무성한 꼬리'*라는 문구로 표현된다.

자신의 섹슈얼리티와 동일시되는 것이 접지의 한 측면이다. 접지의 느낌을 증가시키는 모든 활동이나 운동이 눈에 전하를 더해준다. 사람의 다리가 땅과의 접촉을 강화하면 눈의 전반적인 기능에도 영향을 미칠 수 있다. 이와 관련하여 다양한 접지 연습이 도움이 된다. 많은 환자가 다리를 강하게 쓴 이후에 방 안의 물체가 더 선명하고 밝게 보일 정도

* 정신을 똑바로 차린 다람쥐를 표현한다. (옮긴이)

로 시력이 향상되었다고 보고했다. 사람은 땅에 발을 대지 않으면 주변에서 무슨 일이 일어나고 있는지 명확하게 볼 수 없다. 환상에 눈이 멀게 된다.

이러한 고려 사항은 눈의 에너지 충전 정도가 자아의 강도를 측정한다는 명제를 뒷받침한다. 강한 자아를 가진 사람은 다른 사람의 눈을 똑바로 쳐다볼 수 있는 능력이 있다. 그는 자신이 있기 때문에 쉽게 그럴 수 있다. 보는 것 자체가 자기표현의 한 형태인 것처럼 다른 사람을 바라보는 것도 자기주장의 한 형태이다. 우리 모두는 이러한 사실을 자연스럽게 알고 있으며, 성격에 대한 대부분의 논의에서 눈에 대한 언급이 거의 없다는 것은 놀라운 일이다.

눈과 성격 사이의 관계를 이해하는 다음 단계는 눈의 표정을 다양한 성격 유형과 연관시키는 것이다. 관찰자가 눈으로만 각 성격 구조를 항상 인지할 수 있는 것은 아니지만 진단 기준으로 사용하기에 충분히 일반적이고 전형적인 모습이 있다. 확실히 이것은 눈이 '생각이 딴 곳에 가 있어' 보이는 조현병 환자에게 해당된다. 라이히는 그것에 대해 언급했고 나는《몸의 배신》에서 그것을 설명했다. 다른 사람의 눈에서 이 표정만 봐도 그가 현실에서 '떠나' 있거나 '떠나가고 있다'는 것을 알 수 있다.

내가 성격 유형과 연관된 표정을 설명할 때 강조하고 싶은 점은 이런 표정이 지속적으로 나타나는 것은 아니며 가끔만 보이는 표정은 중요하지 않다는 것이다. 우리가 원하는 것은 전형적인 모습이다.

스키조이드형 성격: 전형적인 표정은 공허하거나 무표정한 것으로 설명될 수 있다. 이 성격의 특징은 눈에 감정이 없다는 것이다. 조현병 환자가 당신을 바라볼 때, 당신은 바로 접촉이 부족하다고 느낄 것이다.

오럴형 성격: 사랑과 지지를 호소하는 전형적인 모습이 매력적이다. 그것은 독립을 위장하는 태도에 의해 가려질 수 있지만, 호소의 성향은 이 성격을 구별할 수 있을 만큼 충분히 자주 나타난다.

사이코패스형 성격: 사이코패스적 접근 방식 또는 태도에 해당하는 두 가지 모습이 이 성격의 전형이다. 하나는 다른 사람을 통제하거나 지배하려는 욕구가 있는 사람에게서 볼 수 있는 강력하거나 꿰뚫어보는 듯한 모습이다. 눈빛은 주인의 의지를 강요하는 것처럼 상대를 고정시킨다. 다른 하나는 상대방이 사이코패스에게 자신을 넘겨주도록 유혹하는 부드럽고 매혹적이거나 호기심 어린 표정이다.

마조히스트형 성격: 전형적인 외모는 괴롭거나 고통스러움 중 하나이다. 그러나 이것은 종종 혼란스러운 표현으로 가

려진다. 마조히스트는 갇힌 느낌을 받으며, 자신의 근본적인 고통보다 더 많이 갇혀 있음을 느낀다. 즉 사도마조히즘적 성격, 즉 얼굴에 가학적 요소가 강한 사람의 눈은 작고 단단하다. 이는 부드럽고 애절한 일반적 마조히스트의 눈과는 반대 모습으로 설명할 수 있다.

리지드형 성격: 이 성격은 일반적으로 상당히 강하고 밝은 눈을 가지고 있다. 그러나 경직이 두드러지면 눈은 빛을 잃지는 않되, 굳어진다. 굳은 눈빛은 경직된 성격의 표면 아래에 있는, 슬픔에 대한 방어이며 사랑에 대한 좌절감과 관련이 있다. 마조히스트형 성격과 달리 리지드형의 성격은 태도와 눈빛을 동시에 빛나게 하는 강한 공격적 태도로 보완하려 한다.

이 시점에서 나는 내 눈에 대해 몇 가지를 언급하겠다. 나는 항상 내 오른쪽 눈이 더 강하다고 생각했다. 그쪽이 내가 식별하기에 조금 더 확실했다. 그러나 몇 년 전 운전면허 시험을 볼 때 오른쪽 눈이 왼쪽에 비해 시력이 약한 쪽이라는 사실을 알고 놀랐다. 왼쪽 눈은 슬픈 상황이나 강한 바람 아래에서 더 빠르게 더 많은 눈물을 흘리기 때문에 나에게는 항상 약하다는 인상이었다. 나는 이런 면이 나의 왼쪽 눈의 시력을 보존한 반면 강해 보이는 오른쪽 눈은 왼쪽 눈처럼 자유롭게 표현할 수 있는 내면의 슬픔을 방어해야 하는 부담을 받고 있었다는 것을 깨달았다. 이것은 눈의 감정 표현이 시각 기능과도 밀접한 관련이 있고 영향을 미친다는 것을 깨닫게 해준 개인적인 경험이었다.

나는 안경을 써본 적이 없고, 독서용 안경이 요구되는 나이가 되었음에도 불구하고 여전히 착용하지 않는다. 그러나 내가 열네 살이었을 때 나는 안경을 맞추었다. 학교에서 하는 의례적인 시력 검사에서 나는 차트의 아래쪽 줄에 있는 한두 글자를 잘못 읽었다. 안과에서 더 정밀한 검진을 받았고, 그 결과 안경 쓰라는 처방이 내려졌다. 내 눈의 문제가 무엇인지는 알려주지 않았다. 나는 학교나 다른 곳에서 이것 때문에 어려움을 겪은 적이 없다. 지금 보면 나는 원시였던 것 같다. 그것은 내가 아는 내 성격과 일치하지만 그렇다고 해서 내가 가까이에서 작업하는 것에 문제는 없었다.

안경을 받았지만 독서할 때 외에는 착용하지 않았다. 그리고 그것을 책가방에 넣고 다녔다. 나는 안경을 강하게 거부했다. 내가 어린 시절에는 안경에 대한 부정적인 의미가 팽배했다. 안경을 쓴 사람들을 '네눈박이'라고 불렀다. 이런 태도 때문에 첫 주 만에 안경을 잃어버렸던 것 같다. 내 건강을 지나치게 걱정하신 어머니는 다른 안경을 사러 다시 가자고 하셨다. 나는 그때 그녀에게 저항할 수 없었고, 그래서 또 갔다. 하지만 두 번째 안경도 남아나지 않았다. 그것 역시 일주일 만에 사라졌다. 부모님은 다시 한번의 지출을 감당할 수 없었고, 걱정에도 불구하고 어머니는 안경을 포기했다.

나는 현재의 내 좋은 시력이 햇빛 아래서 책을 읽고 공부하는 습관과 더불어 치료를 통해 울거나 감정을 더 솔직하게 표현할 수 있게 된 도움 덕분이라고 생각한다. 나는 태양과 맑은 날의 밝고 맑은 빛을 좋아했다. 나는 태양의 반사된 밝은 빛에 노출된 클레이 코트에서 자주 테니스를 치곤 했다. 몇 년 전 쾌적하고 맑은 분위기에서 태양을 바라보며 (눈을 감고) 자기자신을 상상하는 것이 몇몇의 치료사들이 근시를 치료하는 데 사용하는 베이츠Bates 기법이라는 것을 알기 전까지 이것이 얼마나 가치 있는 것인지 깨닫지 못했다. 돌이켜보면, 나는 예리하고 선명하게 보고 싶은 욕구가 있었다. 나에게 보는 것은 믿는 것이며, 나는 시각적인 것에 관심이 많은 편이라 신체 표현에도 관심이 많은 편이라고 말할 수 있다.

머리와 눈의 문제 그리고 바이오에너지

근시는 가장 흔한 시력 장애로 통계적으로도 거의 정상에 가까울 정도로 흔하다. 이 점에서 근시는 장애가 아닌 한 우리 문화에서는 많은 전문가가 정상으로 간주하는 허리 통증이나 우울증에 비할 수도 있다. 내 생각에 우리는 정서적으로나 육체적으로 너무 피폐해져서 건강한 상태를 비정상으로 여기는 경향이 있는 것 같다. 안타깝게도 점점 건강한 사람이 희귀해지고 있다.

안경을 착용하는 많은 사람은 안경이 기계적인 의미에서 시력을 향상시키는 반면 표정과 눈맞춤을 방해하거나 차단한다는 것을 알고 있다. 나는 환자들을 치료할 때 항상 안경을 벗으라고 요청하여 환자와 눈을 맞추고 눈에 비친 표정을 읽으려고 한다. 그런데 어떤 경우에는 환자에게 내가 흐릿하게 보여서 문제가 된다. 그럴 때 나는 환자가 나에게 말할 때는 안경을 쓰도록 하고, 육체적 치료를 할 때는 안경을 벗도록 함으로써 타협안을 제시한다. 콘택트렌즈는 눈에 덜 띄는 방식으로 안경과 동일한 효과를 나타낸다.

나는 근시를 안구 왜곡이 신체에 구조화된 기능적 눈장애라고 확신한다. 만성 근육 긴장의 결과로 나타나는 다른 신체 왜곡과 다르지 않다. 많은 경우에 이러한 왜곡은 긴장이 풀리면서 크게 줄어든다. 나는 바이오에너지 운동과 치료로 사람들의 몸에 상당한 변화가 일어나는 것을 보았다. 그리고 나는 베이츠 기법으로 근시를 완전히 극복한 한 사람을 알고 있다. 근시 치료의 어려움 중 하나는 긴장된 안구 근육에 만져보거나 압력을 가할 수 있을 정도로 접근할 수 없다는 것이다. 베이츠 기법의 어려움은 집중적으로 눈 운동 프로그램에 전념해야 한다는 것인데 그러한 현실적 어려움을 감안하더라도 대부분의 근시안적인 눈이 개선될 수 있다는 것은 사실이다. 나는 그렇게 개선되는 것을 단 한 번의 극적인 치료 과정에서 본 적이 있다. 하지만 불행히도 그것은 일시적이었고 완전히 유지되지 않았다. 그럼에도 많은 환자가 바이오에너지 치료의 결과로 어느 정도 향상된 시력을 유지했다고 보고되었다.

바이오에너지 요법은 신체 구조를 다루고 구조를 이루는 힘의 원인을 동적으로 이해하려고 한다. 라이히는 구조를 정지된 움직임이라고 말했다. 이것은 광범위하고 철학적인 말이지만, 일반적으로 심리적 외상의 결과로 발전하는 경우에 실용적으로 적용할 수 있다. 이것은 눈을 크게 뜨고 고정한 근시의 경우에 해당된다. 이런 안구에는 움직임이 거의 없다. 눈 근육은 수축되고 긴장돼 있다. 눈의 이동성을 회복할 수 있다면 근시 상태를 상당히 줄일 수 있다. 그러나 이렇게 하려면 눈의 표현을 이해해야 한다. 크게 뜨고 약간 부풀어 오른 안구는 근시의 전형적인 모습으로 두려움의 표현이다. 극도의 두려움은 어느 누구에게나 이런 표정을 유발할 것이다. 그러나 근시가 있는 사람은 두려움을 느끼지 않으며 자신의 눈과 두려움의 연관성 또한 인식하지 못한다. 이유는 근시는 부분적으로 충격의 상태이므로 해당 기관에 어떠한 감정이 반영되는 것을 차단한다.

두려움을 설명하는 것은 어렵지 않다. 아이가 엄마의 눈에서 분노나 증오의 표정을 보았을 때, 아이의 몸은 특히 눈에서 충격을 받을 것이다. 그런 부모의 모습은 주먹으로 얼굴을 때리는 것과 같다. 많은 엄마가 아이들에게 어떤 표정을 짓는지 의식조차 하지 못한다. 나는 진료실에 있는 한 어머니가 나까지 겁에 질리게 하는 격노한 눈으로 딸을 바라보는 것을 보았다. 딸은 그것에 주의를 기울이지 않았는데, 그것은 그녀에게 흔하게 일어나는 일이었고 어머니는 그런 자신의 모습을 인식하지 못하는 것 같았다. 하지만 나는 딸의 성격 문제가 그 표정과 어떤 관련이 있는지 짐작할 수 있었다. 그 소녀는 근시였다. 그녀는 어머니의 표정을 의식하지 못한 지 오래지만 두려움으로 눈은 커져 있었다.

모든 두려움은 유기체에 순간적으로 충격을 준다. 두려움과 충격은 모두 몸에 수축을 일으킨다. 일반적으로 신체는 이러한 수축 상태에서 울고, 비명을 지르거나 화를 내는 등 격렬한 폭발을 일으키게 된다. 이러한 반응을 통해 신체는 충격과 공포를 분출하고 눈은 정상 상태로 돌아간다. 이 발산이 발생하지 않으면 어떻게 될까? 이는 아이가 울거나 소리치거나 화를 내면 엄마의 분노나 증오는 더욱 자극되고 아이가 엄마의 적대감을 더 반복적으로 경험할 때 발생할 수 있다.

앞서 이야기한 바와 같이 나는 생후 9개월 때 그러한 충격을 경험했으며, 그것은 나에게 지속적인 영향을 미쳤다. 다행히 반복되는 일은 아니었다. 어머니에게 나는 '눈에 넣어도 안 아픈' 아이였기 때문에 대부분 애정 어린 시선으로 나를 바라보셨다. 모든 아이들이 그렇게 운이 좋은 것은 아니다. 아이가 부모의 적대적인 시선을 계속 예상하게 된다면, 아이는 두려움에 눈을 크게 뜨는 경향이 생긴다. 앞에서 말했듯이 동그랗게 뜬 눈은 주변 시야를 확대하지만 중심 시야를 감소시킨다. 시력을 회복하기 위해 아이는 눈을 강제로 수축시켜 경직되고 긴장된 상태를 만든다. 또 다른 요소가 있다. 겁에 질린 눈은 위로 돌아가는 경향이 있다. 아이가 집중할 수 있는 능력을 유지하려면 이러한 경향도 의지와 노력으로 극복해야 한다. 그런데 이러한 노력의 압박감은 무한정 유지할 수 없다. 어느 시점에서 눈 근육이 피로해지고 아이는 밖을 내다보려는 노력 자체를 포기한다.

이런 노력에 보상을 할 수 없을 때 근시가 시작된다. 이것은 아이가 사용할 수 있는 에너지와 가정에서 받는 스트레스의 양을 포함한 많은 요인에 따라 달라진다. 많은 경우 10세에서 14세 사이에 발달하는 아동의 섹슈얼리티가 오래된 갈등을 재활성화하고 새로운 갈등을 일으키면서 그에 대한 보상이 감소한다. 예리한 시야를 유지하려는 시도는 무너지고, 두 눈은 두려움으로 다시 커지지만, 이때 느끼는 두려움은 불특정한 것에 대한 두려움이다. 낮은 수준으로 새로운 방어벽이 세워진다. 머리뼈 아래쪽, 특히 후두부와 턱 주위의 근육이 수축되어 눈으로 가는 감정의 흐름을 차단한다. 이 긴장의 고리는 모든 근시에서 발견된다. 심리적으로 아이는 더 작고 더 제한된 공간으로 후퇴하여 세상의 방해 요소를 차단한다.

근시는 쇼크를 받은 눈의 상태이기 때문에 베이츠 기법과 같은 특별한 눈 운동이 도움이 되고 필요하지만 이것이 문제에 대한 완전한 답은 아니다. 긴장이 해소되어 더 많은 에너지와 자극이 눈으로 흘러 들어갈 수 있다면 눈의 가치는 크게 높아질 것이다. 가장 중요한 것은 근원적 두려움을 불러일으키고 그것을 경험한 뒤 풀어줄 수 있도록 하는 것이다. 이것이 근시에 대한 바이오에너지 접근 방식의 기초이다. 그러한 두려움은 대부분 환자들의 주의를 요하는 다른 문제들과 관련된 긴장들도 가지고 있어서 우리가 눈 문제를 해결하는 데 더 많은 시간을 사용할 수 없다는 사실에 의해서만 제한된다.

근시가 발생하는 조건이 있었음에도 불구하고 근시가 발생하지 않는 경우가 있는데, 이것은 내가 이전에 언급한 다른 방어적 태도에 대해 다시 알아봐야 한다. 나는 삶에서 동등하거나 더 많은 양의 두려움을 경험했지만 근시가 발병하지 않은 환자를 보았다. 나는 그 차이가 유전 때문이라고 생각하지 않는다. 그것보다는 부모의 적대감이나 거부감이 아이에게 미치는 충격이 더 크면 몸 전체가 영향을 받는다. 아주 깊은 차원에서 모든 감정을 감소시키고 모든 형태의 자기표현을 제한하는 정도의 마비가 발생한다. 이것은 조현병 환자에게서 볼 수 있다. 에너지 수치가 감소하고 호흡이 심하게 제한되며 전반적인 운동성이 저하된다. 갈등은 눈의 영역에서 전신으로 빠져나간다. 개인이 시각적 세계뿐만 아니라 전체 대인 관계 세계를 차단했기 때문에 눈은 여유로워 보인다. 그러나 조현병 환자의 눈은 근시는 아닐 수 있지만, 충전이 되어 있지 않고 표현력이 없을 수 있다. 시각 기능은 감정 표현의 기능과 분리되어 유지된다.

눈 문제에 대한 바이오에너지 요법은 일반적이면서도 구체적이다. 일반적으로 움직임 및 음성 표현에 있는 문제를 치료하는 것과 마찬가지로 환자의 에너지 수치는 더 완전하고 더 깊은 호흡으로 높여야 한다. 이런 요법은 신체 감각과 느낌을 증가시킬 뿐만 아니라 눈을 포함하여 세상과 접촉하는 주변 감각기관을 충전시키는 데 필요한 여분의 에너지를 제공한다. 호흡은 눈에 긍정적인 영향을 미친다. 다양한 운동을 통해 심호흡을 지속하면 대부분 환자의 눈이 눈에 띄게 밝아진다. 앞서 언급한 바와 같이 환자들은 종종 시력 개선에 대해 언급한다. 접지 연습 또한 이 과정에 도움이 된다.

눈 장애의 특정 치료를 위해서는 눈으로 흐르는 에너지 경로에 대한 이해가 필요하다. 그림으로 두 가지 경로를 설명하겠다. 하나는 심장에서 목구멍과 얼굴을 거쳐 눈으로 이어지는 몸의 앞면을 따라가는 경로가 있다. 이 흐름과 관련된 느낌은 접촉에 대한 갈망, 눈을 통해 손을 내밀어 감지하고 만지고자 하는 것이다. 이것은 부드럽고 매력적인 인상을 준다. 두 번째는 등을 따라 머리 꼭대기에서 이마와 눈까지 이어지는 흐름이다. 이 흐름은 시선에 공격적인 요소를 제공한다. '눈으로 받아들이다'라는 표현으로 가장 잘 이해할 수 있다. 정상적 시선에는 이 두 구성 요소가 다른 수준으로 존재한다. 갈망과 관련된 부드러운 요소가 차단되면, 그 시선이 딱딱하고 적대적이기까지 보일 수 있다. 다른 사람을 밀어낼 만큼 강렬할 수도 있다. 공격적인 요소가 약하면 눈빛이 매력적이지만 상대방에게 감정을 주지 못한다. 좋은 눈 맞춤을 위해서는 두 요소가 모두 필요하다.

다음 그림은 위에서 설명한 두 경로와 시각중추와 더불어 망막을 직접 연결하는 뇌 기저부의 세 번째 경로까지 보여준다. 현재로서는 이러한 경로에 대한 객관적인 증거가 없지만 주관적인 경험과 임상 관찰에 의해 그 존재가 뒷받침되고 있다.

많은 환자가 다양한 바이오에너지 시술의 결과로 이러한 경로를 따라 눈으로 에너지가 충전되는 것을 느낀다고 전했다. 이러한 감각은 환자의 눈이 더 밝아지고, 더 충전되고, 더 많이 접촉되는 것을 보면 확증된다. 이러한 경로가 열려 있고 전하가 눈으로 자유롭고 온전하게 흐르면 눈이 이완된다. 환자들은 매끄러운 이마, 낮아진 눈썹, 좁은 동공

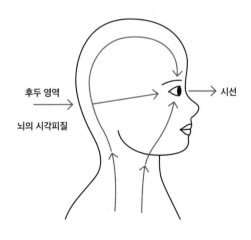

후두 영역

뇌의 시각피질

시선

및 집중된 시야로 나타나는 쾌락 상태에 있게 된다.

　다음 그림에서 우리는 두려움으로 인해 눈에서 에너지가 빠져나가는 것을 볼 수 있다. 이러한 에너지 철수는 전형적인 두려움의 표현을 만들어낸다. 공격적인 요소가 경로를 따라 뒤로 당겨지면서 눈썹이 올라가고 눈이 크게 뜨인다. 두려움이 심하면 실제로 머리카락이 곤두서고 목 뒤쪽이 조여지는 것을 느낄 수 있다. 부드러운 에너지가 물러나면서 턱이 떨어지고 입은 크게 떨어진다. 이 경험이 순간적이라면 에너지가 눈으로 다시 흐르고 기관의 기능이 돌아온다. 그러나 두려움이 만성적인 불안 상태로 몸에 구조화되면 에너지는 머리 아래쪽을 둘러싸고 있는 긴장의 고리에 갇히게 된다. 이제 안구와 안구 근육에 심한 부담을 주는 눈의 초점을 맞추기 위해 의식적으로 노력해야 한다. 이러

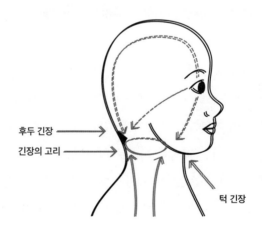

후두 긴장

긴장의 고리

턱 긴장

한 노력의 일부는 겁에 질린 느낌을 극복하기 위해 턱을 악무는 것이다. 턱을 악물면서 그 사람은 "나는 두려워하지 않을 것이다"라고 표현한다. 그러나 이러한 노력은 감정과 자세 사이에 내적 갈등을 일으켜 근육 긴장을 증가시킨다.

몇 년 전에 나는 사시를 가진 한 청년과 잠시 일했었다. 그는 왼쪽 눈으로만 보았다. 오른쪽 눈의 시력은 정상이었으나 두 눈의 초점을 맞출 수 없었기 때문에 이중상二重像을 피하기 위해 시력이 억제되었다. 어렸을 때 그는 이 상태를 교정하기 위해 두 번의 수술을 받았지만 지속적인 변화를 가져오지 못했다. 오른쪽 눈이 바깥쪽으로 돌아가 있을 뿐만 아니라 얼굴 오른쪽도 약간 일그러져 있었다. 만져본 결과 후두부 오른쪽에 심한 근육 경련이 나타났다. 이 청년은 전문적인 바이오에너지 워크숍에 참여하고 있던 심리학자의 아들로, 그는 진행 과정을 녹화하기 위해 왔다.

나의 개입은 실험적이었다. 나는 그의 머리 뒤쪽의 긴장을 풀어줌으로써 사시에 영향을 줄 수 있는지 여부를 알고 싶었다. 30초 정도 뻣뻣한 근육을 손가락으로 지그시 눌러보니 근육이 이완되는 느낌이 들었다. 그 청년을 침대에 눕게 하고 시술하는 과정을 지켜보던 여러 의사가 그의 눈이 똑바로 떠지는 것을 보고 놀랐다. 그 청년은 나에게 몸을 돌려 자신의 두 눈이 단일시가 되었다고 말했고 나도 두 눈에 초점이 맞춰져 있음을 알아차렸다. 변화는 극적이었지만 지속되지는 않았다. 나중에 경련이 재발했고 오른쪽 눈은 다시 초점이 잃었다. 지속적인 치료가 지속적인 개선을 가져올지 여부는 모르겠다. 나는 그 청년을 다시 보지 못했고, 비슷한 사례도 더는 없었다. 그러나 나는 환자가 눈을 천장에 집중하는 동안 근육에 선택적 압력을 가하여 후두부의 긴장을 줄이는 것을 모든 치료 과정에 넣었으며 이 방법이 일반적으로 눈에 긍정적인 영향을 미친다는 것을 발견했다.

그러나 눈을 다루는 주요 치료 작업은 막힌 두려움을 풀어주는 것이다. 이를 수행하기 위해 다음과 같은 절차를 사용한다. 환자는 침대에 누워 무릎을 구부리고 머리를 뒤로 젖힌다. 나는 그에게 눈썹을 치켜세우고, 눈을 크게 뜨고, 턱을 떨어뜨려 겁에 질린 표정을 짓도록 요청한다. 그의 손바닥은 바깥쪽으로 향하게 하고, 손가락은 벌려 보호하는 자세로 얼굴 앞 약 20센티미터 정도에서 앞으로 들어올리게 한다. 그런 다음 나는 환자에게 몸을 기울여 환자의 눈보다 약 30센티미터 높이에서 내 눈을 똑바로 쳐다보라고 요청한다. 취약한 위치에 누워 있고 두려움의 표정이었음에도 불구하고 두려움을 느끼는 사람은 거의 없다. 종종 환자는 "저는 두려워할 이유가 없어요. 나는 착한 사람이기 때문에 당신은 나를 해치지 않을 거예요"라고도 말한다. 이 방어적인 거부를 넘어서기 위해서 나는 콧날 양쪽 뼈에 위치한 입꼬리당김근에 엄지손가락으로 압력을 가한다. 이것은 환자가 웃는 것을 방지하고 그의 얼굴에 있는 가면을 제거한다.

이것이 올바르게 수행되면(상당한 기술과 경험이 필요한 것이라고 덧붙인다), 두려움에 대한 방어가 무너지면서 오히려 종종 두려움을 불러일으키고 비명을 지르게 될 수 있다. 압력을 가하기 전에 환자가 소리를 내도록 하면 비명을 지르는 데 도움이 된다. 나는 비명이 시작되면 압력을 제거하지만, 많은 경우 압력을 제거한 후에도 눈을 크게 뜨고 있는 한 비명은 계속될 것이다. 여러분은 라이히와의 첫 번째 치료에서 나에게 일어난 일을 기억할 것이다. 그는 비명을 지르게 하기 위해 어떤 압력도 사용할 필요가 없었다. 그러나 비명을 지르는 등의 두려움 표현에 자발적으로 반응하는 환자는 거의 없다. 일부는 압력을 가해도 반응하지 않는다. 그들의 경우에는 두려움에 대한 방어가 더 깊이 뿌리내리고 있다.

환자에게 압력을 가할 때 내 눈빛이 강하고 엄하게 보일 것이라고 생각한다. 그래도 나는 환자가 비명을 지르기 시작할 때 내 눈빛이 부드러워지는 것을 느낀다. 왜냐하면 그때는 내가 그와 공감하기 때문이다. 비명을 지르고 나면 나는 일반적으로 환자에게 손을 내밀어 내 얼굴을 만져보라고 청한다. 나는 그 비명이 두려움을 풀어주고 다정하고 사랑스러운 감정을 불러일으키는 길을 열어준다는 것을 발견했다. 서로를 바라보는 동안 그 사람의 눈은 녹아내리고 눈물이 차오른다. 나와의 접촉에 (어머니와 아버지의 대리인으로서) 대한 갈망이 그 안에 솟구쳐 오른다. 절차는 종종 환자가 깊이 흐느끼는 가운데 안아주는 것으로 끝이 난다.

내가 언급했듯이 이 방법이 항상 효과적인 것은 아니다. 많은 환자가 두려움이 표면화되는 것을 너무 두려워한다. 그러나 그럴 때 그 효과는 더 극적이다. 한 환자는 비명을 지르는 동안 그녀의 아버지가 그녀를 때리려 할 때 화가 난 눈으로 자신을 쳐다보는 것을 보았다고 말했다. 또 다른 사람은 그가 한 살 때를 회상하면서 어머니의 분노한 눈을 보았다고 말했다. 한 여성은 두려움이 해소되자 너무나도 큰 해방감을 느껴 침대에서 뛰어내려 그 방에 있던 남편을 껴안았다. 한동안 치료를 받고 있던 한 남자는 자신의 공포 경험에 너무 동요하여 거의 실신 상태로 내 진료실을 떠났다. 그는 즉시 집에 가서 두 시간 동안 잤고, 깨어나자마자 나에게 연락을 해서 전에 알지 못했던 기쁨을 느낀다고 말했다. 두려움에서 벗어나자 기쁨이 반등한 것이었다.

눈의 감각을 동원하는 데 사용할 수 있는 다른 방법이 많이 있다. 한 가지 중요한 것은 환자가 내 눈과 접촉하게 하여 눈을 통해 자신을 끌어내게 하는 시도이다. 이 방법에서도 환자는 같은 자세로 소파에 누워 있다. 나는 몸을 기울이고 손을 뻗어 내 얼굴을 손으로 만져보라고 청한다. 나는 그의 눈썹에 내 엄지손가락을 대고 부드러운 움직임으로 찡그린 눈썹을 펴주면서, 불안이나 걱정의 표현을 제거하려고 노력한다. 그의 눈을 살며시 들여다보면, 어린아이가 감히 나오지 못하고 벽 뒤나 틈을 통해 나를 보고 있는 듯한 모습을 종종 볼 수 있다. 이것은 세상으로부터 숨어 있던 아이다. 나는 그에게 이렇게 말한다. "나와 함께 놀자. 괜찮아." 눈이 이완되고 감정이 눈을 통해 그들의 몸에 퍼지고 나에게 흘러올 때의 반응을 보는 것은 정말 경이롭다. 그 어린아이는 나와서 놀고 싶은 마음이 간절하지만 상처를 받거나 거절당하거나 비웃음을 당할까 봐 두려워 죽을 지경이다. 아이가 모험을 떠나기 위해 나의 확신, 특히 내 사랑의 손길이 필요하다. 그리고 밖으로 나와 자신이 받아들여지는 것을 경험하는 것이 얼마나 기분이 좋은 일인지!

위와 같이 환자가 자기 안의 숨겨진 아이를 드러내고 인정하는 경험은 아주 오랜 시간 동안 처음일 것이다. 그러나 의식적으로 인정하게 되면 아이에게 자신의 사랑을 숨기고 묻게 만든 모든 불안과 두려움을 분석하고 극복할 수 있는 길이 열린다. 아이가 사랑이고, 우리 눈과 목소리와 몸이 감히 행동으로 표현할 수 없는 것이 사랑이기 때문이다.

이러한 모든 반응은 기록되고 논의된다. 경험은 즉각적이고 설득력이 있기 때문에 분석의 가장 좋은 소재이다. 물론 많은 것은 치료사의 감수성과 접촉하고, 만지고, 감탄할 수 있는 자유, 특히 환자와 감정적 개입에서 벗어날 수 있는 능력에 달려 있다. 이런 종류의 치료는 치료사가 환자 자신의 접촉에 대한 욕구를 덜어주는 쪽으로 이끌어가기 쉬운 구도이다. 이런 일이 발생한다면 비극적인 실수가 될 것이다. 모든 환자는 자신의 욕구와 감정을 수용하고 대처하기 위해 할 수 있는 모든 것을 가지고 있다. 치료사의 개인적인 감정을 다루어야 한다는 것은 자기 회복에 불가능한 장애물을 추가하는 것이다. 그는 자신의 감정에서 벗어나기 위해 치료사의 감정에 반응할 것이다. 그는 치료사의 욕구를 자신의 욕구보다 더 큰 것으로 보게 될 것이며, 결국 어린 시절에 그랬던 것처럼 자신의 욕구와 권리, 자신과 부모의 욕구와 권리 사이의 갈등에 휘말려 자기 감각을 잃게 될 것이다. 환자는 자신의 문제에만 초점을 맞춘 치료 시간을 갖기 위해 비용을 지불하는데, 치료사가 자신의 개인적 이익을 위해 상황을 이용하는 것은 신뢰를 배신하는 것이다.

반복적일지라도 한 가지 다른 주의 사항은 반드시 알려야겠다. 환자가 치료 과정에서 얼마나 유아기 상태로 퇴행하는지에 관계없이 그는 여전히 성인이며 그 사실을 완전히 의식하고 있다. 성인 간의 접촉은 항상 에로틱하거나 성적 의미를 내포한다. 중성적인 몸을 만지는 것이 아니다. 남자 또는 여자를 만지는 것이다. 이것이 자연스러운 것이다. 한 사람의 성별을 인식하고 있다면 자신의 섹슈얼리티도 의식하고 있는 것이다. 하지만 섹슈얼리티가 생식기를 의미하는 것은 아니다. 대부분의 환자가 나를 만지면서 내가 남자라는 것을 의식적으로 알아차린다. 어떤 사람들은 이러한 인식을 마음의 뒤편으로 밀어 넣기도 하지만 내가 남자인 것은 사실 그대로이다. 그러면 이 상황은 어떻게 다스릴 수 있을까?

환자에게 성적 행동을 하지 않는 것은 나에게 있어서 원칙이자 바이오에너지 요법의 규칙이다. 이런 일은 아주 쉽게 미묘한 방식으로, 때로는 공공연하게 발생할 수 있다. 치료사는 이러한 가능성에 대해 끊임없이 경계해야 한다. 나는 많은 여성 환자가 나에게 성적인 감정을 갖게 됐다는 것을 알고 있다. 그중 많은 이가 나에게 직접 그렇게 말했다. 하지만 거기까지다. 내 감정은 그들이 신경 쓸 부분이 아니며, 내 감정을 가져와서 치료 상황을 방해하는 것은 큰 잘못이다. 필요하다면 그들에 대해 이야기해볼 수는 있지만, 내 감정을 나 자신만의 것으로 간직할 수 없다면 나는 좋은 치

료를 할 수 없다. 치료사는 자신의 감정을 억제할 수 있어야
한다. 즉, 자기를 통제해야 한다.

놓아준다는 이야기를 이전에 했었다. 통제는 바이오에너
지에서도 똑같이 중요하고 똑같이 강조된다. 이것은 다음
장의 주제 중 하나가 될 것이다. 통제는 의식적이고 자발적
이며 놓아버릴 수 있는 능력을 전제로 한다. 움켜쥐는 것이
무의식적으로 몸에 구조화되어 있기 때문에 놓을 수 없다
면 통제를 자아의 의식적 표현이라고 말할 수 없다. 그 사람
은 통제를 하고 있는 것이 아니라 통제를 받는 것이다.

두통

두통의 일부는 눈의 피로로 인해 발생하고 자기표현의 차단과 관련이 있기 때문에 두통의 주제는 자기표현의 영역에 속한다. 나는 두통에 대한 권위자는 아니지만 내 환자와 다른 사람들에게 두통을 치료한 경험이 상당하다. 긴장에 대한 바이오에너지적 이해는 이 문제를 이해하는 데 좋은 토대를 제공한다.

여러 차례에 걸쳐 나는 근육 긴장을 풀어서 두통을 완화할 수 있는 방법을 공개적으로 시연했다. 공개 강연에서 청중 중에 두통이 있는 사람이 있는지 물어보면 보통 적어도 한 명은 있었고 그를 청중들 앞으로 올라오도록 요청해 그의 두통을 없애주려고 했다. 방법은 매우 간단하다. 사람을 의자에 앉히고 후두부, 두개골 위, 전두부에 있는 긴장을 알기 위해 만져본다. 그런 다음 왼손으로 이마를 잡고 오른손으로 머리 뒤쪽과 후두부의 긴장된 근육을 마사지한다. 1분 정도 후에는 손을 바꾼다. 왼손으로 뒤통수를 잡고 오른손으로 머리 앞부분을 풀어준다. 다음 단계에서 나는 두 손으로 그의 두피를 감싸고 그의 두개골 위에 내 손가락을 얹고 두피를 좌우로 부드럽게 움직인다. 이 시점에서 나는 청중에게 그의 머리를 덮고 있는 단단한 마개를 푸는 것이라고 설명한다. 지금까지 이 방법은 실패 없이 통했으며 그 사람은 내 질문에 두통이 사라졌다고 말했다.

그러나 이 방법은 긴장성 두통에만 효과가 있다. 편두통은 다른 영역이며 다른 접근 방식이 필요하다. 잠시 후에 차이점을 설명하겠다.

위의 동작을 나는 아주 우연히 발견했다. 몇 년 전에 나는 오랫동안 보지 못했던 친척들을 방문했다. 그들은 나의 신체와 관련된 정신과적 작업에 대해 궁금해했다. 감정적 문제에서 나오는 근육 긴장의 역할에 대해 설명했지만 내 접근 방식을 직접 보여주는 것이 더 도움이 될 것이라고 생각했다. 대부분의 사람이 목 뒤쪽, 머리 아래 부분에 상당한 긴장이 있다고 말한 후 나는 내 사촌에게 가서 그의 머리에 손을 대고 그 부위를 부드럽게 마사지했다. 그 부위에서 약간의 긴장이 느꼈지만 그것에 대해 특별히 언급하지 않았다. 그게 전부였다. 집에 돌아온 뒤 아내는 사촌의 아내에게 감사의 편지를 보냈고, 2주 후 나는 답장을 받았다. "내 남편에게 무슨 행동을 했는지 모르지만 남편이 지난 15년 동안 겪었던 두통이 완화되었습니다"라는 내용이었다.

머리 밑부분의 긴장은 허리의 긴장과 비슷하다. 그것은 일반적으로 동일인에게 함께 발견되며 둘 다 통제를 유지해야 할 강박에서 나타난다. 상부 긴장은 "정신 놓지 마" 하고 말하는 심리적 명령에 해당하는 신체적 긴장다. 이것은 "당신의 감정이 통제 불능 상태가 되지 않도록 하라"는 것을 의미한다. 하부 긴장은 성에 대해 동일한 의미를 갖는다. "네 엉덩이가 너와 함께 달아나지 못하게 하라"는 명령에 해당할 것이다. 우리 대부분은 통제하기 위해 최선을 다하고 있다.

일부 두통의 원인에 대한 내 생각을 설명하기 위해 앞의 그림을 되짚어보겠다.

다음 그림은 목 뒤와 머리 꼭대기에서 눈으로, 그리고 비록 표시되지는 않았지만 윗니로 가는 에너지 또는 자극이 흐르는 경로를 보여준다. 이 흐름은 모든 감정의 공격적인 요소를 전달한다. 밖을 향해 보기와 말하기 같은 행동에 필요한 부분이다. 공격성을 덮으면 필연적으로 눈꺼풀에 압

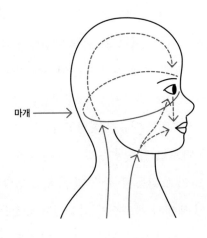

마개 →

력이 가해져 두통이 생긴다.

마개는 비유적인 개념이지만 어떤 경우에는 머리 윗부분 전체가 긴장되어서 마개와 같은 역할을 하는 경우도 있다. 이 경우 머리 전체에 두통이 발생한다. 또 다른 경우에는 공격적인 충동이 통과하는 것을 차단하는, 이마 높이의 머리 주위에 긴장의 고리가 있다. 긴장의 고리 주위에 압력이 가해지며 일반적으로 이마, 때로는 머리 뒤쪽에서 통증이 느껴진다. 이곳의 긴장이 풀리면 두통은 사라진다.

차단된 감정을 표현하여 두통을 없애는 것도 가능하다. 그러나 두통이 있는 사람이 자신을 괴롭히는 것이 무엇인지 아는 경우는 드물다. 갈등을 의식할 때, 우리는 그 느낌을 알아차린다. 이것은 갈등이 마음의 표면에 도달했음을 의미한다. 머리가 뻣뻣해질 수 있지만 두통 같은 것은 아니다. 두통은 무의식적인 힘으로 인해 발생한다. 감정과 감정을 차단하는 긴장은 모두 의식 수준 아래에 있다. 모든 감각은 압력에 의한 고통이다. 이것은 내 사촌의 경우처럼 두통이 오랫동안 지속되는 이유를 설명한다.

내 경험에 따르면 편두통은 갈망의 감정을 차단하는 데서 비롯된다. 이 느낌은 주로 동맥을 통해 전달된다. 나는 나의 첫 번째 책에서 에로스가 심장에서 감정을 전달하는 혈액의 흐름과 관련이 있다고 지적했다. 편두통은 의학적으로 머리의 동맥이 수축되고 혈액의 압력이 극심한 맥동 통증을 유발하는 것이라고 알려져 있다.

갈망이라는 에로틱한 감정은 혈류를 통해 흐르지만, 이는 그것에 국한되지 않는다. 자극 또는 에너지 충전량이 그림과 같이 몸의 전면을 통해 즉, 눈과 입으로 표현을 구하고 접촉을 위해 손을 뻗는 것을 통해 위쪽으로 전달된다. 나는 이 상태에서는 턱의 각도 바로 아래 목의 한쪽에 심한 근육 긴장 부위가 있다는 것을 발견했다. 이 부위에 약간의 압력을 가하면 눈 뒤쪽에 쏘는 듯한 통증이 생긴다. 이 긴장은 항상 측면의 두통은 유발하지만 왜 통증이 한쪽에 집중이 되는지는 모르겠다.

편두통은 심리 치료에 반응하는 것으로 입증되었다. 나는 여러 해 동안 편두통 환자 한 명과 함께하면서 먼저 두통의 빈도와 강도를 줄이고 마침내 두통을 없앨 수 있었다. 때때로 나는 그녀가 울고 비명을 지르게 하여 그녀의 감정이 해소되도록 도와줌으로써 이 환자를 매우 심한 발작으로부터 해방시킬 수 있었다. 발작이 여러 시간 지속되는 다른 경우에는 이 방법이 강도를 감소시킬 때도 있었지만 두통을 완전히 제거하지 못했다. 그러나 그러고 나서 밤에 휴식을 취하면 두통은 항상 사라졌다. 눈 뒤쪽 통증을 없애기 위해서는 눈물을 동반한 울음이 항상 필요했다.

이 환자는 친밀감과 접촉에 대한 갈망을 표현하는 데 큰 어려움을 겪었다. 그녀는 부끄러워했고 부드러운 손으로 내 얼굴을 만지는 것을 무서워했다. 그녀는 갈망의 표현이 심하게 차단돼 있었고 당연히 그로 인해 예상할 수 있듯이 성적으로 크게 억제되어 있었다. 그녀는 데이트하는 상대를 좋아하는 감정이 조금이라도 있으면 나가기 전에 발작을 일으키기도 했다. 여행이나 휴가를 떠날 때면 더 심했졌다. 전화로 나에게 이야기하는 것이 도움이 되었고, 그녀는 종종 나에게 장거리 전화를 걸었다. 물론 그녀는 자신이 인정할 수 없는 아버지에 대한 감정을 나에게 강하게 전이한 것이었다. 두통의 원인을 제거하려면 전이 문제를 분석적으로 해결하고 아버지와 친밀감에 대한 열망을 열어주는 것이 필요했다. 그러나 나는 그녀가 이러한 감정을 눈과 목소리로 표현할 수 있는 능력을 얻었을 때만 이 고통스러운 상태에서 벗어날 것이라고 확신했다.

모든 편두통 환자가 성적 행위와는 무관하게 성적인 얽매임을 가지고 있었다. 나는 성적으로 활동적인 편두통 환자들을 많이 알고 있다. 두통은 성적으로 부드럽고 에로틱한 요소가 차단되어 발생한다. 그 느낌은 생식기 대신 머리로 이동하여 처리하고 배출할 수 있다. 몸의 끝인 머리는 이런 배출구를 제공하지 않는다. 울고 소리지르는 것은 즉각적인 긴장을 풀어주지만 문제의 해결책은 아니다. 해결책은 오르가슴을 느낄 수 있는 능력이다.

내 환자 중 한 명은 편두통migraine이 기질을 반대로 거스르는 느낌이 들기 때문에 적절한 표현이라고 말했다. 나는 오랫동안 이것이 타당한 관찰이라고 느껴왔다. 방향을 바꾸면 편두통 환자에게 도움이 된다. 이것은 접지 연습을 통해 좋아질 수 있다. 발작이 한창일 때는 도움이 되지 않지만, 발작이 다가오는 것을 느낄 때나 고통이 막 시작했을 때 매우 유용하다는 것을 알았다.

땅으로 내려앉는 것과 자신의 성에 빠지는 것에 대한 두려움은 낙상 불안과 관련이 있다. 내가 이것을 언급하는 이유는 강한 편두통 발작이 항상 동반하는 메스꺼움 때문이다. 이 메스꺼움은 땅으로 떨어지는 공포에서 오는 횡격막의 수축으로 일어난다.

　나나 다른 바이오에너지 치료사의 신체적 접근 방식이 아무리 효과적이더라도 환자의 문제에 대한 이해를 돕기 위해 먼저 환자의 의식을 확장하지 않고는 성격이나 감정적 문제를 해결할 수 없다. 그러나 이해는 지적인 작업만으로는 부족하다. 나에게 그것은 아래쪽에서 또는 밑바닥에서부터 공감하는 것을 의미한다. 이것은 상황의 근원으로 가서 감정과 행동에 영향을 미치고 형성하는 힘을 감지하는 것을 포함한다.

10장

의식: 단일성과 이원성

의식 확장

지난 10년 동안 의식 확장이라고 불리는 것에 대한 관심이 증가했다. 의식 확장에 있어 중점은 감성 훈련, 대면 요법, 게슈탈트 치료, 바이오에너지 및 자신과 타인에 대한 인식을 확대하기 위한 기타 방식에서 비롯한 심리학에 대한 새로운 인본주의적 접근 방식이다. 바이오에너지는 이러한 발전에 기여했고 인본주의적 접근에 속하기 때문에 바이오에너지 요법에서 의식의 역할과 더불어 앞서 언급한 치료들을 통해 의식이 어떻게 확장되는지 이해하는 것이 중요하다.

그러나 우리는 이러한 생각이 인간 문화에서 새로운 깃이 아님을 인식해야 한다. 왜냐하면 문화라는 것은 의식을 확장하려는 인간의 끊임없는 노력의 결과이기 때문이다. 종교, 예술, 자연과학, 정부 등 문화 성장의 모든 단계가 의식의 확장을 나타낸다. 여기에서 새로운 것은 의식 확장의 **필요성**에 대한 의식 집중이다. 이러한 발전은 많은 사람이 현재의 문화를 제한적이고 위축된 것으로 경험하고 점점 더 물질주의적인 지향에 의해 정신적으로 질식한다고 느끼는 것을 보여준다. 사람들은 마음과 폐에 신선한 공기를 공급해야 할 절박한 필요성을 느낀다.

절박은 변화에 대한 가장 강력한 동기이지만 가장 신뢰할 수 있는 것은 아니다.* 우리는 의식의 본질에 대해 거의 알지 못하며, 변화를 일으키고자 하는 절박함 때문에 쉽게 잘못된 변화를 만들어내기도 한다. 설상가상 절박한 사람은 더 안 좋은 상황으로 가는 경우가 많다. 변화가 항상 더 나은 방향으로 갈 것이라고 가정하는 것은 순진한 생각이다. 문화뿐만 아니라 사람도 오르막길이 아닌 내리막길을 갈 수 있다. 역사의 과정은 진화뿐만 아니라 퇴보의 시기를 기록한다. 어떤 상황에 대한 반응이 정반대의 극단으로 치닫는 것은 대개 사실이며 그 후에 두 포지션이 느리게 통합되어 새로운 상승 움직임을 시작한다.

우리의 현재 문화와 의식이 기계론이라고 묘사될 수 있

---

* Lowen, *The Betrayal of the Body, op. cit.* 여기에 절박의 심리에 대한 충분한 논의가 있다.

다면 그것에 대한 반작용은 신비주의로 이어질 것이다. 이 용어에는 몇 가지 정의가 필요하다. 기계론적 철학은 원인과 결과 사이에 직접적이고 즉각적인 연결이 있다는 가정에 기초한다. 이 가정은 우리의 기술, 과학적 세계관의 기초가 되므로 기계론적이라고 설명할 수 있다. 기계론적 사고의 간단한 예는 범죄를 빈곤의 직접적인 결과로 간주하는 것이다. 물론 범죄와 빈곤 사이에는 "가난은 범죄를 낳는다"라는 말처럼 관련이 있지만 빈곤만이 범죄를 낳는다고 가정하는 것은 순진한 생각이고, 사람의 행동에 영향을 미치는 복잡하고 미묘한 심리적 요인을 간과한 것이다. 이러한 생각이 틀리다는 것을 보여준 예는 경제적 번영기에 나타나는 범죄율 증가에서 잘 드러난다.

신비주의적 태도는 인과법칙의 작용을 부정한다. 그것은 모든 현상을 보편적 의식의 표현으로 보고 개별 의식의 중요성을 부정한다. 인과법칙을 환상으로 믿는 세상에서 행동은 의미가 없다. 신비주의자는 자신의 믿음 때문에 세상에서 물러설 것을 강요받는다. 그는 삶의 진정한 의미를 찾기 위해 내면으로 향하고, 모든 생명과 우주와 자신의 하나됨을 발견한다. 아니면 적어도 그것은 그가 끊임없이 성취하기 위해 고군분투하는 것이다. 왜냐하면 삶은 죽음을 통하지 않고는 삶을 지탱하는 세계로부터의 완전히 철수할 수 없기 때문이다. 신비주의자를 비롯해 어떤 존재도 자신의 육체적 존재를 완전히 초월할 수 없다.

우리 문화의 기계론적 철학에 대항하는 우리의 현재 반응 상태를 보면 우리는 신비주의가 해답이라고 오해하기 쉽다. 그리고 매우 많은 사람이 기계론적인 삶의 관점에서 의식을 해방시키기 위해 신비주의로 눈을 돌렸다. 나는 이것이 상승의 길이라고 생각하지 않는다. 그렇다고 신비주의자가 틀렸다는 것은 아니다. 그 입장에도 어느 정도 진실이 있기 때문에 기계론자도 잘못된 것은 아니다. 과학은 특정 상황, 즉 모든 변수를 통제하거나 결정할 수 있는 닫힌 시스템에서 인과법칙이 작동함을 보여주었기 때문이다. 그러나 삶은 닫힌 것이 아니라 열린 시스템이다. 인간 행동에 영향을 미치는 모든 변수는 결코 알려지거나 통제될 수 없으므로 인과법칙은 완전히 적용되지 않는다. 반면에 생명은 역동성뿐만 아니라 기계적 측면이 있으며, 만약 내가 당신의 심장에 칼을 꽂으면 혈액을 뿜는 기계적 기능을 수행하는 심장의 역할을 파괴했기 때문에 당신은 반드시 죽게 될 것이다.

어느 쪽도 틀리지 않다면 둘 다 부분적으로만 옳은 것이고 통합적 진실이 무엇인지, 그리고 각각 그 그림에 어떻게 들어맞는지 확인해야 한다. 이렇게 설명해보겠다. 기계론적 입장에는 객관적 타당성이 있다. 객체나 사물의 세계, 특히 물질적인 것들의 세계에서는 인과법칙이 적용되는 것처럼 보인다. 신비주의자는 객체가 존재하지 않는 영적 세계를 묘사하고 있기 때문에 주관적 타당성을 주장할 수 있다. 그러나 두 세계가 존재하며 어느 쪽도 다른 쪽을 부정하지 않기 때문에 정상적인 인간은 자신을 주체이자 객체로 경험하면서 두 세계와 접촉한다. 나는 이것이 인간에게만 고유한 것이라고 생각하지 않는다. 고등동물 유기체도 두 세계에서 기능하는 것처럼 보이는데, 그럼에도 인간에게 고유한 것은 두 위치의 극성에 대한 의식이다. 또한 원자의 단일성을 마침내 분열하여 핵폭탄의 객관적 공포를 만든 것처럼 내면과 외면의 단일성을 분열할 가능성이 있다는 것도 인간만의 고유한 특징이며 이것이 조현병 환자의 세계 파괴적인 주관적 공포의 실체이다.

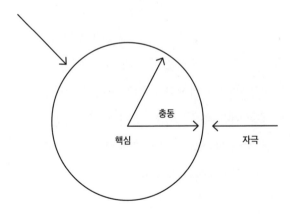

앞의 간단한 그림은 이러한 관계를 말보다 더 명확하게 보여줄 수 있다. 우리는 유기체인 사람을 중심이나 핵이 있는 원으로 나타낼 것이다. 유기체가 환경과 상호작용할 때 에너지 박동으로 중심에서 시작된 충동은 원의 바깥쪽으로 흘러 나간다. 동시에 외부 세계에서 발생하는 자극은 유기체에 영향을 미치고 유기체는 그중 일부에 반응한다.

이 그림을 보면 '원'으로 표시된 그림에서 특수한 반투과성 막으로 둘러싸인 단세포 유기체가 떠오른다. 인간 유기체는 하나의 세포로 생명을 시작하며, 그 세포가 천문학적으로 증식하여 사람을 만들지만, 에너지적으로 통합된 사람은 그 기원인 단세포와 기능적 유사성을 유지한다. 살아 있는 막은 각 유기체를 둘러싸고 있으므로 세상과 구별하여 개별성을 만든다. 그러나 막은 벽이 아니다. 그것은 선택적 투과성이 있어 개인과 세계 사이의 교류를 가능하게 한다.

건강한 상태에서 사람은 자신의 중심과 외부 세계 사이의 접촉을 감지한다. 박동하는 중심의 충동이 세계로 흘러 나가고, 외부 세계의 사건이 그의 심장에 닿는다. 책임감 있는 존재로서 그는 세상과 우주와 하나됨을 느낀다. 그는 조건부 행동 이론에서 말하는 것처럼 기계적인 방식으로 손을 뻗는 것이 아니라 그의 마음에서 우러나오는 감정으로, 그리고 개별 존재의 고유성에서 우러나오는 감정으로 반응한다. 그러나 그 역시 자신의 개성을 의식하고 있기 때문에 자신의 반응과 자발적인 행동이 세계와 그 안에 있는 사람들에게 인과적으로 영향을 미친다는 것을 알고 있으며 그 행동에 대해 책임을 질 수 있다. 왜냐하면 인과관계가 작동하기 때문에 내가 상처를 주는 말이나 행동을 하면 나는 상대에게 가한 고통에 책임을 져야 한다.

이 정상적인 상황은 인간이 라이히가 묘사한 대로 '갑옷'을 입게 되면 방해를 받는다. 아래의 그림에서 갑옷은 유기체의 표면이나 막 아래에 있는 들쭉날쭉한 선으로 표시되었다. 사실상 갑옷은 중심부의 감정과 주변부의 감각을 분리하는 역할을 한다. 그렇게 함으로써 그것은 유기체의 단일성은 물론 세계와 관계를 만드는 진정한 단일성도 분리시킨다. 이제 그는 내적 감정과 외적 반응, 식별해야 할 내적 세계와 외적 세계를 갖고는 있지만, 그 분열로 인해 두 세계는

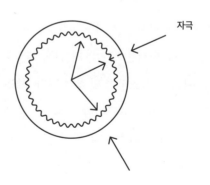

자극

함께 있지 않는다. 갑옷은 벽과 같아서 이제 사람은 한쪽 또는 다른 쪽에 있을 수 있지만 동시에 양쪽에 있을 수는 없다.

나는 이제 우리가 신비주의 대 기계론의 문제를 이해할 수 있는 위치에 있다고 믿는다. 두 태도 모두 갑옷 입은 상태의 결과이다. 신비주의자는 내부 세계에 살며 외부의 사건에서 자신을 분리했다. 그에게 인과율의 법칙은 무의미하며 중요한 것은 맥박이 뛰는 중심부와 연결을 유지하려고 노력하는 것이다. 그가 개체들의 세계에 참여하려고 하면 벽의 반대편으로 건너가야 하므로 중심과의 접촉이 끊어진다. 벽 반대편에 있는 기계론자는 자신의 중심과의 접촉을 잃어버렸다. 그가 감지하거나 보는 것은 어떤 사건에 인과적으로 반응하는 방식뿐이므로 그는 삶이 단지 조건반사의 문제라고 믿는다. 객체와 사건이 그의 반응을 결정하기 때문에 그의 에너지는 자신의 존재로서 낯설고 적대적인 바깥 환경을 조작하는 데 전념한다.

신비주의적 의식은 기계주의적 의식과 정반대이다. 후자는 환경 속 각 개체를 제어하기 위해 격리되어야 하기 때문에 좁고 예리하게 초점이 맞춰져 있다. 사건 역시 특별한 사건으로 분리되어 연구되어야 하며, 그 결과 역사는 삶의 잠재력을 실현하기 위한 사람들의 끊임없는 노력과 투쟁이 아니라 일련의 사건으로 간주된다. 나는 기계론적 의식이 모두 나쁘다는 인상을 주고 싶지는 않다. 그것은 개인의 자유를 주장하기 위해 수세기 동안 노력해온 서구인의 강한 개성과 자기중심주의에서 발전한 것이다. 대조적으로 신비주의 의식은 광범위하지만 그 최종 형태가 너무 광범위하여 장황하고 의미가 없다. 기계론적 의식이 나무를 보느라 (나무를 베어내려고 하기 때문에) 숲을 보지 못하고 신비주의 의식은 숲을 위해 나무를 보지 못한다고 간단히 말할 수 있을 것 같다. 나는 '사랑에 빠져' 바로 눈앞에 있는 사람을 보거나 반응하지 못하는 일부 사람들을 떠올리게 된다. 또 다른 비유가 있다. 눈을 크게 뜨고 우주의 경이로움을 바라보며 걷는 신비주의자는 길에 있는 돌을 보지 못하고 걸려 넘어진다. 하지만 상관없다. 기계론자는 걸려 넘어질지도 모르는 돌을 열심히 찾다가 하늘의 아름다움을 보지 못한다.

아래를 내려다보고, 위를 올려다보고, 두 가지를 다 하려고 하면 이 갈등이 해결되지 않는다. 그렇게 반복해서 벽을 오르려면 곡예사가 되어야 한다. 유일한 방법은 벽을 허물고, 갑옷을 제거하거나 긴장을 푸는 것이다. 이것이 바로 바이오에너지의 전부이다. 벽이 세워져 있는 한, 사람은 신비주의와 기계론자로 나뉘는데, 모든 기계론자는 내면의 신비주의자이고 모든 신비주의자는 표면의 기계론자이기 때문이다. 기본적으로 그들은 동일하다. 옷을 뒤집는다고 해도 같은 옷이지 않나? 이것은 왜 에르빈 슈뢰딩거와 같은 위대한 과학자가 《생명이란 무엇인가》에서 자신의 감정을 내면으로 돌려 신비롭게 생각하는 이유를 설명한다.

기계적이지도 않고 신비하지도 않은 사고를 기능적 사고라고 한다. 나는 라이히가 밝힌 기능적 사고의 개념을 인간 정신의 위대한 업적 중 하나로 간주한다. 이것은 의식을 이해하는 데 특히 도움이 된다.

어떠한 상태가 아니라 기능으로서, 예를 들어 말하기 기능처럼 의식을 생각하는 것부터 시작하자. 사람은 필요에 따라 말하거나 조용히 할 수 있으므로 상황에 따라 의식이 있을 수도 있고 없을 수도 있다. 우리가 대부분의 시간을 보내며 하게 되는 생각이라고 지칭하는 비음성 발화가 의식과 얼마나 밀접한지를 주목하는 것은 흥미롭다. 말할 때 우리는 정보를 다른 사람에게 전달하는 반면 의식은 정보를 받는 것과 관련이 있다고 추측하는 것도 흥미롭다. 의식과 주의력 사이는 밀접한 관련이 있다. 우리가 어떤 것에 더 많은 관심을 기울일수록 그것에 대해 더 많이 의식하게 된다.

그러나 의식이 기능이라면 그것은 능력이라는 의미다. 의식을 확장하는 것은 자신의 의식 능력을 높이는 것으로 생각하지 않는 한 의미가 없다. 그러나 한 가지에서 다른 것으로 주의를 이동하는 것은 의식을 확장하는 것이 아니다.

왜냐하면 새로운 것을 보는 과정에서 우리는 오래된 것을 볼 수 없기 때문이다. 의식은 우리가 분명히 볼 수 있도록 시야의 한 측면을 밝히지만 그 과정에서 나머지 시야를 더 어둡게 만드는 탐조등과 같다. 첫 번째 영역은 어두워지고 시야(보기 또는 이해)의 폭은 변하지 않았기 때문에 빛을 이동해도 의식이 증가하거나 확장되지 않는다. 그럼에도 빛의 이동성은 의식의 한 요소이다. 삶의 한 측면에만 눈을 고정하는 사람은 눈을 움직여 여러 가지를 볼 수 있는 사람보다 의식이 더 제한된다.

의식을 빛과 비교하면 의식의 기능을 측정하는 여러 요소를 소개할 수 있다. 분명히 밝은 빛은 흐릿한 빛보다 더 많은 것을 드러낸다. 의식도 마찬가지다. 더 밝은 시각, 더 예리한 청력, 더 예리한 후각, 더 뛰어난 미각을 가진 사람, 즉 지각 능력이 뛰어난 사람은 감각 능력이 저하된 사람보다 더 높은 수준의 의식 기능을 가지고 있다. 밝기의 강도와 초점에 의해 바뀌는 빛의 깊이나 투과성은 의식과 비슷한 기능을 보인다. 심리적으로 깊이 생각하고 앞을 내다보는 선견지명이 있는 사람들이 있다. 이것은 그들 의식의 특성을 반영한다. 그러나 그 사람이 코앞에 무엇이 있는지 볼 수 없다면 그것은 장애가 될 것이다. 마지막으로 벽이 없기 때문에 인식의 영역을 넓히거나 좁힐 수 있고, 기계론과 신비주의 사이를 자유롭게 이동할 수 있는 능력이 있다.

이렇게 표현하면 의식의 기능은 그 사람의 생존에 달려 있고 정서적 건강과 직접적인 관련이 있음을 쉽게 알 수 있다. 그러나 더 중요한 것은 의식 능력이 신체의 에너지 과정, 즉 사람이 얼마나 많은 에너지를 가지고 있고 얼마나 자유롭게 순환할 수 있는지와 관련이 있다는 결론이다. 의식은 내적 흥분 상태를 반영한다. 사실, 이것은 내면의 불꽃이 두 개의 스크린, 즉 몸의 표면과 마음의 표면에 투사되는 것이다.

한 가지만 더 비유를 한다면 이 관계를 이해하는 데 도움이 될 수 있겠다. 우리는 의식에서 일어나는 일을 텔레비전과 비교할 수 있다. 텔레비전 세트는 신호를 수신하는 장치, 증폭기, 민감한 화면으로 투사되는 에너지원(전자)으로 구성된다. 세트를 켜고 들어오는 신호를 수신하기 위해 조정하면 화면이 켜지고 그림이 표시된다. 화면의 밝기와 선명도는 전자 흐름의 강도와 화면의 감도에 따라 결정된다. 의식에서도 유사한 요소가 작용하는데, 중추에서 흘러나오는 충동의 에너지 전하와 몸과 마음의 두 표면의 민감도가 그렇다. 우리는 사람의 민감성에 따라 피부가 두껍거나 얇다고 말한다. 피부가 없는 신체는 들어오는 자극을 차단할 수 없으며 따라서 그 사람은 불어오는 모든 바람에 과민 반응하고 취약해진다. 이는 매우 고통스러운 상태다.

텔레비전은 기계 장치지만 신체의 기능에도 기계적인 측면이 있기 때문에 이러한 비교가 가능하다. 그러나 신체에는 자체 에너지와 이 에너지를 필요에 맞게 지시할 수 있는 자아 또는 의지가 있다. 우리는 의식을 마음대로 신체의 한 부분 또는 다른 부분으로 향하게 할 수 있다. 우리는 주의를 집중함으로써 이를 수행한다. 예를 들어, 나는 내 발을 보고 그 이미지를 떠올리고 그것을 움직여 운동 감각으로 감지하거나 에너지와 느낌을 발로 흘려보내면 발이 따끔거리고 진동할 수 있다. 그제서야 나는 내 발을 내 존재의 살아 있고 지각 있는 부분으로 의식한다. 다양한 차원의 의식이 있고 이것에 대해 명확하게 구분할 필요가 있다.

나는 이 책의 앞부분에서 이 현상에 대해 논의하면서 손에 주의를 집중시켜 손의 전하를 증가시키는 방법을 보여주었다. 마찬가지로 손, 발 또는 신체의 다른 부분에 에너지가 충전되면 그 부분에 집중하게 되고 그래서 의식은 증가한다. 증가된 전하로 인해 그 부분은 긴장 상태tension에 놓이게 된다. 'attention'이라는 단어가 집중인 것을 생각해보자. 이것은 수축되거나 경직된 근육의 만성 긴장이 아니라 자연적으로 반응하고 이완으로 이어질 수 있는 살아 있고 긍정적인 상태이다. 근육계에서는 배치된a set 또는 행동이 준비된 상태라고 한다. 성기에서는 성적인 사랑을 표현하기 위한 조건이 된다.

우리는 자아가 신체의 에너지 흐름을 어느 정도는 통제할 수 있음을 암시하는 의지의 행위로 주의를 기울일 수 있지만 대부분의 경우 우리의 주의는 외부 또는 내부에서 일어나는 사건에 의해 파악된다. 나는 의지가 일반적으로 응급 장치라는 것을 여러 번 지적했다. 우리의 반응이 자발적이라면, 세상과 접촉하는 신체의 말초 부위는 항상 상대적으로 충전되어 있고 반응할 준비가 되어 있어야 한다. 이것은 우리가 깨어 있을 때 일반적으로 상대적인 집중 또는 각성 상태라는 것을 의미한다. 다시 말해 우리는 의식이 있다. 또한 의식의 범위는 신체의 전하량에 비례하고 의식의 정도는 전하의 강도에 따라 다르다. 수면 중에 신체 표면에서 전하가 빠져나가면 주의력과 의식 범위가 0으로 떨어진다. 이것은 사람이 기절할 때도 발생한다.

나는 의식에는 단계 있다고 언급했다. 유아의 의식은 성인과 다른 낮은 단계에 있다. 유아는 성인보다 신체 의식이 더 발달해 있지만 덜 정의되고 덜 정제돼 있다. 유아는 더 많은 신체 감각에 민감하지만 감정이나 생각과 같은 특정 감각에 대해서는 덜 인식한다. 의식은 그 자체로 의식의 결정체인 자아의 성장과 발달에 따라 더욱 선명해진다. 그러

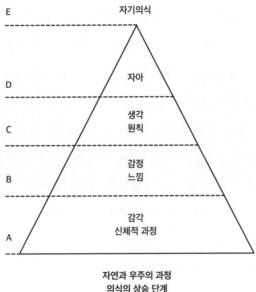

자연과 우주의 과정
의식의 상승 단계

므로 나는 의식의 단계를 앞서 언급한 성격 기능의 계층 구조와 동일하다고 본다. 이것들은 위의 그림에 의식의 단계로 표현된다.

신체 과정의 의식은 가장 깊고 넓은 차원의 의식이다. 이러한 과정은 리듬 호흡, 근육의 진동 상태, 비자발적 및 자발적 행동, 흐르는 감각 및 심혈관 시스템의 박동 확장과 수축이 포함된다. 우리는 일반적으로 흥분 상태나 신비주의적 상태에서만 후자를 의식할 수 있다. 이것은 우리가 생명, 자연 및 우주와 동일성을 느끼는 단계이다. 원시인들 사이에서 이 의식은 신비주의의 자연적이고 우주적인 작용과 동일시하는 참여 신비주의로 묘사되었다. 극단에 이르면 자아의 경계가 모호해지면서 더 이상 환경과 자신을 구별하지 못하기 때문에 자신의 고유한 개성을 상실하게 된다. 이는 유아의 의식 단계이기도 하지만 신비주의 의식과는 정반대의 방향을 가지고 있다. 전자는 자아의 분화를 향해 성장하고 있고, 후자는 미분화를 향해 나아가고 있다.

내 사고에서 다음 단계의 의식은 특정 감정에 대한 지각과 관련이 있다. 아주 어린 아기는 화나거나, 슬프거나, 겁이 나거나, 행복하지 않다. 이러한 감정은 외부 세계를 어느 정도 인식하느냐에 달려 있다. 예를 들어 분노는 유기체 외부의 '적대적인' 힘에 대한 직접적인 노력을 의미한다. 아주 어린 영아는 구속력에 맞서 싸워보지만 그 행동은 무작위적이고 방향이 없다. 움직임에 대한 의식적인 통제가 부족하고 아직 외부 힘의 본질을 감지하지 못하는 것이다. 슬픔의 감정은 어린아이가 인식할 수 없는 상실을 의미한다. 그저 고통스러운 상태(배고픔, 불편함 등)에서 발생하는 긴장 상태에 대한 반응으로 운다. 이것이 상실감이 없다는 것은 아니다. 엄마를 찾아 우는 아기는 엄마와의 필요한 연결이 끊어져서 우는 것이다. 그러나 엄마를 쾌감과 관련된 외부인으로 보기 전까지 아기는 상실감을 인지하지 못한다.

의식은 꽃봉오리처럼 펼쳐지는 것으로 점차 변화하는 것을 인식하지 못한다. 그러나 우리의 의식은 분석을 하기 위해 설명할 수 있는 단계를 구별한다. 기억은 의식 기능에서 중요한 역할을 한다.

아이는 언제부터 자신의 생각을 의식하거나 또는 의식적으로 생각하게 될까? 이 질문에 대한 정확한 답을 할 수는 없지만, 의식 기능의 이러한 측면이 작용하는 시기가 있다고 확신한다. 우리 대부분에게 생각의 의식은 단어의 사용과 관련이 있는 것 같다. 그러나 단어는 사회적 관계에서 발생하고 정보의 소통에 사용되기 때문에 이 의식 단계는 사회 세계에 대한 인식 증가와 관련이 있다. 이 세계가 확대될수록 상대적으로 자신의 공간은 줄어들고, 자신의 위치(자아, 개인)는 더욱 명확해진다.

의식적으로 또는 객관적으로 생각하면 자아에 대한 의식이 생긴다. 사람은 자신을 세상에서 행동을 선택할 수 있는 의식적인 행위자로 본다. 중요한 선택은 진실을 말할 것인가 속일 것인가 하는 것이다.* 이 선택은 의식이 자신의 생각을 사고의 객관적인 요소로 인식하기 위해 스스로를 되돌릴 수 있음을 의미한다. 간단히 말해서, 사람은 자신이 하는 생각에 대해 생각할 수 있다. 이러한 발전은 현대 의식을

---

* Lowen, *Pleasure, op. cit.*, 자아 형성에서의 속임수 역할에 관한 논의 참조.

특징짓는 이원성을 만든다. 사람은 주체이자 객체이며, 행위자라는 것을 의식하면서도 동시에 행위되어지는 존재이기도 하다.

자아 차원에서 의식은 이중적이지만 분열되지는 않는다. 분열은 의식이 인격을 초월하여 자의식이 생길 때 발생한다. 이것은 자기를 의식하는 것과 다르지만 의식이 자기에게 너무 집중되어 움직임과 표현이 고통스럽고 힘든 병리적 상태이다. 이러한 의식 상태는 조현병에서 드물지 않지만 보통 사람에게서도 일시적으로 발생할 수 있다. 집중의 강도는 의식이 깨지거나 사라질 위험이 있는 지점까지 의식을 좁히기도 해서 이는 매우 두려운 것이다.

위의 분석을 통한 한 가지 분명한 사실은 더 높은 수준으로 올라감에 따라 의식은 확장되지 않고 집중과 분별력을 높이기 위해 좁아진다는 것이다. 반면에 의식은 감정, 감각 그리고 그것을 만들어내는 신체 과정을 포함하여 깊어지면서, 더 넓고 더 광범위해진다. 이 차이를 극적으로 표현하기 위해 나는 머리 의식과 몸 의식이라는 매우 일반적인 용어를 사용하여 각각 삼각형의 정점과 밑변을 표현하겠다.

많은 사람, 특히 지식인으로 특징 지을 수 있는 사람들은 주로 머리 의식을 가지고 있다. 그들은 스스로를 매우 의식 있는 사람이라고 생각하고 실제로도 그렇지만, 그들의 의식은 생각과 이미지로만 자신과 세상을 보기 때문에 의식이 제한적이고 편협하며 생각과 이미지에 국한된다. 그들은 자신의 생각을 쉽게 전달하지만 자신이 느끼는 것을 알고 표현하는 데는 큰 어려움을 겪는다. 그들은 일반적으로 자신의 몸에서 일어나는 일을 알지 못하며, 마찬가지로 주변 사람들의 몸도 알지 못한다. 그들은 감정에 대해 이야기하지만 그것을 감각하거나 행동하지 않는다. 그들은 감정의 관념만을 의식한다. 그런 사람들은 삶을 사는 것이 아니라 삶을 통해 자신의 방식으로 생각한다고 말할 수 있다. 그들은 머릿속에서 살아간다.

몸 의식은 반대 극단에 있다. 그것은 몸과 감정의 세계에 살고 있는 아이들의 특징이며, 자신이 어렸을 때나 여전히 그 안에 있는 아이와 긴밀한 관계를 유지하는 성인들의 특징이다. 몸 의식을 가진 사람은 자신이 느끼는 것과 신체에서 느끼는 위치를 안다. 그러나 그는 또한 당신이 느끼는 것을 알고 당신의 몸에서 그것을 어떻게 느끼는지도 당신에게 말할 수 있다. 그는 당신을 몸으로 감지하고 당신에게 몸으로 반응한다. 그는 '벌거벗은 임금님의 새 옷'에 현혹되지 않는다.

몸을 의식하는 것과 몸 의식을 갖는 것은 큰 차이가 있다. 머리 의식으로도 몸을 의식할 수 있으며, 이것은 신체 문화

(예: 몸매 개선을 위해 헬스나 스파에 다니기) 또는 전문 운동이나 공연 예술에 종사하는 많은 사람에게 해당된다. 이때 신체는 진정한 자기가 아니라 자아의 도구로 간주된다. 나는 바이오에너지 요법에서 이러한 많은 사람과 함께했고 이미 오래전에 그들이 자신의 몸과 얼마나 적게 접촉하는지를 알고 놀라움을 금치 못했다.

나는 몸 의식이 머리의 의식보다 우월하다고 주장하지는 않지만 반대로 생각하는 사람들이 많다. 나는 분열된 머리 의식은 거의 존중하지 않지만 몸의 의식과 완전히 통합된 머리 의식은 매우 높이 평가한다. 마찬가지로, 나는 몸 의식 자체만으로는 인격 발달이 미성숙한 수준이라고 간주한다.

물론 바이오에너지는 사람의 몸 의식을 증가시켜 의식을 확장하는 것을 목표로 한다. 이렇게 함으로써 머리 의식의 중요성을 소홀히 할 수는 없다(그렇게 하지 않는다). 그러나 바이오에너지 치료에서 언어와 단어의 사용을 통해 의식을 더 높일 수 있다. 우리는 우리 문화가 주로 '머리'의 문화이며 슬프게도 몸 의식이 부족하다는 것을 인식해야 한다.

몸 의식은 머리 의식과 무의식의 중간에 위치하여 우리를 자연의 신비한 힘과 연결하고 방향을 잡아주는 역할을 한다. 이 관계를 보여 주기 위해 다음 그림으로 단순화할 수 있다.

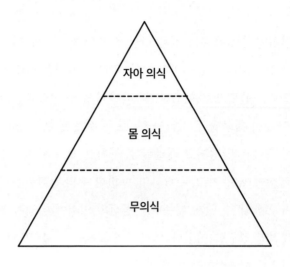

머리 의식은 무의식과 직접적인 관련이 없지만 몸 의식은 관련이 있다. 무의식은 우리가 인지하지 못하거나 인지할 수 없는 신체 기능의 측면이다. 따라서 우리는 호흡과 심장의 특정 상태에 주의를 기울이며 심장의 상태를 의식할 수는 있지만, 조직이나 세포 수준에서 일어나는 미묘한 반응은 물론이고 우리 심장의 작용도 의식하지 못한다. 당연히 신진대사의 매우 중요한 과정은 지각할 수 없다. 우리 삶의 많은 부분이 의식의 빛이 비치지 않는 어두운 영역에서 이루어진다. 그리고 우리 정신의 의식은 순수한 빛이기 때문에 어둠을 두려워한다.

머리 의식의 차원에서 세계는 관련 없는 사건과 원인들로 이루어진 불연속성의 연속이다. 마음 또는 자아 의식의 본질적인 본성은 이원성을 만들고 모든 자연 기능의 본질적인 단일성을 분열하는 것이다. 알베르 카뮈는 이것을 시적으로 아름답게 표현했다. "움직이지 않는 희망의 세계에서 마음이 침묵을 유지하는 한, 모든 것은 향수nostalgia의 단일성 속에서 반영되고 배열된다. 하지만 첫 번째 움직임으로 세상에 금이 가고, 추락하며, 무한한 수의 반짝이는 파편들이 이해할 수 있게 해준다."* 정신의 의식에 침입을 하면 파괴적인 영향을 미친다. 이론적인 문제는 그 단일성을 의식적으로 재구성하는 방법이다.

이것이 불가능하기 때문에 카뮈는 세상을 '부조리'라고 부른다. 그러나 꼭 그렇기만 할까? 많은 사상가를 괴롭히는 이 문제는 일반인에게 별 문제가 되지 않는다. 나는 환자가 이런 것에 대해 불평하는 것을 들어본 적이 없다. 그들의 불평은 현실적인 사건과 상충하는 감정들에 치중해 있다. 나는 '실존적' 불안으로 고통받는 환자를 본 적이 없다. 내가 치료한 모든 경우에 불안은 '좁은 공간에서 질식'하는 느낌과 관련이 있었다. 모든 증거가 의식이 해결하는 것만큼 많은 문제를 야기한다는 것을 보여주는데 의식이 모든 답을 제공할 수 있다고 가정하는 이유는 무엇일까? 왜 우리는 우리가 모든 것을 알 수 있다고 믿을 만큼 오만할까? 그럴 필

* Albert Camus, *The Myth of Sisyphus*, New York, Vintage Books, 1955, p. 14.

요가 없다.

이 질문에 대한 답은 우리가 어둠이나 무의식, 우리 존재를 유지시켜주는 신비한 과정을 두려워한다는 것이다. 과학의 모든 발전에도 불구하고 그것들은 여전히 미스터리로 남아 있으며, 나는 우리 삶에 약간의 신비가 남아 있다는 것에 만족한다. 그림자가 없는 빛은 고통스러운 눈부심이다. 모든 것을 밝힐 수 있다면 의식을 파괴하는 '정전'이 발생할 위험이 있다. 그것은 마치 경련과 실신에 앞서 뇌전증 환자의 뇌에서 번쩍이는 빛과 같다. 피라미드 꼭대기에서 의식을 계속 높이다 보면 우리는 쉽게 자의식 상태로 넘어갈 수 있고 그럼 움직이지 않게 될 수 있다.

바이오에너지는 다르게 진행된다. 의식을 아래쪽으로 확장하여 개인을 무의식에 더 가깝게 만든다. 우리의 목표는 무의식을 의식화하는 것이 아니라 무의식을 더 친숙하고 덜 무섭게 만드는 것이다. 몸 의식이 무의식과 접하는 그 경계선으로 내려갈 때 무의식은 우리의 힘이고 의식은 우리의 영예임을 깨닫게 된다. 우리는 삶의 단일성을 감지하고 삶 자체가 삶의 의미임을 깨닫는다. 우리는 더 내려가서 아름다운 수면이나 황홀한 오르가슴처럼 무의식이 우리를 감싸도록 할 수도 있다. 그러면 우리는 우리 존재의 깊은 샘을 통해 새로워지고 어둠에 대한 두려움 때문에 덧없는 빛을 붙잡을 필요가 없는 고양된 의식으로 새로운 날을 맞이할 수 있다.

말과 의식의 고양

1949년에 라이히는 그의 치료 형태를 성격 분석적 식물 요법에서 오르곤 요법으로 이름을 변경했다. 오르곤은 그가 원초적인 우주 에너지에 부여한 이름이다. 이러한 변화는 신체의 에너지 작용에 직접적인 치료를 가해서 성격을 개선 할 수 있기 때문에 치료할 때 굳이 말이 필요 없다는 라이히의 믿음과 일치했다. 오르곤 요법은 오르곤 에너지 축적기를 사용하여 신체를 충전하는 것을 포함한다.

나는 첫 번째 장에서 라이히가 일부 환자들이 매우 짧은 시간 내에 오르가슴 반사를 발달시키도록 도울 수 있었지만 치료 후 일정 기간 유지되지 않았다고 기록했다. 일상생활의 스트레스가 이어지면 문제는 다시 나타났고 환자는 몸에 저항하는 능력이 무너졌다. 그러나 '문제를 해결한다'는 정확히 무엇을 의미하는 것일까? 우리는 이 용어를 그것의 관점을 밝히지 않고 무심코 사용해왔다.

분석적으로 말한다면 문제는 무엇이, 어떻게, 왜 발생하는지 알게 될 때 해결된다. 그렇다면 문제는 무엇일까? 내 삶의 행동에 어떤 영향을 미칠까? 왜 이런 문제가 발생할까? 정신분석의 기법은 이러한 질문에 대한 답을 제공하는 것을 목표로 한다. 그렇다면 왜 더 효과적으로 치료되지 않을까? 대답은 네 번째 요인, 즉 경제적 또는 에너지적 요인에 있다는 것이다. 라이히는 환자의 성기능이나 에너지 경제에 변화가 없는 한, 즉 완전히 방전된 상태보다 더 많은 에너지를 가지고 있지 않는 한 환자가 크게 개선되지 않는다는 것을 보여주었다.

아는 것만으로는 충분하지 않다. 우리 모두는 그들의 감정적인 반응을 바꾸지 못하는 문제의 대상과 방법, 이유에 대해 알고 있는 사람들을 익히 알고 있다. 심리학에 관한 많은 책이 저술되어 성격 문제에 대해 상당히 포괄적인 지식을 쉽게 얻을 수 있다. 이 책들이 문제의 내용, 방법 및 이유에 대한 완전한 정보를 제공하더라도 문제를 해결하는 데는 거의 도움이 되지 않는다.

그 이유는 아는 것은 머리 의식의 기능이고 이것이 반드시 몸의 의식에 침투하여 영향을 미치는 것은 아니기 때문이다. 물론 몸 의식에 영향을 미칠 수 있다. 이것은 사람들이 심리적으로 정교해지기 전 정신분석 연구 초기에 일어났다. 그때는 꿈의 해석을 통해 자신이 어머니와 근친 관계에 있다는 것을 알게 된 환자가 이 사실에 감정적으로 화를 내고 육체적으로 동요했다. 그것은 그에게 영향을 미쳤고, 그는 그의 온 존재로 반응했다. 효과적인 통찰력이었다. 오늘날 환자들은 어머니에 대한 증오심이나 어머니로부터 받은 거부감에 대해 어떤 강한 감정적인 모습이나 에너지적 발산 없이 아무렇지 않게 이야기한다.

감정에 대해 말을 할 수는 있으나 감정을 느끼지 않는 것, 바로 이런 상황 때문에 라이히는 먼저 성격 분석 기술을 개발한 다음 신체의 '갑옷 벗기' 기술을 개발한 것이다. 그리고 우리는 여전히 말의 신비에 사로잡혀 마치 말을 하면 상황이 바뀌는 것처럼 행동한다. 더 나아가서 우리는 종종 아무것도 바꾸지 않기 위해 말을 사용한다. 우리는 말을 함으로써 느끼고 행동할 필요성이 줄어들기 때문에 그 어떤 것에 대해 이야기할 수 있는 한 안전하다고 느낀다. 말은 행동을 대체할 수 있고 때로는 매우 필요하고 가치 있는 것이지만, 때로는 신체적 활동을 가로막는 장애물이 된다. 그리고 말이 감정의 대용품으로 사용될 때, 그것은 삶을 추상화하고 축소시킨다.

그 사람의 진실을 표현하지 않는 말에 의존하는 것은 언제나 위험이 따른다. 사람들은 고의적으로 거짓말을 하기도 한다. 하지만 감정의 은폐는 그것이 진실을 배반하기 때문에 몸의 차원에서는 그렇게 할 수 없다. 나는 의식적으로 나에게 거짓말을 하며 치료를 받는 사람들을 만난 적은 거의 없지만, 자기는 진실이라고 생각하더라도 그것이 자기 몸의 진실과 일치하지 않는 말을 할 때 사람들에게는 자기기만의 문제가 생긴다. 사람들은 겉보기에 피곤하거나 슬프거나 낙담한 것처럼 보일 때도 "나는 괜찮아"라고 말한다. 고의적인 거짓말이 아닐 수도 있다. 종종 그것은 다른 사람들보다 자기자신을 설득시키려고 만든 허울인 경우가 많다.

누가 감히 사람들이 하는 모든 말을 믿는다고 말할 수 있을까? 그런 사람은 완전히 순진하거나 어리석은 사람일 것이다. 모든 치료사는 환자가 자기 개방에 대해 무의식적으로 세운 허울이나 방어막 뒤에 도달할 때까지 환자의 말을 믿지 않는다.

따라서 라이히가 말을 넘어서 환자의 문제를 신체나 에너지 차원에서만 치료하려고 노력한 이유는 이해할 수 있다. 그렇다면 그는 왜 실패했는가? 말을 신뢰할 수 없다는 점을 감안하더라도, 말은 인간의 기능에 없어서는 안 될 필수적인 것이기 때문이다.

말은 경험의 위대한 저장고이다. 말은 우리가 듣는 이야기와 읽는 책 등 문화적 차원에서 이 기능을 수행한다. 언어가 유일한 창고는 아니지만, 단연코 가장 중요한 저장소이다. 역사는 말로만 기록되는 것이 아니라 우리가 과거로부터 발견하거나 보유하고 있는 유물들에도 있다. 그러나 기록과 구어에 의지하지 않고 역사를 연구하는 것은 초인적인 일이다.

말은 사회에서와 마찬가지로 개인에게도 동일한 기능을 한다. 사람의 삶에서 살아 있는 역사는 그의 몸에 있지만 삶의 의식적인 역사는 그의 말에 배어 있다. 그가 자신의 경험에 대한 기억이 부족하다면 그에게는 그것을 설명할 단어가 부족할 것이다. 그가 기억을 간직하고 있다면, 그것은 그가 스스로 짜맞추거나 말이나 글로 쓸 단어로 옮겨질 것이다. 어쨌든 기억이 단어로 옮겨지면, 단어가 표현될 때는 더욱 객관적인 현실이 된다. 내 심리치료에서 어머니를 방해한 나를 화난 표정으로 바라보는 어머니의 모습을 떠올리고 나는 큰 소리로 울면서 "왜 나에게 화를 내요? 당신을 원해서 우는 것뿐이에요"라고 말했다. 나는 어린아이 때의 감정을 어른의 말로 말했다. 그렇게 하면서 나는 그녀의 반응에 대한 상처와 충격을 모두 예민하게 의식하게 되었다. 이 것을 알게 된 뒤 나는 누군가가 손을 뻗었을 때 상대에게 그와 똑같은 반응을 받게 되면 왜 비슷한 충격과 상처를 느끼고 반응했는지 이해할 수 있었다.

말하면서 나는 나 자신과 내 말을 듣고 있던 라이히에게 내 경험을 객관화시켰다. 그도 그 경험을 이해하고 나와 공유했다. 내가 잊어버려도 그가 기억할 수 있기 때문에 공유함으로써 그것은 더욱더 실감나게 되었다.

이것은 하나의 예이다. 치료 과정에서 사람들은 자아의 숨겨진 부분인 잃어버린 많은 경험을 발견하고 이야기한다. 신체 차원에서 경험을 되살리는 것은 다른 방법으로는 얻을 수 없는 확신을 제공한다. 그것에 대해 다른 사람에게 이야기를 해봄으로써, 대화만이 줄 수 있는 현실 감각을 가질 수 있다. 이것은 그 경험을 했던 몸이나 여타 자신의 일부분에 관여해 성격에 대한 통합을 촉진한다.

감정과 경험이 없는 말은 공허하기 때문에 그것들은 중요하다. 그러나 경험만으로는 충분하지 않다. 경험에 대해 반복적으로 이야기하여 모든 뉘앙스와 의미를 파악하고 의식 속에서 객관적 현실이 되도록 해야 한다. 이렇게 하면 경험 자체를 반복해서 되새길 필요가 없기 때문에 효과적인 매개가 될 수 있다. 이 경우 말은 감정을 불러일으키고 행동에 대한 적절한 대체물이 된다.

나는 치료 과정에서 대화가 매우 중요하기 때문에 환자와 이야기하는 데 전체 시간의 약 절반 정도를 할애한다. 때때로 전체 시간을 행동과 태도에 대해 토론하고 과거 경험과의 연관성을 찾는 데 사용하기도 한다. 그리고 어떤 이야기는 항상 신체 활동을 수반한다. 그러나 토론이 반복되고 아무것도 이끌어내지 못했다고 느낄 때가 있다. 이런 일이 발생하면 우리는 우리가 이야기했던 경험을 제공하기 위해 고안한 운동에 들어간다.

내가 현실과 몸의 직접적인 연결을 반복적으로 강조하는 것에 익숙한 독자들은 이렇게 언어의 현실성을 말하는 것에 놀라고 혼란스러울 것이다. 앞 장에서 지적한 바와 같이 현대인이 이중의식을 갖고 있다는 사실을 무시한다면 혼란은 불가피하다. 언어는 육체적 경험과 같은 즉각적인 현실 감각을 가지고 있지는 않다. 언어의 현실은 그 단어가 표현하거나 불러일으키는 감정을 통해 매개된다. 그러므로 언어는 어떤 느낌과 완전히 분리되어 있을 때 비현실적일 수 있다. 그러나 많은 사람, 특히 어린이들에게 말은 때리는 것보다 더 강력한 영향을 미칠 수 있다.

말 한마디로 깊은 상처를 받는 것은 아이들만이 아니다. 나는 우리 모두가 이 사실을 알고 있다고 생각한다. 의식이 높은 사람은 비판이나 부정적인 반응을 전달할 때 다른 사람의 자존감을 손상시키지 않기 위해 신중하게 말을 선택한다.

말은 상처를 줄 수 있는 만큼 반대로 매우 긍정적인 영향을 미칠 수 있다. 칭찬이나 인정의 한마디 말은 깊이 인식된다. 자신의 노력이 인정받고 있다고 느끼는 것과 그 인정이 말로 표현되는 것은 또 다른 문제다. 자신이 사랑받고 있음을 느낄 때에도 상대방이 "사랑해"라고 말하는 것을 듣는 것은 흥분되고, 기쁘고, 풍요로운 일이다. 나는 그런 예를 얼마든지 들 수 있다. "아름다우세요", "당신은 사랑스러운 사람입니다" 등등.

말에 왜 그런 힘이 있는지 추측할 수 있을 뿐이다. 감정은 주관적이지만, 말에는 객관적인 특성이 있다. 튀어나왔기 때문에 보거나 들을 수 있다. 그리고 사라지지 않는다. 우리는 말의 효과를 지우는 것이 쉽지 않다는 것을 알고 있다. 한 번 한 말은 오래 간다. 어떤 말은 영원히 울려 퍼질 수도 있다. 패트릭 헨리Patrick Henry의 "자유가 아니면 죽음을 달라"는 그 사람과 상황이 기억에서 사라진 후에도 오랫동안 인간 정신에 대한 기념비로 남아 있다. 셰익스피어의 말도 비슷한 불멸의 특성을 가지고 있다.

말은 경험의 저장소이기 때문에 미래의 경험을 만들고

형성하는 역할도 한다. 어머니가 딸에게 "남자는 이기적이다. 믿지 마라"라고 자신의 경험을 먼저 전달하는 일은 두 번째로 딸이 앞으로 겪게 될 남자와의 경험까지 구조화하는 것이다. 그러니 금지 명령 같은 것은 추가할 필요가 없다. 단순히 "남자는 이기적이다" 또는 "남자는 믿으면 안 된다"라고 말하는 것만으로도 같은 효과를 얻을 수 있다. 이것이 우리가 교육이라고 부르는 것이다. 학교의 목적은 아동에게 과거의 경험을 대부분 말의 형태로 전달하고, 같은 과정에서 그 경험에 따라 아이가 앞으로 맺을 세상과의 관계를 구조화하는 것이다.

아이들을 교육시키는 과정에서 만들어지는 가치나 문제에 대해서는 질문을 하지 않겠다. 학교라는 시설은 우리의 현재 문화 발전에 필요했던 것이다. 모든 학교 프로그램에서 문제는 전달된 경험이 정확하게 인식되었고 정직하게 보고되었는지 여부이다. 확실히 역사를 가르칠 때 왜곡은 드문 일이 아니다.

우리는 경험을 형성하는 말의 힘에 주목한다. 부모로부터 "넌 제대로 하는 게 없어"라는 말을 들은 아이를 생각해 보자. 이 아이는 평생 아무것도 제대로 할 수 없다는 느낌 때문에 고통을 겪을 것이다. 이러한 무력감은 그가 실제로 인생에서 얼마나 잘 수행하는지와 상관없이 지속될 것이다. 그 단어들은 아이의 마음에 각인되었고, 그것들을 지우는 일은 쉽지 않다.

대부분의 치료에서 나는 부정적인 성격에서 이런 각인의 증거를 발견했다. 한 환자는 어머니로부터 "어떤 남자도 너를 원하지 않을 거야"라는 말을 들었다고 했는데, 이 말은 그녀에게 저주를 퍼붓는 것처럼 느껴졌다. 여기 또 다른 예가 있다. 한 환자는 "나는 친구를 가질 수 없어요. 나는 너무 많은 것을 기대하고 원해요"라고 말했다. 나는 그에게 있어서 이것이 사실이라는 것을 알고 있었지만, 그가 이 사실을 알면서도 부당한 요구를 고집하는 이유를 알지 못했다. 우리는 그의 어머니가 여러 면에서 그에게 적대적이었다는 것을 발견했다. 그래서 나는 그에게 "적대하지 않는 어머니를 요구하는 것이 너무한 것일까요?"라고 물었다. 그는 즉시 "네, 너무 과합니다"라고 대답했다. 내가 "왜요?"라고 물었을 때 그는 그런 엄마를 가질 수 없다고 말했다. 내 질문은 그런 엄마를 가질 수 있는지를 묻는 것이 아니라 요구하는 것을 묻는 거라고 지적했다. "요구가 지나친 건가요?"라고 물었고, 그는 "다른 사람들에게는 그렇지 않은 것 같지만 나에게는 그렇습니다"라고 대답했다. 이어 그는 "엄마는 항상 내가 너무 많이 요구한다고 하셨다"라고 말했다.

아이는 결코 '너무 많은 것'을 요구하지 않는다. 원하는 것을 요구할 뿐이다. '너무 많다'는 것은 아이가 단지 원하는 것에 대해 죄책감을 느끼게 하는 성인의 평가이다. 이런 죄책감은 그가 커서 너무 많은 것을 요구함으로써 거절당할 수 있도록 만든다. 거절은 그의 죄책감을 뒷받침하고 그러면 그는 그 사이클 안에 갇히게 된다.

말의 힘에는 다른 말로만 대항할 수 있다. 새로운 말이 말의 속박에서 환자를 해방시키려면 진실의 울림이 있어야 하고, 환자의 내면에 종을 울려야 한다. 이것이 우리가 문제를 해결할 때 무엇을, 어떻게, 왜인지 분석적으로 설명하는 이유이다. 이 과정을 통해 분석가들은 '각인된 왜곡을 보는 것'으로 정의할 수 있는 통찰을 얻게 된다.

분석과 통찰만이 성격을 바꾼다고 주장하는 것이 아니다. 신체 차원에서 다루어야 하는 또 다른 중요한 요소는 에너지 요소다. 내가 주장하는 바는 문제를 철저하게 처리해야 충분한 통찰력이 생기고 그래야만 성격의 변화가 지속될 수 있다는 것이다.

라이히가 달성할 수 있었던 빠른 '치료'는 마법적 변형 또는 초월적 경험이라고 할 수 있다. 그것은 라이히가 어떤 사람이고 어떤 일을 했는가에 따라 환자에게 일어난 일이다. 나도 환자들을 위해 비슷한 '마법'을 행했지만, 그런 변화는 지속되지 않는다는 것을 알고 있었다. 한 가지 상황에서 변화가 일어날 수 있는 것처럼 다른 상황에서는 사라질 수 있다. 그래서 길을 잃어버리면 환자는 해방된 상태로 가는 길을 모른다. 콘웨이가 샹그릴라를 찾을 때처럼 그도 지도가 필요하다.

분석의 목적 중 하나는 환자의 마음에 지도를 만드는 것이다. 그것은 기억으로 이루어진 단어들의 지도이며, 따라서 그 사람의 생의 전체 역사이다. 직소 퍼즐 조각처럼 모이면 모든 것이 마침내 이해되며, 그 사람은 자신이 누구인지, 세상에서 어떤 존재인지를 알 뿐만 아니라 자신의 성격이 왜 그러한지를 알 수 있다. 그 결과 자신과 자신의 삶과 세상에 대한 의식이 높아진다. 환자를 치료하는 내내 나는 신체적 차원에서 의식을 확장하는 것과 언어적 차원에서 의식을 고양시키는 것을 번갈아가며 적용한다.

내 환자 중 한 명이 이 개념을 간결하게 표현했다. 그녀는 "감정을 말로 표현하지 않으면 결국 소용이 없어요. 말이 최종 결정체예요. 말이 전체 그림을 결정하는 것입니다"라고 했다. 나는 즉시 이해했다. 말은 그림을 좋게도 나쁘게도 결정한다. 나는 더 나아가 언어가 우리 주변 세계에 대한 우리 마음속 그림을 만든다고 말하고 싶다. 그것이 없으면 우리는 길을 잃는데, 이것은 조현병 환자가 길을 잃는 이유 중 하나이다. 그는 세계나 자신에 대한 완전한 그림을 가지고 있지 않으며, 다시 붙일 수 없는 파편만 있을 뿐이다. 그림이 완전해 보이지만 착각으로 인해 부정확하다면 신경증적 상황이 발생한다. 치료가 진행됨에 따라 자신의 삶이 어떠했으며 자신이 누구인지에 대해 점점 더 명확하고 진실된 그림을 얻게 된다. 그림이 완성될 때까지 치료는 끝난 것이 아니다. 그러나 다시 말하지만, 그림은 시각적인 것이 아니라 언어적인 것이다. 올바른 말을 통해 우리는 우리 자신을 보고 알게 된다. 결과적으로 우리는 우리 자신을 완전히 표현할 수 있다.

올바른 말을 사용하는 것은 의식의 기능이기 때문에 에너지가 왕성한 기능이다. 의식은 단어(또는 문장)와 감정, 생각과 감정 사이의 정확한 적합성을 인식하는 것이다. 말과 감정이 연결되거나 맞물릴 때 발생하는 에너지 흐름은 심신의 흥분 상태를 증가시켜 의식 수준을 높이고 집중을 날카롭게 만든다. 그러나 접촉하게 만드는 것은 의식적인 작업이 아니다. 우리는 우리의 감정에 맞는 올바른 단어를 찾기 위해 의식적으로 노력한다. 모든 작가가 그렇게 한다. 하지만 적합성 자체는 자연스럽게 발생한다. 우리가 감정에 마음을 열고 감정이 흘러가도록 허용할 때 때때로 예기치 않게 적절한 단어가 자리를 잡는다. 나는 감정과 관련된 에너지 전하가 말의 형성에 관여하는 뇌의 신경세포를 자극하고 활성화한다고 믿는다. 이 신경세포가 감각에 적절하게 반응할 때 적절한 맞춤이 발생하고 머리에 빛이 번쩍이는 것 같다.

사람들은 때때로 감정과 관련이 없는 단어를 사용한다. 그런 경우 우리는 그 사람이 별생각 없이 말하거나 허튼 소리를 한다고 말한다. 이러한 표현은 말이 상황의 현실과 관련이 없음을 의미할 수도 있다. 나는 이 표현 자체에 관심이 있다. 왜냐하면 표현은 신체의 언어이고 언어적 의사소통과 관련된 역동적인 과정에 대한 인식을 나타내기 때문이다. 이 표현을 '그는 마음에서 우러나온 말을 한다He speak from his heart' 또는 '그의 말은 마음에서 나온 것이다His words come directly from his heart' 같은 반대 표현과 대조해 보면 분명해진다. 마음에서 우러나오는 말은 목소리의 톤과 화자의 진심 어린 감정을 단순하고 직접적으로 표현하는 단어의 사용에서 나타난다. 어떤 사람이 마음에서 우러나온 말을 할 때 우리는 즉시 그와 그의 말의 진실성에 깊은 감명을 받는다.

사람의 말이 머리에서만 나올 때 이러한 단순성과 즉각성은 결여되어 있다. 그것들은 기술적이거나 지적이며 감정보다는 생각에 대한 화자의 주요 관심을 반영한다. 나는 그것이 적절할 때는 그러한 발언을 비판하지 않는다. 그러나 이런 상황에서도 대부분의 훌륭한 화자들은 몸과 느낌의 언어를 담화에 주입한다. 그들은 자신의 생각과 감정을 완전히 분리할 수 없기 때문에 그렇게 한다.

이 둘의 분리는 일부 사람들이 박식한 것으로 착각하는 무모한 지성주의로 이어진다. 그 사람이 무슨 말을 하든, 그의 말은 흥미롭지 않고 목적도 없다. 최근 공영 TV에서 나는 윌리엄 버클리 주니어William Buckley, Jr.와 말콤 머거리지Malcolm Muggeridge의 인터뷰를 보았다. 두 사람의 말투가 대조적이었다. 머거리지는 그의 생각을 상당히 단순한 언어와 감정으로 표현했다. 반면 버클리는 일반적으로 철학 논문에서만 볼 수 있는 단어를 사용했다. 머거리지는 흥미롭고 버클리는 지루했으며 이러한 차이는 신체에서 분명히 나타났다. 나이 든 머거리지는 맑고 밝은 눈과 활기차고 여유로운 태도를 가지고 있었고 버클리는 뻣뻣하고 절제되어 있었으며 그의 눈은 지쳐 보였다.

움직임이 신체의 언어인 것과 마찬가지로 말은 자아의 언어이다. 따라서 자아심리학은 사람이 사용하는 단어와 관련이 있다. 인간의 성격에 대한 진지한 연구는 자아와 그 심리학의 중요성을 무시할 수 없지만 성격의 측면에만 국한할 수도 없다. 자아는 그 사람이 아니며 신체와 떨어져 독립적으로 기능하지 않는다. 분리된 자아와 분리된 지성은 성격의 진실성을 잃는다. 자아심리학은 자아에 대한 배타적인 초점이 이러한 해리를 촉진하기 때문에 이 문제를 극복하는 데 무력하다. 치유 과정을 시작하기 위해서는 신체와 감정의 측면에서 문제에 접근해야 한다. 그러나 이 접근법은 또한 일방적이라는 사실을 인식해야 한다.

우리는 말을 통해서만 갈등을 머리로 가져 와서 해결할 수 있다. 나는 '머리'라는 단어를 사용할 때 말 그대로 몸의 머리라는 의미로 사용한다. 모든 유기체는 머리를 먼저 이 세상에 들이밀었듯이, 머리부터 삶을 향해 움직인다. 자아 기능을 가진 머리는 몸이라는 화살의 끝이다. 화살촉이 없는 화살을 상상해보면, 감정은 있지만 그것을 세상에 효과적인 행동으로 전환할 머리가 없는 몸의 모습을 떠올릴 수 있다. 그러나 자루 없는 화살촉이나 몸이 없는 자아는 한때 생명력이 있던 유물 같다는 것을 잊지 말아야 한다.

원칙과 성격

분열된 지성의 문제를 풀기 위한 자아심리학의 실패는 최근 사람을 좀더 깊은 감정 상태에 도달하도록 돕는 수단으로써 회귀를 강조하는 기법의 개발로 이어졌다. 이러한 회귀적 기법은 억제된 유아기 감정과 접촉하게 함으로써 의식을 확장하는 것이다. 바이오에너지학은 이러한 기술을 수년 동안 사용했다. 그러나 회귀와 의식 확장은 그 자체로 끝이 아니며 유효한 치료 목표도 아니다. 모든 환자가 원하는 것은 완전히 통합되고 효과적인 인간으로서 세상에서 기능할 수 있는 것이다. 이것은 회귀가 진보와 균형을 이루면서 의식이 확장되고 고양되어, 아래쪽으로의 움직임이 머리를 향해 올라가는 움직임과 균형을 이룰 때에만 달성할 수 있다. 현재에서 앞으로 나아가기 위해 시간을 거슬러 올라가야 한다.

균형은 건강한 삶의 중요한 자질이다. 이 말은 너무 당연해서 별다른 설명이 필요하지 않다. 우리는 균형 잡힌 식단, 놀이와 일의 균형, 정신 활동과 신체 활동 사이의 적절한 균형 등에 대해 말한다. 그러나 균형의 원리가 우리 몸과 자연에서 얼마나 깊이 작용하는지 알지 못하지만 그 중요성은 점차 크게 인지하게 되었다. 우리는 자연을 당연하게 여기고 착취하여 우리의 생존이 달려 있는 아주 미세한 생태학적 균형을 깨뜨렸다. 생존이 위협받는 지금, 우리는 무지와 탐욕의 위험성을 깨닫기 시작했다. 그리고 우리의 몸도 마찬가지다.

생명체에 작동하는 균형의 원리는 신체의 항상성 메커니즘으로 가장 잘 설명할 수 있다. 신체의 화학적 과정은 혈액과 그 밖의 체액에 있는 수소이온과 수산화이온 사이의 날카로운 균형을 유지해야 한다. 최적 비율은 산도 7.4로 표시된다. 너무 많은 수소이온은 산성 상태를 만들지만, 너무 적으면 알칼리성 상태가 된다. 어느 쪽이든 혼수상태와 사망으로 이어질 수 있다. 생명은 정적인 상태가 아니라 환경과의 지속적으로 상호작용하고 교류하는 과정이기 때문에 혈액의 산도는 일정하지 않다. 혈액의 산도는 호흡을 통해 산도를 조절하는 피드백 시스템에 의해 제어되어 7.38에서 7.42의 좁은 한계점 사이에서 변동을 거듭한다.

균형이 산성 쪽으로 너무 많이 이동하면 호흡이 증가하여 이산화탄소가 배출되고 수소이온 농도가 감소한다. 알칼리성 쪽으로 이동하면 호흡이 감소하여 이산화탄소가 정체되고 혈액 내 수소이온이 증가한다.

우리는 내부 체온이 섭씨 약 37도에서 상당히 일정하게 유지되어야 한다는 것을 알고 있다. 그러나 체온을 안정시키는 미묘한 메커니즘을 의식하지 못한다. 우리는 추울 때 몸을 떨게 된다. 떨림은 목적 없는 반응이 아니다. 떨리는 근육의 과잉 활동은 체온을 유지하는 데 필요한 열을 생성한다. 떨림 호흡을 자극하여 대사에 필요한 산소를 더 많이 공급한다. 바이오에너지 요법에서 근육의 비자발적 떨림은 유사한 효과를 나타낸다. 증가된 체온은 땀의 양을 증가시켜서 자동으로 배출하고 근육 활동을 감소시키면서 열을 내린다.

탈수되거나 몸에 물이 너무 많지 않도록 최적의 수준으로 유지되어야 하는 우리의 체액 상태를 고려해보자. 무의식 상태에서 신체는 수분 섭취와 배출의 균형을 유지한다. 의식은 이 과정에서 작은 역할을 하는데, 그것은 신체가 수분을 원한다는 신호를 보낼 때 물을 찾아 마시는 것뿐이다.

몸은 무엇이 필요하고 무엇을 해야 하는지 '알고 있다'. 이러한 과정을 조사한 W. B. 캐넌W. B. Cannon은 자신의 연구에 '몸의 지혜'라는 제목을 붙였다.

병으로 인해 항상성 메커니즘이 무너질 때 인간은 이러한 과정에 의식적으로 개입한다. 인간의 개입은 신체가 스스로 치유하고 생명 기능을 유지할 수 있도록 균형을 회복하기 위해 고안되었다. 균형은 중요한 원칙이다.

우리의 더 큰 활동 측면에서도 균형은 똑같이 중요하다. 이것은 우리의 자세와 걸음걸이에서 분명히 드러난다. 우리는 두 발로 서는 동물로서 두 발로 설 때만 비로소 균형을 잘 잡는다. 한쪽 다리로만 서도록 요구하면 사람은 평형이 깨질 수 있다. 이것이 우리가 낙하 운동으로 하는 일이다. 우리는 두 발로 걷거나 뛰고, 한 발에서 다른 발로 움직여 아름답게 균형을 유지한다. 이것을 의식적으로 하지 않는다. 우리가 이 활동을 할 때 너무 의식적으로 하면, 멀리 걸어가지 못할 것이다. 어느 다리를 어떤 순서로 움직일지 의식적으로 결정하려고 했던 지네의 이야기가 생각난다. 그 가엾은 생물은 전혀 움직일 수 없었다.

균형은 다리가 두 개 있는 것 같은 이원성 또는 자석의 S극과 N극과 같은 극성을 의미한다. 그것은 혈액에 수소이온(H^+)과 수산화이온(OH^-) 사이의 균형으로 표현되기도 한다.

그러나 균형은 정지된 현상이 아니다. 만약 그렇다면 어떤 움직임도 가능하지 않을 것이기 때문이다. 양쪽 다리가 동시에 활성화되면 걷는 것은 불가능하다. 그러면 사람은 걷지 않고 점프하게 될 것이다. 삶은 움직임과 균형을 동시에 이루는 것, 또는 움직임 속의 균형이다. 이러한 움직임의 균형은 전하의 이동, 한 극에서 다른 극으로, 왼발에서 오른발로, 그리고 들숨에서 날숨으로, 팽창에서 수축으로, 낮의 의식에서 잠의 무의식으로의 이동에 의해 달성된다. 신체의 이 리드미컬한 활동은 우리가 의식하고 있는 모든 이원성의 기초가 되는 단일성이다.

근본적인 단일성 없이는 삶의 이원성도 없다. 그리고 그에 상응하는 이원성 없이는 단일성도 없다. 내가 빌헬름 라이히로부터 물려받은 것은 모든 생명 과정의 이원성과 단일성에 대한 개념이다. 나는 그것이 인간의 성격과 삶에 대한 이해에 있어 그의 가장 큰 공헌이라고 본다. 그는 그것을 모든 자연 기능의 단일성과 대조의 원리로 가정했다. 이원성은 항상 정반대이다.

우리의 논리적인 정신은 사물을 원인과 결과 같은 이원성으로만 본다. 이것은 기계적인 태도이다. 영적이라는 용어를 사용해도 된다면, 우리의 영적 마인드는 근본적인 단일성에서만 볼 수 있다. 그러면 신비주의적 태도를 불러일으킨다. 단일성과 이원성의 역설을 이해하는 것은 기능적 사고의 영역이다. 그것은 신비롭지도 기계적이지도 않은 새로운 의식을 필요로 한다. 인생은 역설적이다. 이것은 기름불처럼 물 위에서 타는 게 아니라 물의 일부로써 물속에서 타는 불이다. 놀라운 것은 우리가 불에 휩싸이거나 물에 빠져 길을 잃지 않는다는 것이다. 여기에는 결코 해결되지 않거나 적어도 해결되지 않기를 바라는 미스터리가 있다. 신비는 인간에게 필수적이다. 신비가 없다면 우리는 경외심을 잃고 마침내 생명 자체에 대한 존경과 숭배심을 잃게 될 것이기 때문이다.

기능적 사고는 변증법적이며, 나는 인간관계를 설명하기 위해 변증법의 그림들을 내 작업 전반에 걸쳐 사용했다. 나는 이제 두 가지 의식 사이의 관계를 보여주기 위해 하나를 사용할 것이다.

의식의 관점에서 볼 때 우리가 알 수 있는 모든 것은 이원성, 머리 의식 또는 몸 의식, 생각 또는 느낌뿐이다. 단일성은 무의식의 차원이나 지각을 초월한 신체 과정에서만 존재한다. 우리가 인식하지 못한다면 이 단일성이 존재한다는 것을 어떻게 알 수 있을까? 우리는 그것을 추론할 수 있고 관계를 직관할 수 있으며, 의식과 무의식의 경계는 벽이 아니라 경계가 불분명한 지역이기 때문에 모호하게나마 단

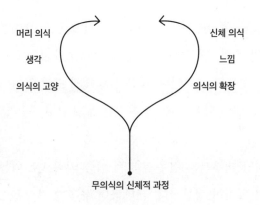

머리 의식   신체 의식

생각   느낌

의식의 고양   의식의 확장

무의식의 신체적 과정

에너지 전하 또는 자극의 증가

일성을 느낄 수 있다. 이 구역을 하루 동안 통과하며 우리는 근본적인 단일성에 대한 많은 암시를 얻는다. 의식이 이 황혼의 영역으로 더 쉽게 확장되는 신비주의자들은 다른 사람들보다 단일성을 더 잘 인식한다.

단일성을 감지는 또 다른 방법이 있다. 머리나 마음의 의식과 몸의 의식은 서로 상호작용할 뿐만 아니라, 접촉하면서 때때로 융합하기도 한다. 융합의 열기와 흥분 속에서 그것들은 승화되어 의식과 무의식이 동시에 존재하는 단일 의식이 나타난다. (또 다른 역설.) 나는 살면서 그러한 융합을 여러 번 경험했다. 어렸을 때 나는 게임을 보고 너무 흥분한 나머지 내가 꿈을 꾸고 있는지 깨어 있는지 알 수 없었다. 나는 그것을 알아내기 위해 스스로를 꼬집어야 했다. 그리고 섹스할 때 나는 나를 날아오르게 하고, 나의 경계를 없애고 나의 무의식을 의식하게 만드는 오르가슴을 경험했다. 이것은 황홀한 경험이다. 많은 사람에게 그런 일이 일어난다. 그런 일이 일어날 때, 그 사람은 삶의 단일성을 '알고' 느낀다.

하지만 대부분의 경우 우리는 이중 의식으로 기능한다. 그리고 그것이 정상이다. 왜냐하면 황홀한 경험은 그것이 진정으로 황홀해지는 경우에만 특별한 경험일 수 있기 때문이다. 그러나 의식이 고양되고 확장될 때 우리는 그 상태에 더 가까워진다. 앞의 변증법 그림의 두 화살표는 그렇게 서로 더 가깝게 접근한다.

그러기 위해서는 의식의 이원성을 받아들여야 한다. 어느 한쪽에만 황홀경이 있는 것은 아니며, 융합의 불꽃을 만드는 것은 반대편의 만남이다.

우리가 의식의 이원성을 받아들인다면 의식 차원에서 우리의 성격에 대한 이원성을 인식하고 있다는 사실 또한 받아들여야 한다. 내가 글을 쓸 때처럼 생각에 집중할 때 사람은 자신의 마음과 정신의 과정을 의식하게 된다. 사람의 생각은 고유하기 때문에 사람은 자신의 마음이 있다는 것을 깨닫는다. 그리고 사람이 자신의 몸에 집중하면 자신의 몸에 생명이 있음을 알게 된다. 의식의 관점에서 우리는 "나는 누구인가? 나는 지금 이 생각을 하는 마음인가, 살아 있는 몸인가?"라고 질문해야 한다. 물론 대답은 둘 다이지만 우리는 일반적으로 두 가지를 동시에 의식할 수 없다. 의식이 동시에 두 가지 별개의 작업에 집중하는 것은 불가능하다. 하늘에 두 개의 다른 사분면 안에서 비행하는 두 대의 비행기가 있을 때 그 둘을 한꺼번에 비추려고 하는 하나의 탐조등을 상상해보라. 불가능하다. 하지만 인간 이원성의 문제가 우리의 일상을 괴롭히는 것은 아니다. 의식의 탐조등은 빠르고 쉽게 회전하는 회전 테이블에 올려져 있다. 그것은 사분면 사이에서 휙휙 돌아가며 정상적인 범위 내에서 두 관점을 모두 유지할 수 있다.

나는 대중 연설에서 이 방법을 의식적으로 사용하기 때문에 이 개념을 설명할 수 있다. 수년에 걸쳐 나는 유능한 연설가는 청중과의 접촉을 결코 잃지 않는다는 것을 배웠다. 강의를 할 때 청중을 보고, 느끼고, 대화하는 것이 이제는 습관이 되었다. 덧붙이자면 이 습관이 청중 없이 마이크에 대고 말하는 것을 더 어렵게 만들었다. 그러나 이 습관이나 관행에는 또 다른 문제가 있다. 청중에게 너무 집중하면 자기 자신, 내가 누구인지, 어디에 서 있는지, 무엇을 말해야 하는지에 대한 감각을 잃을 수 있다. 그리고 동시에 두 곳에 있을 수도 없다.

모든 연설가는 이 문제에 직면해 있다. 준비된 원고를 읽을 때 청중과의 접촉을 잃기 쉽다. 그들을 올려다보고 때때로 접촉을 시도해야 한다. 내가 하는 방식은 부드럽고 리드미컬한 패턴으로 청중에게서 나 자신에게로 주의를 돌렸다가 다시 돌아와 접촉이 끊이지 않은 것처럼 보이는 것이다. 이것이 교류 운동의 기본 원리이다. 그것은 대부분이 그 활동을 의식하지 못할지라도 우리 안에서 항상 작용하는 리듬의 원리이다. 그것은 한 다리를 다른 다리로 번갈아 움직여야만 가능한 걷기와 같다.

나는 의식 차원에서 이원성의 가치를 믿는다. 그것이 없으면 우리는 삶의 다양한 우발 상황에 대처할 때 지금처럼 원활하고 효과적으로 움직일 수 없다. 바이오에너지는 이를 기반으로 작동한다. 그것은 몸에서 마음으로, 마음에서 몸으로 초점을 번갈아 가며 환자의 주의를 기울이는 범위 내에 의식 존재의 두 측면을 모두 포괄할 수 있는 지점까지 의식을 발전시키는 것을 목표로 한다.

물론 이 이원성은 의식 차원에서만 존재한다. 의식 수준 아래에는 생각하는 마음이나 느끼는 몸이 아니라 살아 있는 유기체라는 단일성이 있다. 그러나 우리는 대부분의 삶을 의식 상태에서 보내므로 이원성과 함께 기능할 수 있어야 한다. 게슈탈트 심리학의 전체 이론은 배경이 없으면 전

경이 없고, 그것이 존재하는 분야 없이는 인물도 없으며, 무엇이든 그 반대가 없는 존재는 없다는 사실에 기초한다.

성격에서는 그것이 발생하는 감정의 틀 없이는 생각도 없다는 것을 의미한다. 그러나 의식의 빛을 생각에 집중시키면 나머지 영역은 어둠 속으로 빠져들고, 우리는 종종 그 생각을 하게 한 감정을 놓쳐버린다. 물론 우리는 우리의 감정을 체크하고 그것이 우리의 생각과 조화를 이루는지 확인할 수 있다. 그러나 생각과 감정이 충돌하는 경우도 드물지 않다. 나는 이것이 왜 그런지 설명하려는 시도는 하지 않겠다. 이 갈등의 경험은 매우 일반적이니까. 더 큰 보트를 사고 싶지만 비용과 유지비를 생각하면 충돌을 하게 된다. 맛있는 디저트를 먹으며 즐기고 싶은데 살이 찌지 않을까 하는 생각에 갈등이 생긴다.

표현하고 싶은 감정이나 욕망과 그 결과에 대한 두려움 사이에 충돌이 있다는 점에서 모든 치료사는 갈등을 다룬다. 결과가 일어나지 않았기 때문에 두려움은 정신적 지각, 즉 신체 반응과 관련된 생각으로만 존재한다. 그렇다고 두려움은 정신적인 것이기 때문에 상상이라고 말하려는 게 아니다. 그것은 정신적 활동에서 비롯되지만 육체적 두려움으로 경험된다. 표현하고자 하는 감정은 성격의 온전성에 있어 중요하지만 표현의 결과는 그 온전성을 위협하기에 치료는 강렬한 갈등을 다룬다. 강렬한 갈등을 해결할 수 없을 때 유일한 해결책은 욕망이나 감정을 억제하여 두려움을 제거하고 결국 갈등을 억압하는 것이다. 의식에서 그 전체 상황을 제거하고 나면 어떤 의미에서 갈등은 존재하지 않는다. 그러나 갈등은 사라지지 않는다. 그저 시야에서 사라질 뿐이이고 무의식적인 차원에서 신체에 구조화된다.

이러한 갈등 처리 방식은 내가 설명한 다양한 성격 구조를 만들어낸다. 우리는 그러한 적응 방식을 신경증적이라고 생각한다. 왜냐하면 그것은 인간이 완전히 통합되고 효과적으로 기능할 수 있는 능력을 심각하게 방해하기 때문이다.

그러나 상대적으로 신경증적이지 않은 사람들은 삶에서 발생하는 수많은 생각과 느낌 사이에서의 갈등을 어떻게 처리할까? 내 대답은 그들이 무의식적으로 구조화된 패턴의 행동과 반대되는 사회에서 의식적으로 수용되는 행동 규범을 개발한다는 것이다. 이 행동의 규범들은 원칙의 형태를 취한다.

우리가 '기질character'이라는 단어를 부정적인 의미로 사용하기도 하지만 항상 그런 의미를 갖는 것은 아니라는 점이 흥미롭다. 사실, '기질'은 종종 '선한 기질의 사람'에서와 같이 '선함'이라는 단어와 결합되어 특정 미덕을 지정하는 데 사용되기도 하고 '나쁜 기질'을 가지고 있다는 사람을 지칭하기도 한다. '기질'이라는 단어는 '특성'과 관련이 있으며 개인이 좋든 나쁘든 전형적이거나 예측 가능한 방식으로 행동한다는 것을 의미한다. 또한 예측 가능성은 신뢰성을 의미한다. 기질이 선한 사람에게 덕이 있고 기질이 나쁜 사람은 부도덕하거나 원칙이 없는 사람이라고 믿을 수 있다.

그러나 사람의 행동이 구조화되거나 정형화되어 있지 않다면 예측 가능성은 어디에서 오는가? 다시 말해 비교적 건강하고 자발적이며 자기표현이 가능한 사람은 어떤 기질을 가지고 있는가? 먼저 기질과 기질의 구조 사이의 차이점을 인식해야 한다. '구조'라는 단어를 붙인 것은 행동의 패턴이 의식적으로 결정된 것이 아니라 무의식적으로 신체 차원에서 고정되고 경직되었다는 것을 의미한다. 어떤 사람의 행동이 의식적인 지침이나 원칙에 의해 지배될 때, 그 원칙이 그의 삶을 좋은 방식으로 증진하는 한 그는 특징적으로 행동할 것이다.

성격 이론에서 원칙의 개념은 거의 언급되지 않는다. 우리 문화에서는 어떤 원칙이 한계를 설정하고 대응하는 방식을 결정하기 때문에 잘못됐다고 생각한다. 그것은 많은 사람이 자신의 자유나 자기표현의 권리를 제한하는 것으로 간주하는 도덕 원칙과 관련이 있다. 이것은 불행한 일이다.

왜냐하면 원칙은 더 높은 수준의 의식을 달성한 사람의 표시이기 때문이다. 내가 말하는 원칙은 사회가 지지하고 장려하는 것과 같을지라도 개인이 의식적으로 발전시키는 것이다.

우리는 의식이 감각에 대한 지각으로 시작된다는 것을 보았다. 감각은 일반적으로 국지적이거나 모호하다. 이 관점에서 감각은 더 만연하고 더 명확한 느낌과 대조된다. 느낌이 더 강해지고 더 선명해지면, 우리는 그것을 감정이라고 부른다. 따라서, 우울하거나 우울한 느낌에 대해 말할 수 있지만 일반적으로 슬픔은 감정이라고 부른다. 문제는 우리가 '느낌'이라는 단어를 모든 신체 지각을 포함하는 데 사용한다는 것이다. 이제 우리는 우리의 감정이 생각과 통합될 때 원칙이라는 말을 할 수 있다. 발달 순서는 다음과 같다.

1. - 감각
2. - 느낌
3. - 감정
4. - 원칙

원칙의 차원에서 자아와 몸, 생각과 느낌은 의식적 단일성으로 통합된다.

많은 사람이 동의하는 원칙 중 하나는 진실이다. 사람은 모든 것을 꿰뚫어보는 신의 형벌에 대한 두려움, 강박적인 절차 또는 그것이 올바른 행동 방식이라는 내면의 신념 때문에 진실을 말하는 사람이 된다. 그러나 이런 신념에 도달하기 위해서는 진실과 거짓 사이에서 선택을 해야 한다. 그런 신념은 진실을 말하고 거짓을 말한 경험에서 나온다. 전자에서는 느낌과 진술 사이의 조화를 감지하고 그 조화로 인한 즐거움을 인지한다. 후자에서는 이러한 조화가 부족하며 실제로 갈등의 고통을 느낄 수 있다. 그때서야 몸의 느낌에 따라 의식적인 선택을 한다.

모든 아이는 살면서 언젠가는 거짓말을 한다. 그들은 속임수의 역할을 탐구하고 속임수가 전달하는 힘을 감지하기 위해 거짓말을 한다. 아이들은 부모를 속일 수 있는 능력을 시험하기 위해서도 거짓말을 한다. 거짓말을 잘하면, 통제의 느낌을 가지게 된다. 그러나 그들은 진실이 가져올 결과에 대한 두려움 때문에 거짓말을 하기도 한다. 두 경우 모두에서 아이들은 무언가를 얻기도 하고 잃기도 한다. 이득은 권력과 통제력 또는 처벌을 피할 수 있다는 것이다. 그러나 손실은 솔직함의 즐거움에 있다. 손실이 이익보다 크면 아이는 비정상적인 상황을 제외하고는 거짓말을 하는 것이 자신에게 좋지 않다는 것을 알게 된다. 거짓말을 하면 자신의 기분 면에서도 값비싼 대가를 치르게 된다는 것을 알게 될 것이며 거짓말이 잘못된 것이라는 확신을 키울 것이다. 아이의 몸과 마음이 그렇게 말할 것이며 아이는 머리뿐만 아니라 가슴으로도 그것을 믿게 될 것이다. 아이의 신념은 아는 것과 느낌이라는 두 다리에 달려 있다. 시간이 지나면서 더 많은 경험을 통해 아이에게 진실함은 중요한 원칙이 될 것이다. 그는 인생에서 직면하게 될 많은 상황에서 진실을 말해야 할지 거짓을 말해야 할지 결정해야 하는 갈등과 에너지 낭비를 피하게 될 것이다.

원칙은 메커니즘의 규칙적인 리듬을 유지하는 시계의 태엽처럼 작동한다. 원칙은 생각과 느낌 사이의 균형을 유지하여 끊임없이 의식적으로 서로를 확인하지 않고도 조화되도록 한다. 원칙은 질서 있는 삶을 촉진한다. 그것 없이는 무질서와 혼돈만이 있을 뿐이다.

원칙이 없으면 삶에 균형을 잡을 수 없다고 생각한다. 원칙이 없다면 극단적으로 가기 쉽고 수단을 목적으로 정당화하고 순간의 변덕을 따르기가 쉬워진다. 어디에서 선을 그어야 할지 모르기 때문에 모든 감정을 실행해야 하는 터무니없는 입장에 처할 수도 있고, 마찬가지로 모든 행동이 논리적으로 통제되어야 한다는 말도 안 되는 입장에 이를 수 있다. 후자의 경우 우리는 극단적인 경직성을 가지며 전자의 경우 구조 자체가 없다. 원칙이 있는 사람들은 원칙 자체가 반대와의 조화, 생각과 감정의 통합, 삶의 원활한 흐름에 필수적인 균형을 나타내기 때문에 이러한 극단을 피한다.

진정한 도덕 원칙은 설교, 위협 또는 처벌에 의해 주입될 수 없음을 인식하는 것이 중요하다. 이것은 사람으로 하여금 두려움 때문에 거짓말을 하는 것을 주저하게 만들 수 있지만, 그 결정은 각 상황에서 매번 새롭게 내려져야 할 것이다. 이것은 갈등을 피할 수 있는 원칙이 있는 것과 다르다. 더욱이 설교든 위협이든 간에 외부의 강요는 내적 조화를 깨뜨리고 원칙에 필요한 내적 확신의 발전을 더 어렵게 만든다. 이렇게 표현하겠다. 원칙은 계명이 아니라 신념이다.

다음은 원칙이 어떻게 확립되는지를 보여주는 예이다. 나는 헤로인까지는 손대지 않았지만 마약에 심하게 연루된 청년을 치료했었다. 그의 몸을 움직여 감정을 표현하게 하는 것(예를 들어, 화를 내며 소파를 치는 것)을 통해 그를 몸에 유익한 감정의 상태로 이끌었다. 그러던 어느 날 그는 내 사무실에 와서 전날 저녁 친구 집에서 마리화나를 피웠다고 말했다. 그는 "내가 열심히 해서 얻은 좋은 감정을 모두 잃었다"라고 말했다. "이제 마리화나가 나에게 적합하지 않다는 것을 알겠다"라는 것이다. 생각과 느낌이 합쳐져 이런 확신이 생긴 것이다. 그것은 좋은 감정이 커질수록 더 강해지는 원칙의 첫 번째 진술이었다. 왜냐하면 그는 마약을 복용하여 잃게 될 것이 무엇인지 알고 있었기 때문이다.

잃을 것이 없으면 원칙을 개발하는 것이 불가능하다. 좋은 감정이 없으면 성격의 온전성을 보호할 동기가 없다. 근육 긴장과 차단이 상당히 감소하여 신체가 쾌락 상태로 회복될 때까지 원칙의 문제는 결코 치료에 들어가지 않는다. 환자가 일상생활 중에 이러한 감정을 잃는 이유를 이해하려고 노력할 때 비로소 원칙의 문제가 자연스럽게 다뤄진다. 결국, 그는 자신에 대한 감각과 통합된 인간으로서의 기능에 매우 중요한 쾌락이나 유쾌한 감정의 상태를 유지하도록 하기 위해 자신만의 행동 원칙을 개발한다.

나는 사회가 젊은이들에게 도덕 원칙을 가르치려는 시도가 잘못되었다고 생각하지 않는다. 각 세대는 자신의 경험을 다음 세대에 전달하여 삶의 여정을 원활하게 하려고 노력한다. 십계명과 같은 원칙은 그 인류의 축적된 경험에서 비롯되었다. 그러나 가르침의 원리는 지도자의 믿음이 그들 자신의 내적 확신이나 느낌에서 나올 때에만 효과적이다. 그런 경우에는 그들이 즐겁게 자신의 원칙을 따르기를 기대하게 될 것이다. 기성 세대가 즐거움과 유쾌한 감정이 결여되었다면 젊은이들은 원칙에 의문을 제기하게 된다. 마찬가지로 고통에 빠진 몸에 원칙을 제시하는 것도 이치에 맞지 않다. 원칙은 사람을 고통과 화해시키려는 것이 아니라 균형 잡히고 즐거운 삶을 가능하게 하는 내적 조화를 제공하기 위해 고안된 것이다. 원칙은 생존 기술이 아니다. 생존에 초점을 맞출 때 원칙은 무의미하다. 원칙에 대해 이야기하기 전에 젊은 세대가 자신의 몸과 자신에 대해 유쾌한 느낌을 가지고 있는지 확인해야 한다. 원칙은 그들이 좋은 감정을 더 쉽게 보호할 수 있도록 해준다.

사람들이 기분을 좋게 하기 위해 자신의 행동을 지배하고자 발견한 많은 원칙이 있다. 진실성이 그중 하나이다. 또 다른 하나는 타인의 인격이나 재산에 대한 존중이다. 몇 년 전에 아내와 나는 과달루프의 클럽 메디터라니(지중해 리조트)에서 일주일을 보냈다. 내 아내는 그곳에서 일하는 지역 주민을 알게 되었다. 대화 중에 아내는 사탕수수를 맛본 적이 없다고 말했다. 그는 몇 개를 주겠다고 제안했고, 그들은 만나서 사탕수수 밭에 가기로 했다. 그들이 만났을 때 그 남자는 그곳이 호텔에서 약간 떨어져 있다고 말했다. 가는 길에 몇 군데의 사탕수수 밭을 지나갔고 아내는 기대에 차서 첫 번째 밭으로 향했다. 그녀의 움직임을 보고 남자는 간단히 "오! 하지만 그건 내 것이 아니에요"라고 말했다. 그러고는 그녀를 자신이 소유한 밭으로 데려가 사탕수수를 따주었다. 아무 밭에서나 몇 개를 따는 것이 더 쉬웠겠지만, 자기 것이 아닌 것을 취하는 것은 그의 원칙에 어긋나는 일이었다. 내 아내가 그 사람의 진실함에 대해 얼마나 존경심을 느꼈는지는 말할 필요도 없다.

바이오에너지에서 원칙은 머리, 심장, 생식기 및 발을 하나의 중단 없는 움직임으로 통합하는 흥분 또는 에너지의 흐름이다. 그 사람은 연결되고 통합되고 온전하다고 느끼기 때문에 원칙이 옳다는 느낌을 받는다. 그는 그 가치를 확인해줄 사람이 필요하지 않으며 논쟁의 대상이 되지도 않는다. 그러나 그것은 개인적인 신념이며, 그는 그것을 아무에게도 강요하지 않는다.

아마도 우리 사회가 직면한 가장 큰 문제는 많은 구성원에게 있어 도덕적 원칙이 부족하다는 것이다. 그러나 나는 강요된 도덕이 이행될 수 있다고 생각하지 않는다. 다수의 지지를 받는다면 소수의 사람들을 통제할 수 있지만, 다수를 통제할 수는 없다. 예전에도 나는 강요된 도덕이 실제로 효과가 있다고 생각하지 않았다. 과거의 도덕 규범은 반대되는 모든 증거에도 불구하고 강요되지 않았다. 모세가 그의 백성에게 십계명을 가져왔지만 이것이 옳고 그름에 대한 그들 자신의 내적 신념과 일치하지 않았다면 곧 폐기되었을 것이다.

도덕 원칙은 절대적이지 않지만 일부 원칙은 절대적이

다. 도덕 원칙은 주어진 문화적 상황에서 사람들의 기분을 좋게 하고 효과적으로 기능하도록 돕기 위해 발전하며, 그 기능을 수행하지 못하면 무효가 된다. 진실함은 당연한 도덕 원칙처럼 보일지 모르지만 진실을 말하는 것이 나약하거나 비겁한 행동이 될 수 있는 상황도 있다. 진실을 적에게 말함으로써 친구를 배신하게 될 때는 적에게 진실을 말하지 않는다. 여기에는 더 깊은 충성심의 원칙이 포함된다. 그러나 문화적 상황이 어떻든 사람들은 자신의 행동을 안내하고 지배할 도덕적 원칙이 필요하다. 도덕 원칙 없이는 사회가 혼돈 상태로 붕괴되고 사람들은 소외될 것이다. 인간의 본성은 동일하기 때문에 사람들이 자신의 원칙을 개발하면 주어진 문화적 환경에서도 동일하게 적용될 것이라고 확신한다.

1944년 나는 라이히의 저널인《성 경제와 오르곤 연구Sex Economy and Orgone Research》에 청소년 섹슈얼리티에 관한 논문을 썼다. 그 당시에는 청소년의 성적 만족에 대한 권리를 옹호하는 것이 위험한 일로 간주되었다. 나와 이 문제에 대해 논의하면서 라이히는 "로웬, 진실을 말하는 것이 항상 바람직한 것은 아니야. 하지만 진실을 말할 수 없다면 아무 말도 하지 말게"라고 말했다. 라이히는 원칙주의자였다. 그는 원칙과 함께 살았고 원칙을 위해 죽었다. 그의 원칙에 동의하지 않을 수 있지만 그 원칙을 대표하는 진실성에 의문을 제기할 수는 없다.

바이오에너지의 기본 원리는 인간 성격이 이원성과 단일성을 동시에 가지고 있다는 것이다. 인간은 창의적 사고를 하고 감정을 느끼는 동물이며, 남자이거나 여자이다. 인간은 이성적인 정신과 비이성적인 몸을 갖고 있으며, 단지 살아 있는 유기체이다. 동시에 모든 차원에서 살아가며, 그것은 쉬운 일이 아니다. 통합된 개인이 되기 위해서는 몸과 말을 통해 정체성을 확인해야 한다. 우리는 언어에서 그 사람을 본다. 우리는 함부로 말을 하지 않는 사람에게 존경심을 가진다. 이런 통합을 달성하려면 당신이 곧 당신의 몸이라는 인식부터 시작해야 한다. 하지만 거기서 멈추는 게 아니다. 말이 종착점이다. 당신은 당신이 하는 말이다. 그러나 그 말은 마음에서 우러나와야 한다.

바이오에너지 운동: 진짜 나를 만나는 시간

25년 전 심리학 공부를 시작했을 때만 해도 많은 이가 "내 심리를 파악할까 봐 무섭다" 같은 말을 하며 심리학을 신비주의적으로 보았다. 10여 년 전부터는 심리학에 대한 관심이 많아지고, 심리치료와 정신치료의 중요성도 보편화되었다. 그리고 현재 시점에서 심리학은 초등학생부터 노인들까지 본인들의 MBTI 정도는 모르는 사람이 없을 정도로 친숙해졌으며, 아주 쉽게 또 자주 많은 유튜브 채널과 TV 프로그램을 통해 심리학자나 정신과 의사를 만날 수 있다. 이제 우리는 외부적인 요소에서 받는 기쁨보다는 내부적인 이해와 관심이 더 필요해졌다. 우리 자신에 대해 더 알고 싶어하며 성찰할 준비가 되어 있는 것이다.

하지만 대부분의 심리학 이론이나 연구서들은 정신적인 부분만 분석하고, 고치려 하며 우리의 몸과 근육에 정신적인 내용이 새겨져 있다는 사실은 배제하는 것 같다. 운동 후에 기분이 좋아지고, 사우나를 다녀온 후에 머리가 맑아지는 것은 누구든 경험해봤을 것이다. 그럼에도 불구하고, 정신이나 감정에 대한 문제를 몸에서 분리해 다른 영역으로 여기는 것이 일반적이다. 영혼과 몸을 분리해서 생각하는 종교의 영향일 수도 있고, 오직 관측 가능한 것만 신뢰하는 서양 과학 혁명의 영향일 수도 있다. 하지만 동양의학이나 인도의 장수폐타Ayurveda, 미국 원주민들의 힐링 치유법 등은 몸, 기운, 혼의 균형에 집중한다. 우리 몸은 뇌의 기능은 물론 호르몬, 신경세포, 신경전달물질 등 복잡한 시스템으로 정신과 마음에 영향을 미친다. 그렇기 때문에 부정적인 감정과 같은 정신적인 문제로 괴로울 때는, 정신건강의학과에서 약을 처방받기도 하고, 자가 치료를 위해 알코올이나 커피를 마시고, 때로 담배나 각성 효과를 유발하는 약물에 의존하기도 한다. 하지만 이러한 모든 화학물질은 이미 우리의 몸 안에 충분히 있는 것들이다. 이 물질이 유기적으로 자연스럽게 일어나도록 몸을 단련시키는 방법이 심리적인 변화를 고려한 운동이다. 알렉산더 로웬은 수십 년간 이것을 과학적으로 증명하기 위한 연구를 했고, 내담자들을 치료했다. 나는 알렉산더 로웬의 연구지식과 업적을 되살리는 것이 지금 현대인에게 가장 필요한 선물이라고 생각하여 이 책을 번역하기 시작했다.

현대인은 생존에 대한 위협이 거의 없는, 최적화된 환경에서 살고 있는데도 불구하고 굶주린 것처럼 먹어서 비만이 되고, 얼어 죽을 것에 대비라도 하는 듯 옷을 사들이는 과소비를 하며, 사자에게 곧 습격을 받을 것처럼 불안해한다. 회사 때문에, 학교 때문에, 그 누구 때문이라고 말하는 경우에도 막상 그 대상이 제거되면, 또 다른 대상이 나타난다. 우리는 이렇게 불분명한 불안감을 권력이나 돈으로 위장하려 하고, 사람과 사람 사이에 큰 벽을 쌓으며, 외부 방어막을 끝도 없이 세운다. 알렉산더 로웬의 연구 중 핵심이 되는 것은 우리가 우리의 몸의 형상까지 변형시키며 스스로를 갑옷으로 무장하고 있는 현상이다. 내적 불안, 상처, 수치심과 같은 감정이 일어날 때마다 우리의 몸은 더욱더 두꺼운 갑옷을 입게 된다. 이 갑옷은 우리가 느끼는 감정에 반응해 몸에 힘을 주면서 각종 근육 긴장을 발달시켜 각 부위마다 다르게 우리의 몸을 변형시킨 것이다. 화가 난 어린 남자아이를 보면 주먹을 꼭 쥐기도 하고, 감정을 참을 때는 아랫배에 힘을 주며, 이를 악물기도 한다. 겁이 나면 고개가 앞으로 나오고, 당당해 보이려고 어깨에 힘을 주기도 한다.

우리가 느끼는 감정 때문에 이런 행동이 나타나며 이런 행동들은 우리의 몸에 작용하여 몸의 모양을 바꾼다. 그렇기에 변형된 몸을 자세히 관찰하면, 그의 숨겨진 행동 패턴을 읽게 되고 더 깊숙이 들어가 그의 숨겨진 상처와 불안과 욕망을 살펴볼 수 있다.

MBTI가 이런 몸의 갑옷이 발현되는 증상들을 셀프 조사식 질문지로 개인의 성격을 알려준다면, 바이오에너지 연구는 그러한 질문지 없이 그 사람의 몸의 형상만으로 이런 증상들이 나타나는 핵심 근원지를 알게 해준다. 그 사람 성격의 원천을 알게 해준다. "바이오에너지는 자기를 발견하는 모험이다." 바이오에너지 운동을 하면 몸을 관찰하고 몸 곳곳에 저장되어 있는 감정을 찾아내며 그로부터 자유로워질 수 있다.

현대인의 소외는 사람이나 사회로부터 멀어지는 것이 아니라 자신의 몸에서 멀어지는 것이다. 개인은 의식적으로 변화해야 하고 지속적으로 성장과 발전에 전념해야 한다. 성장은 의식의 발달과 확장이다. 성격을 바꾸고 싶다고 말하지만 무엇을 해야 하는지 잘 모를 것이다. 성격 변화의 시작은 신체 기능의 변화, 즉 깊은 호흡과 운동성 증가와 더불어 더 완전하고 자유로운 자기표현에서 시작된다는 것이 바이오에너지의 중요한 논지이다. 바꾸고 싶고 성장하고 싶다면 지금의 나를 알아야 한다. 이 책에서는 스키조이드형 구조, 오럴형 구조, 마조히스트형 구조, 사이코패스형 구조형, 리지드형 구조라는 다섯가지 성격 구조를 소개하는데, 이 내용을 살펴보면 0세부터 시작되는 인생 경험이 어떻게 자신의 성격에 기록되고, 신체에 구조화되는지를 알 수 있다. 이 이론을 접한 초기에는 처음 만나는 사람도 그의 깊은 성향이 쉽게 읽히는 듯해서 거만한 마음이 들기도 했다. 하지만 그 이후 나는 이 지식을 토대로 수년 동안 나 자신과 주위 사람을 관찰해왔고, 내 갑옷 속에 있는 나를 만나기 위해 여러 가지 운동과 명상을 해왔다. 그러다 보니 그 갑옷 안에 있는 아기 같고 성스러운 나 자신이 보이기 시작했다. 몸과 정신을 동시에 바라보게 되었고 내 생애주기를 돌아보며 앞으로의 나를 전망해나갈 수 있었다. 그리고 아주 가까운 사람들, 남편과 아이와 부모의 갑옷 속 아기 같은 순수한 모습을 어여삐 바라보며, 이때까지 느껴보지 못한 감정으로 사랑의 눈물을 흘리게 되었다. 나와 가족을 더 사랑하게 된 것이다. 그리하여 나 자신을 더 잘 이해하고 싶고 주변 사람을 더 사랑하고 싶은 모든 이에게 큰 사랑의 힘으로 이 책을 추천한다.

2024년 2월
정희운

심리치료의 혁신적 제안, 바이오에너지 운동

내가 정신과 의사가 되기로 마음먹은 건, 고1 때 우연히 서점에서 프로이트의 《정신분석 입문》을 읽고 나서였다. 이제 와 생각해보니 우연이라기보다 운명에 가까웠던 것 같다. 의대에 입학하여 정신건강의학과 전문의가 되기까지 정신분석적 정신역동치료와 정신약물치료법을 배웠다. 이후 미국 UCLA에서 행동치료와 생물정신사회 재활치료를 배웠고, 이어 인지행동치료를 공부했다. 그 뒤로 20여 년 동안 인지행동치료의 진화에 발맞추어 성격을 분석하고 성격 구조를 바꿀 수 있는 스키마치료를 연구했고, 아무리 노력해도 바꿀 수 없는 것들로 인한 고통을 다루는 마음챙김에 기반한 심리치료와 수용전념치료를 공부해 환자들에게 자가 치유자가 되도록 가르치면서 지금에 이르게 되었다.

하지만 몇 년 전부터, 말로만 하는 심리치료가 가져오는 정신적 변화에 부족한 부분을 느끼면서 이를 보완할 무언가 다른 심리치료적 접근법을 찾고 있었다. 그러던 중에 예전에 법무부 치료감호소에서 의뢰받은 '성폭력범 심리치료 프로젝트'를 개발하며 인연이 되었던 정희운 선생으로부터 자신이 번역한 알렉산더 로웬의 《바이오에너지 운동, 자기 치유의 여정》이라는 책의 추천사를 부탁받았다. 정 선생이 보내 준 원고를 읽어가면서, "바로 내가 찾던 것이 이것이구나……" 하며 무릎을 쳤다.

로웬은 "사람의 인생 경험은 자신의 성격에 기록되고, 신체에 구조화"된다고 말한다. "벌목공이 줄기 단면의 나이테로 나무의 일생을 읽을 수 있는 것처럼 바이오에너지 치료사도 사람의 몸에서 그 사람의 일생을 읽는 것이 가능하다"는 것이다. 이러한 층위는 성인이 되어서도 사람의 몸에 남아 기능하는데 여기에 본인이 접근할 수 있을 때 한 인간은 갈등 없는 통합된 성격을 구성할 수 있다.

이것은 한 사람이 성장하며 경험한 내용들이 스키마로 무의식에 각인되어 그의 생각과 감정, 감각과 행동에 영향을 미치며, 어른이 되어서도 내면의 아이 모드가 작동한다는 스키마 이론과도 잘 맞아떨어진다. 바이오에너지는 대부분의 심리치료사에게도 낯선 용어인데, 바이오에너지에 대한 로웬의 설명은 아주 매력적으로 다가온다.

> 바이오에너지는 자기를 발견하는 모험이다. 그것은 인간의 성격을 인체의 측면에서 이해하려는 시도로 본성을 다루는 다른 유사한 탐구와 다르다. 이전에 했던 대부분의 탐구는 정신에 대한 연구에 집중했다. 이러한 탐구를 통해 많은 귀중한 정보를 얻었지만, 내가 보기에 그들은 가장 중요한 성격 영역, 즉 신체 과정의 기반을 건드리지 않은 채 남겨두었다. 우리는 몸에서 일어나는 일이 필수적으로 마음에 영향을 미친다는 것을 쉽게 인정할 것이며 이는 새로운 것이 아니다. 내 입장은 신체의 에너지 과정이 신체에서 일어나는 일을 결정하는 것처럼 마음에서 일어나는 일을 결정한다는 것이다. (p. 63)

지난 30여 년간 많은 심리치료사를 수련, 교육해왔다. 그러면서 항상 강조해온 것이 환자에게 적용하려는 이론이나 치료기법을 먼저 자신에게 적용해보라는 것이었다. 나는 못 하면서 타인에게만 해보라는 권유나 설득은 일종의 사기 행위라 말하면서……. 나는 로웬이 바이오에너지의 개념을 정립해나가는 과정 또한 자신의 경험을 기반으로 하고 있다는 것에 일치감을 느꼈다. 환자에게 요구하는 모든 동작을 스스로 시도하고 자신의 변화를 관찰하면서 "자신을 위해 할 수 없는 일을 다른 사람을 위해 할 수 있다고 생각하지 않았다"는 로웬의 고백이 인상적이다. 신체 차원의 경험을 말로 표현하는 것의 중요성을 언급하는 부분 또한 대단한 통찰이 엿보인다. 치료 과정에서 숨겨진 경험을 발견하고 이야기함으로써 대화가 줄 수 있는 현실 감각을 찾고 성격의 통합을 촉진하는 일은 그야말로 중요하다.

정희운 선생이 나에게 알렉산더 로웬을 소개한 것 또한 우연이 아닌 운명이라고 생각한다. 끌어당김의 법칙이 작동한 것처럼 나는 이 책을 꼼꼼히 읽으며 마치 오랫동안 맞추지 못하던 퍼즐의 마지막 조각을 찾은 듯 희열을 느끼며 공부를 해나갔다.

어림해보면 심리치료 관련 서적을 스무 권 정도 번역한 것 같다. 그래서 번역의 고통을 누구보다도 잘 안다고 말할 수 있다. 500쪽이 넘는 전공 서적을 번역한다는 것은 쉬운 일이 아니다. 그런 고통을 견디면서 번역을 끝낸 인내와 노력에 박수를 보낸다. 이 책을 소개하고 싶은 욕망이 큰 용기를 부여했으리라 생각한다. 부디 이 책이 심리치료 전문가와 학생들 그리고 관심 있는 일반 독자들에게 깨우침의 길잡이가 될 수 있기를 간절히 기원한다.

2024년 2월
메타 통합심리치료 연구소에서
회인 최영희 손모아

바이오에너지 운동,
자기 치유의 여정

초판 1쇄 발행 2024년 3월 6일

지은이 알렉산더 로웬
옮긴이 정희운

펴낸곳 (주)안온북스 펴낸이 서효인·이정미 출판등록 2021년 1월 5일
제2021-000003호 주소 서울시 마포구 월드컵로14길 28 301호
전화 02-6941-1856(7) 홈페이지 www.anonbooks.net
인스타그램 @anonbooks_publishing
디자인 thiscover 제작 제이오

ISBN 979-11-92638-32-4 (03180)

Books by Alexander Lowen, M.D.

The Language of the Body
  Originally published as *Physical Dynamics of Character Structure*

Love and Orgasm: A Revolutionary Guide to Sexual Fulfillment

The Betrayal of the Body

Pleasure: A Creative Approach to Life

*Bioenergetics: The Revolutionary Therapy That Uses the Language of the Body
  to Heal the Problems of the Mind*

Depression and the Body: The Biological Basis of Faith and Reality

The Way to Vibrant Health: A Manual of Bioenergetic Exercises,
  co-author Leslie Lowen

Fear of Life

Narcissism: Denial of the True Self

Love, Sex, and Your Heart

The Spirituality of the Body: Bioenergetics for Grace and Harmony

Joy: The Surrender to the Body and to Life

Honoring the Body: The Autobiography of Alexander Lowen, M.D.

The Voice of the Body: Selected Public Lectures 1962-1982

Alexander Lowen, M.D copyrights are held by
LowenCorp Publishing LLC
Vermont, USA
Phone: 802-338-2866